航海类高等职业教育项目化教材

船舶柴油机操作与管理

丁　宏　主编
李学群　主审

上海浦江教育出版社

内 容 提 要

本书系统地介绍船舶柴油机各个系统及其相关操作、运行管理、应急处理。全书共分7个项目，以介绍船舶柴油机换气机构和增压器为起点，逐一详细介绍柴油机系统的操作与管理；柴油机调速装置的使用管理；柴油机起动装置、换向装置及操纵系统的操作与管理；智能柴油机的认识与管理；示功图的测录与分析；船舶柴油机的运行管理与应急处理。

本书是为适应高等职业教育项目化教学改革而编写的新项目化教材，力求适应新规则下所确定的航海技术人才培养目标，在教学思路和教学形式等方面进行了一些新的探索和创新。

图书在版编目(CIP)数据

船舶柴油机操作与管理/丁宏主编. —上海：上海浦江教育出版社有限公司，2014.8
（航海类高等职业教育项目化教材）
ISBN 978-7-81121-364-5

Ⅰ.①船…　Ⅱ.①丁…　Ⅲ.①船用柴油机-高等职业教育-教材
Ⅳ.①U664.121

中国版本图书馆CIP数据核字(2014)第195317号

上海浦江教育出版社出版
社址：上海市海港大道1550号上海海事大学校内　邮政编码：201306
电话：(021)38284910(12)(发行)　38284923(总编室)　38284910(传真)
E-mail：cbs@shmtu.edu.cn　URL：http://www.pujiangpress.cn
上海图宇印刷有限公司印装　上海浦江教育出版社发行
幅面尺寸：185 mm×260 mm　印张：19.75　字数：481千字
2014年8月第1版　2014年8月第1次印刷
责任编辑：谢　尘　封面设计：赵宏义
定价：63.00元

总　序

当前，我国高等职业教育已进入了快速发展时期，职业教育的教学模式也悄然发生着改变，传统学科体系的教学模式正逐步转变为行动体系的教学模式。项目化教学是“行动导向”教学法的一种，因其具有实践性、自主性、发展性、综合性、开放性等多个优点而被高等职业院校广泛采用。但由于受传统学科体系的教学模式和海事局船员适任考试评估大纲的影响，航海类高等职业教育的教材目前大多仍按知识体系架构编写，内容偏重于理论知识，而轻视实践技能的训练，与职业能力培养要求存在较大的差距。国内部分院校虽然也进行过项目化教学改革的尝试，但编写的配套教材大多采用模块（知识体系）＋实训（海事局评估项目）架构，教学方法上采用“理论与实践交替互动”的模式，没有真正实现以项目为载体的理实一体化教学。

为了培养高素质航海技术技能人才，使教学模式遵循职业教育教学规律和高职学生的认知规律，我们组织编撰了《航海类高等职业教育项目化教材》（丛书）。为了高质量地完成教材的编撰工作，编委会组织了一批企业专家、知名学者和专职教师，在以华东师范大学博士徐国庆教授为核心的“职业教育项目化教改团队”的指导下，大力推进航海类专业以工作任务为导向的课程体系改革。本次课程体系改革，完全打破以往的基于知识体系的课程体系模式，而是以海船船员典型工作任务为导向，从船员岗位的工作领域和职业能力分析入手，形成了一套集知识目标和技能目标于一体、融理论学习和技能训练于一身的全新航海类项目化专业主干课程教材。

教材是课程教与学的载体，也是课程教与学模式的具体体现。在重新优化和构建以工作任务为导向的课程体系的基础上，编委会配套制定了各课程教学标准，分组开展了项目化课程设计，并以此指导项目化系列教材的编撰。

本套教材紧扣船员工作岗位的实际工作项目，通过“项目描述”“项目目标”“任务描述”“任务实施”“任务评价”等栏目逐层递进，在项目实施中完成对学生知识的积累和能力的培养。这种“做中学、学中做”教学方法，既符合高等职业教育的需求，也符合高等职业院校学生的认知规律。

航海类专业职业教育“课证融通”的特点，要求毕业生参加海事局组织的船员适任证书考试和评估，并取得相应船员适任证书。所以，本套教材在编撰过程中，还特别强调紧扣国际海事组织 STCW 公约 2010 年马尼拉修正案的新内容、新要求，在知识内容和实训项目设置上，完全涵盖中国海事局全国海船船员适任考试和适任评估两个大纲的要求，实现了理论和实践的有机融合。此外，本套教材还根据航海技术的最新发展动态，增加或修订了一些新技术或新设备内容，由此满足船员适任考试和评估的双重需要，还可作为船舶技术人员的参考用书。

本套教材的编撰，是我国航海教育项目化课程改革的有益探索和创新，由于我们的水平有限，书中或仍有某些不足，敬请专家、同行和其他读者不吝指教，以便我们适时改进，为推进我国航海高等职业院校项目化课程改革添砖加瓦。

《航海类高等职业教育项目化教材》编写委员会

2014 年 7 月

前　言

本书是根据《海员培训、发证和值班标准国际公约》(STCW 公约)马尼拉修正案和《中华人民共和国海船船员适任考试和发证规则》对适任轮机管理人员的要求以及国内外航运公司的需求编写的，旨在培养学生对船舶柴油机的综合操作和管理等能力，使学生能够按照柴油机的操作与运行管理要求处理并解决船舶在航行、停泊和应急情况时的实际问题，并为适任海船二/三管轮的职务及未来更高级别的船员职务打好基础。

本书的特点是以项目化形式编写。对柴油机的操作与管理及案例分析等设置项目，明确每个项目的"教、学、做"任务。项目中的"任务实施"部分将理论知识转化为实践操作，内容紧密联系轮机人员的职业需要，使学生能够将学到的理论知识及时运用到实际操作中，加深了学生对理论知识的理解。

本书由江苏海事职业技术学院丁宏主编，江苏远洋运输有限公司李学群主审。全书共 7 个项目。李勇、孙祖峰负责项目一、项目三的编写；梁恩胜负责项目二的编写；袁均福、刘文科负责项目四的编写；丁宏、惠节负责项目五、项目六的编写；赵春生负责项目七的编写。全书由丁宏统稿。

本书在编写过程中得到江苏海事局、江苏远洋运输有限公司等单位的大力支持，有关专家对本书的编写提出了许多有益的建议，在此一并表示感谢！

受编写时间和编者水平的限制，本书不足之处在所难免，欢迎广大读者联系我们，敬请批评指正，感激之至。

联系方式：dinghongnj@126.com。

编　者

2014 年 6 月

目　　录

项目一　船舶柴油机换气机构及增压器的管理
Management of Ventilation Mechanism and Turbocharger for Marine Diesel Engine

项目描述

在柴油机的工作过程中，每完成一个工作循环都必须排除废气和充入新气。从排气过程、扫气过程到进气终止的整个气体更换过程称为换气过程。它的作用是将已燃气体排除并为下一个循环吸入新鲜空气，为下一个循环的工作提供必要的条件。换气过程的完善程度对柴油机的性能有重大影响。

柴油机废气涡轮增压器是柴油机增压系统的基本组成部件之一，它的主要任务是提供足够的压缩空气，保证柴油机扫气和燃烧的需要。柴油机废气涡轮增压器工作性能的好坏对柴油机的换气过程有着决定性的影响，因此在工作中必须加强对它的管理。

本项目以柴油机的换气过程为基础，学生通过对柴油机的换气机构和增压系统的故障分析，了解柴油机的换气概念及换气质量的意义、二冲程柴油机和四冲程柴油机的换气过程及特点、废气涡轮增压器的基本工作原理等，掌握船舶柴油机换气机构及增压器的操作和管理技能，并能处理换气机构和增压器常见的故障。本项目主要内容包括：柴油机换气过程的分析；换气机构的故障分析与管理；柴油机增压形成的比较；增压系统的故障分析与维护管理。

任务 1　柴油机换气过程的分析
Analysis of Diesel Engine Scavenging Process

【任务描述】

从排气过程、扫气过程到进气终止的整个气体更换过程称为换气过程。它的作用是将已燃气体排除并为下一个循环吸入新鲜空气，为下一个循环的工作提供必要的条件。换气过程的质量直接影响柴油机的动力性、经济性、可靠性和排放性能，是柴油机良好工作的先决条件。通过对柴油机换气过程和缸内状态的分析，使学生了解柴油机换气过程的基本知识，掌握二冲程柴油机和四冲程柴油机换气过程及特点，并能够进行换气质量的分析。本任务内容主要为柴油机换气过程的分析。

【学习目标】

- 了解柴油机的换气概念及换气质量的意义；
- 能描述二冲程柴油机和四冲程柴油机的换气过程；
- 掌握二冲程柴油机和四冲程柴油机的特点及区别；

● 能够进行换气质量分析。

【相关知识】

一、柴油机的换气形式

由四冲程柴油机的工作原理可知，在四冲程柴油机中，新气的吸入与废气的排出是靠活塞的抽吸和推挤作用完成的，它具有单独的进气和排气行程；而在二冲程柴油机中没有单独的进气和排气行程，其进气与排气过程几乎重叠在下止点前后约 120～150°(CA)内同时进行。因此二冲程柴油机在结构上，必须在气缸套下部开设气口，采用气缸套扫气口—排气口或气缸套下部设扫气口、气缸盖上部设排气阀的换气机构，而且还必须提高进气压力，使进气能从扫气口进入气缸并将废气扫出气缸。提高进气压力可以由机械驱动的扫气泵或由废气涡轮驱动的增压器来实现。这样，就可以把进、排气过程(扫气过程)缩减到下止点前后的部分行程中完成。

根据气流在气缸中的流动路线，二冲程柴油机的换气形式可分为弯流(扫气空气由下而上，然后由上而下清扫废气)和直流(气流在气缸内呈直线由下而上清扫废气)2 大类，每一大类中又有不同的换气形式。表 1-1-1 列出了目前二冲程柴油机中常见的换气形式。

表 1-1-1　二冲程柴油机的换气形式

<table>
<tr><td rowspan="5">弯流</td><td rowspan="2">横流</td><td>简单横流</td></tr>
<tr><td>扫气口装有单向阀</td></tr>
<tr><td>回流</td><td>半回流(新型横流)</td></tr>
<tr><td rowspan="2">简单半回流</td><td>扫气口有阀控制</td></tr>
<tr><td>排气口有阀控制</td></tr>
<tr><td rowspan="2">直流</td><td colspan="2">排气阀—扫气口式</td></tr>
<tr><td colspan="2">排气口—扫气口式</td></tr>
</table>

二、柴油机的换气过程

在柴油机的工作过程中，每完成一个工作循环都必须排除废气和充入新气。从排气过程、扫气过程到进气终止的整个气体更换过程称为换气过程。

换气过程的完善程度对柴油机的性能有重大影响。如果换气过程进行得完善，压缩过程开始时气缸内残留的废气量少、新鲜空气量多，这就为燃油的完全、及时燃烧创造了条件。燃油完全、及时的燃烧不但可使柴油机发出更大的功率，提高其动力性，使柴油机有高的热效率，提高其经济性，而且完全的燃烧还意味着结碳减少，从而减少排气污染。另外，及时的燃烧意味着较低的循环平均温度，从而提高柴油机的可靠性。因此，换气过程的质量直接影响柴油机的动力性、经济性、可靠性及排放特性，是柴油机工作优劣的先决条件。

换气过程进行得好坏是以废气排除干净与否、新鲜空气的充入量和新鲜空气的消耗量为标志的。它可以用充量系数、扫气效率等参数来评价。

四冲程柴油机在换气过程中，气缸压力、排气管中的压力随曲轴转角的变化而变化。排气阀开启后，废气从气缸急速流入排气管，气缸压力很快下降，直到排气在上止点后的某一位置排气阀关闭为止。进气阀在上止点前开启，新鲜空气流入气缸，直到进气阀在下止点后的某一位置关闭为止。在排气冲程上止点附近，进、排气阀同时开启。

（一）四冲程柴油机的换气

四冲程柴油机的换气过程可分为自由排气、强制排气、气阀重叠和进气4个阶段（见图1-1-1）。

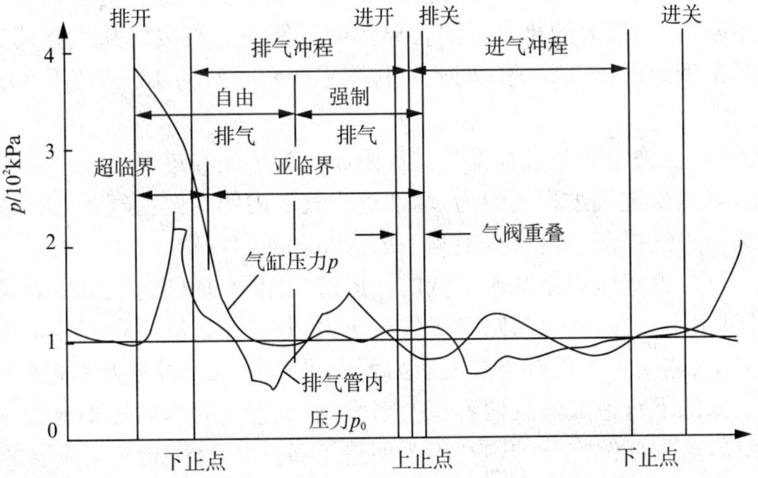

图1-1-1 四冲程柴油机的换气过程曲线

1. 自由排气阶段

由于受配气机构的结构限制，气阀在开启过程中只能逐渐加大其流通截面。如果排气阀刚好在膨胀行程下止点时开启，则排气阀流通截面增加过缓，活塞在向上止点回行时造成较大的反压力，增加排气行程所消耗的功。所以，柴油机的排气阀往往都在膨胀行程到达末期前，即活塞到达下止点前的某一位置提前开启，称为排气提前角。排气提前角一般为30～80°(CA)。当排气阀在下止点前打开时，气缸压力远远高于排气管压力，废气在很大的压力差作用下排出气缸。随着排气阀开度的增大，大量废气由气缸排到排气管，使气缸压力急剧降低、排气管压力迅速升高，直到下止点后气缸压力接近排气管压力为止。

在这一阶段，缸内压力与排气管压力始终存在较大的压差，气缸废气主要在这个压差的作用下排出，故称为自由排气阶段。根据排气管压力与缸内压力之比的大小，自由排气阶段可分为超临界阶段和亚临界阶段。如果排气管压力与缸内压力之比小于临界值，则为超临界状态，废气以当地音速排出气缸。随着排气的进行，排气阀流通截面积逐渐加大，缸内压力下降、排气管压力上升，使缸内压力与排气管压力的压差减小。当排气管压力与缸内压力之比大于临界值时，气流的流动状态转为亚临界状态，废气以亚音速排出气缸。

自由排气阶段虽然占整个排气时间的比例不大，但由于废气流速很高，排出的废气量可达60%以上，一般持续到下止点后10～30°(CA)结束。

2. 强制排气阶段

自由排气阶段结束后，气缸内的废气被上行活塞强制排出，直到排气阀关闭，这一过程称为强制排气阶段。由于气体在流动过程中要克服排气阀、排气道等处的流动阻力，缸内的气体压力要略高于排气管内的平均压力，而且气体流速越高，压力差越大。

随着活塞的上行，排气阀截面积开始逐渐减小，气体流经排气阀的节流作用加强，因而在上止点附近，气缸压力再次升高。其直接后果是，排气所消耗的功和缸内的残余废气量都增加，这对换气和燃烧都不利。因此，排气阀不允许刚好在活塞到达上止点时关闭，而应当在上止点后一定角度时关闭，这被称为排气迟闭。在排气迟闭期间，可以利用缸内气体流动惯性从气缸中抽吸部分废气，实现过后排气。但由于到达上止点后活塞已经开始下行，气缸容积不断增加，过大的排气迟闭会导致废气倒流。当废气从气缸流出时的流动刚好停止时，就是最理想的排气阀关闭时刻。排气迟闭角一般为 10～70°(CA)。

3. 进气阶段

从进气阀开启至关闭的全过程都是进气阶段。为了使在进气过程开始时，进气阀有一定的流通截面，以减少进气过程的阻力，增加进入气缸内的新鲜空气量，进气阀也在上止点前提前开启，称为进气提前。进气提前角一般为 10～40°(CA)。

在进气过程中，进气压力是基本不变的。但进气阀刚打开时，气缸压力高于进气压力。由于进气阀开度很小，气缸压力只略高于进气压力，并且在气缸中存在一个排气流，所以废气一般不会倒流入进气管。只有当缸内压力低于进气管压力时才开始进气。进气过程刚开始时，由于活塞的下行造成气缸内容积的膨胀，加上进气阀开启还不充分，缸内压力在短时间内迅速降低，这为新鲜空气的顺利流入创造了条件。随着进气阀流通截面积的加大，进入气缸的新鲜空气不断增加，气缸压力逐渐升高。为了利用在进气过程中形成的进气管内气流的流动惯性，实现气缸的过后充气，进气阀不在下止点关闭，而是在下止点过后的一定角度关闭，即进气迟闭。这样有可能在进气过程终了时，缸内压力等于或略高于进气管压力。进气迟闭角一般为 20～60°(CA)。

尽管利用过后充气可以有效地增加进入气缸的空气量，但过大的进气迟闭角可能会使新鲜空气倒流进入进气管，并且使有效压缩比减小。因此，合理的进气定时是非常重要的。

4. 气阀重叠和燃烧室扫气

通过上述分析可知，从进气阀提前开启到排气阀延迟关闭，从时刻上看都位于排气上止点前后，这样就会在排气上止点附近出现进、排气阀同时开启的特殊现象。通常将这一现象称为气阀重叠，相应的角度称为气阀重叠角，它是排气迟闭角与进气提前角之和。

在气阀重叠期间，进气管、气缸、排气管三者直接连通。这时，由于进气压力高于排气压力以及排气气流的抽吸作用，新鲜空气在正向压力差的作用下由进气管进入燃烧室，与缸内残余废气混合后，部分可以直接排入排气管中。这样，一方面有利于扫除燃烧室中残存的废气，增加气缸新鲜空气，达到扫气的目的；另一方面，新鲜冷空气又可以降低燃烧室壁面的温度。尽管带走的热量不多，但这对受热严重且冷却水难以冷却到的燃烧室壁面是十分可贵的。在气阀重叠期间，新鲜空气对燃烧室的清扫称为燃烧室扫气。

应该指出的是，气阀重叠角并不是越大越好。进气阀开启过早，会造成废气倒冲入进气管；排气阀关闭过迟，过量的扫气空气会降低涡轮前的排气温度，减少增压器涡轮获得的可用能。统计结果表明，一般非增压柴油机气阀重叠角为 20～50°(CA)，增压柴油机气阀重叠角为 80～140°(CA)。

综上，四冲程柴油机的进、排气过程分别在 2 个行程中完成，新鲜空气和废气互不掺混，因而其换气质量较高。

（二）二冲程柴油机的换气

1. 二冲程柴油机的换气过程

二冲程柴油机和四冲程柴油机同样具有进气、压缩、燃烧、膨胀和排气过程，不同的是这些过程只用 2 个活塞行程来完成，其中差别最大的是换气过程。以弯流扫气二冲程柴油机为例（见图 1-1-2），其换气过程的工作顺序是：在膨胀行程的末期，活塞下行，首先打开排气口，开始排气；而后扫气口开启，具有一定压力的新鲜空气由扫气口流入气缸，并强迫废气由排气口流出，进行充分交换；然后活塞到达下止点后又上行，依次将扫气口和排气口关闭，换气过程结束。根据换气过程中气缸内的压力变化特点，通常将二冲程柴油机换气过程分为 3 个阶段，即自由排气阶段、强制排气和扫气阶段以及过后排气阶段。

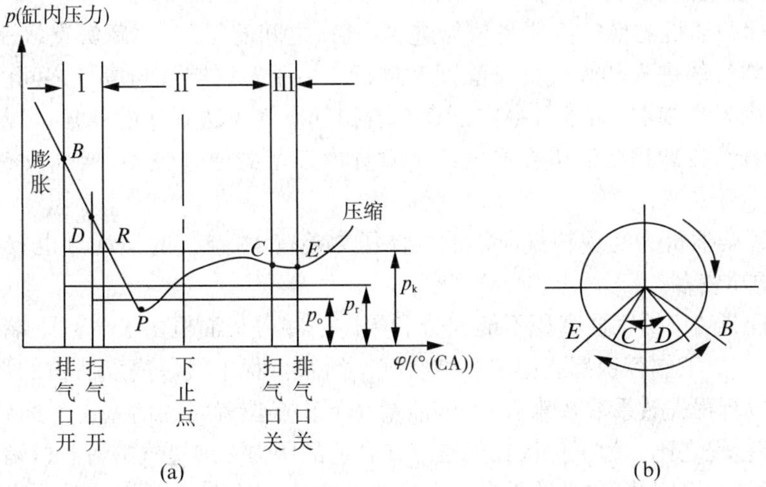

图 1-1-2　弯流扫气二冲程柴油机的换气过程示意

〔思考〕

为何要经常清通排气口？

(1) 自由排气阶段（B—R）

从排气口的开启点 B 到开始进气点 R（此时气缸内的压力与扫气压力 p_k 相等）为止，称为自由排气阶段。在这一阶段里，气缸内的废气借助于缸内与排气管中的压力差（$p-p_r$）经开启着的排气口高速流入排气管中，使气缸内的压力急剧降低。一般来说，当活塞下行到点 D 开启扫气口时，气缸内的压力 p_d 仍略高于扫气压力 p_k。但因扫气口的节流和排气的流动惯性，废气不会经扫气口倒冲至扫气箱。但若因排气口堵塞而使 p_d 超过 p_k 很多，则有可能发生废气倒冲现象，甚至引起扫气箱着火。

(2) 强制排气和扫气阶段（R—C）

当气缸内的压力下降到稍低于扫气压力 p_k 时，新鲜空气经扫气口进入气缸，直到活塞下行到下止点后再上行将扫气口关闭为止，即强制排气和扫气阶段。此阶段主要靠新鲜空气与缸内废气的压力差，利用新鲜空气把废气从气缸中强制排出。显然，在此阶段新鲜空气与废气发生掺混，并有部分新鲜空气经排气口排出。

(3) 过后排气阶段(C—E)

从扫气口关闭(点 C)到排气口关闭(点 E)为止，称为过后排气阶段。在这一阶段，缸内的部分新鲜空气经仍开启着的排气口排至排气管，是一个新气损失阶段，因此越短越好。若能以某种方式控制排气口，使它与进气口同时关闭或早于进气口关闭，则可避免过后排气损失或实现过后充气。点 E 后，气缸内开始压缩行程。

2. 二冲程柴油机换气的特点

二冲程柴油机的换气过程与四冲程柴油机相比有很大的不同，主要表现在：

1) 二冲程柴油机用于换气的时间少于四冲程柴油机。整个换气过程只占 120～150°(CA)，而四冲程柴油机则在 450°(CA)以上。

2) 二冲程柴油机的换气主要是依靠进、排气口之间的压差，用新鲜空气驱赶废气的扫气方式，新鲜空气的进入和废气的排除同时进行。由于新鲜空气与废气之间没有明确的界面，必然在缸内发生掺混，而且气缸内部存在着扫气空气无法到达的死角，以及新鲜空气的短路流动。因此，二冲程柴油机在换气终了时缸内残留的废气较多，换气没有四冲程柴油机充分。

3) 二冲程柴油机为实现扫气所需的气体压力差较大，空气的消耗量也较多，在换气过程中所消耗的功较多。

4) 二冲程柴油机的气缸容积不能充分利用。二冲程柴油机由于气缸下端开有气口，因此并不是整个气缸工作容积都能用来容纳空气。活塞行程中气口高度所占的那部分叫做失效行程，通常以行程失效系数 φ_s 来表示，即活塞在下止点位置时的活塞上平面到气口上边沿的距离与活塞行程之比。为了保证扫气空气在合适的压力下通过气缸，扫气口和排气口应具有足够的流通能力。因此，它必须具有一定的总宽度、一定的高度和一定的开启时间。

【任务实施】

模块　柴油机换气过程的分析

〖任务要求〗

1) 掌握二冲程柴油机的换气过程及特点；

2) 掌握四冲程柴油机的换气过程及特点；

3) 掌握二冲程、四冲程柴油机的换气过程的区别；

4) 能根据柴油机的换气特点，分析提高柴油机的工作效率的措施。

〖任务准备〗

1) 二冲程柴油机；

2) 四冲程柴油机；

3) 二冲程、四冲程柴油机的换气过程挂图、多媒体动画。

〖任务操作〗

1) 根据四冲程柴油机的气阀正时图(见图 1-1-3)，描述四冲程柴油机的换气过程及特点；

2) 根据二冲程柴油机的气阀正时图(见图 1-1-4)，描述二冲程柴油机的换气过程及特点。

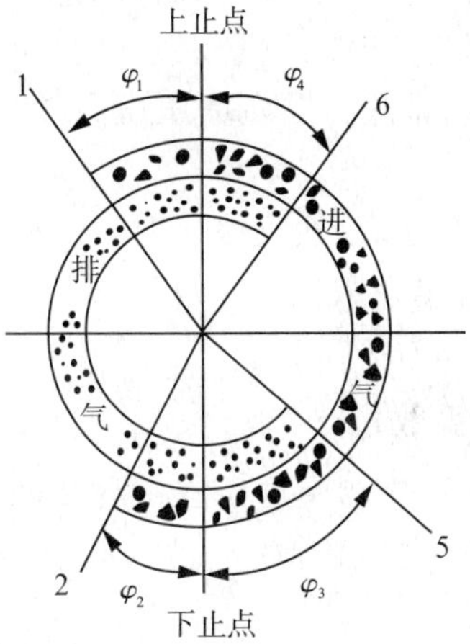

图 1-1-3　四冲程柴油机的气阀正时图

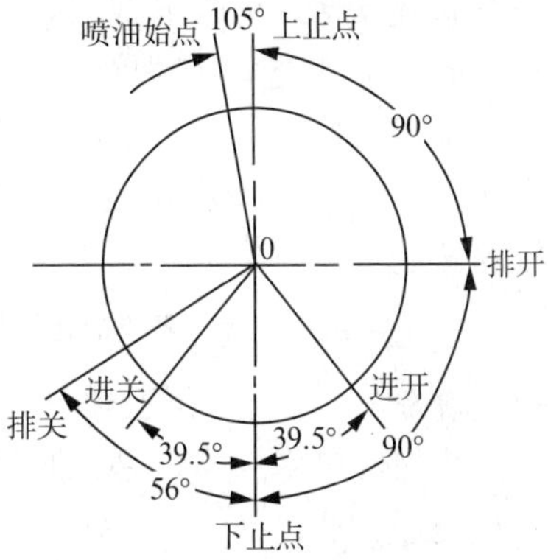

图 1-1-4　二冲程柴油机的气阀正时图

【任务评价】

评估名称：柴油机换气过程的分析

评估对象：3 000 kW 及以上船舶二/三管轮

评估要素：

1）柴油机换气过程的概念；

2）四冲程柴油机换气过程的分析；

3）二冲程柴油机换气过程的分析；

4）四冲程柴油机与二冲程柴油机换气过程的特点比较。

【任务拓展】

一、残余废气系数

残余废气系数是指换气过程结束时，缸内残存的废气量 G_r 与充入气缸的新鲜空气量 G_0 之比，即

$$\varphi_r = G_r/G_0$$

残余废气系数是用换气过程结束后废气排除的干净程度来表示换气过程的完善程度的。显然，此数值越小，废气排得越干净，换气过程越完善。

残余废气系数是由燃烧室扫气、扫气形式及扫气的完善程度来决定的。一般来说，四冲程柴油机的 φ_r 小于二冲程柴油机的 φ_r，增压柴油机的 φ_r 小于非增压柴油机的 φ_r，二冲程直流扫气的 φ_r 小于弯流扫气的 φ_r。

二、充量系数(充气效率)

充量系数 φ_c 是用来表征柴油机换气过程完善程度的一个极为重要的参数，它是指每一工作循环进入气缸的实际充气量 G_0 与在进气状态 p_0 和 T_0（二冲程柴油机为扫气压力 p_s，扫气温度 T_s；增压柴油机为 p_k，T_k）下能充满气缸工作容积 V_s 的理论充气量 G_s 的比值，即

$$\varphi_c = G_0/G_s$$

研究表明，当柴油机转速升高、气阀流通面积不足、进气系统脏污时，因进气压力降增大而使充量系数显著降低；当柴油机负荷增大、气缸过热、冷却不良及残余废气过多时，会导致进气温度升高、密度下降、进气量减少，充量系数降低。提高增压压力，增大进气阀(口)流通面积会使充量系数提高。

通常，充量系数均小于1。也就是说，换算到进气管状态，换气终了时气缸内存留的空气体积还不如气缸工作容积大。一般四冲程柴油机充量系数 φ_c 为0.75～0.90，二冲程回流扫气的 φ_c 为0.75～0.80，二冲程直流扫气的 φ_c 为0.80～0.90。

三、扫气效率、扫气系数和给气比(扫气过量空气系数)

扫气效率 η_s，扫气系数 φ_s 和给气比(扫气过量空气系数) β 是评价二冲程柴油机换气质量的指标。扫气效率的定义是：换气过程结束后，气缸内的新鲜空气量 G_0 与气缸内全部气体量 G_a 之比，即

$$\eta_s = G_0/G_a$$

扫气系数 φ_s 的定义是：在一个循环中通过扫气口的全部扫气空气量 G_k 与换气过程结束后留在气缸中的新鲜空气量 G_0 之比，即

$$\varphi_s = G_k/G_0$$

给气比 β 的定义是：每循环通过扫气口的新鲜空气量 G_k 与在进气状态(p_s，T_s)下充满气缸工作容积 V_s 的理论空气量 G_s 之比，即

$$\beta = G_k/G_s$$

二冲程柴油机换气进行得好坏，是结合换气的干净程度和扫气空气的消耗2方面来衡量的。扫气效率是衡量扫气干净程度的指标(即换气结束时缸内新鲜空气浓度)。η_s 越大，标志着扫气越干净，η_s 的极限值是1。然而单纯用换气干净程度的指标 η_s 来说明二冲程柴油机换气的好坏是不全面的。因为只要用大量的空气扫气，总能扫得干净，所以必须要考虑到空气的消耗。扫气系数 φ_s 用来说明扫气空气消耗的相对量，而给气比 β 则说明扫气空气消耗的绝对量。一般扫气系数 φ_s=1.4～2.0，给气比 β=1.0～1.3。显然，扫气效率 η_s 越高，扫气系数 φ_s 和给气比 β 越小，扫气质量越高，换气系统越完善。

【课后练习】

一、选择题

1. 柴油机换气过程是指________。

   A. 排气行程　　B. 进气行程
   C. 进、排气行程　　D. 进、排气过程

2. 在二冲程柴油机换气过程中，从活塞将扫气口关闭到排气口关闭，这一阶段时间称为________。

   A. 自由排气阶段　　B. 过后排气阶段
   C. 强制排气与扫气阶段　　D. 超临界排气阶段

3. 由四冲程增压柴油机的换气过程特性可知，在进气阀打开瞬时，气缸内压力________。

   A. 低于进气压力　B. 高于进气压力　C. 等于进气压力　D. 忽高忽低

4. 柴油机排气阀在下止点前打开，其主要目的是________。
A. 排尽废气多进新气　B. 减少排气冲程耗功
C. 减少新气废气掺混　D. 增加涡轮废气能量
5. 在四冲程柴油机中，使膨胀损失增大的原因是________。
A. 进气阀提前开启角太大　B. 进气阀提前开启角太小
C. 排气阀提前开启角太大　D. 排气阀提前开启角太小
6. 在四冲程柴油机中，发生缸内废气倒灌进气管的原因是________。
A. 进气阀提前开启角太小　B. 进气阀提前开启角太大
C. 排气阀提前开启角太小　D. 排气阀提前开启角太大
7. 在四冲程柴油机中，压缩终点的压力和温度下降的原因是________。
A. 排气阀提前开启角太小　B. 排气阀提前开启角太大
C. 进气阀延后关闭角太小　D. 进气阀延后关闭角太大
8. 若二冲程柴油机排气口因积碳发生堵塞，则可能引发下列结果________。
A. 废气无法排出　B. 废气倒冲　C. 扫气箱着火　D. B和C
9. 由二冲程柴油机的换气过程可知，换气全过程的特点有________。
①换气时间长；②换气质量不如四冲程；③进气压力可低于大气压力；④新鲜空气耗量较大；⑤直流换气比弯流好；⑥扫气口打开，新鲜空气立即进入气缸
A. ①③⑤　B. ②④⑥　C. ①③⑥　D. ②④⑤
10. 随着柴油机转速的提高，柴油机气阀的时面值的变化规律是________。
A. 增大　B. 减小　C. 不变　D. 随机

二、简答题

1. 对四冲程柴油机和二冲程柴油机的换气过程进行分析。
2. 通过对柴油机换气过程的分析，如何提高柴油机的工作效率？

任务2　换气机构的故障分析与管理
Fault Analysis and Management of Ventilation Mechanism

【任务描述】

换气机构的任务是保证柴油机在工作过程中按规定的时间开启或关闭各气缸的进气阀（或扫气口）和排气阀（或排气口），使尽可能多的新鲜空气进入气缸，并使膨胀终了的废气从气缸排净，保证柴油机工作过程的连续和完善。四冲程柴油机采用气阀式换气机构，现代船用低速二冲程柴油机大都采用气口—气阀式换气机构。换气机构工作得好坏直接影响到柴油机的换气质量，进而影响柴油机的燃烧过程和做功能力。

学生通过对换气机构的故障分析和管理，了解换气机构的工作条件和故障形式，掌握正确维护管理换气机构的方法，确保柴油机的正常工作。

本任务内容主要包括：换气机构的故障分析；换气机构的日常管理。

【学习目标】

- 掌握柴油机换气机构的结构形式；
- 掌握柴油机换气机构的功用和工作条件；

- 掌握柴油机换气机构的故障分析；
- 掌握柴油机换气机构的管理技能。

【相关知识】

保证柴油机按规定顺序和时刻完成进、排气过程的机构称为换气机构，又叫做配气机构。

四冲程柴油机采用气阀式换气机构，现代船用低速二冲程柴油机大都采用气口—气阀式换气机构。换气机构的任务是保证柴油机在工作过程中按规定的时间开启或关闭各气缸的进气阀（或扫气口）和排气阀（或排气口），使尽可能多的新鲜空气进入气缸，并使膨胀终了的废气从气缸排净，保证柴油机工作过程的连续和完善。换气机构工作得好坏直接影响到柴油机的换气质量，进而影响柴油机的燃烧过程和做功能力。因此，正确地设计和维护管理好换气机构，对于保证柴油机良好的工作性能和使用寿命具有重要意义。

气阀式换气机构主要包括气阀机构和气阀驱动机构 2 部分。

一、气阀机构

在气阀机构中，气阀和阀座是工作条件最恶劣的零件。气阀阀盘和阀座底面是燃烧室壁面的一部分，受到燃气高温、高压的作用，特别是排气阀，由于受到排气气流的加热，温度很高；而进气阀由于进气流的冷却作用，温度低一些。对于船用增压柴油机，排气阀阀盘的平均温度可高达 650～800 ℃，阀杆温度为 150～250 ℃；进气阀阀盘的平均温度高达450～500 ℃，阀杆温度为 100～120 ℃。气阀在关闭时与阀座发生撞击和磨损，在撞击中，由于阀和阀座的弹性变形、气阀弹簧的振动及气阀弹簧螺旋线的扭转作用，会使阀面和阀座产生楔入性和扭转性滑移。这种滑移使阀面与座面间产生干摩擦，阀面和座面上剥落的金属颗粒、灰分、碳粒又变成磨料加剧磨损。燃烧产物对气阀和阀座有腐蚀作用，特别是燃用重油时，由于重油中含有较多钒和钠等，燃料燃烧后生成钒和钠的氧化物及这些氧化物生成的盐和聚合物。这些钒和钠的盐、氧化物及聚合物有的熔点低（低至 535 ℃），有的熔点较高（高达 900 ℃），它们在排气时一部分沉积到气阀和阀座上，使气阀与阀座接触不良，并对金属起腐蚀作用，使阀面和座面上出现凹坑，造成漏气和烧损。

由于气阀和阀座在高温、撞击、磨损、腐蚀的条件下工作，气阀都采用耐热合金钢材料（如镍基耐热合金钢），阀座则采用合金铸铁或耐热合金钢。为了使阀面和座面耐磨、耐腐蚀，高增压和燃用重油的柴油机气阀还在阀面和座面上堆焊钴基硬质合金，如司太立（Stellite）合金。在阀头接近燃烧室侧覆盖耐热耐蚀的铬镍铁合金。阀座采用钻孔水冷，并在阀座密封面附近开有空气槽，内存有扫气空气，当密封面漏气时，可避免产生高温排气的烧蚀；为了使阀杆耐磨，常采用氮化、镀铬、滚压、抛光等工艺。

气阀的阀面与阀座在座面的配合上有 3 种方式：全接触式，阀面锥角与座面锥角相等；外接触式，阀面锥角小于座面锥角；内接触式，阀面锥角大于座面锥角。全接触式接触面大、耐磨、传热好，但易结碳和敲击产生麻点，多用在小型高速柴油机上。阀线宽度一般为 1.5～2.5 mm。外接触式的阀面锥角比座面锥角小 0.5～1°。这种方式接触面小、密封性好，阀面与座面内侧不与燃烧时的气体接触。阀盘在高压燃气作用下发生拱腰变形，使内侧阀面与座面接触，减小接触应力、增加散热。它多用于强载中速柴油机。内接触式的阀面锥角比座面锥角大 0.2～0.5°。这种方式接触面小、密封性好。接触面因离燃烧室远些，温度低，钒、钠的腐蚀小。阀盘在高温和高压燃气作用下会发生周边翘曲的热变形和机械变形，使外侧阀面与座面接触，减小接触应力，增加阀盘散热。它常用在长行程低速柴油机中。

在气阀的结构中，阀面锥角是一个重要的参数。阀面锥角增大，则气阀对中性好、密封性好，但磨损较大，通常为 30°或 45°。

气阀弹簧的作用是当摇臂抬起时使气阀关闭。在大多数柴油机中，每个气阀都装有内、外 2 根弹簧。这样，在满足总的弹簧负荷的要求下，每根弹簧的负荷可以小一些，使之尺寸小、应力低，提高抗疲劳能力。此外，2 根弹簧由于自振频率不同、互相干扰，可以起到减振的作用。为了防止一根弹簧断裂后卡进另一根弹簧中，2 根弹簧的旋向应当相反，这还可以减少阀在开关时由于弹簧产生扭转而发生的自动研磨。此外，采用 2 根弹簧可以增加工作的可靠性。

除机械弹簧外，目前超长行程直流扫气柴油机的排气阀普遍采用空气弹簧。

气阀导管是气阀的导承。它承受着摇臂所引起的侧推力，还起着气阀散热的作用。一般经导管的散热量占气阀总散热量的 25%。导管与阀杆之间的间隙是有一定要求的，间隙过小，则气阀的动作迟滞，甚至咬死；间隙过大，则散热不良，横向振动和漏气加剧，甚至可能导致烟灰进入间隙使气阀卡住。此外，由于导管与阀杆之间的润滑条件较差，导管很容易磨损。

二、气阀传动机构

气阀传动机构的作用是把凸轮的运动传给气阀。当凸轮顶升气阀传动机构时，气阀及时开启。凸轮转过之后，在气阀弹簧的作用下气阀及时关闭。机械式气阀传动机构是传统的气阀传动机构，广泛用于各种类型的柴油机上。新型低速柴油机均采用液压式气阀传动机构。

（一）机械式气阀传动机构

它由带滚轮的顶头、推杆和摇臂等组成。摇臂经轴销安装在摇臂支座上，摇臂支座固定在气缸盖上。凸轮在转动中将顶头、推杆顶起，从而使摇臂绕摇臂轴转动，克服气阀弹簧的弹力将气阀打开。当滚轮沿凸轮的型线下降时，在气阀弹簧的作用下气阀逐渐关闭，因而凸轮的形状和安装位置决定了气阀的启闭时刻。

对于机械式气阀传动机构，在柴油机冷态时，滚轮落在凸轮的基圆上，摇臂与气阀之间应留有间隙，此间隙称为气阀间隙。其目的是保证在柴油机热态时，气阀和气阀传动机构受热膨胀后仍能完全关闭。如果不留气阀间隙，那么气阀在工作时将向下膨胀关闭不严，造成气阀漏气，并可能引起其他故障。气阀间隙可以通过调节螺钉调整。调整气阀间隙时，要求滚轮落在凸轮的基圆上，摇臂、顶杆和顶头之间保持接触。

（二）液压式气阀传动机构

液压式气阀传动机构是在气阀、顶头的上端各设液压传动器，二者之间通过油管连通。开阀靠液压传动器产生的油压，关阀靠空气弹簧的气体压力来实现。这种气阀传动机构具有尺寸小、重量轻、利于布置、气阀不承受侧推力、噪声小、拆装方便等优点，但存在着调试困难和密封困难等缺陷。目前普遍用于超长行程低速柴油机的排气阀中。

三、凸轮轴及传动机构

（一）凸轮轴

凸轮轴是柴油机中非常重要的传动轴。柴油机进、排气阀的启闭，喷油泵和空气分配器的驱动，都是通过凸轮轴进行的。此外，凸轮轴还带动调速器及其他附件的传动轮。装在凸轮轴上的凸轮是每缸一组，组数与缸数相同。凸轮轴放在凸轮轴箱内，由多个轴承支撑。

凸轮轴的结构有整体式和装配式2大类。整体式用于小型机,装配式用于大型机。整体式凸轮轴的凸轮是与轴锻成或铸成一体的。装配式凸轮轴的凸轮和轴分开制造,然后根据定时的要求将凸轮紧固在轴上,这种凸轮轴上的凸轮是可调的,以便定时调整,并且任何一个凸轮损坏时都可以单独更换。大型柴油机的凸轮轴很长,故都是分成几段组装而成的。为了使柴油机结构简单,控制进、排气阀和喷油泵的凸轮一般都装在同一根轴上。但近年来,为了更好地控制柴油机的进、排气过程和燃烧过程,满足日益严格的排放法规要求,某些新型柴油机采用了2根凸轮轴的结构。对于电子控制式柴油机,则取消了凸轮轴。

(二)凸轮轴的传动机构

凸轮轴是由柴油机的曲轴带动的,二者保持准确的相对位置。按照柴油机工作循环的要求,有凸轮控制的机构每循环必须动作一次。由于四冲程柴油机曲轴回转2周完成一个工作循环,因此其凸轮轴与曲轴的转速比应该是1∶2。同理,二冲程柴油机则应该是1∶1。

曲轴与凸轮轴之间的传动方式与发动机的类型、凸轮轴的位置以及附件的传动等因素有关。一般采用齿轮传动或链传动,所以,凸轮轴的传动机构分为齿轮传动机构和链传动机构。四冲程柴油机通常采用齿轮传动。大型低速二冲程柴油机根据凸轮轴的位置有2种传动方式:一种是凸轮轴布置在机架中部,因曲轴与凸轮轴距离较近,采用齿轮传动;另一种是凸轮轴布置在气缸体中部,因曲轴与凸轮轴距离较远,采用链传动。无论采用何种传动方式,其传动机构必须保持正确的定时关系。此外,还应尽量减小扭振及凸轮轴扭转变形引起的定时偏差。

【任务实施】

模块1　换气机构的故障分析

〖任务要求〗

1)柴油机换气机构故障的判断;

2)柴油机换气机构故障产生的原因;

3)柴油机换气机构故障的处理。

〖任务准备〗

1)四冲程柴油机不带阀壳式的换气机构组件;

2)二冲程柴油机带阀壳式的换气机构组件;

3)柴油机换气机构多媒体动画。

〖任务操作〗

在换气机构中,气阀机构的工作条件最为恶劣。尽管气阀机构在设计、制造和材料方面根据其工作条件已作充分考虑,但在使用中由于运转情况经常变化或维护保养和使用管理不当,仍然会出现下述各种故障。

一、排气阀烧损

这是最常见的故障,其主要原因是排气阀密封不严,造成高温燃气泄漏,使该处严重过热,严重时可使该处熔穿一个大洞。造成排气阀密封不良的原因有:

1)由于阀盘不同部位受热、散热条件不同,阀盘圆周上的温度分布不均匀,即靠气缸中心的部位温度高,而靠缸盖外侧的温度低。温差大造成阀盘变形翘曲而漏气。

2)排气阀阀盘及阀座密封锥面沉积一层混有碳粒的玻璃状物质。这些物质主要由

Na_2SO_4，$CaSO_4$，Fe_2O_3，V_2O_5等组成，它们的成分主要来自重油中的杂质。玻璃状沉积物性脆。当沉积厚度较大时，在闭阀时的撞击下该沉积物产生裂纹，反复撞击后进而发展到剥落，从而形成高温燃气喷口使气阀烧损。

3）普通气阀密封锥面在工作温度下硬度并不很高，沉积的硬质燃烧产物颗粒在闭阀的撞击下，可使密封面出现凹坑，也可能造成漏气。

二、排气阀高温腐蚀

劣质燃油中含有钒、钠和硫等元素。在燃油燃烧后，这些元素的生成物对金属有腐蚀作用。在氧化环境中，钒盐作为氧的载体把氧带入金属，促使金属氧化。钠系化合物对金属的腐蚀则是通过钠的硫酸盐使金属硫化进行的，形成的金属硫化物不耐热，在高温下转变为金属氧化物。上述化学反应中的化合物，具有不同的熔点。V_2O_5熔点为 670 ℃，Na_2SO_4熔点为 850 ℃，而它们组成的二元系，如 $V_2O_5 \cdot Na_2O$ 系、$V_2O_5 \cdot NaVO_3$ 系，在 530 ℃左右即以熔融的化合物形态存在。如排气阀的温度过高，则呈熔融状态的这些生成物容易黏附到排气阀上，这时即使是非常耐腐蚀的硬质合金或合金钢，也会受到腐蚀。腐蚀在密封锥面上形成麻点凹坑，凹坑相连就可能造成漏气，这也是造成气阀烧损的原因。由于上述腐蚀是在高温条件下产生的，所以称为高温腐蚀。在上述产生高温腐蚀的有害元素钒、钠和硫中，钒的危害性最大。

三、气阀密封锥面磨损过快

由上述可知，在爆发压力的作用下阀座及阀盘弹性变形，气阀落座撞击也会造成阀座及阀盘弹性变形，使阀盘锥面反复楔入，密封锥面产生相对运动，造成密封锥面磨损。气阀间隙过大（凸轮廓线的设计使气阀落座时速度迅速减至 0，避免严重冲击，撞击力较小；若气阀间隙过大，则当气阀速度还没减至很小时就撞上阀座，速度突然减至 0，加速度变得很大，撞击力大大增加），阀盘和阀座刚度（包括气缸盖底板刚度）不足，气阀和阀座材料性能达不到要求或不匹配，重油含有较多的钒、钠和硫，超负荷运行或燃烧恶化，冷却不良，阀杆与导管间隙过大，气阀机构振动使气阀落座速度过大等，都会使磨损速率变大。

增压柴油机的进气阀容易发生快速磨损。这是因为增压柴油机进气阀密封锥面不像排气阀会形成一层非金属层而不发生金属接触，也不像非增压柴油机气阀导管下端气压为负，导管内的滑油往里吸，进气阀密封锥面可得到润滑。增压柴油机进气阀密封锥面的润滑条件恶劣，容易发生金属接触。因此，有的增压柴油机向进气道喷滑油，以防止进气阀发生快速磨损。

燃用劣质重油柴油机的进气阀容易发生废气倒流，导致低温腐蚀。

四、阀盘和阀杆断裂

断裂主要发生在阀盘与阀杆过渡圆角处和阀杆装卡块的凹槽处。阀盘与阀杆过渡圆角处断裂的原因有：阀杆与导管的间隙过大；阀盘或阀座变形使局部受力过大；气阀间隙过大；气阀机构振动。阀杆装卡块的凹槽处是气阀最薄弱的部位。如该凹槽加工不良或闭阀冲击力较大，则会产生疲劳断裂。气阀断裂后掉入气缸，导致柴油机立即停止工作，并可能将活塞、气缸盖、气缸套击碎。

五、阀杆卡紧

阀杆在导管中往复运动，气阀导管间隙过小会使阀杆卡阻；气阀导管间隙过大可使导管中滑油结焦，沉积物增多，阀杆也会卡住；还可能由于中心线不正，致使阀杆卡死在导管中。这将使气阀与阀座关闭不严而发生漏气,甚至影响气阀的启闭。为此,必须注意阀杆与导管之间的间隙、对中性和润滑情况。滑油量必须适中,最好使用滑油与柴油的混合油。

六、气阀弹簧断裂

气阀弹簧断裂多是由振动造成的,也可能是因为材质、热处理不符合要求,或在保管中锈蚀所致。

七、阀壳产生裂纹

阀壳裂纹通常是由于安装时将固定螺栓拧得太紧造成的,这样会使阀壳在柴油机工作时因受热膨胀而产生很大的应力,阀壳裂纹将会使冷却水流入排气管中。因此,固定螺栓不宜拧得过紧。

由于柴油机增压度越来越高,气阀的热负荷越来越大,特别是燃用劣质燃油,使气阀尤其是排气阀的工作条件更为严酷。因此,气阀尤其是排气阀仍是故障率最高的部件之一。

模块 2　换气机构的日常管理

〖任务要求〗

1）掌握柴油机气阀组件的日常维护与管理;

2）掌握凸轮轴的日常维护与管理;

3）掌握凸轮轴传动机构的日常维护与管理。

〖任务准备〗

1）四冲程柴油机 1 台(齿轮传动);

2）二冲程柴油机 1 台(链条传动);

3）柴油机换气机构多媒体动画。

〖任务操作〗

柴油机换气机构的日常管理主要包括:气阀组件管理;凸轮轴及其传动机构使用管理。

一、气阀组件管理

虽然新型柴油机的气阀机构已进行大力改进,但在管理维修中依然须多加注意。

1）在采购燃油时,应特别注意燃油的含钒量,否则检修期和气阀寿命会明显缩短。如不得已必须燃用高钒燃油,可适当降低负荷运行。这个办法对较老型式的柴油机尤其有效。

2）必须及时对气阀进行检查。在磨削时必须注意气阀阀盘锥面与阀座锥面的锥角存在的角度差。研磨后的实际接触密封带宽度应符合要求,过宽会降低阀面的密封锥面比压,气密性较差,不利于挤碎阀锥面的沉积物,妨碍气阀的密封;而过度狭窄的密封面磨损快,且不利于热量传出。

3）气阀导管与阀杆的间隙必须合适。磨损超差应及时更换导管。因为过大的配合间隙会引起散热不良,造成阀杆处漏气,排气阀阀杆处漏气更易造成滑油结焦,使阀卡死;过大间隙还使气阀横向振动加剧,使阀盘落座时与阀座密封面的滑移量增大,磨损加剧;还可能导致气阀单边落座,这往往是造成阀盘与阀杆过渡圆角处断裂的原因。当然,导管与阀杆的间隙也不能过小,否则会导致气阀卡阻。

4）实际气阀锥面磨损率除与气阀本身的材质和表面处理工艺有关外,还与其配对的阀座材质有关。同一种气阀与不同材料的阀座配对工作,其磨损率可相差几倍。因此在修理时,更换阀座不能轻易改变阀座材料。

5）阀座安装时过盈必须适度。过盈量过小,座圈可能松动和脱落;过盈量过大,则将出现塑性变形,座圈也容易脱落。为此,更换座圈时应严格采用推荐的过盈量。安装时应采用冷冻气阀座法装入。

6）带阀壳的气阀检修后装复时,阀壳的紧固螺栓不宜拧得过紧,否则阀壳容易因受热膨胀应力过大而产生裂纹。虽然正确的拧紧可能在初期会有少量漏气,但运行一段时间后,漏气会渐渐消失。

二、凸轮轴及其传动机构使用管理

1）重装凸轮轴的传动机构必须注意对准其啮合记号。在传动机构已拆卸而机械式气阀驱动机构未拆卸的情况下,禁止盘动曲轴,以防止活塞顶撞上开启的气阀,造成气阀损坏事故。

2）凸轮及其传动机构必须经常检查其润滑情况。检查油路是否畅通,喷嘴是否堵塞。

3）对于链传动机构,必须注意链条的张紧情况。如图1-2-1所示,当磨损使链条伸长达到规定值(指针下沉到刻度底部)时,即液压缓冲装置油缸下沉到限定位置,就必须调整液压缓冲装置中阻尼活塞的位置,使其也相应下移。步骤如下:①松开螺母A,B,C和D,转动螺母C和D,使其下移,以使缓冲活塞得以下移。②盘车使张紧轮边成为松边,并到达平衡重垂直向下悬挂着的位置,这时才调整液压缓冲活塞的位置。③拧紧螺母B,直至轴1与螺母之间留有规定的间隙。④拧紧螺母C。⑤拧紧螺母D和A,并分别用锁紧片锁紧。⑥重新固定指针,使其回到刻度上的零点。当链条磨损,增长超过1.0%时,就应报废。

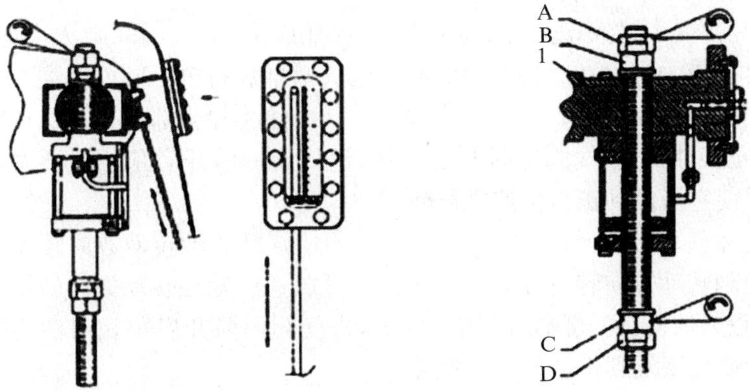

图1-2-1　链条液压缓冲活塞位置的调整

4）检查和调整气阀正时,必须在检查和调整好气阀间隙后再进行。过小的气阀间隙不但可能使气阀关不严,而且会使气阀提前开启、延后关闭;过大的气阀间隙使气阀撞击加大,同时使气阀延后开启、提前关闭。

【任务评价】

评估名称:柴油机换气机构的故障分析

评估对象:3 000 kW及以上船舶二/三管轮

评估要素:

1）柴油机换气机构的故障分析;

2）柴油机换气机构的故障处理。

评估名称：柴油机换气机构的日常管理
评估对象：3 000 kW 及以上船舶二/三管轮
评估要素：
1）柴油机气阀组件的管理；
2）柴油机凸轮轴的管理；
3）柴油机凸轮轴传动机构的管理。

【课后练习】

一、选择题

1. 气阀和阀座的钒腐蚀，引起腐蚀的主要原因是________。
   A. 冷却不良，温度过高　　B. 冷却温度过低
   C. 燃气中水分过多　　D. 燃油中含硫量过多
2. 引起柴油机气阀的阀面和阀座烧损的可能性有________。
   ①阀座扭曲漏气；②冷却不良；③阀座偏移倾斜；④阀与阀座失圆；⑤阀杆卡阻；⑥阀和阀座有麻点
   A. ①③④　　B. ②④⑥　　C. ①②④　　D. 以上全部
3. 引起柴油机气阀阀座与阀面产生麻点的原因可能有________。
   ①硫酸腐蚀；②钒、钠腐蚀；③烧损；④撞击；⑤积碳磨损；⑥局部应力过大
   A. ③④　　B. ①②　　C. ②⑤　　D. ③⑥
4. 造成气阀阀盘和阀杆断裂的原因有________。
   ①因变形局部受力过大；②气阀间隙太小，膨胀断裂；③气阀间隙太大，阀与座长期撞击；④局部热应力过大；⑤气阀机构振动；⑥阀盘堆焊材料不同而开裂
   A. 除①外全部　　B. 除②外全部　　C. 除④外全部　　D. 以上全部
5. 一台四冲程柴油机，经气阀定时测定发现，进气阀提前开启角相对活塞上止点落后一个β角，要使它恢复到正常值应把凸轮________。
   A. 顺凸轮轴转动方向转动β　　B. 逆凸轮轴转动方向转动$\beta/2$
   C. 顺凸轮轴转动方向转动$\beta/2$　　D. 逆凸轮轴转动方向转动β
6. 一台二冲程柴油机，经气阀定时测定发现，进气阀提前开启角相对活塞上止点提前一个β角，要使它恢复到正常值应把凸轮________。
   A. 顺凸轮轴转动方向转动β　　B. 逆凸轮轴转动方向转动$\beta/2$
   C. 顺凸轮轴转动方向转动$\beta/2$　　D. 逆凸轮轴转动方向转动β
7. 液压式气阀传动机构的优点是________。
   A. 阀与阀座撞击小　　B. 不需用凸轮控制
   C. 制造简单　　D. 调整气阀定时方便
8. 下述凸轮链传动特点中，________是不适宜的说法。
   A. 对凸轮轴与轴的不平行度要求较严　　B. 链条容易产生晃动和敲击
   C. 工作中发生松弛　　D. 适用于大型柴油机
9. 凸轮磨损较严重的部位一般发生在________。
   A. 凸轮基圆上　　B. 凸轮轮廓曲率半径最大处
   C. 凸轮轮廓曲率半径最小处　　D. 各轮廓曲线连接处

10. 所谓气阀间隙是指________。
A. 气阀的热态间隙
B. 气阀与阀座之间的间隙
C. 气阀与导管之间的间隙
D. 在柴油机冷态下气阀阀杆顶端与摇臂头部之间的间隙

二、简答题

1. 柴油机的换气机构常见故障有哪些?
2. 四冲程柴油机气阀摇臂采用什么油润滑?

任务3　柴油机增压形式的比较
Comparison of Turbocharged Diesel Engine Form

【任务描述】

增压,就是用提高气缸进气压力的方法,使进入气缸的空气密度增加,从而增加喷入气缸的燃油量,以提高柴油机的平均指示压力和平均有效压力。柴油机的增压程度一般以增压度来表示。增压技术始于19世纪末期,在20世纪初期得到初步应用。随着材料科学及制造技术的进步,柴油机的涡轮增压技术在20世纪中期开始走向大规模商业应用。现代海船主、副柴油机多采用废气涡轮增压技术。

通过柴油机增压形式的识别和比较,使学生了解柴油机提高功率的途径,掌握废气中的能量及在涡轮增压器中的利用情况,掌握定压增压、脉冲增压及其他增压形式的概念、特点和使用场合等基础知识,能够进行柴油机常见增压形式的识别和比较,为主、副机增压系统的维护管理打下坚实的基础。

本任务内容主要包括:柴油机增压形式的比较。

【学习目标】

- 掌握废气中的能量及在涡轮增压器中的利用情况;
- 掌握定压增压和脉冲增压的概念、特点和使用场合;
- 掌握柴油机常见增压形式的比较。

【相关知识】

柴油机所能发出的最大功率受到气缸内所能燃烧的燃料的限制,而燃烧的燃料又受到每个循环内气缸所能吸入空气量的限制。如果空气能在进入气缸前得到压缩而使其密度增大,那么同样的气缸工作容积可以容纳更多的新鲜空气,就可以多供给燃料,得到更大的输出功率。这就是增压的基本目的。

一、柴油机增压概述

增压技术始于19世纪末期,在20世纪初期得到初步应用。随着材料科学及制造技术的进步,柴油机的涡轮增压技术在20世纪中期开始走向大规模商业应用。目前,船用大功率柴油机的绝大部分、车用柴油机的半数以上均采用增压技术。增压柴油机的比功率(以平均有效压力表示)较之非增压柴油机增加了4～5倍。由于涡轮增压利用排气能量来增加充气量以提高功率,不仅使工作过程得到改善、燃油消耗率下降,而且排放也得到改善。

由此可见,采用涡轮增压技术以后,柴油机的性能得到全面、大幅度的提高。

(一) 提高柴油机有效功率的途径

有效功率的计算公式为

$$P_e \propto iD^2 Smnp_e$$

式中: i,D,S 分别为柴油机的气缸数、气缸直径、活塞行程;n 和 m 分别为柴油机的转速和每转工作行程数;p_e为柴油机的平均有效压力。

由上式可知,提高柴油机的有效功率有以下途径。

1. 改变柴油机的结构参数 i,D,S,m

增大这些参数可以提高柴油机的功率,但是提高的幅度受到多种因素的限制。气缸数 i 主要受到曲轴刚度的限制,目前直列式柴油机气缸数最多为 12 缸;增加气缸直径和活塞行程则会使柴油机的尺寸和质量大大增加,同时也增加柴油机的热负荷。

2. 提高柴油机的转速 n

柴油机转速的增加可以提高柴油机的功率。但转速增加会使磨损加剧、柴油机的惯性力增加,使柴油机寿命缩短,可靠性变差。对于船用主机,还受到螺旋桨效率的限制,因而这种方法也是有限度的。目前,新型船用低速柴油机大多降低转速以获得更高的经济性。

3. 提高平均有效压力 p_e

提高平均有效压力 p_e可以增加柴油机的功率。影响 p_e最主要的因素是进气的密度。提高进气密度,可以增加气缸充气量,使更多的燃油完全燃烧,从而大幅度提高柴油机的功率,而空气密度的增加可以通过提高进气压力和降低进气温度来实现。

所谓增压,就是用提高气缸进气压力的方法,使进入气缸的空气密度增加,从而可以增加喷入气缸的燃油量,以提高柴油机的平均指示压力和平均有效压力。柴油机的增压程度一般以增压度来表示。增压度是柴油机增压后标定功率和增压前标定功率之差值与增压前标定功率的比值,它表示增压后功率增加的程度。

由于空气在增压器中被压缩时压力和温度同时升高,这就影响了空气密度的增加和增压的效果,因此,大多数增压器都设有中间冷却器(简称中冷器)以降低空气温度、提高空气密度。通常,船舶柴油机增压器的中冷器都是以海水来冷却的。中冷的另一个作用是降低柴油机的循环平均温度。资料表明,当进气温度降低 10 ℃时,循环平均温度降低 25 ℃。这使得柴油机的热负荷降低很多。因此,中冷是增压柴油机,特别是中、高增压柴油机在提高进气压力的同时所必须采用的技术措施。

在一些新型的柴油机上,空气冷却器(简称空冷器)采用两级冷却,高温淡水冷却第一级,而低温淡水冷却第二级,这样能够更有效地利用柴油机的废热。此外,采用两级冷却还可以在低负荷下旁通第二级冷却以提高进气温度,保证柴油机的良好工作。

(二) 增压方式

根据驱动增压器所用能量的不同,柴油机增压主要分为以下 3 种类型。

1. 机械增压

柴油机输出轴直接驱动机械增压器(压气机),实现对进气的压缩。

2. 废气涡轮增压

压气机与涡轮机同轴相连,构成涡轮增压器。涡轮机在排气能量的推动下,带动压气机工作，实现进气增压。显然，这种增压形式可以从废气中回收部分能量，不仅提高柴油机的功率，而且提高动力装置的经济性，因而获得广泛应用。

3. 复合增压

这种增压形式既采用涡轮增压，又采用机械增压。根据 2 种增压器的不同布置方案，可分为串联增压和并联增压。

图 1-3-1 为 3 种增压方式的示意。随着废气涡轮增压技术的发展，目前，机械增压和复合增压已很少使用。柴油机增压压力的高低可以用无因次量增压比表示，即

$$\pi_b = p_k / p_o$$

式中：p_k为增压压力；p_o为环境条件下大气压力或增压器进口压力。

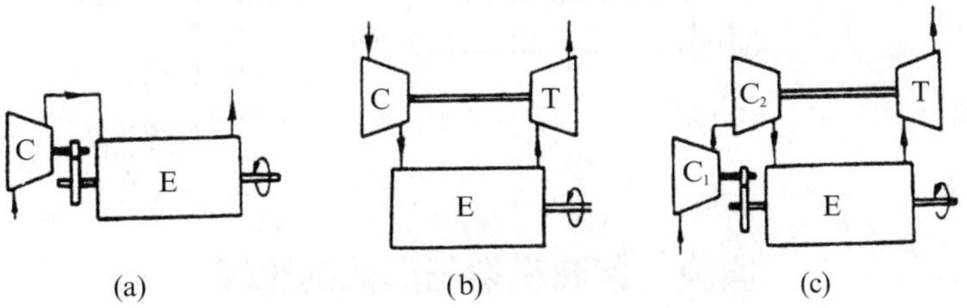

E—柴油机；C—压气机；T—涡轮机

图 1-3-1 柴油机增压的基本形式

根据 π_b的高低，一般将柴油机增压分为 4 级：低增压 $\pi_b \leqslant 1.5$；中增压 $1.5 < \pi_b \leqslant 2.5$；高增压 $2.5 < \pi_b \leqslant 3.5$；超高增压 $\pi_b > 3.5$。现代船用低速柴油机的 π_b 一般在 3.0 左右。

二、废气能量分析

柴油机排出废气所含的热量约占燃油燃烧放出热量的 30%，而排气的可用能又约占排气总能量的 60%。因此，充分利用这部分能量是提高柴油机热效率的重要途径。柴油机废气中含有的最大可利用能量见图 1-3-2。由于柴油机结构的限制，排气开始时气缸中燃气状态为 b，当这些燃气无损失地等熵膨胀到大气压力 p_o时，在理论上所能做的功在图上为面积 b—1—f—b，也就是排气开始时废气中的可用能。另外，由于柴油机采用废气涡轮增压，气缸后的压力不再是大气压力 p_o，而是涡轮前压力 p_T，在换气过程中获得的能量为 4—g—i—1—4 表示的面积。对于四冲程柴油机，这部分能量包括强制排气过程中的活塞推出功 1—2—3—4—1 和燃烧室扫气阶段进入排气管的扫气空气所具有的能量 2—i—g—3—2 两部分；而对于二冲程柴油机，这部分能量为扫气期间扫气空气所做的功。值得注意的是，二冲程柴油机在排气开始后活塞继续下行，获得膨胀功为 b—4—5—b 所示的面积，使废气可用能减少；在换气过程中没有活塞推出功补充废气能量，并且废气中掺混有很多扫气空气，使涡轮前气体温度 T_r降低，因而废气中的能量较少。

根据在废气涡轮中能量的利用情况，通常把废气的能量分成两部分：一部分是废气由压力 p_b膨胀到 p_T的膨胀能量 E_1，称之为脉冲动能，它是一种脉动的速度能，在排气管中以压力波的形式出现，在图 1-3-2 中为 b—4—e—b 所表示的面积；另一部分是废气由压力 p_T膨胀到 p_o的膨胀能量 E_2，称之为定压能(亦称势能)，在图 1-3-2 中为 g—e—f—i—g 所表示的面积。e'—f'—f—e—e'是由于损失废气可用能 b—e—5—b 而获得的热量使废

气温度升高，由此得到的废气可用能。当然，它远小于损失掉的可用能。废气能量 E 是脉冲动能 E_1 与定压能 E_2 之和。E_1 和 E_2 各在总能量中所占的百分数随着增压压力 p_k 的不同而不同。p_k 越低，E_1 所占的比例越大；p_k 越高，E_2 所占的比例越大。

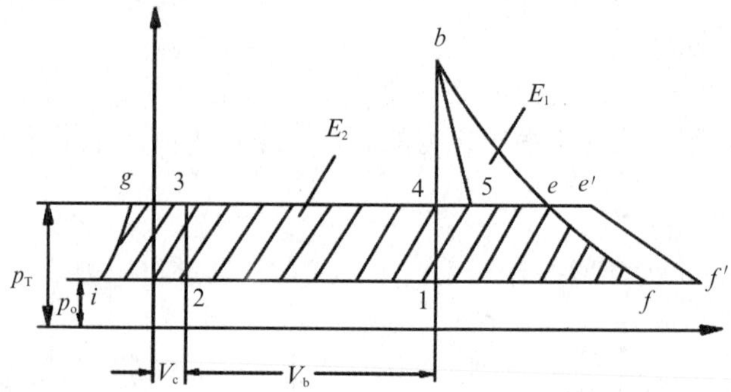

图 1-3-2　柴油机废气中含有的最大可利用能量

【任务实施】

模块　柴油机增压形式的比较

〚任务要求〛

1）正确识别柴油机的定压涡轮增压；

2）正确识别柴油机的脉冲涡轮增压；

3）掌握定压涡轮增压和脉冲涡轮增压的特点。

〚任务准备〛

1）定压增压柴油机；

2）脉冲增压柴油机；

3）定压增压原理多媒体动画；

4）脉冲增压原理多媒体动画。

〚任务操作〛

在柴油机的废气涡轮增压系统中，根据对废气能量利用方式的不同，可分为定压涡轮增压和脉冲涡轮增压 2 种基本形式，其他的增压方式都是由这 2 种形式演变和发展而来的。

一、定压涡轮增压

定压涡轮增压的特点是进入废气涡轮增压器的废气压力基本上是稳定状态。柴油机各缸的排气管连接到一根共用的容积足够大的排气总管上，涡轮装在排气总管后面，见图 1-3-3。由于排气管容积足够大，各缸排出的废气进入其中后迅速膨胀、扩散并很快稳定下来，只引起微小的压力波动。排气总管实际上成了一个集气箱，具有稳压作用。正因为废气以基本不变的速度和压力进入涡轮，所以这种增压方式的涡轮工作稳定、效率高。

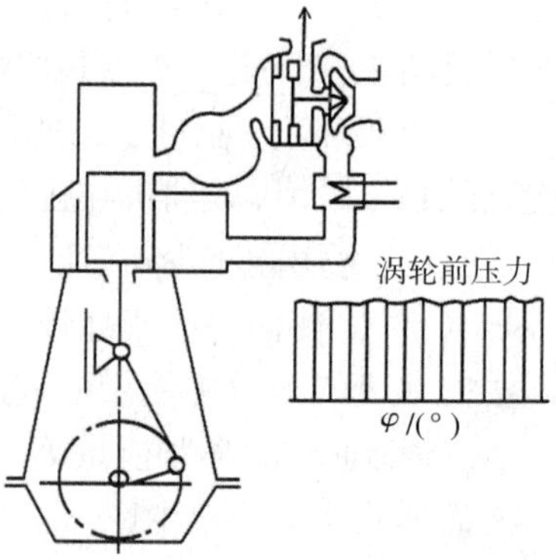

图 1-3-3　定压涡轮增压

定压增压只利用了废气能量中的定压能 E_2，而没有利用废气中的脉冲动能 E_1。脉冲动能 E_1 在排气流动中由于排气阀(口)的严重节流和在排气管中膨胀涡旋，大部分被损失掉，只有小部分转化为热能，使排气管中的废气温度略有升高。由上述可知，在定压涡轮增压系统中，脉冲动能 E_1 没有直接在涡轮中得到利用，虽然这部分能量转化为相当于图 1-3-2中面积 $f—e'—e—f$ 的能量可以在涡轮机中利用，但它比 E_1 小得多。因此，定压涡轮增压所能利用的废气能量较少，尤其是当柴油机在低负荷或起动时，因排气管压力低、废气的能量少，涡轮机发出的功率满足不了压气机所需的功率，所以船舶柴油机必须另设辅助风机来满足低负荷时的扫气需要。

二、脉冲涡轮增压

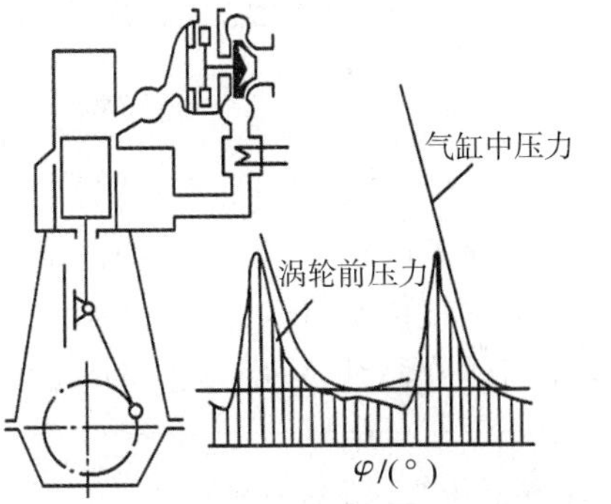

图 1-3-4　脉冲涡轮增压

脉冲涡轮增压的特点是进入废气涡轮增压器的废气压力为脉动状态。在结构上，各缸排气管经过分组直接与一个或几个废气涡轮相连，排气管短而细，见图 1-3-4。由于排气管容积相当小，排气阀或排气口开启后，排气管中的压力因废气冲入而迅速提高，瞬间接近气缸的压力。此后，由于气缸与排气管的压差迅速减小，废气进入排气管的流速降低，加上排气管中的废气不断流入涡轮机，排气管中的压力又随之下降。这样就形成脉冲压力波，即涡轮机中利用的脉冲动能。因此，脉冲增压系统不仅排气管应短而细，而且弯头要少、通道要光滑、呈流线型，并使涡轮机尽量靠近排气口。脉冲增压除可以利用脉冲动能 E_1 外(可利用 E_1 的 40%～50%)，还能较好地利用废气的定压能，故废气的能量利用增多。这有利于涡轮机与压气机之间的功率平衡。此外，扫气阶段正好是排气管中的低压阶段，扫气箱与排气管间压差较大，故有利于扫气，即使在柴油机低负荷时也是如此。但由于涡轮机在不稳定工况下工作，效率较低。

在多缸柴油机的脉冲增压系统中，如果各缸的排气均排入一根排气管，那么就会产生扫气与排气的相互干扰，即当某缸进行扫气而相邻缸正好在排气时，排气压力波会传到扫气缸的排气口处，使该缸排气背压升高，从而严重影响该缸扫气的正常进行。如果每缸各自向单独的排气管排气，虽然消除了各缸间的排气干扰，但是会使涡轮机供气间断，效率降低。这一问题必须依靠对排气管进行合理分组来解决。分组的原则是避免同组内各缸的排气与扫气互相干扰。排气管分组是脉冲增压所必须采取的措施(在定压增压中，由于排气管很大，各缸废气排入总管时不会产生脉冲压力波，不会产生排气干扰，无须分组)。

根据上述分组原则，对于二冲程柴油机，完成一个工作循环需要 360°(CA)，而扫、排气延续时间可近似地认为是 120°(CA)。因此，为使同一组内各缸扫、排气不重叠，必须保证排气间隔(即发火间隔)为 120°(CA)。这样，同一组允许的最多气缸数 $i=360/120=3$。在四冲程柴油机中，完成一个工作循环需 720°(CA)，排气时间约为 240°(CA)。同样，同组允许的最多气缸数 $i=720/240=3$。由此可见，无论是二冲程柴油机还是四冲程柴油机，每组最多只能是 3 个气缸。如果多于 3 个气缸，排气就会重叠而产生干扰。若少于 3 个气缸，虽然不会发生排气干扰，但是因为废气不能连续供给，涡轮机工作不稳定，损失较大。

所以，脉冲增压最适合于气缸数是 3 的倍数的柴油机。例如：某二冲程 6 缸柴油机发火顺序为 1—6—2—4—3—5，各缸发火间隔角为 60°，则可把 1，2，3 缸分为一组，4，5，6 缸分为另一组，见图 1－3－5(b)。

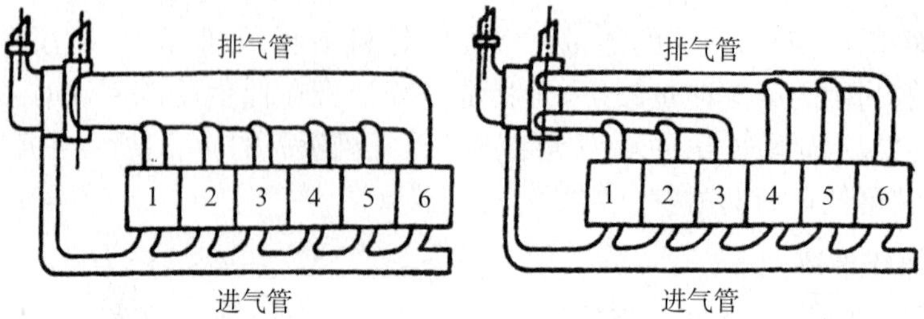

(a) 定压增压　　(b) 脉冲增压

图 1－3－5　定压增压和脉冲增压系统的布置

一般来说，大型低速二冲程柴油机的脉冲增压系统采用多台增压器，而四冲程柴油机为使结构布置紧凑，往往只采用 1 台脉冲涡轮增压器。为防止排气干扰，往往将废气涡轮的喷嘴环分隔开，采用多进口的布置方案。

〖思考〗

脉冲增压柴油机排气管为何要分组？

三、两种增压方式比较

定压增压和脉冲增压这两种增压方式各有利弊，现从以下几个方面进行扼要的分析比较。

（一）废气能量的利用

脉冲增压不但利用了废气的定压能，而且能够有效地利用废气的脉冲动能，而定压涡轮增压只利用了废气的定压能，大部分脉冲动能在节流中损失掉，所以，脉冲增压对排气能量的利用比定压增压要好，这是脉冲增压的主要优点。值得注意的是，脉冲动能和定压能在总能量中所占的比例是随着增压压力的变化而变化的。增压压力较低时，脉冲动能在总能量中的比例较大；但随着增压压力的升高，脉冲动能在总能量中的比例降低，而定压能的比例相应增加。在低增压时，采用脉冲增压是有利的；而随着增压压力的逐渐升高，脉冲增压在能量利用方面的优势逐渐降低。

（二）涡轮机的工作性能

在定压涡轮增压中，由于废气是在等压下进入涡轮机的，气流的压力和速度不变，涡轮机喷嘴环均匀进气，工作比较稳定，故涡轮机效率高；而在脉冲增压中，由于进入涡轮机的废气压力和流速是变化的，涡轮机喷嘴环是间歇的部分进气，工作不稳定，增加了损失，故涡轮机效率较低。显然，从这方面来看，采用定压增压是有利的。

（三）增压系统的布置

对于脉冲增压，为有效地利用废气的脉冲动能，对排气系统的布置、构造和加工方面都有较严格的要求，如要求排气管尽量短而细、增压器尽量靠近排气口处等。这就给系统的布置带来了困难，排气管的拆装和检修也不方便。此外，为了保证压力波峰通过时的流通能力，所需的涡轮机较大。定压增压排气系统的布置比较简单，只需装设容积足够大的排气总管，增压器的布置不受限制，增压器数量也可以减少并且使用较小的增压器。

（四）管理上的要求

由于脉冲增压的增压器距排气阀（口）很近，并且由于气流脉冲冲击使得涡轮机叶片容易污损，活塞环碎片及燃气中的碳粒等容易损伤涡轮机中的零件。此外，脉冲增压对排气定时和气口的清洁程度较敏感，而定压增压则不存在上述问题。

（五）柴油机的加速性及低负荷性能

在定压涡轮增压柴油机中，由于排气管容积较大，在低负荷时排气管中压力低、能量少，涡轮机发出的功率不能满足压气机的需要；在加速时，排气管中废气压力建立比较缓慢，增压器跟不上柴油机的加速，出现较大的滞后。而脉冲增压柴油机由于排气管容积较小，不存在上述问题。因此，定压增压柴油机必须另设辅助风机来满足低负荷时的扫气要求。

综上所述，在不同的增压压力下应当采用不同的增压方式。在低、中增压时，采用脉冲增压可以更多地利用废气能量。虽然在结构、管理、涡轮机效率等方面有缺点，但是与其优点相比还是次要的。因此，在这个增压压力范围内的柴油机绝大多数采用脉冲增压。随着增压压力的提高，定压能的比例也随之增高，脉冲增压在废气能量利用方面的优势不再存在，而结构、布置、涡轮机效率等方面的问题上升为第一位。因此，在高增压时均采用定压增压，如目前的 Surlzer RTA 系列柴油机、MAN B&W MC 系列柴油机均采用定压涡轮增压。定压增压也是目前大型低速柴油机增压系统的发展方向。

【任务评价】

评估名称：柴油机增压形式的比较

评估对象：3 000 kW 及以上船舶二/三管轮

评估要素：

1）定压涡轮增压的特点；

2）脉冲涡轮增压的特点；

3）定压涡轮增压与脉冲涡轮增压的比较。

【任务拓展】

一、模件式脉冲转换增压

从对定压增压与脉冲增压的分析比较中可知，定压增压的主要特点是废气在从排气阀（口）至废气涡轮的能量传递过程中损失较大，而在废气涡轮中做功的过程能量损失较小；脉冲增压则相反，废气从气缸出口至废气涡轮的能量传递损失小，而在废气涡轮中做功的过程能量损失大，特别是对气缸数不是 3 的整数倍的柴油机，排气管分组难以使同组中各缸排气和扫气互不干扰，而且废气供应不连续，致使涡轮机中进气和鼓风损失增大，涡轮机效率明显下降。随着增压技术的发展，出现了一些兼顾定压增压和脉冲增压优点并且可用于气缸数不是 3 的整数倍的柴油机的新的增压方式，如脉冲转换增压、多脉冲增压和模件式脉冲转换增压等。

模件式脉冲转换增压（Modular Pulse Converter，MPC），也称为单管脉冲增压，是近

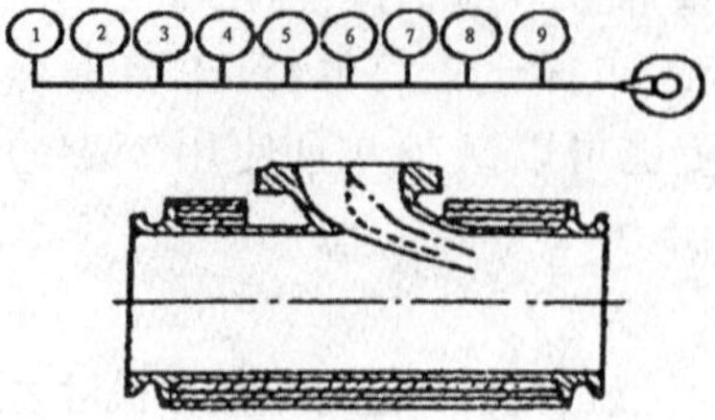
图 1-3-6 模件式脉冲转换增压

年来发展的一种新型增压系统。这种增压系统在布置上与定压增压系统相似，见图 1-3-6。它将各缸排气支管做成收缩形喷管，然后斜向边接于一根直径较小的排气总管上，各缸的排气支管及相应的排气总管作为一个模件，具有相同的形状和尺寸。将各管段连接起来，即形成一个整体，构成排气系统并与涡轮机连通。由于排气管直径较小，故排气脉冲动能损失较小。在气缸出口处由于各排气支管的引射，使各缸的压力能转变为动能，并迅速将它传给已在排气管中高速流动的气体，使气体的速度不断增加以阻止产生的压力波动。在排气管的末端有一个扩压器，把气体的动能转变为压力能，然后进入涡轮机，保证涡轮机按定压工作。这种增压系统的排气管布置简单，又不受柴油机缸数限制，而且使柴油机的工作性能优于多脉冲转换增压系统，目前广泛用于大功率中速柴油机。

二、柴油机排放控制

由于现代工业不断发展，对大气的污染日益严重，使人类的生存环境日趋恶化。排气污染物对大气环境的影响主要表现在：①烟雾；②酸雨；③臭氧层减薄；④温室效应。随着人类环境意识的增强，各种环保法规陆续出台，对各种有害排放形成了有效控制。

船舶承担着 95%以上的世界贸易运输量，消耗世界能源的 3%，其主要的动力装置——船舶柴油机的排放数量也是非常巨大的。据统计，船舶柴油机的氮氧化物(NO_x)排放量约占全球 NO_x 排放量的 7%，硫氧化物(SO_x)排放量约占全球 SO_x 排放量的 4%，二氧化碳(CO_2)排放量占全球 CO_2 排放量的 2.7%。随着海上运输业的发展、船舶保有量的增加，船舶造成的大气污染日益严重。目前，与陆上的排放法规相比，船舶排放法规相对比较宽松，这也导致船舶有害排放相对值的增加。毋庸置疑，随着技术的发展，对船舶有害排放的控制会更加严格。

(一) 柴油机有害排放物的种类和产生的原因

柴油机是以碳氢化合物(HC)为燃料的，当燃料完全燃烧时，如果不考虑燃料中的杂质，只会产生水蒸气(H_2O)和 CO_2。水在地球上大量存在，柴油机排出的水分不会对地球水循环构成重大影响。过去并不认为 CO_2 是一种污染物，但由于含碳化石燃料的大量使用，使地球的碳循环失衡，加剧“温室效应”，故引起了全人类的广泛关注。

根据柴油机燃烧的特点可知，燃料在柴油机中的混合和燃烧是在极短时间内完成的。由于燃料与空气混合的不均匀程度比较严重，因此燃料不可能完全燃烧，在柴油机的排气中会出现一些不完全燃烧产物。在高温缺氧环境下，燃油易发生裂解、脱氢生成碳烟粒子；发生不完全燃烧时生成一氧化碳(CO)；在低温及混合气过稀的条件下易生成未燃 HC；而在高温环境下会使空气中的氮氧化生成各种氮的氧化物，一般用 NO_x 表示。此外，燃油中含有的硫可使柴油机在燃烧过程中生成 SO_x。

1. 柴油机排放物的主要成分

柴油机排出的废气是由燃烧产物和剩余空气组成的，主要包括 H_2O，过量氧气(O_2)，残余氮气(N_2)，CO_2，CO，NO_x，HC，SO_x 和颗粒(PM)等。船用低速柴油机排气成分的组成见表 1-3-1，其中 H_2O，O_2 和 N_2 属无害成分，不会给人类及环境带来任何不良影响。CO_2 虽然不会对人类和环境产生直接危害，但由于 CO_2 的大量聚积会形成温室效应，也需要加以控制。CO_2，H_2O，N_2 和 O_2 占到排气体积总量的 99.8%。

表 1-3-1　低速柴油机排气成分的组成

成分	O_2/%	N_2/%	CO_2/%	H_2O/%	NO_x/ppm	SO_x/ppm	CO/ppm	HC/ppm	PM/(mg/Nm^3)
含量	14.0	76.2	4.5	5.1	1 500	600	60	180	120

对大气环境和人类健康影响很大且已被各国排放法规限制的柴油机排放物是 CO，NO_x，HC，SO_x 和 PM 等，这些物质虽然只占排气体积总量的 0.2%，却能对环境和人体造成巨大的危害。我国有关标准把废气中的有害成分及 CO_2 和碳烟等统称排放物，简称排放。

2. 柴油机有害排放物的生成机理

(1) 氮氧化物

柴油机排气中的 NO_x 是指各种氮氧化物的总称，其中包括 NO，NO_2，NO_3，N_2O，N_2O_3，N_2O_4 和 N_2O_5 等。在柴油机中，燃料经燃烧后从排气管排出的 NO_x 中约有 90%～95%是 NO，NO_2 少量存在，其他成分可以忽略不计。从发动机排出的 NO 与大气中的氧气相遇后，进一步氧化为 NO_2。对柴油机来说，要控制排放量的 NO_x 主要是 NO，而对人类直接造成危害的成分是 NO_2。

NO_x($NO+NO_2$)的生成来源有 2 方面：一方面，其主要来源是参与燃烧的空气中的 N_2；另一方面，在燃料中也可能存在微量的氮化物。前者产生的氮氧化物称为“热氮氧化物”(Thermal NO_x)，后者称为“燃料氮氧化物”(Fuel NO_x)，由于柴油机燃油仅含微量氮，形成的 NO_x 很少，不足以产生显著的 NO_x 排放。柴油机排气中的 NO_x 主要是由空气中的氮在高温环境下氧化生成的，即“热氮氧化物”。由空气中的氮和氧在高温燃烧过程中进行反应而生成的热氮氧化物，其形成的机理相当复杂，目前已被广泛接受的理论为采尔道维奇(Zeldovich)原理。NO 的生成反应可用以下化学方程式表示：

$$O_2=2O$$
$$O+N_2=NO+N$$
$$N+O_2=NO+O$$
$$N+OH=NO+H$$

氧气在高温分解时产生氧原子(O)，分子状态的 N_2 与原子状态的氧碰撞，或氧分子与氮原子碰撞均可生成 NO。NO 的生成随温度的升高而呈指数函数急剧增加。当温度低于 1 800 K 时，NO 的生成速率极低；到 2 000 K 就达到很高的速率。大致可以认为温度每提高 100 K，NO 的生成速率几乎翻 1 番。氧浓度提高也使 NO 生成量增加，由于 NO 的生成反应比燃料的燃烧反应慢，所以只有很少一部分 NO 产生于很薄的火焰反应带中，大部分 NO 在火焰离开后的已燃气体中生成；如果反应物在高温环境停留时间不足，则 NO 达不到平衡含量，使 NO 排放减少。

因此，柴油机燃烧过程中决定 NO_x 生成率大小的 3 个主要因素是：高温、富氧和氮与氧在高温下停留时间的长短。燃烧室内温度升高，氧气浓度增加，燃气在高温区滞留时间增长，均使 NO_x 增加。如果参与预混燃烧的燃油量多，则因其较高的燃烧温度和较长的焰后反应时间使 NO_x 生成量增加。所以，直喷式柴油机生成的 NO_x 浓度明显高于分开式燃烧室。

（2）碳氢化合物

HC是由燃油中的未燃烃类、裂解反应和再化合反应的产物、燃烧和氧化反应的中间产物（如醛、醇等）所组成的，少部分产生于润滑油。

HC的生成机理很复杂，它是由多种因素形成的，其根本原因是烃类在空气中不能燃烧或不能完全燃烧，如在温度或压力过低、混合气浓度过浓或过稀条件下都可能形成HC。对于柴油机来说，由于它是短促喷油后的压燃，燃油喷注与周围空气形成的混合气很不均匀，喷注核心的油气可以在混合过程中逐渐稀化，不致引起很多HC排放；但在喷注外围，来不及着火就可能形成过稀的混合气，其中的燃料可能始终不能完全燃烧，成为未燃的HC排放源。因此，柴油机在怠速或小负荷运转时的HC排放多于高负荷时的HC排放。此外，喷油设备工作不正常、喷油器结构不合理等也会导致HC排放的增加。

（3）一氧化碳

CO是烃燃料燃烧的中间产物和不完全燃烧产物之一。一般来说，如果达到一定的反应温度，并在氧化剂存在的条件下，CO将继续进行反应，而生成燃烧产物 CO_2。如果燃烧过程中局部空间或瞬时存在下列条件之一，则CO不能继续燃烧而被排出机外。

1）反应着的气体温度突然过低；

2）反应着的气体突然缺氧；

3）反应物停留在适合反应条件的时间过短。

在燃烧室中，生成CO的主要部位是富油区、稀熄火焰和火焰淬熄区。

富油区主要存在于喷注核心、喷注尾部、燃油的后滴和异常喷射区、燃烧室壁面上积存过多的油膜，以及因涡流过强使相邻油束产生重叠的部位。这些富油区部位，由于严重缺氧使CO不能充分燃烧成 CO_2 而保留在燃烧室内，最后排出，特别是在满负荷或超负荷工作时更为严重，这是CO的主要来源。其排放率取决于空燃比和混合气形成的不均匀度。

稀熄火焰和火焰淬熄区存在于喷注火焰区之外，这些区域由于混合气过稀，化学反应不稳定，使生成的CO不能继续燃烧而中断，或因火焰遇到低温和冷壁而中断反应。活塞顶隙内、活塞顶岸部位的间隙内、喷注前锋的稀熄火区以及低负荷时气缸壁的近壁区等是CO排放的另一重要来源。另外，气流运动过强，以至于吹熄火焰，使燃烧突然中断，除HC增加外，还可能使CO氧化中断，这也是CO排放增加的原因。

（4）颗粒

颗粒也称微粒（Particulate Matter，PM），是指用清洁的过滤空气稀释，气体温度低于或等于325 K（52 ℃）时，在规定的过滤介质上所采集到的物质。柴油机PM的组成取决于运转工况，尤其是排气温度。当排气温度较高时，它主要是碳质微球的聚集体，一般称之为碳烟（Dry Soot，DS），主要是柴油机在高压燃烧条件下，局部高温、缺氧、裂解并脱氢而生成的以碳为主要成分的固体微小颗粒；柴油机的不均质、异相燃烧，特别是燃烧时燃料分子往往被高温火焰或燃烧产物包围这一特点，决定了生成碳烟的必然性。当排气温度较低时，碳烟会吸附和凝聚多种有机物，称为有机可溶成分(Soluable Organic Fraction，SOF)，它是重质有机化合物从气缸内排出被空气稀释时凝结并被碳粒所吸附的。最容易凝结的是未燃燃油中的重馏分、已经热解但未在燃烧过程中消耗的不完全燃烧有机物以及窜入燃烧室中的润滑油。若排气成分中 HC 含量高，则冷凝作用更强烈。

(二) 各种有害排放物造成的主要危害

1. 柴油机有害排放物造成的主要危害

1) NO_x。柴油机排气中的 NO_x 绝大部分(90%以上)是 NO，少量是 NO_2。NO 是无色气体，本身毒性不大，通过光化学反应会破坏大气臭氧层，并且在大气中会缓慢氧化成 NO_2。NO_2 是一种棕色的刺激性气体，当其浓度为(100～120)ppm 时，会表现出很强的毒性，如破坏人体的黏膜，引起肺癌，导致人体组织缺氧乃至窒息；若浓度达到 200 ppm，会立刻致人死亡。

2) HC。HC 包括未燃和未完全燃烧的燃油、润滑油以及其裂解和部分氧化产物，如烷烃、烯烃、芳香烃、醛、酮、酸等数百种成分。烷烃基本上无味，对人体健康不产生直接影响。烯烃略带甜味，有麻醉作用，对黏膜有刺激性。烯烃是与 NO_x 一起在太阳光的紫外线作用下形成有毒的光化学烟雾的罪魁祸首之一。芳香烃对血液和神经系统有害，特别是多环芳香烃(PAH)及其衍生物有致癌作用。醛类是刺激性物质，对眼、呼吸道、血液有毒害。

3) PM。PM 的主要组分是碳、凝结的碳氢化合物、硫酸盐和缔合水。柴油机排出的 PM 直径大多小于 0.3 μm，人在呼吸时，可被吸入肺部，并在肺里滑动，造成肺组织的伤害。另外，PM 碳核吸附的其他有毒物质被吸入人体，也会对人体造成损害。

4) CO。CO 是无色、无嗅的有毒气体。CO 与血红蛋白的亲合力大约是 O_2 的 200 倍，吸入人体后能与血红蛋白结合成碳氧血红蛋白，导致人体组织缺氧，发生恶心、头晕等，严重时窒息死亡。在柴油机的排气中 CO 含量较少，只在高负荷运转时排放量较高。

5) SO_x。SO_x 是燃油中的硫分在燃烧中的产物，主要包括 SO_2 和 SO_3。排气中的 SO_x 量与燃油中的含硫量有关，如果燃油中的含硫量为 3.0%，那么燃烧每吨燃油大约可以产生 63.6 kg 的 SO_x。SO_2 具有刺激性，与水结合后生成亚硫酸，直接危害人的眼鼻和喉黏膜，引起呼吸器官炎症。另外，SO_2 进一步氧化的产物 SO_3 与水分作用形成硫酸，SO_x 排入大气形成的酸雨对于土壤和植物有害。

2. CO_2 排放和温室效应

近年来，温室气体排放问题引起了世界范围的广泛关注。温室气体是指大气中能够吸收热和反射红外波的这类气体。在地球上温室气体很多，诸如 H_2O，CO_2，甲烷，NO_x，臭氧以及氟氯化碳等都属于温室气体。水蒸气的温室气体作用占 36%～72%，而 CO_2 的温室气体作用仅占 9%～26%，并且各种温室气体对于辐射的吸收和反射作用很难界定。为什么目前公众确认温室气体只有 CO_2，并将全球变暖的主要原因归咎于 CO_2 呢？

碳是形成生命的最重要的元素，几千万年来，地球表面上的山川、海洋、大气、生命的各种运动，不断产生和吸收着 CO_2，并且以它自己的方式在山川、海洋、大气、生物中进行循环，碳的总量基本上是平衡的。人类进入工业社会以来，由于大量使用矿物燃料，如煤炭、石油等，将原来固定在地壳深处的碳挖掘出来，通过燃烧，将大量的 CO_2 排放到大气中，而目前生态环境的破坏导致植被减少，使植物吸收 CO_2 的能力大为减弱，地表的碳平衡被严重破坏。

由于大气中 CO_2 含量的增加，形成了很严重的温室效应，导致气候变暖、冰川融化、海平面上升，对全球经济造成巨大的损失，也对人类的生存造成巨大的威胁。事实上，更严重的问题是由于全球气候变暖导致冰川融化，会将原来被冰川吸收的另外一种温室气体——甲烷也释放出来，形成一种正反馈效应，无法控制，将会对整个人类造成灭顶之灾，这才是目前在全世界范围内努力控制 CO_2 排放的真正原因。科学家对 100 年内由于温室效应造成的海平面升高的预测见图 1-3-7。如果控制得当，可将海平面的升高控制在约 30 cm 之内；如果控制不当，则海平面可能升高 100 cm 以上，导致大片陆地被淹，对全球经济造成巨大的损失。2009 年 12 月在哥本哈根举行的联合国气候变化大会认为，气候变化是我们这一时代面临的巨大挑战，必须在全球范围内大幅度削减 CO_2 的排放，控制全球温度升高，并确定了在本世纪内全球温度升高不超过 2 ℃的指标。

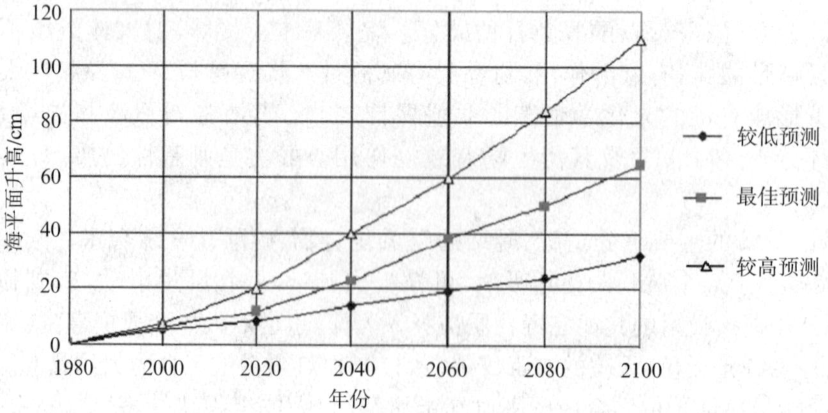

图 1-3-7　由于温室效应造成的海平面升高的预测

（三）对各种有害排放物的控制措施

1. 控制船舶柴油机排放的有关法规

20 世纪 70 年代以来，由于环境污染的日益严重和人们对环境状况的日益关注，内燃机有害排放物对大气造成的危害受到了人们的高度重视。各国际组织及世界各国和地区相继以法规的形式对内燃机排放物加以强制性限制。

为限制和控制船舶向大气排放有害物质，国际海事组织（IMO）于 1997 年召开防止大气污染缔约国外交大会，通过了修订《73/78 国际防止船舶造成污染公约》（MARPOL 73/78 公约）的 1997 年议定书。该议定书新增了附则Ⅵ“防止船舶造成空气污染规则”，其中第 13 条和第 14 条分别对船舶柴油机 NO_x 排放和 SO_x 排放作出相应的规定。该附则于 2004 年 5 月 18 日满足生效条件，并于 2005 年 5 月 19 日开始生效。

2008 年 10 月，IMO 海洋环境保护委员会（MEPC）对 MARPOL 73/78 公约附则Ⅵ重新进行修订，对于船舶的废气排放提出更严格的要求。

MEPC 的下一个目标是制定 CO_2 排放指标计划导则，其目的是制定一个简单的系统，供船舶经营人使用。

(1) 关于 NO_x 的限制

根据2008年10月通过的修订的MARPOL 73/78公约附则Ⅵ第13条的要求，对于每台安装在船上的输出功率超过130 kW的船舶柴油机和每台2000年1月1日或以后经重大改装的、输出功率超过130 kW的船舶柴油机的 NO_x 排放都要进行限制，但不同时期建造的船舶以及柴油机的 NO_x 排放的限制值有不同的规定，见图1-3-8。

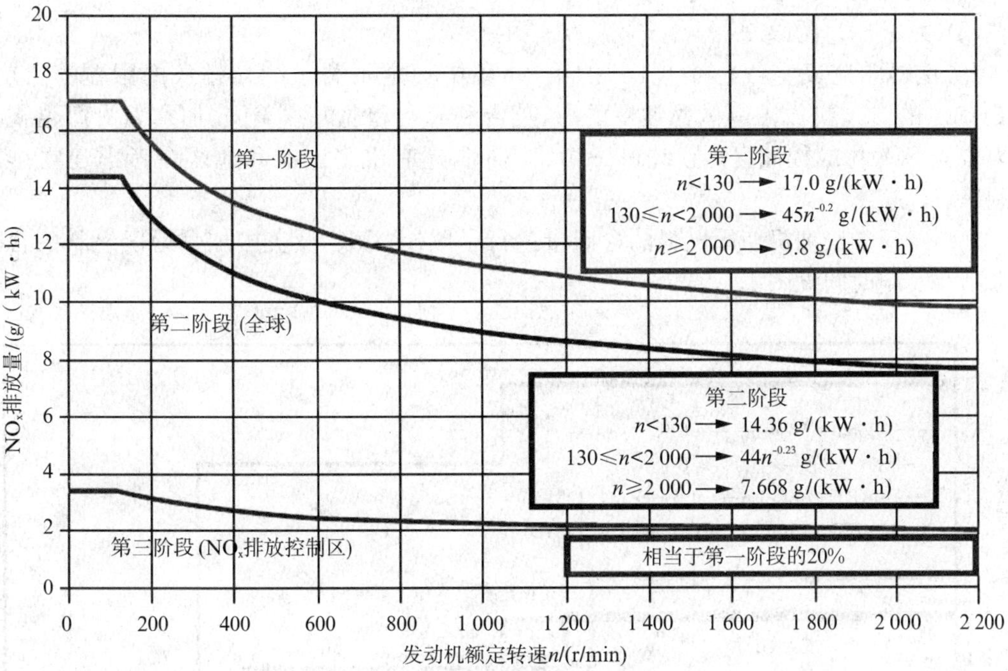

图1-3-8　柴油机 NO_x 排放量的限制值

对2000年1月1日或以后至2011年1月1日以前建造的船上安装的柴油机，其 NO_x 排放量的限制值按第一阶段标准要求，即

1) 17.0 g/(kW·h)，当 n 小于130 r/min时。

2) $45n^{-0.2}$ g/(kW·h)，当 n 等于或大于130 r/min，但小于2 000 r/min时。

3) 9.8 g/(kW·h)，当 n 等于或大于2 000 r/min时。

对2011年1月1日或以后建造的船上安装的柴油机，其 NO_x 排放量的限制值按第二阶段标准要求，即

1) 14.36 g/(kW·h)，当 n 小于130 r/min时；

2) $44n^{-0.23}$ g/(kW·h)，当 n 等于或大于130 r/min，但小于2 000 r/min时；

3) 7.668 g/(kW·h)，当 n 等于或大于2 000 r/min时。

第二阶段 NO_x 排放量的限制值约为第一阶段限制值的80%。

对2016年1月1日或以后建造的船上安装的柴油机，当船舶在排放限制区内航行时，其 NO_x 排放量的限制值按第三阶段标准要求，即

1) 3.4 g/(kW·h)，当 n 小于130 r/min时；

2) $9n^{-0.2}$ g/(kW·h)，当 n 等于或大于130 r/min，但小于2 000 r/min时；

3) 2.0 g/(kW·h)，当 n 等于或大于2 000 r/min时。

第三阶段 NO_x 排放量的限制值约为第一阶段限制值的 20%。目前 NO_x 排放控制区尚未确定，但现存的硫排放限制区——波罗地海、英吉利海峡和英国北海，以及地中海、美国东西海岸、澳大利亚沿海都在积极争取获得批准。

对于在 1990 年 1 月 1 日或以后但在 2000 年 1 月 1 日以前建造的船舶上安装的输出功率超过 5 000 kW 且每缸排量在 90 L 或以上的船舶柴油机，其 NO_x 排放量的限制值按第一阶段标准要求。

(2) 关于 SO_x 的限制

"防止船舶造成空气污染规则"的第 14 条中规定了关于 SO_x 排放的限制。目前，IMO 确定的 SO_x 排放限制区为波罗的海、英吉利海峡和北海。美国、加拿大沿海也积极努力成为 SO_x 排放控制区，在 2011—2015 年间，还有很多国家和地区在考虑建立排放控制区。

规则对船舶柴油机使用燃料的含硫量进行了限制，IMO 及美国加州地区燃料的含硫量限制及实施时间见图 1-3-9。

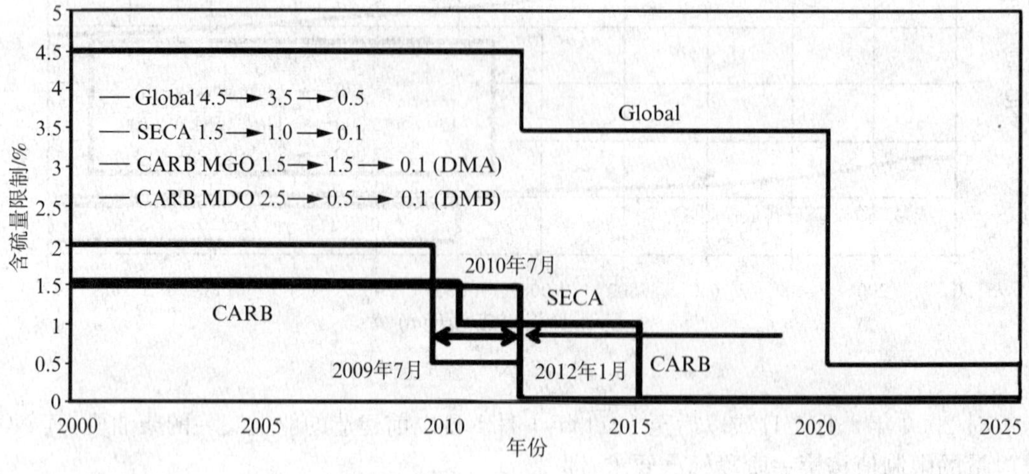

图 1-3-9 IMO 及美国加州地区燃料的含硫量限制及实施时间

根据 MARPOL 73/78 公约附则Ⅵ，在全球范围内且在规定期限内，船上使用燃油的含硫量不应超过下述极限值：

1) 2012 年 1 月 1 日以前，4.50%；

2) 2012 年 1 月 1 日及以后，3.50%；

3) 2020 年 1 月 1 日及以后，0.50%。

2018 年之前，由燃油专家以及海事、环保、科研和法律相关专家组成的 IMO 专家组应完成对全球燃油状况的评审，如果判定船舶条件无法符合，那么上述第 3 条标准推迟到 2025 年 1 月 1 日生效。

当船舶在 SO_x 排放控制区域航行时，在规定期限内，船上使用燃油的含硫量不应超过下述极限值：

1) 2010 年 7 月 1 日以前，1.50%；

2) 2010 年 7 月 1 日及以后，1.00%；

3) 2015 年 1 月 1 日及以后，0.10%。

IMO 燃料的含硫量限制及实施时间见表 1－3－2。

表 1－3－2　IMO 燃料的含硫量限制及实施时间　　%

<table>
<tr><th>实施时间</th><th>SO_x 排放限制区</th><th>全球</th></tr>
<tr><td>2010 年 7 月 1 日前</td><td>1.50</td><td rowspan="2">4.50</td></tr>
<tr><td>2010 年 7 月 1 日后</td><td rowspan="2">1.00</td></tr>
<tr><td>2012 年 1 月 1 日后</td><td rowspan="3">3.50
2018 年对全球燃油状况进行评审</td></tr>
<tr><td>2015 年 1 月 1 日后</td><td rowspan="4">0.10</td></tr>
<tr><td>2018 年</td></tr>
<tr><td>2020 年</td><td rowspan="2">0.50</td></tr>
<tr><td>2025 年</td></tr>
</table>

燃油含硫量应由供应商提供文件证明。在其进入排放控制区域之前规定足够的时间，对燃油供给系统进行全面冲洗，以去除所有超过规定的含硫量的燃料。在燃油转换作业进入排放控制区域以前完成或离开该区域后开始时，应将每一燃油舱中的低硫燃油的容积以及日期、时间、船舶位置记录在主管机关规定的日志中。应携有一份书面程序表明燃油转换如何完成。

除 MARPOL 73/78 公约附则Ⅵ“防止船舶造成空气污染规则”外，美国、欧洲等国家和地区也制定了本国或本地区的排放法规，这类排放法规虽然只在本国或本地区内适用，但往往比国际法规更加严格。

欧盟规定自 2006 年 5 月起，所有船舶必须使用含硫量为 1.5%以下的燃油；在欧洲固定航线上的客船应使用含硫量为 1.2%以下的燃油；所有在欧洲港口停泊的船舶使用燃油的含硫量应低于 0.2%，到 2010 年 1 月后使用燃油的含硫量应低于 0.1%，或使用排气后处理措施达到相应的 SO_x 排放水平。

不仅如此，针对目前船舶柴油机不同的排放状况，欧洲各国如瑞典、挪威等还制定了不同的排放收费标准，其基本原则是以 MARPOL 73/78 公约附则Ⅵ“防止船舶造成空气污染规则”所规定的限制指标为基准制定港口、航道费用的收费标准，对于排放量低的船舶予以减免，而对于排放量高的船舶予以重罚。

2. 排放法规的实施对船舶柴油机动力装置的影响

排放法规的实施以及排放法规的逐步严格，将对柴油机的研制开发、制造及使用产生巨大的影响，甚至在某种程度上引导着柴油机的发展方向。

(1) 对船舶柴油机发展的影响

影响 NO_x 生成的主要因素是柴油机气缸中的燃烧过程，它与柴油机的结构、工作过程参数、运行工况、各辅助设备和系统的工作质量都有关系。降低 NO_x 排放的方法主要是机内处理和机后净化。机内处理方法的关键是有效地控制燃烧过程，目前的主要途径是开发低排放的直喷式燃烧室，以寻求同时满足排放标准和提高柴油机的热效率；另外，使用推迟喷油、废气再循环(EGR)以及缸内喷水等方法也能达到目前规定的排放标准，但会使柴油机的热效率下降，运行经济性变差。采用机后处理方法虽然不会影响柴油机的热效率，但设备的增加必然引起船舶初造价的提高和船员维护管理工作的增加。

(2) 对船舶柴油机燃油的影响

船舶柴油机废气排放中 SO_x 排放物的多少主要是由燃油中的硫分所决定的。MARPOL 73/78 公约附则Ⅵ对燃料含硫量的规定,对目前以低质燃料油为主要燃料的船舶柴油机来说将存在重大的影响。由于中东地区石油的储量占世界石油储量的 66.4%,以其为原料生产的低质燃料油的含硫量较高,甚至可能高达 6%,为满足 MARPOL 73/78 公约附则Ⅵ的要求,特别是在 SO_x 控制区内,降低燃料含硫量是减少废气中 SO_x 的最有效方法。当然,进行脱硫处理后,燃料的价格上升,燃料费用增加。另外一种除去废气中 SO_x 的方法是水洗。尽管在每一艘船上装设庞大的 SO_x 处理设备,但是不论从经济角度还是从环保角度都存在一定的问题,仍然是欧盟一些国家努力研究的课题。采用其他清洁燃料,如 LNG,也可以满足 MARPOL 73/78 公约附则Ⅵ的要求,现在也已取得许多成果,但以目前的技术水平和生产、运输、贮存能力,还不可能全面取代石油产品。

3. 船舶柴油机有害排放的控制措施

控制船舶柴油机的排放问题已成为当今船舶动力装置发展的主要课题之一。与汽油机相比,柴油机的 CO 和 HC 排放量要少得多,但柴油机的 NO_x 排放与汽油机在同一数量级,而 PM 排放要比汽油机大几十倍甚至更多;另一个问题是由于船舶柴油机燃用含硫量较高的重质燃料油所引起的 SO_x 排放。因此,根据相关国际法规的要求和柴油机排放的特点,船舶柴油机排放物的控制重点是 NO_x,其次是 SO_x,对于 PM 排放和 CO_2 排放的控制正在考虑之中。

(1) NO_x 排放的控制

船舶柴油机 NO_x 排放的控制措施主要是针对影响 NO_x 排放的各种因素,而相应产生的减少 NO_x 排放的各种方法。大量研究表明,要有效地控制柴油机的 NO_x 排放,必须从柴油机燃烧过程的改进、排气后处理以及改善燃油品质入手。根据所采取的控制措施与柴油机工作过程的关系可分为机前处理、机内处理和机后处理 3 大类,见图 1-3-10。

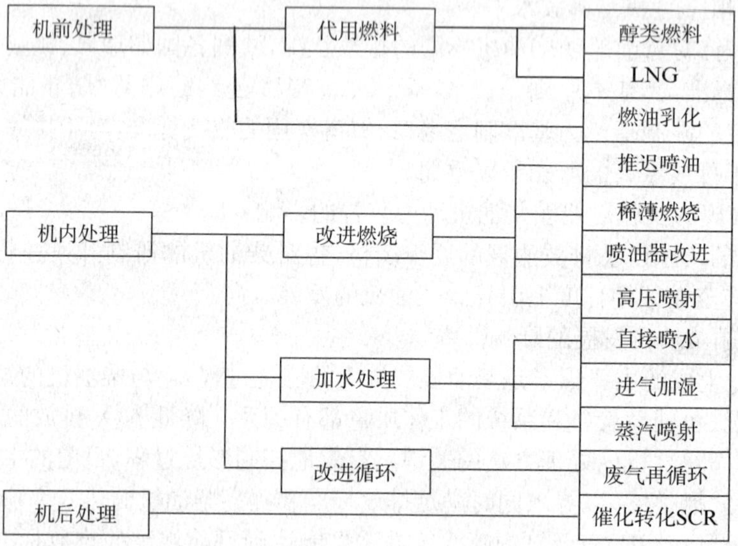

图 1-3-10 柴油机有害排放的控制措施

机前处理主要是采用清洁燃料，使在燃烧过程中不产生或少产生有害排放物，这涉及新型燃料和燃料处理问题，不在这里作详细讨论；机内处理是在有害排放物质生成之前采取措施，通过改变柴油机的结构参数或运行参数控制柴油机的燃烧过程来减少缸内有害排放的生成量；机后处理则是在有害排放生成之后对废气进行物理、化学处理，以降低有害排放物质的排放量，也称为排气后处理方法。

目前，对船舶柴油机有害排放采取的主要措施如下：

1）燃烧过程改进。研究表明，在柴油机燃烧过程中，碳粒在燃烧温度大于 1 500 K，过量空气系数小于 0.6 的过浓混合气中形成，NO_x 在燃烧温度大于 2 300 K 的富氧条件下生成。因此，要同时降低 NO_x 和 PM 排放，需寻找一个同时满足限制 NO_x 和 PM 生成的条件。图 1－3－11 所示为低 NO_x 和 PM 排放燃烧的示意。

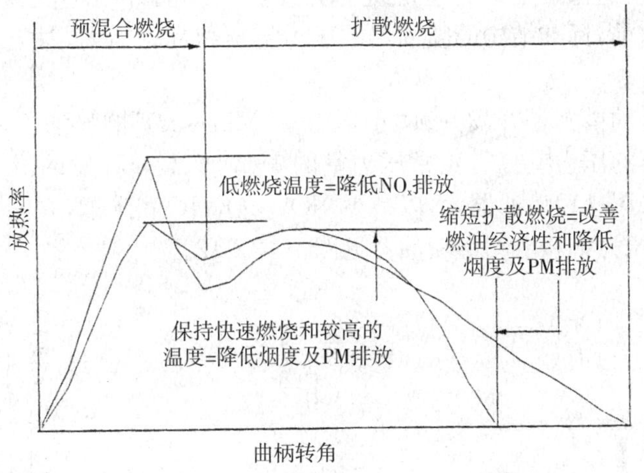

图 1－3－11　低 NO_x 和 PM 排放燃烧的示意

为了降低 NO_x 排放，必须降低燃烧温度，这可通过在预混合燃烧阶段将可燃混合气量减到最小程度来实现。为了减少 PM 排放物，在扩散燃烧阶段必须保持良好的燃油与空气的混合以及高的火焰温度。

为了达到上述目的，在柴油机中，采用高压喷射、推迟喷射、引导喷射（Pilot Injection）、废气再循环（EGR）和改进喷油器结构等，这些方法被证明是有效的。

①高压喷射。高压喷射对控制排放是极其重要的。高压喷射采用较常规高得多的喷射压力（大于 150 MPa）、小喷孔直径、较大的燃烧室开口和短的喷油持续期。研究表明，高压喷射改善雾化质量，加大喷油速率，增加卷入油束的空气量，燃油与空气的混合和燃烧速度加快，PM 排放显著降低。高喷射压力和短喷油持续期可在喷油终点保持不变的情况下推迟喷油定时，从而在保证燃油消耗率和 PM 排放不变的情况下使最高爆发压力和 NO_x 排放量降低。大量的研究结果表明，提高燃油的喷射压力将有效地改善柴油机的性能。

②推迟喷射。一般来说，增大喷油提前角，发火前喷入气缸的燃油量多，爆燃严重，最高燃烧温度较高，NO_x的生成量较多；反之，NO_x的生成量较少。因此，推迟喷射可减少缸内 NO_x的生成量。推迟喷射虽然会使燃烧最高温度降低，NO_x的生成量减少，但会导致后燃严重，排气温度提高，柴油机热效率下降。为减少 NO_x的生成量，应尽可能保证柴油机在具有较高的热效率的前提下，降低燃烧的最高温度，从而缩短滞燃期。

③电控喷射及引导喷射。提高喷射压力可使 PM 排放量减少，但单纯提高喷射压力往往导致 NO_x 排放量增加。为了同时降低 NO_x 和 PM 排放，未来直喷式柴油机必须进行喷油规律的最佳控制。电控共轨喷射系统是国外于 20 世纪 90 年代中期开始推向市场的一种新型柴油机电控喷射系统，其主要特点是可实现高压喷射和引导喷射。根据工况变化对喷油定时、喷油规律和循环供油量进行最优化控制，以获得所要求的燃烧规律，既保证发动机性能又抑制 NO_x 和 PM 的生成。

④改进喷油器结构。不同的喷油器型式和结构对 NO_x 排放的形成有着重大的影响，对燃油的喷射强度也有影响。

现代柴油机平均有效压力(MEP)的提高要求增加喷油器的流通面积，这就会导致喷油器压力室容积增加，喷油结束时残存在压力室中的燃油会滴入燃烧室。如果从压力室滴入燃烧室的油较多，这些油不会完全燃烧，则可能形成碳烟和 HC，增大 NO_x 排放并在燃烧室形成沉积。目前，标准结构的喷油器的压力室容积都相当大，对于 HC 和 PM 排放都会造成负面的影响。

解决这一问题的措施是开发一种“小压力室(Mini-sac)”的喷油器，如 MAN B&W 的“小压力室”喷油器的压力室只有正常压力室的 15%，而最新开发的滑动型喷油器则基本消除了压力室。采用这种喷油器，可以减少 NO_x，CO，HC 和碳烟，并能大大减轻燃烧室的沉积。普通型、小压力室和滑动型喷油器见图 1－3－12。

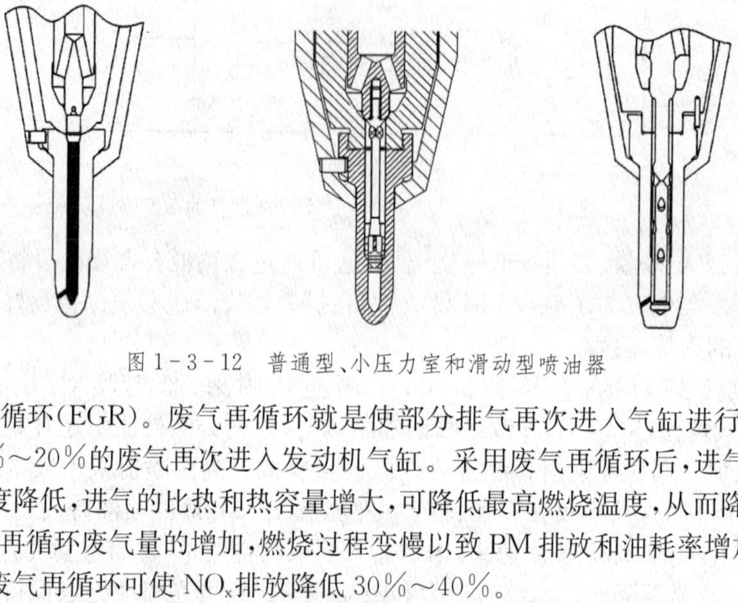

图 1－3－12　普通型、小压力室和滑动型喷油器

⑤废气再循环(EGR)。废气再循环就是使部分排气再次进入气缸进行循环，一般情况下可使 10%～20%的废气再次进入发动机气缸。采用废气再循环后，进气中 CO_2 的浓度升高、氧浓度降低，进气的比热和热容量增大，可降低最高燃烧温度，从而降低热 NO_x 的生成。但随着再循环废气量的增加，燃烧过程变慢以致 PM 排放和油耗率增加。从目前的试验结果看，废气再循环可使 NO_x 排放降低 30%～40%。

但是，废气再循环会引起 PM 对涡轮及冷却器的污染，加剧气缸的磨损。对于使用蒸馏油的中高速柴油机，由于产生的 PM 少，并不会引起严重的问题。而对于燃用重油的低速柴油机，由于产生的 PM 较多，引起的问题会比较严重，还会使起动产生困难。一般认为，这种方法适用于中、小型柴油机，而不适用于大型柴油机。

由于废气再循环技术对于降低柴油机 NO_x 排放的有效性，近年来 MAN 公司也将其用于燃烧重油的大型低速二冲程柴油机。为了解决上面提到的问题，在废气再循环管路上安装一个水洗器，通过对于再循环废气的水洗，除去废气中存在的 PM 物质和 SO_x，同时也可对废气进行冷却。MAN 公司安装在“Alexander Maersk”轮上的废气再循环系统见图 1－3－13。

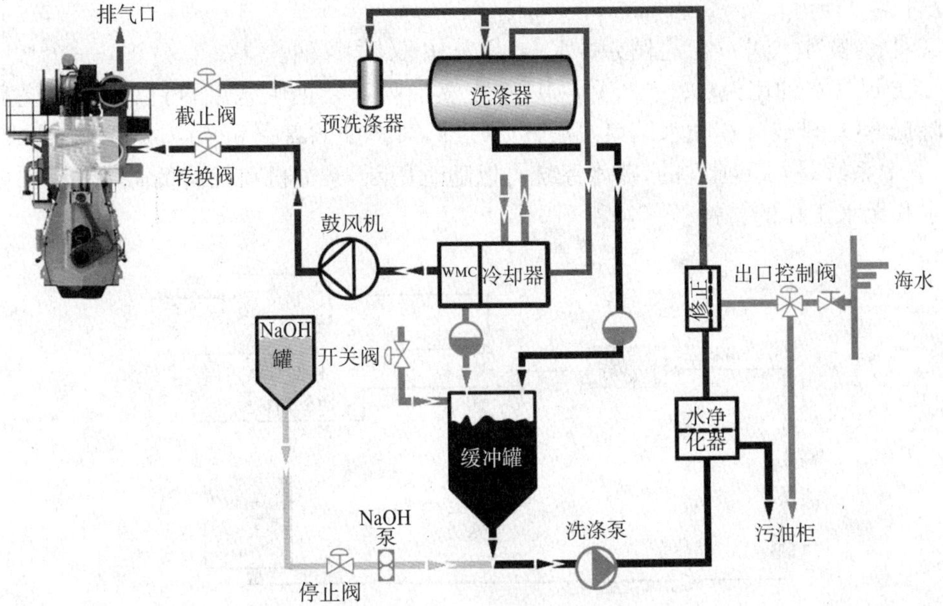

图 1－3－13　废气再循环系统

通过试验表明，在将废气再循环率控制在 34%～36%（扫气空气含氧量 16.5%～16.8%）时，可将排气的 NO_x 排放降低至 3.6～4.0 g/(kW·h)，在极限情况下（废气再循环率 39%时，扫气空气含氧量 16.9%，柴油机冒黑烟），可使柴油机的 NO_x 排放降至 2.3 g/(kW·h)。如果将废气再循环技术与燃油乳化技术相结合，在 75%的负荷下，可使柴油机的 NO_x 排放降至 1.3 g/(kW·h)。因此，目前 MAN 公司已将废气再循环技术作为大型低速二冲程柴油机满足 IMO 第三阶段标准的重点研究课题。

2）加水处理。加水处理的原理是通过采取措施使一定量的水进入气缸，由于水的汽化潜热很高，可以在燃烧过程吸收大量的热量，从而降低最高燃烧温度，减少 NO_x 排放量。加水的方式主要有以下几种：

①燃油乳化。燃油乳化是将燃油掺水形成乳化油在柴油机中进行燃烧。若干年前，燃油乳化曾作为提高柴油机经济性的措施加以推广。当向柴油机喷入乳化油时，乳化油中的水被蒸发，使燃烧温度峰值下降，能较大幅度地减少 NO_x 排放。使用乳化燃油对发动机工作性能的影响随机器型号的不同而变化。在一般情况下，增加 1 个百分点的水将减少 1 个百分点的 NO_x，通常乳化油中含有 10%的水，可使 NO_x 下降 6%～12%。标准设计的发动机可以在满负荷时加入 20%的水，此时燃油消耗率几乎没有变化。当含水量再增加时，燃油消耗量会稍有增加。燃油乳化可降低 NO_x排放 30%～50%。

使用乳化油还可以改善发动机的排烟，尤其在低负荷时更为明显。但是，用乳化油会引起发动机零件的锈蚀。

②进气加湿。进气加湿是将水以高压水雾的形式，在压气机后喷入增压空气中。为防止水雾凝结，有时要通过加热提高增压空气的温度，加热是利用空冷器来完成的。这种方法可使 NO_x 排放减少 50%～60%，而不会提高燃油消耗率。同时还可以降低主机的热负

荷并改善缸套清洁条件。

这种进气加湿系统有结构简单、成本低和不增加燃油消耗率等优点，但对所喷水的质量要求比较高。

③直接喷水(DWI)。直接喷水技术采用双喷嘴油头，一个喷油，一个喷水，见图1-3-14。水油比为(0.4～0.7)∶1，水在燃油喷射之前喷入缸，可以降低燃烧室温度从而降低 NO_x 排放。在喷水结束之后开始喷油，对燃油的着火和燃烧过程不会造成影响。油、水2个系统是相互独立的，喷水系统可以随时切断，柴油机在任何负荷条件下都可以进行有水和无水工作的转换。

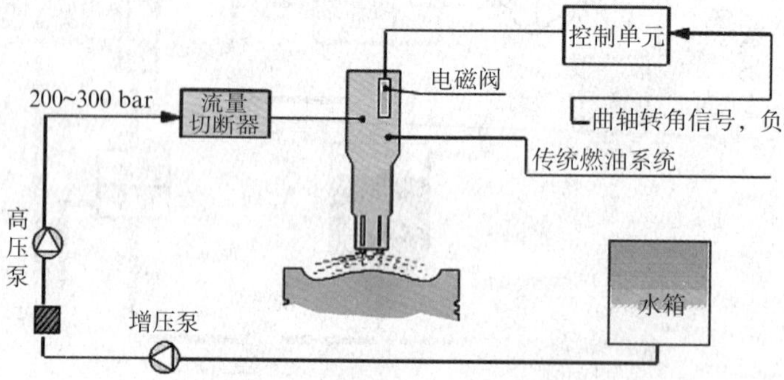

图1-3-14　直接喷水系统

该方法可降低 NO_x 排放50%～60%。随着喷入气缸水量的增加，NO_x 排放量随之减少。最大的水油比例为50%，NO_x 排放量降低60%；当水油比例大于50%时，NO_x 排放量降低不明显，而燃油消耗率会急剧上升。

直接喷水法还可以降低主机的热负荷并改善缸套清洁条件，与其他喷水加湿方法比较，水的消耗量较低。但在燃油的含硫量比较高时，可能会发生低温腐蚀。

④蒸汽喷射法。蒸汽喷射法主要有2种方法：一是通过向压缩后的空气中喷入低压蒸汽来实现；二是直接向缸内喷入高压蒸汽的方法。前者结构简单，低压蒸汽来源丰富，比较容易实现；后者虽然设备要求比较复杂、成本高，但是其具有降低缸内热应力、减少燃油消耗率等优点，因此有较好的发展前景。

3) 催化转化(Selective Catalytic Reduction, SCR)法。SCR法是一种废气后处理方法，能够大幅度降低废气中的 NO_x 排放，也是目前公认的比较成熟的、能够达到IMO第三阶段标准的主要方法。该方法受到世界主要柴油机生产厂商的普遍关注和重点研究。

SCR系统的组成：反应器由陶瓷催化元件组成；尿素系统包括贮存、供给、定量和喷射部分以及控制系统。其工作原理见图1-3-15。

在300～400 ℃的温度下，以氨或尿素为还原剂，在SCR反应器中将废气中的 NO_x 还原为 N_2，来达到减少 NO_x 排放的目的，其主要化学反应方程式为

$$4NO+4NH_3+O_2=4N_2+6H_2O$$

$$6NO_2+8NH_3=7N_2+12H_2O$$

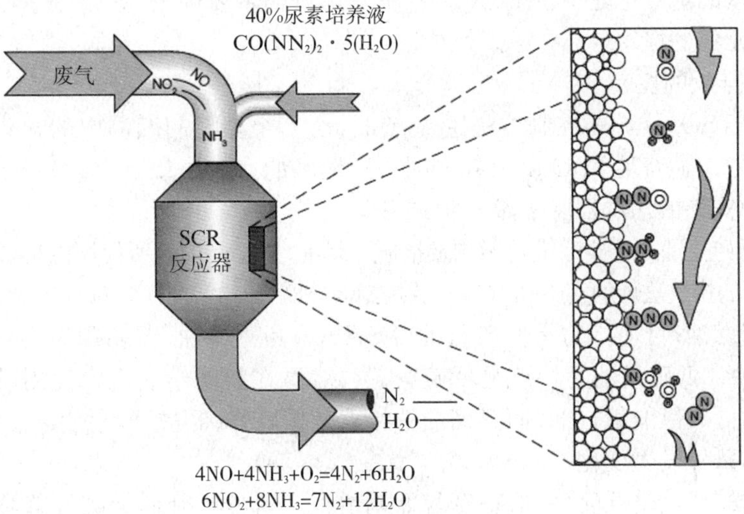

图 1-3-15　SCR 反应器工作原理

利用 SCR 法在理论上可以除去废气的全部 NO_x，但为了防止氨的泄漏，通常控制使排气中的 NO_x 含量降低 90%～95%。尽管此方法于 20 世纪 70 年代在电厂中已开始使用，但应用于烧重油的船舶柴油机上仍有许多问题需要解决。

首先是排烟温度的控制问题，SCR 系统最适合于稳定高负荷的工况，而不太适合于近岸的机动航行和低负荷工况。因为 SCR 系统需要在 300～400 ℃的温度下工作，如果温度过高，氨会被烧掉而不与 NO 和 NO_2 反应；如果温度太低，会使反应速度太慢，并且硫酸铵凝结会使催化剂被破坏。因此，二冲程和四冲程柴油机 SCR 装置的布置是不同的。对于四冲程柴油机，SCR 装置应安装在废气涡轮增压器之后，即所谓的低压 SCR 装置，这对于柴油机的工作没有太大影响；而对于二冲程柴油机，SCR 装置应安装在废气涡轮增压器之前，见图 1-3-16，即所谓的高压 SCR 装置，这对于柴油机的工作影响较大。为了补偿气流流过 SCR 装置产生的压差，对于大型二冲程低速柴油机，必须使用高效的涡轮增压器。由于 SCR 装置具有很大的热容量，在柴油机起动和加速过程中，必须将 SCR 装置旁通，以保证涡轮增压器的工作；而在柴油机降速过程中，又必须使从 SCR 装置流出的部分废气从涡轮增压器旁通，故必须解决好废气系统的控制和调节问题。此外，低负荷时排气温度过低的问题仍需进一步研究。

其次是 SCR 装置的堵塞问题，这是 SCR 装置运行中遇到的主要问题。SCR 装置的堵塞原因主要是燃油中存在的硫分遇到氨和钙之后形成的硫酸铵和大量石膏状的泥灰，如果在所燃用的重油中含有钒，这一现象还会加剧。这一问题可以通过提高废气温度加以解决，但还需要通过试验进一步确认。

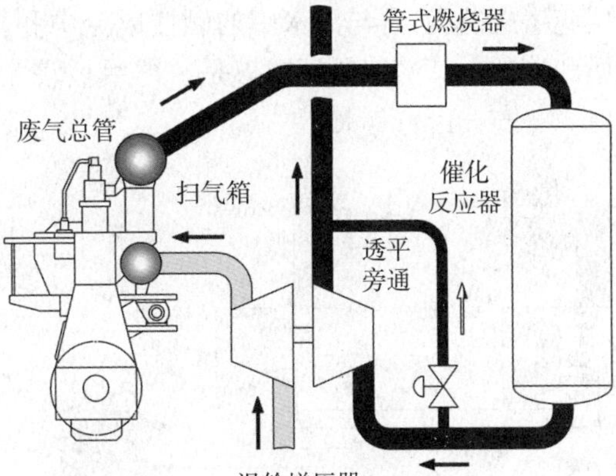

图 1-3-16　二冲程柴油机 SCR 装置的安装

此外，尿素的纯度也是保证 SCR 装置正常运行的主要因素，如果尿素不纯，会产生聚合，导致催化元件的堵塞。

（2）SO_x 排放的控制

目前，对于 SO_x 排放的控制方法主要有 2 个：一个是控制燃油中的含硫量，使用低硫燃油，这主要是为了满足 IMO 以及各个国家和地区的有关法规要求；另一个是水洗，通过在排气管路上安装的水洗器除去废气中的 SO_x 排放。

1）使用低硫燃油对于柴油机的影响及措施。目前，船舶柴油机所使用的燃油平均含硫量为 2.7%。随着新的排放法规的实施和 SO_x 排放控制区（SECA）的增加，这一切将会随之发生改变。

所谓低硫燃油，目前指的是低硫重油（LSHFO）和蒸馏油，即船用柴油（MDO）和船用轻柴油（MGO）。低硫重油的特点是低硫分、高黏度，在船舶柴油机中使用没有任何问题，只是需要更换低碱值的气缸油；而蒸馏油的特点是低硫分、低黏度，会使柴油机的气缸和燃油系统的工作条件发生变化。

低硫燃油的特点是低硫分、低黏度和低润滑性。硫分的降低会减轻缸套的腐蚀磨损，但可能会使缸套表面过度抛光而破坏油膜，产生严重的拉缸；黏度太低则会使燃油系统很难建立起足够高的压力，特别是在低速、低负荷的工况下，这一问题会更加严重；低的润滑性则可能使燃油系统的某些零部件，特别是高压油泵的柱塞套筒偶件发生拉伤。

一般来说，当燃油含硫量高于 1.5%时，推荐使用碱值为 70 的气缸油；当燃油中含硫量低于 1.5%时，建议使用碱值为 40 的气缸油；当使用轻油或者低硫燃油时，不要使用碱值为 70 的气缸油。如果船舶需要经常更换含硫量不同的燃油，建议采用双气缸油贮存柜和日用柜系统，见图 1－3－17。

柴油机燃油进机安全黏度下限值是 2 cSt，在特殊情况下，如在轻柴油的黏度低而周围环境温度较高时，为了在柴油机入口处达到合适的黏度，可能需要冷却。

2）水洗技术。使用水洗除去废气中的 SO_x 排放是目前许多大公司的研究开发项目。主要利用喷淋等方法除去排气中的 SO_x 和 PM 排放，据目前的试验情况，可以除去废气中 98%的 SO_2 和 78%的 PM 物质，还可以节省大笔的燃料费用。

当前使用的方法主要有海水直接水洗法和淡水水洗法。

海水直接水洗法一般采用开式循环，见图 1－3－18，即将海水直接供入水洗器中，水与硫反应生成硫酸，再与海水中的碱性成分中和。清水在倒回大海之前必须先过滤，除去颗粒物质和油类。其洗涤器的缺点是占据甲板较大空间，以每千瓦时的发动机功率运行，它需要耗费 40～50 m^3 的海水。

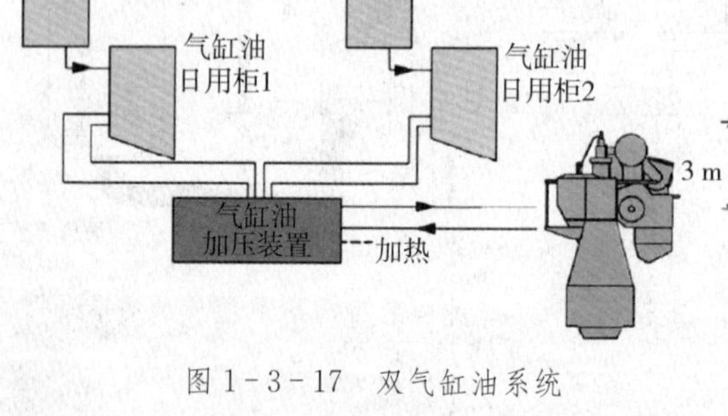

图 1－3－17　双气缸油系统

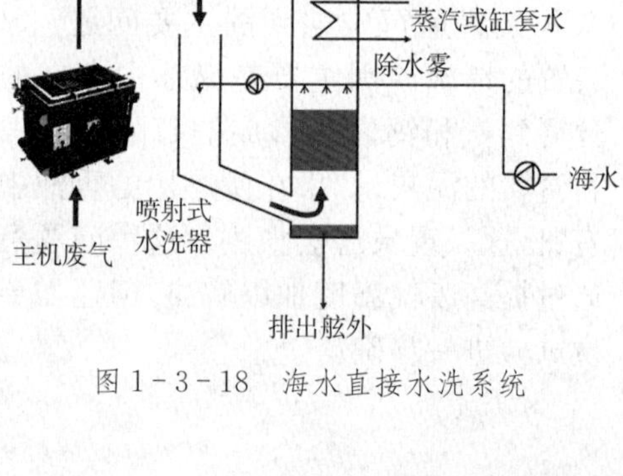

图 1－3－18　海水直接水洗系统

淡水水洗法则采用闭式回路，在淡水中加入适当剂量的 NaOH 以中和所吸收的 SO_2，见图 1－3－19。这样，洗涤器只需要较小的空间，且每千瓦时的发动机输出功率只需要消耗 0.1 m^3 淡水，实际上几乎没有废水被排放到海里。一般推荐在海上航行时采用海水直接水洗，而在沿岸和港口使用淡水水洗。

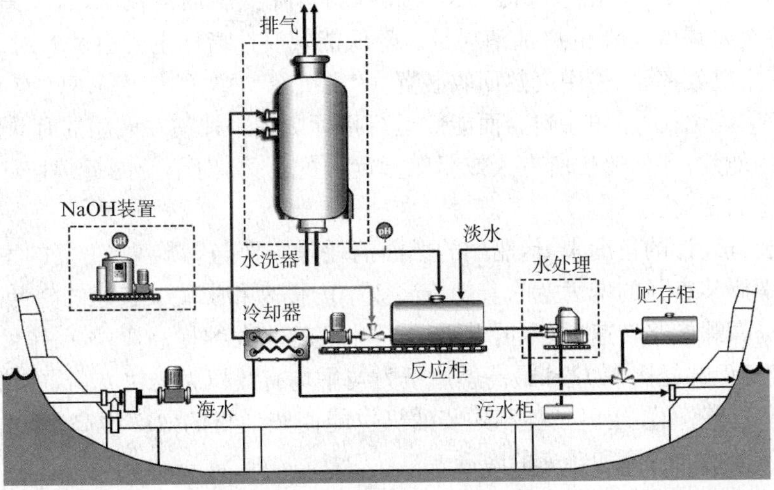

图 1－3－19　淡水水洗系统

尽管某些公司认为只要海水流量足够，使进入水洗器的水得到充分稀释，直接排放入海没有任何问题，但对于海洋环境的长期影响有待于进一步评估。

(3) CO_2 排放的控制

海运是能源效率最高的运输方式，据国际海事组织统计，2007 年，国际海运所排放的 CO_2 量为 870 万 t，仅占全球 CO_2 总排放量的 2.7%。各种不同运输方式运输 1 t 货物排放 1 kg CO_2 的运输距离见图 1－3－20 。从图中可以看出，作为最主要的船舶推进机械，低速柴油机在热机中 CO_2 排放最低。但由于其总量巨大，并且随着国际贸易的发展，国际海运 CO_2 排放被广泛关注。尽管哥本哈根会议没有对国际海运的温室气体减排提出具体目标，但控制国际海运的温室气体排放对减缓全球气候变暖有着深远的意义。

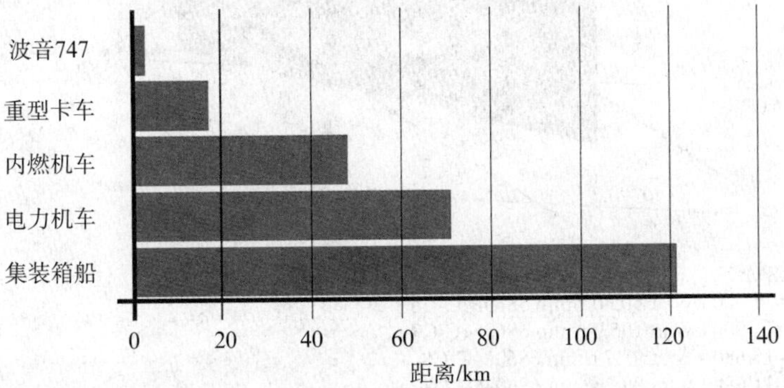

图 1－3－20　不同运输方式运输 1 t 货物排放 1 kg CO_2 的运输距离

控制 CO_2 排放主要通过下列 2 个途径：第一个途径是提高船舶动力装置的综合效率，包括柴油机本身的效率、螺旋桨的推进效率、柴油机工况点的选择和废热的回收和利用；另一个途径是采用新能源和再生能源，如风能和代用燃料（天然气、生物燃料等）。

国际海事组织正在考虑确定船舶动力装置的 CO_2 排放指标，一个是能效设计指标（Energy Efficiency Design Index），另一个是能效运行指标（Energy Efficiency Operation Index）。

设立能效指标是试图在 2012—2018 年逐步降低船舶动力装置平均 CO_2 排放值，达到目前 CO_2 排放值的 70%。由于降低 CO_2 排放相当于降低燃油消耗率，这就意味着对于未来船舶，每航次要减少 30%的燃油消耗量。降低能效设计指标主要通过下列手段：①降低船速；②提高主机效率，如采用废热回收装置；③主机降功率；④使用 LNG 或 LPG；⑤船体优化；⑥螺旋桨优化；⑦船舶涂料。而能效运行指标则用来评估在航船的有效状态，如评价船舶每航次的能效；评估船舶所有人或船舶营运人的行为；对单船的持续监测以及评估船舶和操作状态的变化。

从动力装置设计的角度来看，船舶的燃油消耗量主要与螺旋桨、主机的工况和船舶的航速有关。螺旋桨直径的增大意味着螺旋桨效率的提高和螺旋桨转速的降低，螺旋桨叶数的减少则需提高螺旋桨转速（从六叶桨改为五叶桨转速大约提高 10%），并且桨的效率略有提高；主机行程缸径比 S/D 和最高燃烧压力与平均有效压力之比 p_z/p_e 的增加则会使柴油机的热效率提高，而使用电子控制式柴油机也能使柴油机的效率提高；船舶航速的降低则意味着所需功率的下降和转速的降低。

下面通过几个例子研究螺旋桨、主机工况和船舶航速的改变对于燃油消耗的影响，见图 1-3-21 所示。

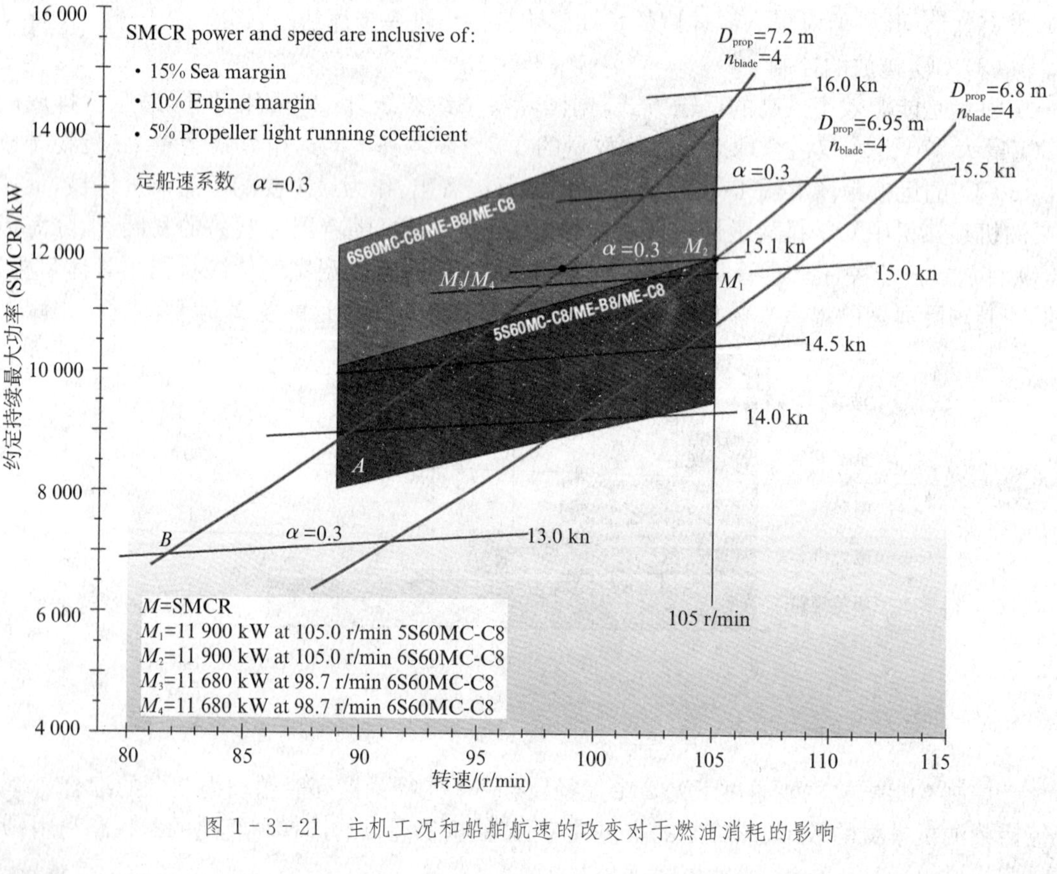

图 1-3-21　主机工况和船舶航速的改变对于燃油消耗的影响

1）在船速不变的情况下改变螺旋桨直径。船舶主要参数见表1-3-3。

表1-3-3　75 000 DWT巴拿马型油船

参数	值
船长/m	228.6
两柱间长/m	219.0
船宽/m	32.2
设计吃水/m	12.6
设计航速/kn	15.1
螺旋桨类型	FPP
桨叶数	4

正常主机选型时，考虑到船舶建造成本等因素，可以选用5S60MC-C8主机，主机的约定持续最大功率（SMCR）为M_1=11 900 kW，M_1点转速为105.0 r/min，现将此配置作为一个基准。

主机的SMCR不变，若选用6S60MC-C8的主机，则M_2与M_1点重合，由于增加了1个气缸，主机的初投资有所增加，但由于柴油机在约80%的工况下工作，主机的燃油消耗率下降2.9%，每天的燃油消耗量减少1.14 t。若主机每年工作6 000 h，则每年可节约燃油285 t，以每吨燃油500美元计算，则每年节约燃油费用14.25万美元。

选用6S60MC-C8主机，保持船舶设计航速15.1 kn不变，若增大螺旋桨直径至7.2 m，则该船的定船速系数α=0.3，此时SMCR为M_3= 11 680 kW，M_3点的转速为98.7 r/min。6S60MC-C8在M_3点下工作，与M_1点相比，主机的燃油消耗率下降2.3%，主机的转速下降和螺旋桨直径的增加会使螺旋桨的推进效率增加1.8%，船舶推进装置的总体效率提高4.1%，每天的燃油消耗量减少1.60 t。若主机每年工作6 000 h，则每年可节约燃油400 t，以每吨燃油500美元计算，则每年节约燃油费用20万美元。

若选用电子控制式的6S60ME-C8主机，保持SMCR不变，M_4点与M_3点重合，ME柴油机比MC型柴油机的燃油消耗率下降2.0%，船舶推进装置的总体效率提高6.1%，每天的燃油消耗量减少2.39 t。若主机每年工作6 000 h，则每年可节约燃油598 t，以每吨燃油500美元计算，则每年节约燃油费用29.9万美元。

2）主机降速航行。主机降速航行是船舶在航运萧条期节能的基本方法。当主机带定距桨航行时，其转速与功率之间的关系为$P \propto n^3$。当船速下降时，主机的转速和功率大幅下降，从而达到节能的效果。选用螺旋桨直径为7.2 m的四叶桨，若维持15.1 kn的航速，主机工况点为M_3，所需的主机功率为11 680 kW，对应的转速为98.7 r/min；若将航速下降为14 kn，则主机工况点为A，所需的主机功率为9 000 kW，对应的转速为89.5 r/min；若将航速下降为13 kn，则主机工况点为B，所需的主机功率为7 000 kW，对应的转速为82.9 r/min。航速为13 kn时的主机功率仅为航速为15.1 kn时的60%，主机功率的大幅降低也意味着油耗的大幅降低。

据MAN公司对于一艘8 000 TEU集装箱船的计算，若将其航速从26 kn降为23 kn，其选用的主机可以从12K98MC-C7改为9S90MC-C8；SMCR点从69 800 kW，102.1 r/min下降为 43 100 kW,78.0 r/min;螺旋桨直径由 8.8 m 增加为9.3 m。航速的降低、螺旋桨效率的提高和主机燃油消耗率的下降,可使每日油耗降低 40%。而选用气缸直径较小和缸数较少的柴油机,也可以降低造船的投资。

3) 使用 LNG 作为船舶燃料。尽管人们对于船舶新能源和代用燃料作了很多研究,但目前比较成熟、可以在船舶上实际使用的只有 LNG。作为船舶燃料油的代用燃料,要满足下列几个基本条件:①有丰富的存储量;②在目前的高油价时代,与燃料油相比在经济上要有竞争力;③含硫量要低。实际上就是既要满足船舶营运的要求,又要满足日益严格的排放法规的要求。

天然气是一种清洁、方便、高效的优质能源。目前天然气资源比较丰富,世界上常规天然气资源量估计为 400～600 万亿 m^3,按 2008 年的开采量计算,现有天然气储量能满足 60 年的开采。自 2005 年 5 月起,天然气的价格就与 HFO 380 的价格不相上下;2007 年 5 月以来,天然气的价格甚至低于 HFO 380。天然气中 90%以上的含量为甲烷,其余则为少量的乙烷、丙烷、丁烷等成分,甲烷的碳氢元素比为 1∶4,是碳氢比最低的物质,也就是说甲烷是每单位碳排放能量最高的物质,或着说放出同样的热量,CO_2 排放较少。使用 LNG 作为代用燃料,其 CO_2 排放可比使用燃料油低 25%～30%。为了方便贮存和海运,天然气由液化工厂在常压下冷却至约－163 ℃进行液化。在液化之前需要进行预处理,将原本天然气中的 CO_2,水分,硫化氢和其他硫化物等杂质先净化去除掉,也就是说,在 LNG 中几乎没有硫。通过采用“稀薄燃烧”技术,其 NO_x 的排放也很低。与燃用燃料油相比,使用 LNG 作为船舶燃料,CO_2 排放可降低 25%～30%,NO_x 排放可降低 85%～90%,基本上不存在 SO_x 排放,没有碳烟,PM 物质很少,见图 1-3-22。通过在现代新型 LNG 运输船上的使用,双燃料柴油机和气体喷射式柴油机的技术也日趋成熟。目前,可燃用 LNG 的发动机有 MAN 公司的 51/60DF 中速双燃柴油机、ME-GI 气体喷射二冲程低速柴油机,WARTSILA 公司的 50DF 和 32DF 中速双燃柴油机等。

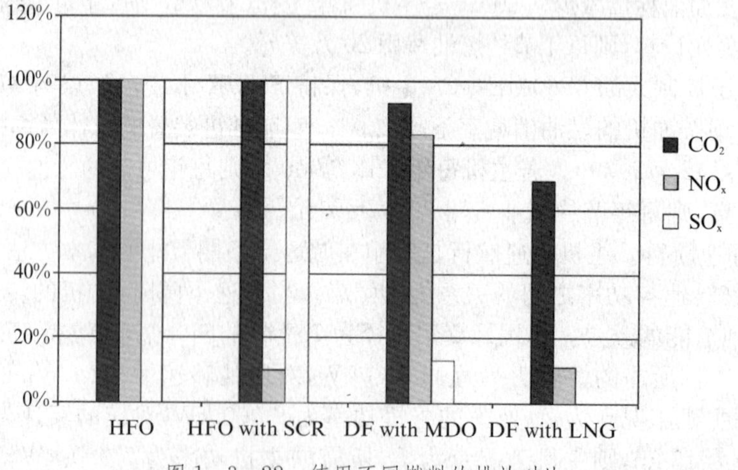

图 1-3-22　使用不同燃料的排放对比

由于使用 LNG 作为船舶燃料从营运费用到排放指标都令人满意,LNG 的应用目前不只局限于 LNG 运输船舶,其他的普通船舶也开始考虑以 LNG 作为船舶燃料。由于目前 LNG 还不能在世界所有港口加装,目前考虑使用 LNG 作为燃料的船舶主要包括:海洋工程供应船、海上浮式储油船、渡船、滚装船和集装箱船这类航线相对比较固定，并能够得到 LNG 供应的船舶。图 1-3-23 是以 LNG 为燃料的 9 000 TEU 集装箱船“鲲腾(Quantum)”轮 LNG 贮存柜和机舱布置。

图 1-3-23　“鲲腾(Quantum)”轮 LNG 贮存柜和机舱布置

LNG 燃料可以通过 LNG 装卸码头、气罐车、驳船或直接由陆基的贮存罐进行加装。

【课后练习】

一、选择题

1. 关于柴油机增压的不正确说法是________。
   A. 增压就是提高进气压力
   B. 增压是提高柴油机功率的主要途径
   C. 通过废气涡轮增压器达到增压目的的称为废气涡轮增压
   D. 各种增压方式都不消耗柴油机功率
2. 提高柴油机功率的最有效方法是________。
   A. 增大气缸直径　　B. 增大活塞行程
   C. 增加进气量多喷油　　D. 提高柴油机转速
3. 柴油机采用废气涡轮增压后，给柴油机带来的不利因素有________。
   A. 单位功率重量增大　　B. 单位功率耗油量增加
   C. 柴油机工作粗暴　　D. 机械负荷增加
4. 废气涡轮增压器是利用柴油机排气中的________做功的。
   A. 脉冲动能　　B. 势能
   C. 定压能和脉冲动能　　D. 热能
5. 定压涡轮增压的优点有________。
   A. 涡轮效率较高　　B. 涡轮机转速稳定
   C. 增压系统布置方便　　D. 上述三点都是
6. 脉冲涡轮增压柴油机排气管分组的主要目的是________。
   A. 更有效利用脉冲动能　　B. 防止扫、排气相互干扰
   C. 方便增压系统的布置　　D. 提高涡轮工作效率
7. 现代高增压柴油机向定压涡轮增压发展的关键因素在于________。
   A. 增压系统布置方便　　B. 增压器效率高
   C. 脉冲动能所占比例随增压度提高而下降　　D. 低负荷运转性能好
8. 根据增压压力的高低，中增压压力范围在________。
   A. 0.30～0.275 MPa　　B. 0.275～0.25 MPa
   C. 0.25～0.20 MPa　　D. 0.25～0.15 MPa
9. 增压柴油机的增压度是指________。

A. 增压后的标定功率与增压前的标定功率之比
B. 增压后的标定功率与增压前的标定功率之差
C. 增压后的标定功率和增压前的标定功率的差值与增压前的标定功率之比
D. 增压后的平均有效压力与增压前的平均有效压力之比

10. 根据脉冲涡轮增压对排气管的分组原则，一台四冲程柴油机的发火顺序为1—5—3—6—2—4，其排气管可分为________。

A. 1,2,3缸为一组，4,5,6缸为一组　　B. 1,3,5缸为一组，2,4,6缸为一组
C. 1,4,6缸为一组，2,3,5缸为一组　　D. 1,2,5缸为一组，3,4,6缸为一组

二、简答题

叙述定压涡轮增压与脉冲涡轮增压的区别。

任务4　增压系统的故障分析与维护管理
Fault Analysis and Maintenance Management of Turbocharging System

【任务描述】

柴油机废气涡轮增压系统是由柴油机、压气机、废气涡轮机、空冷器和辅助扫气泵等基本元件组成的，其主要任务是提供足够的空气，保证柴油机扫气和燃烧的需要。由于柴油机的运转条件和结构不同、废气中的能量不同、所需的空气量不同，因而对增压系统的要求也不同，形成了各种不同的增压系统。柴油机增压系统可分为单独增压系统、复合增压系统以及涡轮复合系统。

废气涡轮增压系统故障是主、副柴油机的常见故障，通过对增压系统的故障分析，使学生熟悉柴油机增压系统的结构和特点，掌握增压系统日常维护的知识及对故障分析判断和处理的技能。

本任务内容主要包括：增压系统的维护管理；增压系统的故障分析和排除。

【学习目标】

- 掌握增压系统的组成、分类及特点；
- 掌握增压系统及增压器喘振的原因和消除方法；
- 掌握增压系统的故障分析判断；
- 掌握增压系统的日常维护管理技能。

【相关知识】

一、柴油机的增压系统概述

柴油机增压系统可分为单独增压系统、复合增压系统以及涡轮复合系统。

（一）单独增压系统

单独增压系统是指柴油机只用废气涡轮增压器来实现增压，见图1-4-1。涡轮机由废气驱动并带动压气机高速旋转，空气被压气机吸入并被压缩到一定压力，然后经管路送至中间空冷器冷却，经冷却降温后的空气进入柴油机扫气箱。这种增压系统可采用等压增压，也可采用脉冲增压。在这种增压系统中，增压器是依靠柴油机废气所提供的能量来工作的。它可以满足柴油机的工作需要而不消耗柴油机的输出功。因此，这

种增压系统最突出的优点是它能够最有效地提高柴油机的功率，同时还能改善柴油机的经济性。

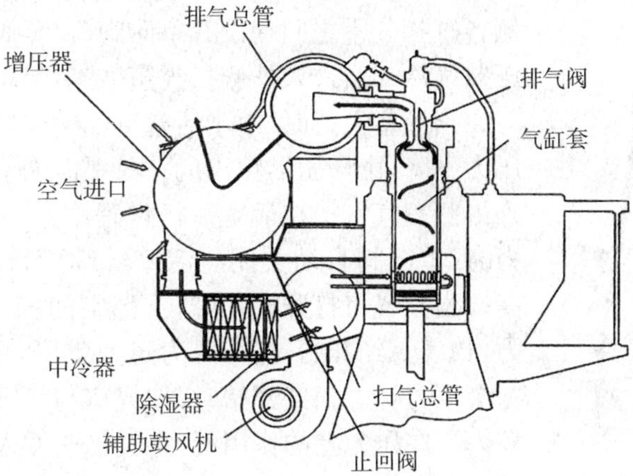

图 1-4-1 单独增压系统

在船用四冲程柴油机上，单独增压系统得到了最广泛的应用。四冲程柴油机可不增设其他辅助增压泵，而满足柴油机起动、低速、全速工作的需要，当增压器损坏时，无增压器仍能工作。某些小型中速四冲程柴油机，为了简化结构，特别是在增压度较低时，还不设空冷器。

在船用二冲程柴油机上，这种增压只适用于扫气质量较好的直流扫气式柴油机。因为这类柴油机的排气规律容易控制，排气管路布置方便、紧凑，涡轮机可以发出较大的功率。此外，直流扫气流程较短，流阻损失小，新气与废气掺混少，换气质量高，所以在气缸充气压力相同的情况下，直流扫气比弯流扫气所需的增压压力低，扫气空气量少，也就是压气机所需的功率小。因此，直流扫气二冲程柴油机在废气涡轮增压中容易达到涡轮机与压气机的功率平衡，能够实现单独废气涡轮增压。但在起动和低负荷状态下，由于废气量较少且温度较低，增压器提供的空气量不能满足柴油机的工作需要，需另设辅助风机，以保证柴油机的正常工作。在增压器损坏时，也可以通过电动辅助风机维持柴油机的低速运转。

增压空气的压力越高，空气中的含水量也越多。增压空气中的水分经过空冷器时就会凝聚在一起形成水滴，这些水滴被增压空气带进扫气箱和气缸，会加重单向阀的腐蚀，破坏气缸壁上的油膜，加重气缸和活塞环的腐蚀磨损。当大气湿度高、海水温度低时，凝水现象愈加严重。因此，在空冷器之后要装设气水分离器。气水分离器一般装在扫气箱进口处，以除去增压空气中的水分。气水分离器要经常彻底地排水。

我国 6ESDZ75/160B 和 9ESDZ43/82B 型柴油机以及丹麦 B&W 公司生产的柴油机均采用脉冲涡轮增压的单独增压系统。目前，MAN B&W 公司生产的 MC 系列柴油机及 WARTSILA 瑞士公司生产的 Sulzer RTA 系列柴油机也采用单独增压系统。

（二）复合增压系统

大型低速柴油机复合增压系统有以下几种常见形式。

1. 串联旁通增压系统

如图 1-4-2 所示，这种增压系统中涡轮增压器为第一级增压，柴油机活塞下部工作

图 1-4-2　串联旁通增压系统

空间（活塞底泵）起辅助气泵作用，为串联第二级增压。扫气箱隔为内外 2 部分，外侧各缸连通，内侧各缸隔开并分别与活塞下部工作空间连通，形成各缸的扫气室。外侧扫气箱与内侧各缸扫气室之间均设有单向阀（口琴阀）。增压器输出的增压空气冷却后进入外侧扫气箱，然后经单向阀进入扫气室。

当活塞上行时，由于活塞下部空间容积增大，内侧扫气室压力下降，由增压器输出的空气就从外侧扫气箱经单向阀进入内侧扫气室。在活塞下行过程中，当内侧压力高于外侧压力时，单向阀自动关闭。活塞继续下行，其中的空气压力增高。当扫气口打开时，活塞下部空间扫气室内已有较高的压力，扫气一经开始，这个压力迅速下降，即扫气室的压力形成一个压力峰。扫气开始时，扫气室与气缸、排气管内的压力差较大。在压力差的作用下，空气迅速冲入气缸，促进扫气的进行。在空气大量冲入气缸进行扫气的过程中，扫气室内的压力开始下降。当活塞下行至下止点时，活塞的压缩作用消失，扫气室内的压力进一步降低。活塞开始上行，当扫气室内压力低于外侧扫气箱内压力时，由增压器输出的空气即经单向阀从外侧扫气箱进入扫气室，直接进入气缸继续进行扫气，直到扫气口被活塞遮往后停止扫气为止。即扫气前期为串联，扫气后期串联失效，由涡轮增压器直接供气。活塞继续上行，增压空气从扫气箱继续进入扫气室贮存起来。当活塞再次下行时，就再次进行压缩和扫气。这种增压系统由于活塞下行扫气口打开时，扫气室内出现压力峰，因而有利于扫气，不易发生气缸内废气倒冲进扫气室的现象。

由于增压器效率的提高，Sulzer 低速机发展到 RTA 已完全成为纯废气涡轮增压。其扫气箱仍隔为内外两侧，但内侧各缸连通，活塞下部工作空间不再起辅助气泵作用。外侧与内侧之间仍设有单向阀，但仅在起动、低负荷运行而开动电动鼓风机时，起防止扫气倒流的作用。

2. 并联增压系统

如图 1-4-3 所示，这种增压系统使涡轮增压器与活塞底泵并联工作。空气由涡轮增压器及活塞底泵分别吸入并压缩到所要求的增压压力，然后经空冷器进入扫气箱。涡轮增压器供给大部分增压空气，小部分由活塞底泵供给。因此，各缸活塞下部空间不必都用作活塞底泵。如 MAN 公司的 K7Z60/105E 型柴油机在 7 个气缸中只有 4 缸活塞下部空间作活塞底泵供给增压空气。

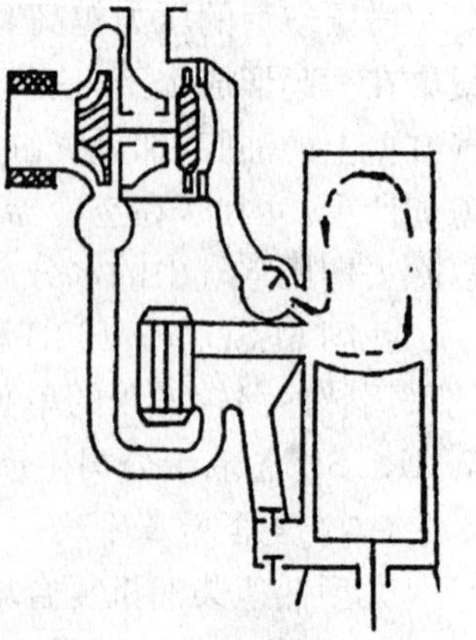

图 1-4-3　并联增压系统

采用复合增压主要是为了解决二冲程柴油机废气涡轮机与压气机之间的功率平衡问题。二冲程柴油机在相同转速下的工作循环比四冲程柴油机多 1 倍，因此受热部件热负荷较大。为了限制柴油机的热负荷，要增大过量空气系数，这就增加了单位功率的空气消耗量。另外，二冲程柴油机是靠新鲜空气与废气的压差进行扫气的，采用废气涡轮增压后，排气背压升高，因此必须相应提高扫气压力。这都要求压气机的供气量增加和压气机功率增加。由于二冲程柴油机在扫气过程中新鲜空气掺混到废气中直接流入排气管，降低了涡轮机前废气的温度，使废气的能量降低，特别是弯流扫气柴油机，这种掺混更加严重，加上气流路线长、流动阻力大，更使得废气能量减少，涡轮机功率降低，就会出现涡轮机发出功率小于压气机所需功率的问题。复合增压是从柴油机的轴功中提取一部分机械能以弥补废气能量的不足，是在无法满足增压要求时采用的一种特殊方法。

现代新型二冲程船舶柴油机普遍采用直流扫气，新鲜空气和废气掺混少，气流路线较短；并且由于废气涡轮增压器的效率不断提高，目前大型轴流式涡轮增压器的效率可达68%～76%。一般认为，效率达到64%，就完全可以满足增压的要求，因此，复合增压系统已很少使用。

（三）涡轮复合系统

在20世纪80年代后期，由于增压器效率的提高，使用部分废气就可以保证柴油机所需的增压压力和空气流量。为了提高柴油机总的热效率，又设计了动力涡轮机，使其余部分废气在单设的动力涡轮机中膨胀做功，并经减速机构传给曲轴，组成涡轮复合系统（TCS）。但由于涡轮复合系统比较复杂，且造成废气锅炉可用能量下降，这一系统在出现几年后已不再使用。

二、离心式压气机的工作特性

离心式压气机在各种不同工况下工作时，它的各主要参数会随之变化。在不同转速下压气机的排出压力和效率随空气流量的变化规律，称为离心式压气机的特性，表示这种特性的曲线称为压气机的特性曲线，见图1-4-4。由压气机的特性曲线可以看到，当转速n_k等于常数时，随着流量G_k的减小，压比π_k开始增加。当G_k减小到某一值时，π_k值达到最大，然后随G_k的减小开始下降。效率η_k随流量G_k的变化规律与π_k类似。当压气机的流量减小到一定值后，气体进入工作叶轮和扩压器的方向偏离设计工况，造成气流从叶片或扩压器上强烈分离，同时产生强烈脉动，并有气体倒流，引起压气机工作不稳定，导致压气机振动，并发出异常的响声，这种现象称为压气机喘振。喘振是压气机的固有特性。压气机特性曲线上表示喘振状态的临界线称为喘振线，其左方为喘振区，右方为稳定工作区。压气机不允许在喘振区工作。

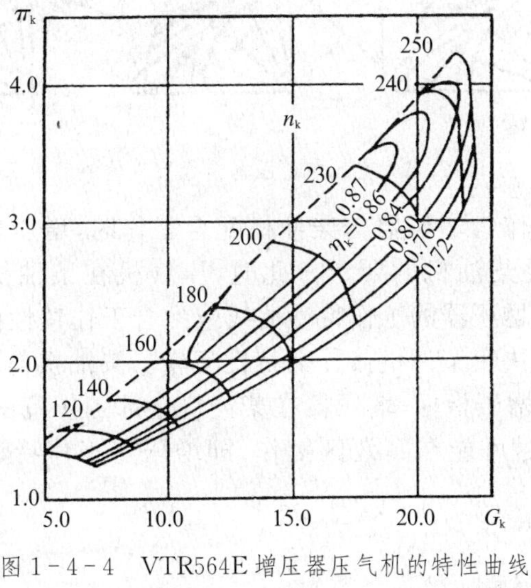

图1-4-4　VTR564E增压器压气机的特性曲线

产生喘振的原因是当流量小于设计值很多时，在叶轮进口和扩压器叶片内产生强烈的气流分离。图1-4-5和图1-4-6所示分别为压气机流量变化时空气在叶轮叶片前缘和扩压器前缘附近的流动情况。在设计流量下，如两图的(a)中所示，气流平顺地流进叶片前缘和扩压器，气流与叶轮叶片、扩压器叶片既不发生撞击，也不产生分离。当流量大于设计流量时，如两图的(b)中所示，气流在叶轮叶片前缘冲向叶片的凸面，与叶片的凹面发生分离；在扩压器中气流冲向叶片的凹面，与叶片的凸面发生分离。但是，由于叶轮叶片的转动压向气流分离区，扩压器中气流的圆周向流动压向气流分离区，气流的分离区受到限制，不致随流量的增加而过分地扩大。当流量小于设计流量时，如两图的(c)中所示，气流在叶轮叶片前缘冲向叶片的凹面，与叶片的凸面发生分离；在扩压器中气流冲向叶片的凸面，与叶片的凹面发生分离。由于叶轮叶片在转动中要离开气流分离区，扩压器中气流的圆周向流动也使气流离开气流分离区，气流分离区有扩展的趋势。随着流量的减少，气流分离区越来越大，以致在叶轮和扩压器中造成气体倒流，发生不稳定流动，最终导致喘振的产生。一般扩压器叶片内气流分离的扩展是压气机喘振的主要原因，而叶轮进口处气流分离的扩展会使喘振加剧。

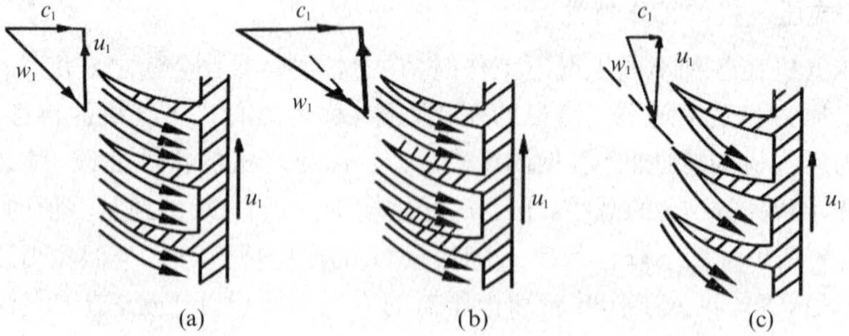

图1-4-5 空气在叶轮叶片前缘附近的流动情况

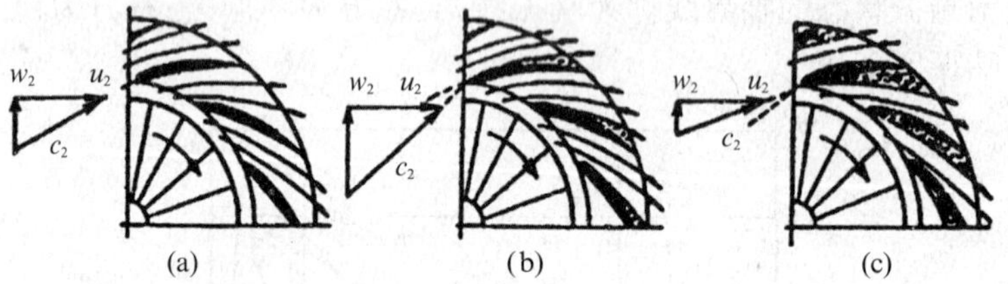

图1-4-6 空气在扩压器前缘附近的流动情况

当离心式压气机被作为增压器与柴油机配合工作时，增压器(或包括辅助扫气泵)的供气量和压力要满足柴油机的要求。此时，压气机在柴油机各种负荷下的排出压力—流量变化曲线称为增压器的工作特性曲线或配合工作特性曲线，见图1-4-7。增压器的工作特性曲线取决于柴油机按什么特性运转。柴油机与增压器良好匹配的标志是：柴油机达到预定的增压指标；增压器在柴油机全部工作范围内都能稳定地运转，既不喘振也不超速，并且尽可能在高效区工作，即增压器工作特性曲线应离喘振线远一点，又要处在高效率区。

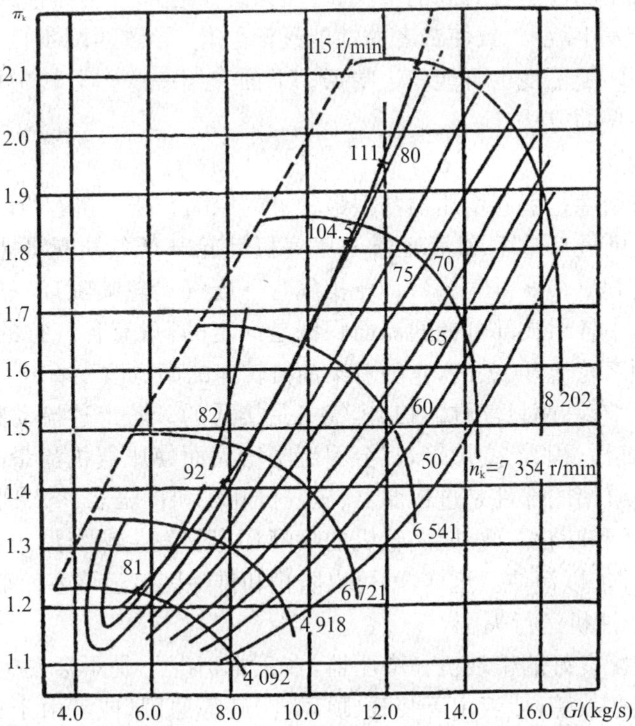

图 1－4－7　增压器与柴油机的配合

三、柴油机增压系统中增压器的运行特点及喘振原因

(一) 增压系统中增压器的运行特点

柴油机在各种负荷下，所需要的增压空气流量与增压压力之间的关系，称为柴油机进气特性曲线。对单独增压系统，柴油机驱动螺旋桨按推进特性工作时($P \propto n^3$)的工作特性曲线见图 1－4－8。由图可见，增压器的工作线是一条上部离喘振线较远、下部离喘振线较近的曲线。在运行条件的全部变化范围内，增压器的工作特性曲线不会进入喘振区。因此，只要设计柴油机时选配的增压器合适，在正常情况下是不会发生增压器喘振的。当流道堵塞时，增压器背压升高，使流量减少，故工作特性曲线左移，如图 1－4－8 中线 C'所示。这时工作特性曲线的下部进入喘振区，会在低负荷时发生增压器喘振。

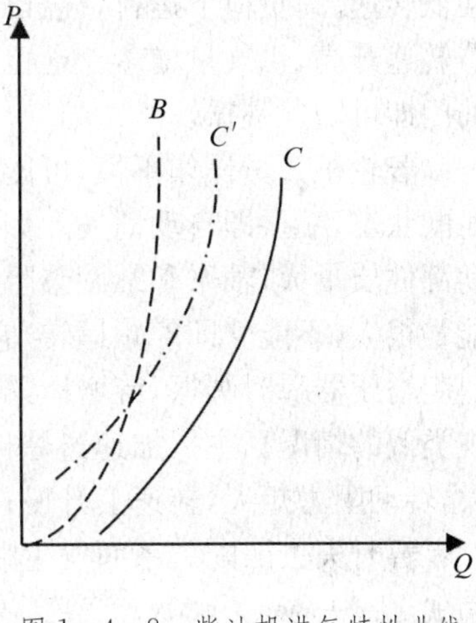

图 1－4－8　柴油机进气特性曲线

管理中应经常注意气口和空冷器的清洁，使流道保持畅通，在低负荷下发生喘振时，可暂时用提高负荷的办法消除。

(二) 增压系统中增压器喘振的原因

增压器产生喘振的原因，从根本上讲，是由于压气机的实际流量小于该转速下引起喘振的限制流量，造成气流与叶片的强烈撞击和脱离。任何新造的增压柴油机，只要涡轮增压器与柴油机匹配良好，使用初期增压器都不会发生喘振。可是随着运转时间的增长,增压系统中各部件会污损或出现故障,柴油机本身某些部件也会发生故障,致使二者的性能逐渐恶化,导致匹配不良,引起喘振。此外,运行中某些暂时的匹配不良也可能发生喘振。下面介绍一些在运转中可能导致增压器喘振的原因和消除喘振的方法。

1. 气流通道堵塞

增压系统流道堵塞是引起增压器喘振最常见的原因。柴油机运行时,增压系统的气体流动路线是:压气机进口滤器和消音器→压气机叶轮→压气机扩压器→空冷器→扫气箱→柴油机的进气阀(口)→排气阀(口)→排气管→废气涡轮喷嘴环→废气涡轮叶轮→废气锅炉→烟囱。其中各组成部分的通流面积都是固定的,只有各气缸的进、排气阀(口)是按照一定的发火顺序轮流开、关的,它随着柴油机转速的高低改变着开、关次数和时间。但无论什么时刻,至少有一两只气缸的扫、排气口是接通的。若上述流动路线中的任何一个环节发生堵塞,如脏污、积碳、变形等,都会因流阻增大而使压气机流量减小、背压升高,引起喘振。其中容易脏堵的部件是进口滤器、压气机叶轮和扩压器、空冷器、气缸扫气口和排气口、涡轮的喷嘴环和叶轮。此外,涡轮机的喷嘴环容易发生热变形。管理中应注意检查上述部件的污损,并加以清洁。这样,就可以防止和排除因流道堵塞而引起的喘振。

2. 增压器与柴油机运行失配

对于设计时选配良好的柴油机和增压器,在正常情况下是不会发生喘振的。但是,由于柴油机本身的某些故障,或者由于装载、顶风、污底等原因,或者由于轮机员操作不当以及在大风浪天航行,都可能导致柴油机与增压器匹配不良,引起喘振。柴油机喷油设备出现故障,会使柴油机燃烧不良,后燃严重;柴油机的活塞环断裂或者黏着、气阀烧损、气阀间隙太小,都可能导致气缸漏气,过量空气系数降低,热负荷增大,排烟温度升高。这时,如果柴油机的供油量不变,因指示功率或有效功率减小,柴油机转速下降。而排烟温度升高意味着废气能量增加,使增压器转速升高,供气量增多,这就破坏了柴油机与增压器正常的匹配关系,导致压气机在高背压、小流量的状态下工作,严重时就会发生增压器喘振。这时只要排除柴油机的故障,就能消除喘振。

与上述情况类似,当船舶满载、顶风、污底严重时,因阻力增加,主机负荷加大,柴油机在低转速、高负荷下运行,气缸耗气量降低而循环喷油量增加,废气能量增大,也会使增压器转速升高,供气量增多。这也容易引起增压器与柴油机匹配不良而出现喘振,此时减小油门即可消除喘振。

若轮机人员操作不慎,可能使增压器与柴油机暂时失配而发生喘振,但不久又能恢复匹配状态,喘振即自动消失。如高速下停车时,急速将操纵杆拉到停油位置,这时因主机运动部件质量大,轴系和螺旋桨阻力大,很快停止转动。但增压器由于本身的转速很高,转动能量很大,不能立即停止运转,它所供出的空气,柴油机不能消耗,致使压气机背压过高而引起增压器瞬时喘振,待增压器转速下降后,喘振自然消失。急速降低主机转速时也会出现类似的情况。主机加速过快时,增压器会发生短暂喘振。这是因为主机运动部件质量大,转动阻力矩大,转速上升慢;而增压器转子质量小,废气能量迅速增加使转速迅速升高。二者暂时失去匹配关系而发生喘振。随着柴油机转速升高,压气机流量增大,喘振会自动消失。

船舶在风浪天航行发生飞车时,并联增压系统和单独增压系统会发生喘振。这是因为螺旋桨出水，柴油机转速升高，调速器自动停止供给燃油，增压器因废气能量减小转速下降。在并联增压时，辅助泵因转速高供气增多，使压气机背压较高而流量减小，引起喘振；在单独增压时，若螺旋桨入水时柴油机转速过低，会造成压气机阻塞而发生喘振。

3. 脉冲增压一缸熄火或各缸负荷严重不均

在脉冲增压系统中，往往将 3 个气缸与 1 台增压器相连接。1 台柴油机有多台增压器，它们并联地向 1 根进气总管供气，当某缸熄火时，与之相连的涡轮机功率减小、转速下降、供气能力降低，而其他增压器正常工作，压气机的出口背压仍与正常运转时相同。这对于与熄火缸相连的增压器来说，背压就显得过高，使其压气机排量减小，发生喘振。由于喘振使得压气机出口压力波动幅度较大，甚至可能引发多台增压器交替喘振。若使熄火缸恢复工作或减小另一组气缸的供油量，则可消除喘振。各缸负荷不均引起喘振的机理与上述相同。

4. 环境温度变化

在低温时匹配的不带空冷器的增压器和柴油机用在高温海域时，或者在高温时匹配的带有空冷器的增压器和柴油机用在低温海域时，由于二者匹配关系的改变，运行点更靠近喘振区，因而容易引起喘振。

【任务实施】

模块 1　增压系统的维护管理

〖任务要求〗

1）掌握增压器的日常管理；

2）掌握废气涡轮增压器的清洗方法；

3）掌握空冷器的清洗方法。

〖任务准备〗

1）二冲程废气涡轮增压柴油机；

2）空冷器专用清洗剂；

3）涡轮增压器清洗用核桃壳。

〖任务操作〗

废气涡轮增压器工作的主要特点是：转子转速高，气流流速高，涡轮工作温度高。废气涡轮的转速可高达每分钟几千甚至几万转，增压器的尺寸越小，工作转速越高。大尺寸增压器的最高转速在 1×10^4 r/min 左右，较小尺寸增压器的转速可达 $(4\sim5)\times10^4$ r/min。增压器的气体流量很大，对于一台 1×10^4 kW 的柴油机，增压器每秒需供应 20 m^3 的空气，涡轮机和压气机中的气流速度可达每秒数百米；涡轮机端的废气温度很高，涡轮机进口温度高达 500～600 ℃。因此增压器在运转中，应保持转子良好的静平衡和动平衡，轴承要有良好的润滑，流道要清洁并保证可靠的冷却。在拆装管理时应保证安装间隙，防止部件变形和安装不正。

一、增压器的日常管理

1）在运行中应测量和记录下列主要运行参数：各缸排烟温度、涡轮机前后温度、增压器的转速、空气滤器和空冷器的压降、扫气箱中的压力、空冷器前后的温度与冷却水的进出口温度，以及轴承润滑油的油位、温度和压力等。根据检查的参数判断涡轮增压器的工作状态，以确定必要的检查、调整和检修方案。

2）涡轮增压器运行时，应经常用金属棒或其他专用工具检查并细心倾听增压器中有无异常声响和运转是否平稳。转子不平衡时会发出钝重的“嗡嗡”声。

3）增压器是高速回转机械，应特别注意轴承的润滑。当轴承为外部供油润滑时，要注意检查重力油柜的油位及滑油进口压力、出口温度；当轴承为自身供油润滑时，应注意检查油池中的油位，若油量不足应及时补充。

4）如果柴油机停车时间较长（超过 1 个月），应将增压器转子转动一个位置，以防止轴弯曲变形。增压器再次投入使用前，应通过起动空气吹动使之短时转动，用金属棒倾听运转是否平稳，有无杂音和阻滞现象。

5）拆装增压器时，应事先阅读说明书以了解其内部结构、拆装顺序和所需的专用工具。拆卸时，应注意各拆卸零件的相对位置；组装时，应注意装配间隙及间隙的调整方法，对一些重要间隙要严格控制。

二、废气涡轮增压器的清洗

增压器在运行时，其内部流道会被灰尘、油雾和碳粒所脏污，这会使流阻增大，增压器效率下降，增压压力降低，脏污严重时还会引起增压器喘振；污物在叶轮上分布不均还可能使转子的动、静平衡不良而引起振动。因此，要对增压器进行清洗。增压器的清洗有运转中的清洗和拆开清洗 2 种。经常定期进行运转中的清洗，以清除旋转件上的灰尘和疏松的积碳，使增压器处于良好的工作状态。但运转中的清洗不能代替定期拆检和清洗增压器。

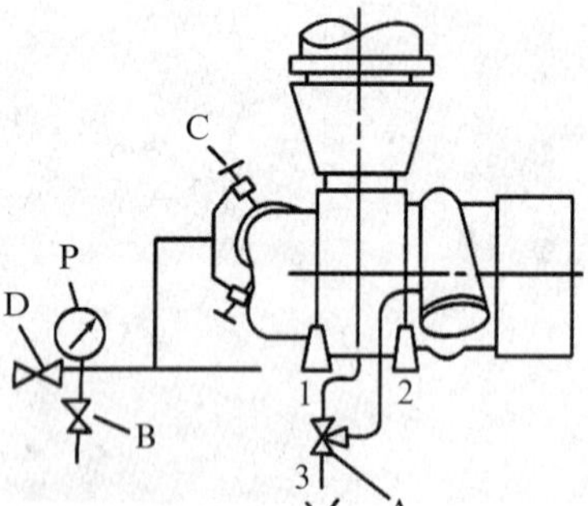

图 1-4-9　ABB 涡轮增压器的水洗系统

运转中清洗废气涡轮有水洗法和干洗法。水洗要在低负荷下进行，进水管装在涡轮机保护格栅前的排气管上，清洗水的流量通过接头中的孔板和水压来控制。喷入的水雾通过水对污垢的溶解作用和水滴对污垢的机械冲刷作用将流道中附着不牢固的污垢洗掉。在涡轮机排气箱的下部装有排泄阀，以便将清洗下来的污垢和水排出，每次清洗时间约需 10 min。排泄阀流出的水应变清，清洗后，应在低负荷下运转 5～10 min，如果清洗后发生振动则应重新清洗。图 1-4-9 所示为 ABB 涡轮增压器的水洗系统。水洗时，要求柴油机在 50% 标定功率的转速下运转。转动旋塞使管 1 与管 3 相通，以排除污物。关泄水旋塞、开进水管截止阀 C，以使清洗水经接头中的孔板喷入排气管。缓慢开启供水阀 D，把压力调到 250 kPa，则清洗水由阀 C 流入，污垢和水由管 1 泄至舱底。洗完后，关阀 D 和 C，开阀 B 将管路中水放掉。转动旋塞 A，使管 2 与管 1 相通，少量压缩空气吹扫排泄管道和排气箱，使管 1 畅通。

干洗是从涡轮机进气道喷入一定数量的已被粉碎且颗粒尺寸约为 1.5 mm 的核桃壳或其他类似物体，用冲击式的方法清除积碳等污物。干洗在全负荷时效果最好，负荷低于 50% 时不可干洗。如果装有干洗设备，应按说明书的指示使用。

压气机在运转中清洗时，要在柴油机全负荷运转下进行。方法是将一定量的水在短时间内喷入压气机。清洗前后 30 min 内，应将气缸滑油供给量提高 50%～100%，以保护气缸套免受腐蚀。图 1-4-10 所示为 ABB 增压器压气机的清洗系统。进水管装在压气机进气箱上，水经管道送至压气机叶轮前的进气道中。清洁水盛在容器中，以确保每次清洗供给一定数量的水。容器除有水管与压气机进气箱连接外，还有气管与压气机排出管连接。清洗时按下容器上的按钮，水便在增压压力与进气道压力之差的作用下在 4～10 s 内喷入压气机。喷水后，柴油机要在全负荷下运转一段规定的时间，以使增压器和柴油机完全干燥。如果清洗后增压压力和排气温度变化不大，可重复清洗。清洗压气机后，应及时清洗空冷器，以洗去从压气机冲洗来的积垢。

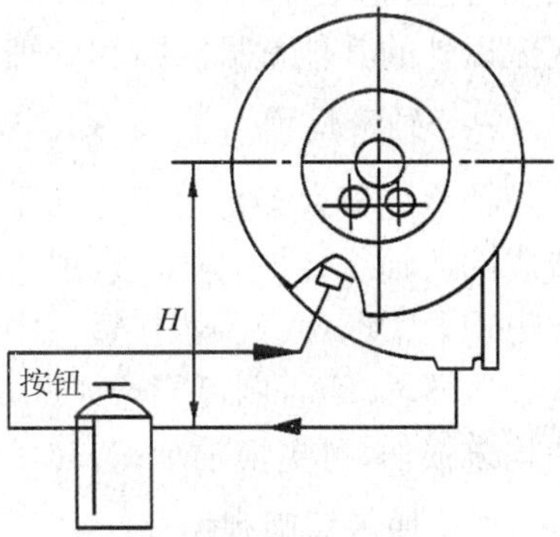

图 1-4-10　压气机的清洗系统

〖思考〗

增压器清洗后振动加剧的原因？

三、增压空冷器的清洗

空冷器冷却水的进口温度与空冷器后的增压空气出口温度之间的差值可作为鉴别空冷器冷却效率的一个重要参数。在柴油机功率保持不变，冷却水温度、流量也不变的情况下，这一温度差值增大，意味着该空冷器积垢增加。空冷器冷却水侧与空气侧积垢均会导致冷却效率降低，温度差值增大。而空气侧积垢还会使通过空冷器的空气压力降增大。因此，空气侧的积垢对柴油机的运行情况更加不利，会减少进入气缸的空气量和提高扫气温度，导致排气温度升高，热负荷增加，燃油消耗率升高。冷却水侧的清洗间隔时间较长，必须在停车时清洗，详细内容请参阅说明书。

当空气流过空冷器的压降达到规定值（约为试验台测试值的 150%）时，即应进行空气侧的清洗。清洗是用安装在进气管内的喷淋设备进行的。有的机型在停车状态和正常功率运行状态均可进行清洗；有的机型则只允许在停车状态下清洗，以防止清洗剂进入气缸；有的机型还要求在运行中清洗压气机或空冷器时，将气缸润滑油供给率提高 50%～100%，以保护气缸套免受水和清洁剂的侵蚀。具有高沸点的清洗剂才可以在运行中使用，因空冷器前的空气温度可以高达 200 ℃以上。

模块 2　增压系统的故障分析和排除

〖任务要求〗

掌握增压系统的故障分析及排除方法。

〖任务准备〗

1）二冲程废气涡轮增压柴油机 1 台；

2）柴油机增压系统多媒体动画。

〖任务操作〗

涡轮增压器在使用过程中，由于各种因素的影响，会产生异常现象，废气涡轮增压系统故障是主、副柴油机的常见故障，对增压系统常见故障及原因应有清楚认识。增压系统除喘振以外的其他常见故障和处理方法如下。

一、轴承烧损

轴承烧损大多是由于滑油压力过低、油量不足或断油、滑油过脏和油中混入金属屑等造成的。轴承烧损时往往表现为增压器转速急剧下降、滑油出口温度升高、增压压力降低，并出现异常的声音。若在管理中发现增压器转速急剧下降、运转声音异常，应立即停车检查增压器轴承，否则可能造成严重事故，甚至整台增压器报废。若轴承轻度烧损，轴封和叶片均未损伤，可更换轴承；若转子严重损伤无法修复，则增压器只能停止运转。

二、增压器强烈振动

除了喘振的原因外，增压器的强烈振动还可能是由于涡轮机叶片上有结碳和附着燃烧产物、叶片折断、压气机叶轮损坏、转子与固定件碰擦、轴承减振弹簧片损坏等原因引起的。柴油机使用重油和长期燃烧不良，会在涡轮机喷嘴环和叶轮上结碳和附着氧化物。这些结碳和氧化物在叶片上分布不均，会引起增压器的强烈振动。结碳和氧化物不能用水洗掉，必须打开增压器进行专门清洗。

叶片断裂大多是由外来物引起的，也可能是由于叶片共振引起的疲劳断裂。叶片断裂的应急处理方法是把与断叶对称的叶片切掉，使叶轮保持大致平衡，仍可将叶轮装复使用；若叶片大量损坏，则只能使增压器停止运转，厂修时换新叶轮。

对于因装配调整不当使转子与固定件发生摩擦或轴承运转磨损引起增压器强烈振动的，应重新装配或更换轴承。此外，应注意检查轴承减振弹簧片的状态，及时更换。

三、增压压力下降

废气涡轮和压气机流道部分脏污是引起增压压力下降的重要原因，这里包括进口滤器、消音器、空冷器等。运行中应按说明书的要求按时清洗增压器。此外，还必须定时拆开清洗，以清除牢固的结碳和污垢。当空气滤器的压降超过 0.98 kPa，空冷器的压降超过 1.96 kPa 时，也要进行清洗。

若增压压力降低的同时发现增压器的转速也明显下降，说明废气能量不足。在柴油机方面可能是喷油提前角过大、排气阀开启较晚、缸套活塞环漏气等原因引起的，在废气涡轮方面可能是喷嘴环变形使通流面积增大、涡轮机前排气管膨胀接头漏气等原因引起的。此外，由于轴封结碳、轴承故障使转子阻力增大，也会使增压器增压压力下降、转速降低。应查明具体原因，予以排除。

若增压压力降低的同时增压器的转速没有明显下降，则可能是压气机故障引起的，如：压气机进口滤器和消音器堵塞，内部气流通道积垢，增压器轴封、气封漏气，扫气箱漏气等。

四、增压压力升高

增压压力升高主要是由柴油机引起的。常见的是柴油机负荷过大或喷油系统故障使燃烧不良、后燃严重，导致废气能量增加、涡轮机转速提高、增压压力升高。排气阀漏气、开启过早也会产生类似的情况。

五、轴承箱中滑油很快变黑和漏失

滑油变黑是因为排气漏入轴承箱，以及涡轮机端的轴封损坏、密封衬套间隙过大、密封空气的通道被阻塞造成的。滑油漏失是因为密封平衡空气失去作用、密封衬套间隙过大、轴承箱压力过高、轴承箱盖板螺栓松动漏油造成的。

【任务评价】

评估名称：柴油机增压系统的故障分析

评估对象：3 000 kW 及以上船舶大管轮

评估要素：

1）柴油机增压系统的故障分析；

2）柴油机增压系统的故障处理。

评估名称：柴油机增压系统的日常管理

评估对象：3 000 kW 及以上船舶二/三管轮

评估要素：

1）柴油机增压器的日常管理；

2）柴油机废气涡轮增压器的清洗；

3）增压空冷器的清洗。

【课后练习】

一、选择题

1. 二冲程柴油机的单独增压系统适用于________。

A. 脉冲增压直流扫气式柴油机　　B. 定压增压直流扫气式柴油机

C. 定压增压弯流扫气式柴油机　　D. A 和 D

2. 一般只采用单独增压系统的柴油机是________。

A. 二冲程横流扫气柴油机　　B. 四冲程柴油机

C. 二冲程回流扫气柴油机　　D. 二冲程新横流扫气柴油机

3. 下列单独增压系统特点中的不正确说法是________。

A. 定压增压和脉冲增压均可用单独增压系统

B. 单独增压系统在低增压时，起动性能良好

C. 单独增压系统在高增压时，低负荷性能良好

D. 增压器全部损坏时，应起动应急电动鼓风机

4. 与四冲程柴油机相比，二冲程不易实现单独涡轮增压系统的原因是________。

①扫气过程对增压压力依赖小；②扫气过量空气系数小；③换气质量差；④低负荷起动时，废气能量小

A. ①②　　B. ②③　　C. ③④　　D. ④①

5. 离心式压气机喘振的基本原因是________。

A. 流量减少，背压增高，气流在工作叶轮前缘叶片凸面发生分离

B. 流量增加，背压降低，气流在工作叶轮前缘叶片凸面发生分离

C. 流量减少，背压增高，气流在工作叶轮前缘叶片凹面发生分离

D. 流量增加，背压降低，气流在工作叶轮前缘叶片凹面发生分离

6. 废气涡轮增压器转速急剧下降，滑油温度升高，增压压力降低并出现异常的声音，其原因是________。

A. 发生喘振　　B. 叶片断裂　　C. 轴承烧毁　　D. 喷嘴环叶片变形

7. 干洗增压器涡轮时，其负荷不得低于________标定负荷。

A. 30%　　B. 40%　　C. 50%　　D. 70%

8. 增压器的压气机叶轮用水清洗时，柴油机工况应处于________。

A. 任意运转状态　　B. 低速、低负荷运行状态

C. 高速、全负荷运行状态　　D. 停车状态

二、简答题

1. 简述增压系统的常见故障。
2. 简述废气涡轮增压器的水洗和干洗的注意事项。

项目二 柴油机系统的操作与管理
Operation and Management of Diesel Engine System

项目描述

燃油系统、滑油系统和冷却系统是船舶动力系统的主要组成部分。对其管理的好坏，对柴油机的工作有很大影响，甚至会引起柴油机故障。

本项目根据船舶燃油系统、滑油系统和冷却系统的功能，按照知识和能力要求，通过组织学生识别、绘制船舶燃油系统、滑油系统和冷却系统的管路图，并对其进行操作，让学生掌握船舶燃油系统、滑油系统和冷却系统的操作和管理技能，发现、排除系统中的常见故障。

本项目设置了柴油机燃油系统的操作与管理，柴油机滑油系统的操作与管理，柴油机冷却系统的操作与管理，离心式分油机的拆装、操作与管理等任务。

任务1 柴油机燃油系统的操作与管理
Operation and Management of Fuel Oil System of Diesel Engine

【任务描述】

燃油系统是柴油机重要的动力系统之一，其作用就是把符合使用要求的燃油畅通无阻地输送到喷油泵入口端。在柴油机使用低质燃油时，其工作条件更加恶劣，极易出现故障，所以对燃油系统的管理尤为重要。

学生在认识燃油系统管路的基础上，通过对燃油系统、重质燃油净化系统等的操作，能描述影响燃油品质的相关指标，国内及国际上对燃油的分类标准，低质燃油的特点及管理技术要点等相关知识；理解燃油喷射过程各阶段的特点及影响因素，可燃混合气的形成方法，不同类型燃烧室的结构形式及其特点；掌握柴油机燃油系统的组成，燃油的加装、测量和计算，燃油的驳运、净化和供给，以及主柴油机备车时燃油系统操作和注意事项等相关知识。

具体任务有：使用低质燃油时的管理及操作、重质燃油净化系统的管理、柴油机加压式燃油系统的管理、柴油机燃油系统的操作与管理。

【学习目标】

- 能读懂国内外燃油单据上的名称及性能指标；
- 能清楚国内及国际上对燃油的分类；
- 能对低质燃油进行管理；
- 能熟悉燃油喷射过程各阶段的特点及影响因素；

- 能了解燃油喷射质量的衡量及影响因素；
- 能掌握可燃混合气的形成方法和不同类型燃烧室的结构形式及其特点；
- 能正确识别重质燃油净化系统图；
- 能正确识别船舶加压式燃油系统图；
- 能清楚燃油的加装程序、测量和计算方法；
- 能掌握主柴油机备车时燃油系统操作及管理的注意事项。

【相关知识】

一、燃油性能指标的认识、燃油的分类及低质燃油的特点

船舶柴油机使用的燃油基本上有3种：轻柴油、重柴油和燃料油。柴油机的燃油大多来自石油产品，少量来自页岩产品。石油和页岩都是天然产物，人造石油是极少量的。天然石油提炼燃油的工艺主要是蒸馏，其次是热裂化、催化裂化和加氢裂化。蒸馏法是根据石油的不同组分具有不同沸点的特点，而在不同的温度下分馏出不同的油品。蒸馏分为常压蒸馏和减压蒸馏，常压蒸馏（又称直馏）通常在360～370 ℃下进行，先后分馏出汽油、煤油、轻柴油和重柴油。剩下的重油（馏分在350 ℃以上，通常称为重馏分）再送入410 ℃下的减压蒸馏装置，先后分馏出重柴油和润滑油。剩下的渣油称减压渣油，含有高沸点成分及大量胶质和沥青质，黏度太大，不能直接用于柴油机，可作为锅炉燃料油，也可掺合部分柴油作为内燃机燃料油。各种裂化法都是以重馏分（即常压蒸馏后剩下的重油）作为裂化原料，在高温下使大分子裂化为小分子，以获取更多的轻质油品。裂化过程剩余的渣油称为裂化渣油。

（一）燃油的化学组成

石油是由多种有机化合物组成的极为复杂的混合物，是颜色为黄绿色至黑色的浓稠液体。组成石油的基本元素是碳和氢，按重量计算为83%～87%碳、11%～14%氢，故称为烃类化合物。石油中尚存在少量的氧、硫、氮等元素，只占总重量的0.5%～5%。此外，石油中还含有其他微量元素，如氯、碘、磷、钾、钠、镁、钙、铜、铁、镍、砷、铅、钒等，它们也是以化合物形态存在于石油中的。以上所含成分皆因产地和提炼方法的不同而异。

组成燃油的烃按其分子结构的不同，可分为脂肪烃、环烷烃和芳香烃3类。

1. 脂肪烃

脂肪烃包括烷烃（C_nH_{2n+2}）、烯烃（C_nH_{2n}）和炔烃（C_nH_{2n-2}），其分子结构均为链状结构。其中烷烃是一种饱和的链状结构，其碳原子间以单键相连接；烯烃和炔烃均是不饱和的链状结构，烯烃的碳原子间的结合有一个双键，炔烃的碳原子间的结合有一个三键。

链状结构在高温下容易发生破裂，因此含烷烃较多的燃油容易燃烧，自燃温度较低，而且碳原子越多，其自燃性越好；另外由于它是一种饱和烃，所以其性能稳定，不易变质。含烷烃多的燃油是柴油机的良好燃油。

烯烃和炔烃多存在于热裂法生产的柴油中，其发火性能较烷烃差，而且由于它们是不饱和烃，所以性能不稳定，易于氧化变质。

2. 环烷烃

环烷烃的分子式是C_nH_{2n}，它是一种碳原子间以单键结合的环状饱和烃。其环状结构在高温下不易破裂，所以它的自燃温度高于脂肪烃。

3. 芳香烃

芳香烃的分子式是C_nH_{2n-6}，它是一种不饱和的环状结构。其碳原子间由单键和双键交替连接，受热后最不容易破裂，因此芳香烃的自燃温度最高。柴油中若含较多的芳香烃，则不容易发火，同时燃烧不完全，易结碳。

芳香烃中最基本的是苯(C_6H_6)，2个苯核并在一起(骈苯环)称为萘($C_{10}H_8$)。一甲基萘又叫α-甲基萘，其发火性能最差，通常作为柴油发火性能试验的标准试验燃料之一。

(二) 燃油的理化性能指标

燃油的质量以其理化性能指标来衡量，这些指标根据其对柴油机工作的影响大致可分为3类。①影响燃油燃烧性能的指标：十六烷值、苯胺点、柴油指数、馏程、热值和黏度等。②影响燃烧产物成分的指标：硫分、灰分、沥青分、残炭值、钒和钠含量等。③影响燃油管理工作的指标：闪点、密度、凝点、倾点、浊点、水分和机械杂质、黏度等。

1. 十六烷值

十六烷值是表示燃油自燃性能的指标。它在数值上等于燃油自燃性能相等的标准燃料(由相当于十六烷值为100的正十六烷与相当于十六烷值为0的α-甲基萘混合而成)中所含正十六烷的体积百分数。如某燃油的十六烷值为45，则表示该油品的自燃性能(通常以滞燃期长短计量)与正十六烷容积含量为45%的标准燃料的自燃性能相同。由此，十六烷值高，表示自燃性能好。

十六烷值过低时燃烧粗暴，甚至在起动或低速运转时难以发火；但如果燃油的十六烷值过高，不仅燃油费用高，而且因发火过快使燃油产生高温分解而生成游离碳，致使柴油机排气冒黑烟，经济性能下降。因此，对燃油的十六烷值应有适当的要求。通常，高速柴油机使用燃油的十六烷值为40～60；中低速柴油机为40～50；对于燃用重油的大型低速柴油机，只要其十六烷值不低于25，即可保证正常工作。

2. 苯胺点

用同体积的燃油与苯胺混合加热使其形成单一液相溶液，然后使其逐渐冷却，混合溶液开始变混浊(析出沉淀物)时的温度即为苯胺点。

苯胺点与密度一样，是石油烃类的一个特性因素。油品中的各族烃类在苯胺中具有不同的溶解度，其中芳香烃在苯胺中的溶解度较大。燃油与苯胺越易溶解，则苯胺点越低，表示燃油中的芳香烃含量越大，密度越大，自燃性能越差。因此根据苯胺点的高低，可以判断油品中各族烃类的含量和十六烷值的高低，也可以反映燃油燃烧性能的好坏。

3. 柴油指数

柴油指数也是衡量燃油自燃性的指标。不必使用贵重试验设备而可以在试验室中用简单的方法测定，并按下式计算出燃油的柴油指数(DI)。

$$DI = (1.8t + 32) \times (141.5/d - 131.5) \times 1/100$$

式中：d为燃油相对密度(温度为60 ℉时同体积燃油与水质量之比)；t为苯胺点，℃。

柴油指数越大，则苯胺点越高，说明密度越小，芳香烃含量越低，燃油的品质越好。柴油指数与十六烷值在数值上相近。一般，柴油指数较十六烷值(CN)略高几个单位，二者换算公式为

$$CN = 2/3 \times DI + 14$$

4. 馏分和馏程

馏分和馏程是燃油的蒸发性能指标。把燃油放在蒸馏装置中蒸馏，馏出第一滴油品的气体温度称为初馏点，蒸馏到最后达到的气体最高温度称为干点(或终馏点)。在一定温度范围内燃油所能蒸发的百分数称为馏分，每个馏分的初馏点和干点称为该油品的馏程。

轻馏分(250 ℃以下蒸馏出的成分)蒸发快，易于与空气混合和发火，但轻馏分过多(超过15%)时燃烧粗暴。重馏分(350 ℃以上蒸馏出的成分)蒸发慢，燃烧不完全且易结碳。因此，从燃油的质量出发，并不是轻馏分越多越好，品质好的燃油应是轻馏分和重馏分都很少，而在250～350 ℃蒸发的馏分(中馏分)最多。通常用50%馏出温度表示该油品的平均蒸发性能。

5. 热值

1 kg 燃油完全燃烧时放出的热量称为燃油的热值或发热值，单位用 kJ/kg(千焦/千克)表示。其中不计入燃烧产物中水蒸气的汽化潜热值称为低热值，用符号 H_μ 表示。我国规定，重油的基准低热值 $H_\mu=42\,000$ kJ/kg；轻油的基准低热值 $H_\mu=42\,700$ kJ/kg。

6. 黏度

黏度是液体内分子摩擦的量度，它表示燃油流动时的内阻力，对燃油的输送、过滤、雾化和燃烧都有很大影响，是评定燃油流动性能的指标，是燃油最重要的特性参数之一。

液体的黏度值有绝对黏度和相对黏度(条件黏度)2 种表示法。前者表示内摩擦系数的绝对值；后者是在一定条件下测得的相对值，并因测定仪器而异。

绝对黏度有动力黏度和运动黏度；相对黏度有恩氏黏度、赛氏黏度和雷氏黏度。

(1) 动力黏度

动力黏度是指 2 个相距 1 cm，面积为 1 cm^2 的液体层，当相对运动速度为 1 cm/s 时所产生阻力大小的数值。工程单位制为 g/(cm・s)(泊)，国际单位制为 Pa・s(帕・秒)，1 Pa・s=10 g/(cm・s)。

(2) 运动黏度

运动黏度是动力黏度与同温度下液体密度之比。国际单位制为 m^2/s 或 mm^2/s，通常在实际中使用厘斯(cSt，工程单位)，1 cSt=10^{-6} m^2/s=1 mm^2/s。

(3) 恩氏黏度

恩氏黏度是 200 mL 液体在测定温度下从恩氏黏度计流出所需的时间与在 20 ℃时流出相同体积的蒸馏水所需的时间之比。它是一个无因次量，符号为°Et。恩氏黏度曾是我国和部分欧洲国家常用的黏度表示法。

(4) 赛氏黏度

赛氏黏度是液体在 37.8 ℃(100 ℉)下从赛氏黏度计流出 60 mL 所需的时间(s)。赛氏黏度分为通用黏度(SSU)和重油黏度(SSF)，常用的是 SSU。

(5) 雷氏黏度

雷氏黏度是液体在 37.8 ℃(100 ℉)下从雷氏黏度计流出 50 mL 所需的时间(s)。雷氏黏度分为雷氏一号黏度(Red No. 1)和雷氏二号黏度(Red No. 2)，常用的是 Red No. 1。

赛氏黏度和雷氏黏度是美英常用的黏度表示法。各种黏度表示法的换算关系见表 2-1-1。

表 2-1-1　黏度换算表(同温度下的近似换算)

运动黏度/(mm^2/s)	赛氏黏度/s	雷氏一号黏度/s	恩氏黏度/°Et	运动黏度/(mm^2/s)	赛氏黏度/s	雷氏一号黏度/s	恩氏黏度/°Et
3	36	33	1.23	50	232	204	6.65
4	39	36	1.31	60	279	245	7.92
5	42	38	1.40	70	325	285	9.24
6	46	441	1.48	80	371	326	10.58
7	49	44	1.57	90	419	368	11.9
8	52	46	1.66	100	463	406	13.2
9	56	56	1.75	110	510	450	14.6
10	59	59	1.84	120	560	490	16.0
11	63	63	1.93	130	610	530	17.3
12	66	66	2.02	140	650	570	18.5
13	70	70	2.12	150	700	620	19.9
14	74	74	2.22	200	940	820	26.8
15	78	68	2.33	250	1 160	1 010	33
16	81	71	2.44	300	1 410	1 230	40
17	85	75	2.55	400	1 870	1 640	53
18	90	78	2.65	500	2 320	2 040	66
19	94	82	2.76	600	2 800	2 430	79
20	98	86	2.88	700	3 250	2 820	93
21	102	90	2.99	800	3 700	3 250	102
22	107	93	3.11	900	4 200	3 650	118
23	111	97	3.22	1 000	4 750	4 100	133
24	115	101	3.34	1 500	7 000	6 100	199
25	120	105	3.46	2 000	9 200	8 100	260
30	142	124	4.08	2 500	11 600	10 100	325
35	146	144	4.71	3 000	14 000	12 300	400
40	187	164	5.35	4 000	18 500	16 100	530
45	209	184	5.99	5 000	23 000	20 000	660

ISO 规定，自 1977 年 10 月开始采用 50 ℃时的运动黏度值(mm^2/s)作为燃油的黏度值。

压力和温度对燃油的黏度有很大影响。燃油的黏度随压力的增大而增加，随温度的升高而降低。燃油的黏度随温度变化的特性称黏温性能，图 2-1-1 所示为典型船用燃油的黏温特性曲线。例如：某燃油 50 ℃时的黏度为 380 m^2/s(cSt)，为了使喷油泵前的燃油得到所推荐的黏度，必须将燃油加热到 130～140 ℃。

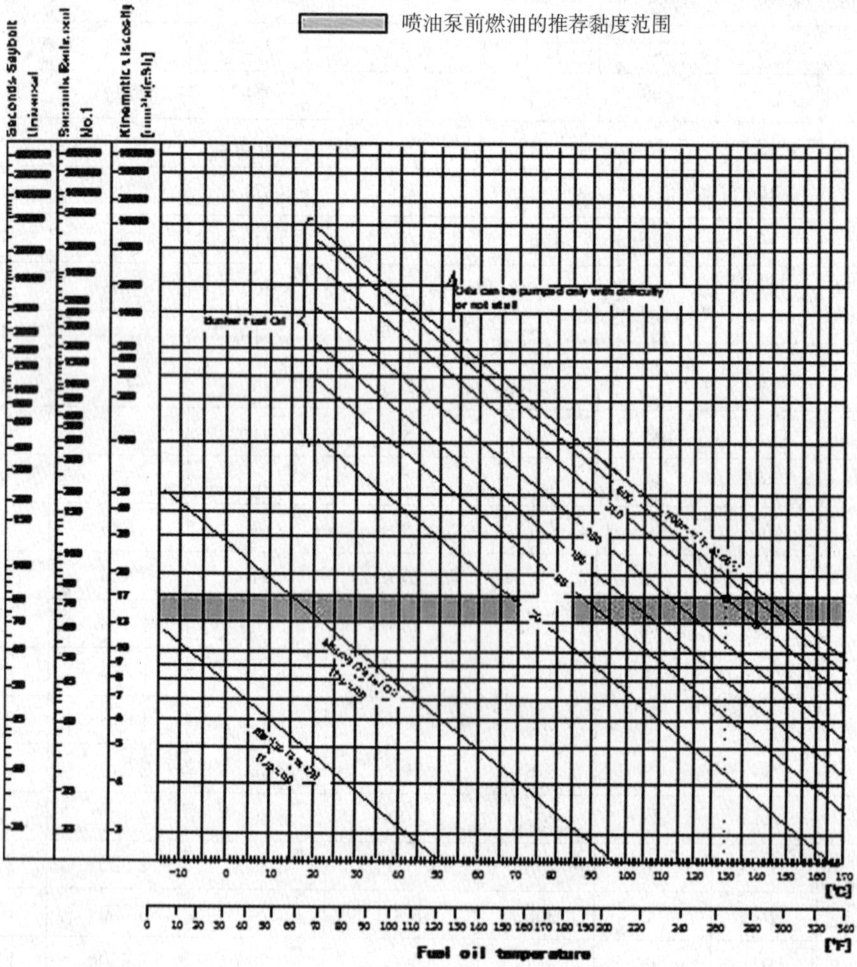

图 2-1-1　船用燃油的黏温特性曲线

7. 硫分

燃油中所含硫的质量百分数叫硫分。燃油中含硫的危害有 4 个方面。

1) 液态的硫化物(如硫化氢等)对燃油系统的设备有腐蚀作用。

2) 燃烧产物中的 SO_3 和水蒸气在缸壁温度低于它们的露点时，会生成硫酸附在缸壁表面，产生强烈的腐蚀作用。由于这一腐蚀只发生在低温条件下，故称为低温腐蚀。

3) 燃烧产物中的 SO_3 能加速 HC 聚合而结碳，而且此结碳既多又硬，不易清除。

4) 燃油中的硫分主要与原油产地有关，同时也受加工炼制工艺方法的影响。改善炼制工艺虽然可显著降低燃油中的硫分，但燃油的价格将大幅度上涨。轻柴油的蒸馏产品，硫分很少；重柴油是催化、裂化的重馏分，硫分相对多一些；重油是残渣油与重馏分的混合物，含硫量较大，有时达 3%～4%。

8. 灰分

燃油的灰分为油溶性有机酸和无机酸盐类以及不燃烧的机械杂质所占的质量百分数。灰分中含有的各种金属氧化物，可造成燃烧室部件的高温腐蚀和磨料磨损，加剧气缸的磨损。

9. 钒、钠合量

燃油中所含钒、钠等金属的质量含量一般用百万分之几来表示(ppm)。钒以金属有机化合物形式存在于原油中。这些金属有机化合物是油溶性的，净化系统无法除去，在炼制中也不蒸发，因而大部分浓集到残渣油中，燃烧后生成金属氧化物。钠是原油中的有害金属元素。

燃油中的钒和钠是非常有害的成分。钒与钠燃烧后生成低熔点的化合物，如 $Na_2O \cdot V_2O_4 \cdot 5V_2O_5$ 熔点为 625 ℃，$5Na_2O \cdot V_2O_4 \cdot 11V_2O_5$ 熔点为 535 ℃。尤其是由 V_2O_5 与 Na_2SO_4 形成的共熔混合物，在二者比例约为 4∶6 时，其熔点最低，仅为 300 ℃。当排气阀和缸壁温度过高而超过这些化合物的熔点时，它们就会熔化附着在金属表面上，与金属表面发生氧化还原反应而腐蚀金属。由于这种腐蚀只发生在高温条件下，故称为高温腐蚀。因此，为控制此种腐蚀，应限制排气阀和燃烧室部件表面的最高温度。

10. 机械杂质和水分

燃油中所含不溶于汽油或苯的固体颗粒或沉淀物称为机械杂质，以质量百分数表示。轻质燃油不允许含机械杂质，重质燃油允许含有少量机械杂质。燃油中的机械杂质主要来自贮运、使用及加工中混入的非油溶性固体物质，如尘土、铁锈、漆皮、金属末以及残存的添加剂等。机械杂质会加剧喷油设备偶件的磨损，引起喷油器喷孔堵塞、滤器堵塞等。

燃油中的水分以容积百分数表示。燃油中的水分主要来自在贮运中进入的或燃油与大气或水接触时吸收和溶解的水，以及使用中管道泄漏进入的水分等。燃油中的水分能降低燃油的低热值，破坏正常发火，甚至导致柴油机停车。如含有海水，会造成腐蚀，加剧缸套磨损。因此应限制燃油中的水分，尤其对轻柴油应限制其水分含量不大于痕迹(即不大于 0.025%)。

在船舶上可以使用燃油净化措施降低燃油的机械杂质和水分含量。

11. 沥青分

沥青分表示沥青占燃油质量的百分数。沥青是多环的大分子量芳香烃，悬浮在油中呈胶状。沥青不易燃烧，导致滞燃期长，产生后燃，冒黑烟，并在气缸中形成坚硬的碳垢附着在缸套、活塞环和喷油器喷孔处，增加磨损并可能使喷油器偶件咬死。

如果不相容的燃油混在一起，沥青在油中的平衡状态有可能被破坏，形成大量沥青泥渣，堵塞管路、滤器，使分油机不能正常工作。因此，应尽量避免不同产地、不同规格的燃油混舱。

12. 残炭值

燃油在隔绝空气的条件下加热，称为干馏，最后剩下的鳞片状碳渣物称为残炭。残炭占试验油质量的百分数称为残炭值。轻柴油的残炭值较小，故用“10%蒸余物残炭”表示，即将轻柴油蒸发掉 90%后再作残炭值测定，由此得到 10%蒸余物的残炭值数值较大，弥补了全残炭值精确度不足的缺陷。根据测定方法的不同，残炭值可分为“康氏残炭”(使用矮形坩埚测定)和"蓝氏残炭"(使用电炉法测定)。

残炭值不能表示气缸中实际生成结碳的多少,只能反映燃油燃烧时形成结碳、结焦的倾向。残炭值中包含机械杂质和灰分。当燃用残炭值较大的燃油时,将在燃烧室产生较多的结碳,使传热系数减小、热阻增加,引起过热、磨损,从而缩短柴油机的维修周期。

13. 闪点

燃油在规定条件下加热,其蒸气与空气的混合气在同火焰接触时能发生闪火时的最低温度称为闪点。根据测试仪器的不同,分为开口闪点和闭口闪点,闭口闪点低于开口闪点。闪点是衡量燃油挥发成分产生爆炸或火灾危险性的指标。按国内外船舶建造规范规定,船舶使用的燃油闪点(闭口)不得低于 60 ℃。从防爆、防火的角度出发,在低于燃油闪点 17 ℃的环境温度下倾倒燃油或敞开容器才比较安全。

14. 凝点、倾点和浊点

凝点、倾点和浊点都是说明燃油低温流动性和泵送性的重要指标。

燃油在试验条件下冷却至液面不移动时的最高温度称为凝点。燃油的凝点取决于它的成分和组成结构。对于含石蜡较多的燃油,在低温下由于石蜡结晶而形成网状晶架,从而使燃油失去流动性,称为结构凝固;对于含石蜡较少的燃油,在低温下由于黏度增大而失去流动性,称为黏温凝固。

燃油尚能够保持流动的最低温度称为倾点。

燃油开始变混浊时的温度称为浊点。

通常,燃油的浊点高于凝点 5~10 ℃;倾点高于凝点 3~5 ℃。燃油的温度低于浊点时,将使滤器堵塞,供油中断;燃油温度低于凝点时,将无法泵送。从使用角度,浊点是比凝点更重要的指标。燃油的使用温度至少应高于浊点 3~5 ℃。

15. 密度和相对密度

燃油的密度是指燃油在 20 ℃(国外为 15.6 ℃)时单位体积的质量。在 20 ℃时的密度称为标准密度,记作 ρ_{20}。

燃油在 20 ℃(国外为 15.6 ℃)时的密度与 4 ℃(国外为 15.6 ℃)时水的密度的比值称为相对密度,或称燃油的比重,以符号 d_4^{20} 表示,它与其他温度下的相对密度关系为

$$d_4^{20}=d_4^t+0.000\,672(t-20)$$

式中:d_4^t 为 t ℃时的相对密度;t 为测定燃油相对密度时的温度,℃。

燃油的密度与它的化学成分和馏分组成有关。烷烃的密度最小,环烷烃稍大,芳香烃较大,含硫、氧、氮的胶质和沥青质密度最大。燃油的密度随馏分温度的增高而增大。

燃油的密度随温度而变化,通常,应按温度的变化对密度进行修正。燃油密度的温度修正公式为

$$\rho_t=\rho_{20}-r(t-20)$$

式中:ρ_t 为油在 t ℃时的密度,g/cm^3;r 为燃油密度温度修正系数,g/(cm^3 · ℃),见表 2-1-2。

表 2-1-2　燃油密度温度修正系数

ρ_{20}/(g/cm³)	r/(g/(cm³·℃))	ρ_{20}/(g/cm³)	r/(g/(cm³·℃))
0.806 4～0.829 1	0.000 71	0.970 4～0.938 2	0.000 59
0.829 2～0.853 3	0.000 68	0.938 3～0.972 9	0.000 56
0.853 4～0.879 2	0.000 65	0.973 0～1.013 1	0.000 53
0.879 3～0.970 3	0.000 62		

在轮机管理过程中，密度对燃油的使用有很大意义：

1）在装载燃油时应根据燃油的密度和油舱的舱容计算装载量（应按装油温度对密度进行修正）。

2）应根据燃油密度的变化正确选择分油机的比重环。一般分油机允许的最高分离密度是 0.991 g/m³（15 ℃时的密度）。

3）当换用不同密度的燃油时，由于喷油泵的循环供油量不同（油量调节机构不变），柴油机的转速将相应变化。

（三）燃油的牌号及选用

燃油的命名、牌号、级别、组别和质量指标等均因国家和石油公司的不同而异。

1. 国产燃油的规格和选用

我国的柴油机燃油分为轻柴油、重柴油、内燃机燃料油和渣油 4 类。

（1）轻柴油

我国生产的轻柴油由国家标准 GB 252—1981 规定。轻柴油按凝点不同分为 10 号、0 号、－10 号、－20 号和－35 号等 5 个等级，见表 2-1-3。选用轻柴油应根据当地环境温度而定，一般最低环境温度应高出凝点温度 5 ℃以上。用不同密度的燃油时，由于喷油泵的循环供油量不同（油量调节机构不变），柴油机的转速将相应变化。

表 2-1-3　轻柴油质量指标

项　目		要求	质量指标					实验方法
			10 号	0 号	－10 号	－20 号	－35 号	
十六烷值		不小于	50	50	50	45	43	GB 386
馏程	50%馏出温度/℃	不高于	300	300	300	300	300	GB 255
	90%馏出温度/℃	不高于	355	355	350	350	—	
	95%馏出温度/℃	不高于	365	365	—	—	350	
运动黏度(20 ℃)/(mm²/s)			3.0～8.0	3.0～8.0	3.0～8.0	2.5～8.0	2.5～7.0	GB 265
10%蒸余物残炭/%		不大于	0.4	0.4	0.3	0.3	0.3	GB 265
灰分/%		不大于	0.025	0.025	0.025	0.025	0.025	GB 508
硫含量/%		不大于	0.2	0.2	0.2	0.2	0.2	GB 380
机械杂质			无	无	无	无	无	GB 511
水分/%		不大于	痕迹	痕迹	痕迹	痕迹	痕迹	GB 260

（续表）

项 目	要求	质量指标					实验方法
		10 号	0 号	－10 号	－20 号	－35 号	
闪点(闭口)/℃	不低于	60	60	60	60	50	GB 261
腐蚀(铜片,50 ℃,3 h)		合格	合格	合格	合格	合格	GB 378
酸度/(mgKOH/(100 mL))		10	10	10	10	10	GB 258
凝点/℃	不高于	10	0	－10	－20	－35	GB 510
水溶性酸或碱		无	无	无	无	无	GB 259
胶质/(mg/(100 mL))	不大于	7012	70E	7013	70 ℃	70 ℃	GB 509

轻柴油是质量最好、价格最贵的船用燃油，适用于高速柴油主机、中高速柴油发电机组及舰用大功率柴油机。救生艇柴油机一般选用－10 号轻柴油；应急发电柴油机和高速发电柴油机可用 0 号轻柴油；有些船用大功率二冲程柴油机由于受到加热设备的限制，在机动操纵时也要换用 0 号轻柴油。

（2）重柴油

按 GB 445—1977 规定，重柴油按其凝点数值不同可分为 10 号、20 号和 30 号等 3 个牌号。其代号分别为 RC－10，RC－20 和 RC－30，其质量指标见表 2－1－4。使用重柴油的柴油机应有完善的预热设备。重柴油主要用于中低速柴油主机、发电柴油机以及中小型高速柴油机。

表 2－1－4　重柴油质量指标

项 目	要求	质量标准			实验方法
		10 号	20 号	30 号	
运动黏度(50 ℃)/(mm^2/s)	不大于	13.5	20.5	36.2	GB 3265
残炭/%	不大于	0.5	0.5	1.5	GB 3268
灰分/%	不大于	0.04	0.06	0.08	GB 508
硫含量/%	不大于	0.5	0.5	1.5	GB 387
机械杂质/%	不大于	0.1	0.1	0.5	GB 511
水分/%	不大于	0.5	1.0	1.5	GB 260
闪点(闭口)/℃	不低于	65	65	65	GB 261
凝点/℃	不高于	10	20	30	GB 510
水溶性酸或碱		无	无	—	GB 3259

（3）内燃机燃料油

内燃机燃料油是由直馏残渣油与重柴油调和而成的。我国从 20 世纪 70 年代起，用掺混的方法生产了 1 000 s 和 1 500 s 的内燃机燃料油，专供远洋船舶使用。目前没有国家的统一标准，一般执行炼油厂与使用单位商定的协议标准。其主要质量指标见表 2－1－5。

表 2－1－5 内燃机燃料油质量指标(企业指标)

项 目	要求	质量指标					实验方法
		上海炼油厂	茂名石油工业公司	石油五厂	石油七厂		
					1000 号	1500 号	
密度(20 ℃)/(g/cm²)	不大于	—	0.960 0	实测	—	—	GB 2640
恩氏黏度(80 ℃)/°Et	不大于	5.0	5.0	5.0	5.6	—	GB 266
闪点(闭口)/℃	不低于	80	80	80	80	80	GB 267
凝点/℃	不高于	22	18	25	25	25	GB 510
灰分/%	不高于	0.3	0.1	0.3	0.3	0.3	GB 508
水分/%	不大于	0.3	0.3	1.0	1.0	1.0	GB 260
硫含量/%	不大于	0.5	2.5	0.5	1.0	1.0	GB 387
机械杂质/%	不大于	0.1	0.1	1.0	1.5	1.5	GB 511
残炭/%	不大于	实测	10	实测	—	—	GB 268
发热值/(kJ/kg)		实测	—	实测	—	—	GB 384
备注		减压渣油与直馏柴油调和	蒸馏油、渣油与催化裂化柴油调和	直馏渣油与热裂化柴油调和	大庆原油直馏渣油与催化裂化、热裂化柴油调和		

(4) 渣油

渣油是由减压渣油与二次加工残渣油调和而成的燃料油。原为锅炉燃料，现用于国内沿海船舶，作为大型低速柴油机和中速柴油机掺烧的重质燃油。国产渣油以 80 ℃时的运动黏度值(mm²/s)作为牌号，如 250 号燃料油。另外尚有 1 号渣油，其质量较 250 号燃料油更差。

2. 国外燃油的规格和选用

国外船用燃油基本上分为 4 类：

1) 轻柴油(Marine Gas Oil, MGO)，常用于救生艇柴油机和应急发电柴油机。

2) 船用柴油(Marine Diesel Oil, MDO)，常用作发电柴油机和船舶主柴油机机动航行时的燃油。

3) 中间燃料油(Intermediate Fuel oil, IFO)，是渣油与柴油调和而成的混合油，可用于各类大功率中速柴油机和低速柴油机。1987 年，ISO 颁布了 ISO－8217“石油产品—燃料(F 级)—船用燃料规格”的国际标准，它是以 100 ℃时的运动黏度来区分和命名的，见表 2－1－6。

表 2-1-6　ISO 对船用燃料油的要求

<table>
<tr><th colspan="2">项目</th><th>密度/(kg/cm³)</th><th>运动黏度(100 ℃)/(mm²/s)</th><th>闪点/℃</th><th colspan="2">倾点(冬季、夏季)/℃</th><th>康氏残碳/%</th><th>灰分(体积)/%</th><th>水分(体积)/%</th><th>馏分/%</th><th>钒/(mg/kg)</th></tr>
<tr><td colspan="2">要求</td><td>不大于</td><td>不大于</td><td>不小于</td><td colspan="2">不大于</td><td>不大于</td><td>不大于</td><td>不大于</td><td>不大于</td><td>不大于</td></tr>
<tr><td rowspan="17">ISO-F</td><td>RMA10</td><td>975.0</td><td rowspan="3">10.0</td><td rowspan="3">60</td><td>0</td><td>6</td><td rowspan="2">10</td><td rowspan="3">0.10</td><td rowspan="3">0.5</td><td rowspan="3">3.5</td><td rowspan="2">150</td></tr>
<tr><td>RMB10</td><td rowspan="2">991.0</td><td rowspan="2">24</td><td rowspan="2">24</td></tr>
<tr><td>RMC10</td><td>14</td><td>300</td></tr>
<tr><td>RMD15</td><td>991.0</td><td>15.0</td><td>60</td><td>30</td><td>30</td><td>14</td><td>0.10</td><td>0.08</td><td>4.0</td><td>350</td></tr>
<tr><td>RME25</td><td rowspan="2">991.0</td><td rowspan="2">25.0</td><td rowspan="2">60</td><td rowspan="2">30</td><td rowspan="2">30</td><td>15</td><td>0.10</td><td rowspan="2">1.0</td><td rowspan="2">5.0</td><td>200</td></tr>
<tr><td>RMH35</td><td>20</td><td>0.15</td><td>500</td></tr>
<tr><td>RMG35</td><td rowspan="2">991.0</td><td rowspan="4">35.5</td><td rowspan="4">60</td><td rowspan="4">30</td><td rowspan="4">30</td><td>18</td><td>0.15</td><td rowspan="4">1.0</td><td rowspan="4">5.0</td><td>300</td></tr>
<tr><td>RMH35</td><td rowspan="2">22</td><td rowspan="3">0.20</td><td rowspan="3">600</td></tr>
<tr><td>RMK35</td><td rowspan="2">—</td></tr>
<tr><td>RML35</td><td>—</td></tr>
<tr><td>RMH45</td><td>991.0</td><td rowspan="3">45.0</td><td rowspan="3">60</td><td rowspan="3">30</td><td rowspan="3">30</td><td rowspan="2">22</td><td rowspan="3">0.20</td><td rowspan="3">1.0</td><td rowspan="3">5.0</td><td rowspan="3">600</td></tr>
<tr><td>RMK45</td><td rowspan="2">—</td></tr>
<tr><td>RML45</td><td>—</td></tr>
<tr><td>RMH55</td><td>991.0</td><td rowspan="2">55.0</td><td rowspan="2">60</td><td rowspan="2">30</td><td rowspan="2">30</td><td>22</td><td rowspan="2">0.20</td><td rowspan="2">1.0</td><td rowspan="2">5.0</td><td rowspan="2">600</td></tr>
<tr><td>RML55</td><td>—</td><td>—</td></tr>
<tr><td colspan="2">实验方法</td><td>ISO 3675</td><td>ISO 3140</td><td>ISO 2719</td><td colspan="2">ISO 3016</td><td>ISO 6615</td><td>ISO 6245</td><td>ISO 3733</td><td></td><td></td></tr>
</table>

4）船用燃料油(Marine Fuel Oil，MFO)，也叫 C 级锅炉油。一般其黏度在 50 ℃时为 380 cSt以上，主要用于蒸汽锅炉，也可用于新型大功率中速柴油机和大功率低速柴油机。直接使用 MFO 作为低速柴油机的燃料在国外尚不多见，所供应的 MFO 或习惯上所称的重油(Heavy Oil)均属于本地或本公司所能供应的最黏滞的中间燃料油。其性能见表 2-1-7。

表 2-1-7　国产渣油的企业标准和实测指标

质量指标	要求	石化总公司企业标准				石油七厂	
		1 号渣油		250 号渣油		250 号燃料油	
		标准	实测	标准	实测	标准	实测
恩氏黏度/°Et	不大于	35	20.60～31.38	25	17.72～27.85	25	18.30～20.99
运动黏度(100 ℃)/(mm²/s)	不大于	260				185	
闪点(开口)/℃	不低于	160	284～325	150	262～339	130	340
凝点/℃	不大于	实测	25～32	实测	24.5～36.0	46	30～32

（续表）

质量指标	要求	石化总公司企业标准				石油七厂	
		1 号渣油		250 号渣油		250 号燃料油	
		标准	实测	标准	实测	标准	实测
灰分/%	不大于	0.3	0.014～0.048	0.3	0.004 8～0.030	0.3	0.006～0.010
水分/%	不大于	2.0	痕迹～0.26	2.0	0.012～0.263		
机械杂质/%	不大于	3.0	0.012～0.050	2.5	0.056～0.20	2.5	0.005～0.011
密度(20 ℃)/(g/cm^3)		实测	0.927～0.931	实测	0.913 2～0.934 6		

（四）燃油燃烧的热化学

燃油的燃烧是一种剧烈的氧化反应，在氧化的同时产生大量的热量。由于在气缸内的实际燃烧过程极其复杂，所以在讨论中忽略其实际中间过程，只考虑燃油中的元素氧化的最后化学反应，即燃油中的 C，H 生成最终燃烧产物 CO_2，H_2O。采用这种简化方法所分析和计算出的结果与实际情况基本符合。

1. 完全燃烧 1 kg 燃油所需的理论空气量 L_O

燃油的化学成分主要是 C，H，O，常用质量百分比表示其含量。例如：某重柴油 $g_C=0.86$，$g_H=0.13$，$g_O=0.01$，则表示 1 kg 燃油中含有 0.86 kg 的 C，0.13 kg 的 H 和 0.01 kg 的 O。此种 1 kg 燃油完全燃烧时所需的空气量称为理论空气量(L_O)，化学方程式算得为 14.3 kg。

2. 燃烧过量空气系数 α

在柴油机实际循环中，按内部混合方式形成可燃混合气，混合的时间很短；另外由于结构的限制，雾化燃油不可能在燃烧室内均匀分布，使油气混合不均匀。所以为得到完全燃烧，向气缸供给的实际空气量 L 必须大于理论空气量 L_O。充入气缸内的实际空气量 L 与进入气缸内的燃油完全燃烧所需的理论空气量 L_O 之比称为燃烧过量空气系数，即

$$\alpha = L/L_O$$

显然，在柴油机中，$\alpha>1$。

燃烧过量空气系数对柴油机的工作性能有很大影响，主要表现在：

1）反映气缸容积的利用程度和燃油与空气的混合质量。当气缸容积、进气状态和充气效率一定时，每循环充入气缸的空气量一定。如果 α 较小，表示相对一定的气缸进气量，气缸内燃烧的油量较多，发出的功率也大，但应以燃烧良好作为前提。因此，不同柴油机在燃油与空气混合好的前提下，α 较小表明该柴油机气缸容积利用程度较高，混合质量好（一般在标定功率下比较）。

2）对经济性的影响。α 增大，空气量相对较多，燃烧较完全，可以改善经济性。但若 α 过大，则由于油气浓度过低，燃烧速度会降低，排气带走的热量相对增加，燃油消耗增加，经济性下降。因此为获得同样的燃烧质量，混合质量好时，α 可小些，反之应加大。

3）与柴油机的热负荷和排放有关。α 减小，每循环燃烧的燃油相对增多，循环的平均温度、最高燃烧温度和排气温度增高，柴油机的热负荷增大，排气中的 NO_x 因最高燃烧温度的提高而增加。

不同机型，在标定工况下的α值不同。一般，二冲程柴油机的α大于四冲程柴油机的α（目的是降低二冲程柴油机的热负荷）；大型柴油机的α大于小型柴油机的α（小型柴油机的单位气缸容积的散热面F/V大，因此热负荷较小，α可以较小）；增压柴油机的α大于非增压柴油机的α（降低增压柴油机热负荷）。不同机型的α值通常在下列范围内。

非增压高速四冲程小型柴油机：$\alpha=1.2\sim1.7$。

增压、高速四冲程小型柴油机：$\alpha=1.5\sim1.9$。

非增压、低速二冲程大型柴油机：$\alpha=1.8\sim2.1$。

增压中低速二冲程大型柴油机：$\alpha=2.0\sim2.3$。

在柴油机燃烧室内，由于燃油分布不均匀，所以其局部地区的α值也是不同的。在油束内部因空气很少或无空气，其$\alpha\approx0$；在油束外缘油气与空气混合，随距油束中心距离的增加，α逐渐增大；而在燃烧室周边无油区，其α趋向于无穷。

欧美各国习惯上使用空燃比或燃空比表示燃烧时空气量（燃油量）与燃油量（空气量）的配比关系，与过量空气系数α有相似的含义，但定义不同。空燃比是实际空气量与喷入气缸的燃油量之比，用符号AF标记；燃空比是喷入气缸的燃油量与实际空气量之比，用符号FA标记。显然，二者互为倒数。

（五）低质燃油的特点及使用意义

低质燃油泛指品质低劣、使用困难、价格低廉的船用燃料油（俗称重油）。通常，低质燃油即指前述的中间燃料油及渣油。船舶柴油机使用的低质燃油（重油）多为中间燃料油，其最黏滞者、质量最差者可称为重质燃料油。目前，随着石油炼制工艺的发展，低质燃油的品质正在逐年下降，对柴油机提出了愈加苛刻的要求。

1. 低质燃油的特点

低质燃油有下列突出特点：

1）密度大。劣质油密度可高达 0.94～1.06 g/cm^3，由此造成燃油净化和雾化困难，同时油滴燃烧时易产生热裂，导致机件结碳增多。

2）黏度高。低质油黏度为 50～2 000 mm^2/s，由此造成燃油贮存、输送、净化和雾化的困难。

3）成分复杂。低质油含有较多的水分、灰分和硫、钒、钠、硅、残炭等杂质。油中的杂质加剧柴油机燃烧室部件和喷油设备元件的腐蚀和磨损。

4）发火性差。低质油十六烷值很低（一般为 25 左右）。滞燃期长，燃烧持续期长，排气温度值偏高，且因燃烧不完全，其油耗率b_e和烟度均有所增加。

2. 使用低质燃油的意义

低质燃油的使用是船用柴油机发展中的一项重要技术成就。使用这种燃油可以大幅度降低船舶营运成本，同时可以合理使用石油资源。自 20 世纪 70 年代以来，由于柴油机燃油大幅度涨价，燃油费用支出约占船舶营运成本的 50%，使船用柴油机使用低质燃油成为一项普遍采用的技术。目前，不但船用低速柴油主机使用低质燃油，而且船用中速柴油机（主机和发电柴油机）也使用低质燃油。

3. 柴油机使用低质燃油后出现的技术问题

使用低质燃油时，如果处理不当则会导致以下不良后果：

1）影响喷油设备正常工作。增加喷油设备的机械负荷和热负荷，引起喷油设备偶件过度磨损、腐蚀、喷孔结碳、变形等故障。

2）恶化燃烧性能。低质燃油雾化困难，自燃性差，使燃烧性能恶化，最高爆发压力降低；后燃严重，排气温度增高，排气烟度增加，缸内结碳严重。

3）损坏主要部件。低质燃油中的灰分、机械杂质、结碳以及燃油裂化使用的含硅、铝的催化剂等，都会使缸套和活塞部件发生异常颗粒磨损；低质燃油中的高硫分和高钠、钒含量所产生的低温腐蚀与高温腐蚀使缸套、轴承、排气阀与阀座、涡轮增压器等发生严重的腐蚀磨损，加剧部件损坏。

4）加速曲轴箱内滑油变质。含硫氧化物的燃气漏入曲轴箱，使曲轴箱滑油迅速变质，并腐蚀有关轴承。

二、燃油的喷射过程和燃烧过程

在柴油机中，液体燃油是不能直接燃烧的，燃油必须在压缩行程末期通过喷油设备喷入气缸，经雾化、蒸发与高温空气混合形成可燃混合气，才能发火燃烧。可燃混合气的形成质量是影响燃油燃烧的重要因素，它受到燃油喷射、空气涡流和缸内热工状态的影响。

（一）燃油喷射系统的概述

1. 燃油喷射系统的类型

燃油喷射系统的种类很多，主要可以分为以下几种。

（1）直接作用式和间接作用式喷射系统

直接作用式喷射系统又称为柱塞泵式系统，此类系统结构简单，但在低转速、低负荷时，喷射质量和各缸供油均匀性较差；间接作用式喷射系统又称为蓄压式喷射系统，也称为定压喷射系统或共轨式喷射系统，它的优缺点与直接作用式相反。目前在柴油机上广泛应用的是直接作用式喷射系统，简称直喷式。

（2）阀控制式和柱塞控制式喷射系统

燃油喷射系统的油量调节有喷油泵控制式和喷油器控制式。喷油泵控制式为直接作用式喷油系统，可以分为阀控制式和柱塞控制式 2 种；喷油器控制式是指利用电子控制技术对喷油器进行喷油定时、喷油量调节等控制，属于蓄压式喷射系统。目前广泛应用的是喷油泵控制式，但电控蓄压式喷射系统代表着柴油机未来燃油喷射系统的发展方向。

现代柴油机的燃油喷射系统的类型见表 2-1-8。

表 2-1-8　燃油喷射系统的类型

直接作用式喷射系统				间接作用式（蓄压式）喷射系统			
泵控制式	泵-喷油器式	分级喷射式	分配式	准等功率式	液压伺服系统	高压泵系统	电子喷射系统

2. 对燃油喷射系统的要求

燃油喷射系统的作用是在一定的时刻以极高的压力将燃油喷射到气缸中并使之雾化，在气缸内部形成可燃混合气。即在活塞接近上止点时，燃油喷射系统将燃油在极短的时间内以高压喷入气缸，实现燃油与空气的混合和燃烧。为了保证柴油机在动力性、经济性、排放和噪声等方面达到优良性能，对其喷射系统有如下要求。

1）定时喷射：即喷油时刻和喷油时间要正确，在柴油机运转工况范围内，尽可能保持最佳的喷油定时、喷油持续时间和喷油规律，而且能对喷油定时进行总调（整机调节）和单调（单缸调节），以保证良好的燃烧并取得优良的综合性能。

2）定质喷射：即喷射雾化质量要好，能产生足够高的喷油压力，以保证燃油良好的雾化性能，且燃油油束与柴油机燃烧室和气流运动相匹配，保证油气混合均匀。还应有适宜的喷油规律以满足燃烧过程的要求。

3）定量喷射：即喷油量能进行调节，能精确调节每循环喷入气缸的燃油量，且喷油量能随柴油机的负荷变化而变化（总调）；在柴油机负荷不变时，各循环之间的喷油量应当均匀；对于多缸柴油机，各缸的喷油量应当相等。

此外，还要求喷射系统工作稳定、可靠、无泄漏、便于管理等。

3. 柱塞泵式燃油喷射系统的基本组成

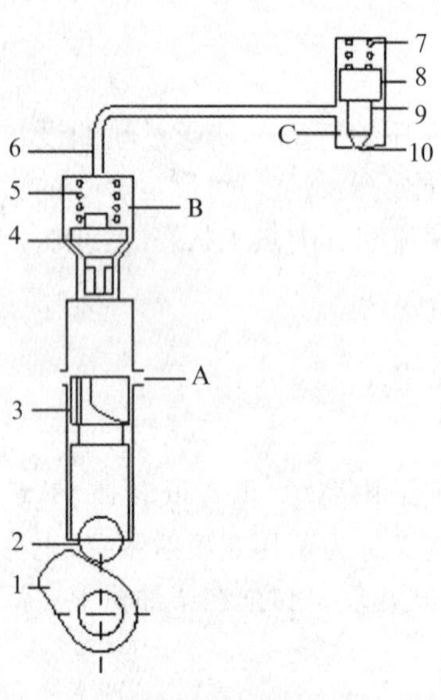

图 2-1-2　柱塞泵式燃油喷射系统

典型的燃油喷射系统主要由喷油泵、喷油器和连接它们的管路组成。图 2-1-2 所示为典型的柱塞泵式燃油喷射系统。喷油压力由喷油泵提供，燃油的雾化则通过喷油器来实现。柴油机工作时，柱塞 3 由喷油泵凸轮 1（又称燃油凸轮）经滚轮 2 驱动。凸轮 1 固定在凸轮轴上，并通过曲轴带动凸轮轴转动。凸轮按一定时刻顶动滚轮，从而保证喷射定时要求。柱塞 3 上行其上端面封闭油孔 A 时，泵腔中的燃油受到压缩；当油压升高到克服出油阀弹簧 5 的弹力和高压油管中的残余压力时，出油阀 4 开启，压力油进入出油阀空间 B，此为供油始点。高压燃油沿高压油管 6 传递至喷油器 8 的空间 C，当其油压大于喷油器弹簧 7 的预紧力时，针阀 9 向上抬起，高压燃油经喷油孔 10 喷入气缸。当柱塞 3 下部的斜槽边缘开启油孔 A 时，泵腔高压燃油经斜槽回油至进油空间，出油阀相继落座，此为供油终点。此后，当空间 C 的油压低于弹簧 7 的预紧力时，针阀落座，喷油结束。柱塞下行时泵腔内为充油过程。

在上述系统中，由于高压油管的存在，使喷油系统在柴油机上的布置比较方便灵活，因此迄今仍在各种柴油机上得到广泛的应用。但是，也由于高压油管的存在，降低了喷射系统高压部分的液力刚性，难以实现高压喷射和理想的喷油规律，使这种传统喷射系统的应用前景受到一定的限制。

4. 电控喷射系统的基本组成

为了满足环境保护的要求，以及控制排放和噪声，目前正在大力发展各种高压、电控燃油喷射系统，如采用短管的单体泵系统、泵-喷嘴与 PT 系统、电控共轨系统等。其中电控共轨喷射系统代表着柴油机未来燃油喷射系统的发展方向，这在国内外已成为共识（详见项目五“智能柴油机的认识与管理”）。

（二）燃油的喷射过程

燃油喷射过程的作用就是将燃油在一定的时刻以很高的压力喷入气缸并使其良好地雾化，这是一个复杂的物理过程。在喷射过程中，从喷油泵出油阀到喷油器针阀这一高压系统内所进行的物理过程，受燃油的可压缩性、高压油管的弹性、系统的节流以及燃油运动的惯性等因素影响。这些影响因素使燃油在喷射过程中产生时间延迟和压力波动，进而影响燃油的喷射质量。

1. 喷射过程的 3 个阶段

图 2-1-3 中的(a)(b)(c)分别为喷油泵出口压力、喷油器进口压力和喷油器针阀升程随曲柄转角的变化关系。根据这些曲线的特点,可把喷射过程划分为 3 个阶段。

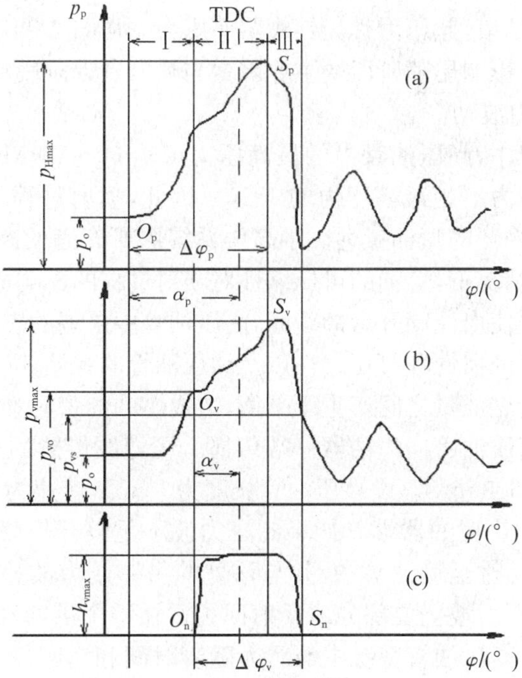

图 2-1-3　喷射过程示意

(1) 喷射延迟阶段Ⅰ(从供油始点到喷油始点)

从图 2-1-3 中可以看出:喷油器的喷油始点(针阀开始升起点 O_n)滞后于喷油泵的供油始点(几何供油始点 O_p)。从喷油泵供油始点到喷油器喷油始点的这一阶段称为喷射延迟阶段。由此可见,存在供油提前角 α_p(喷油泵开始供油的瞬时,活塞到上止点的曲柄转角)和喷油提前角 α_v(喷油器开始喷油的瞬时,活塞到上止点的曲柄转角)2 个提前角。对柴油机燃烧过程有直接影响的是喷油提前角,在使用上能够进行检查和调整的是供油提前角。在实际使用过程中对要求不严格的情况下,可以把二者统称为喷油提前角。

喷射延迟主要是由燃油的可压缩性(压力变化 1 MPa,燃油体积变化 1/1 820～1/1 610)、高压油管的特性参数和高压系统的节流等原因引起的,同时还与喷油器的启阀压力的高低、喷油泵出油阀和喷油器针阀的结构特点、柴油机的转速等有关。

(2) 主要喷射阶段Ⅱ(从喷油始点到供油终点)

从喷油器的喷油始点 O_v 到喷油泵的供油终点 S_p 为主要喷射阶段。在本阶段内,喷油泵的瞬时供油量大于喷油器的喷油量,所以燃油是在不断升高的高压下喷入气缸的,循环喷油量的大部分在本阶段内喷入气缸。通常,将喷油器针阀开启时的最低燃油压力(p_{vo})称为喷油器的启阀压力。主要喷射阶段的长短主要取决于柴油机的负荷,负荷越大,主要喷射阶段越长。

(3) 尾喷阶段Ⅲ(从供油终点到喷油终点)

当喷油泵停止供油时,其回油孔刚刚打开一小部分,由于节流的作用,喷油泵的供油压力并不会陡然下降。原燃油会在低压下膨胀,同时高压油管在低压下收缩,喷射系统中的燃油压力下降较为迟缓,喷油器的针阀仍然保持开启,但燃油是在缸内压力不断下降的情况下喷入气缸的,燃油雾化质量下降,甚至会产生滴漏现象。当燃油压力下降到 p_{vs}时,喷油器的针阀落座,喷油结束,此压力称为针阀落座压力。从图 2-1-3 中可以看出,针阀落座压力小于启阀压力。影响尾喷阶段的主要因素与喷射延迟阶段相同。

2. 喷射过程的压力波动

在燃油的喷射过程中,高压油管内的最高压力可达 60～70 MPa 或更高,而喷射结束后油管中燃油的剩余压力不足最高压力的 1/10。因此,喷射过程是一个高压系统内压力巨变的过程。另外,每循环的喷油量远少于高压系统内所充满的燃油量(一般循环量为喷油量的 2～3 倍),在此情况下,燃油的可压缩性对喷射过程的影响成为不可忽视的因素。

在喷油泵开始供油使出油阀开启的瞬间,高压油管中泵端的燃油就受到来自喷油泵燃油的冲击。但由于燃油的惯性和可压缩性以及高压油管的弹性,喷油泵柱塞所排挤的燃油量与高压油管中流动的燃油量之间产生不平衡,造成燃油的瞬时堆积,致使压力继续升高,并以压力波的形式沿高压油管向喷油器一端传播。压力波传播的速度就是燃油介质中的音速,其值为 1 400～1 600 m/s。设高压油管长度为 L(m),音速为 a(m/s),则压力波经过 L/a(s)可从喷油泵端到达喷油器端。如果此压力波不足以开启喷油器的针阀,则压力波又经过 L/a(s)被全部反射至喷油泵端,并与该处的另一压力波叠加,再次向喷油器端传播。直至针阀开启后,压力波仍要部分地反射回去。在整个供油和喷油过程中,压力波往复传播多次反射,因此,高压油管系统中的压力随着时间和空间的变化而变化。在针阀关闭后,油管中的压力仍然往复波动。如果压力波的峰值超过启阀压力,将再度开启针阀,这会造成异常喷射并引起燃烧恶化。

(三) 可燃混合气的形成

可燃混合气是指在柴油机气缸内形成的由气态燃油与空气组成的一种混合气,其形成过程取决于缸内气体流动、燃油的雾化质量、燃烧室形状等。它的形成对柴油机的燃烧过程有着决定性的影响,因而也影响着柴油机的动力性、经济性和排放性能。

1. 缸内气体流动

缸内气体流动良好对提高柴油机的燃油空气混合速率、提高燃烧速率、促进燃烧过程中空气与未燃烧燃料的混合有着重要作用。缸内气体的流动形式主要有进气涡流、挤压涡流、燃烧涡流和湍流等。

(1) 进气涡流

在进气过程中形成的、绕气缸中心线有组织的定向气流运动,称为进气涡流。在四冲程柴油机上,进气涡流的产生主要靠采用带导气屏的进气阀、缸盖上的切向进气道或螺旋进气道;在二冲程柴油机上则采用具有切向倾角的扫气口等实现进气涡流。

研究表明,进气过程产生的涡流可以持续到燃烧膨胀过程,这就增强了喷油油束与空气的混合,提高了燃油空气混合速率,有助于柴油机的快速燃烧。

(2) 挤压涡流

在压缩行程的后期,活塞顶表面部分和气缸盖彼此靠近时所产生的径向或横向气流运动称为挤压涡流，简称挤流。挤流强度主要由挤气面积和挤气间隙的大小决定，对柴油机转速和负荷的依赖性较小。例如许多高性能的中小型高速四冲程柴油机，采用缩口型燃烧室就是为了产生强烈的挤流。

挤流可以增强燃烧室内的湍流强度，促进混合气的形成和快速燃烧。当燃烧后期活塞下行时，燃烧室中的气体向外反冲到环形空间，产生膨胀流动，形成逆挤流，它有助于燃烧后气缸内气体的扰动，进一步加强燃油与空气的混合燃烧，对改善燃烧和降低排放十分有利。

(3) 湍流

在气缸中形成的无规则的气流运动称为湍流。适当的湍流可以改善燃油(特别是在壁面附近的燃油)与空气的混合。

2. 可燃混合气的形成方法

在柴油机的发展中，出现过多种混合气形成方法，但基本上分 2 大类，即空间雾化混合和油膜蒸发混合。

(1) 空间雾化混合

空间雾化混合指可燃混合气是在燃烧室空间形成的。因此，燃油必须喷射到燃烧室空间并与燃烧室形状相适应，而不是喷射到燃烧室壁面上。空间雾化混合质量的好坏，主要取决于燃油的喷雾特性和缸内空气的运动状态 2 方面因素。不同类型的柴油机对这 2 方面因素的依赖程度不同：船用大、中型柴油机和低速柴油机主要依赖于燃油的喷雾，而较少依赖空气运动，此称之为油雾法；某些中、小型高速柴油机，如果采用涡流式或预燃式燃烧室，则主要依赖于空气涡动，而较少依赖燃油喷雾，此称之为涡动法。

采用油雾法的柴油机对喷油设备的工作要求较高，如要求高压喷射、多孔喷射等；采用涡动法的柴油机可采用较低喷射压力的单孔喷射。

(2) 油膜蒸发混合

油膜蒸发混合是指大部分燃油(约占 95%的循环喷油量)喷到燃烧室表面(如活塞顶部表面)，并形成一层薄油膜，油膜受热蒸发汽化，在燃烧室中强烈的空气涡流下，油膜逐层蒸发并与空气混合成可燃混合气。这种混合方法除要求按一定方向把燃油喷到燃烧室壁面上以及存在强烈的空气涡流外，尚需严格控制燃烧室表面的温度，而且要求上述 3 方面因素达到最佳匹配。这在实践中存在较大困难，因而仅用在某些小型高速柴油机上，到目前为止尚未得到广泛使用。表 2-1-9 为 2 种混合气形成方法的特点比较。

表 2-1-9 2 种混合气形成方法的特点比较

空间雾化混合	油膜蒸发混合
1. 大部分燃料喷散雾化，并分布到空气中	1. 利用强烈的空气涡流将大部分燃料涂布于壁面上
2. 燃料在空气中是细小油滴	2. 燃料在壁面上形成薄油膜
3. 细小油滴与热空气混合，形成不均匀的混合气(气、液相混合)，然后小油滴在高温下蒸发	3. 油膜受壁温影响在较低温度下蒸发，然后燃料蒸气与空气混合，形成均质混合气(气相混合)
4. 在着火延迟期间形成的可燃混合气数量较多，多处着火	4. 散布在空气中的少量雾化燃油局部着火
5. 燃烧开始时的放热速率很高，以后逐渐减慢	5. 初期放热速率不高，随着燃烧的进行，火焰辐射使蒸发加强，加上热力混合作用，中后期的燃烧速率很高

研究表明，在大多数小型高速柴油机中，燃油或多或少会喷到燃烧室表面上，在空间雾化发火，之后以油膜蒸发混合燃烧，可称为雾化油膜混合，也没有发生燃烧恶化现象。这说明上述2种混合方式可以兼而有之，只是主次不同而已。目前，绝大多数柴油机可燃混合气的形成方法仍以空间雾化混合为主。

3. 燃烧室

在柴油机中，混合气的形成和燃烧均与燃烧室的类型、结构有密切关系。在改进燃烧系统时，也往往从燃烧室的形状、尺寸入手。

根据混合气形成及燃烧室结构的特点，柴油机燃烧室基本上分为2大类：直接喷射式燃烧室（燃油直接喷射到燃烧室中）和分隔式燃烧室（燃油不直接喷射到主燃烧室中）。

直接喷射式燃烧室按其结构特点又分为开式和半开式燃烧室。分隔式燃烧室又分为涡流室式和预燃室式燃烧室2种。

（1）开式燃烧室

开式燃烧室是由气缸盖底面、活塞顶面及气缸壁面形成的统一空间，见图2-1-4。

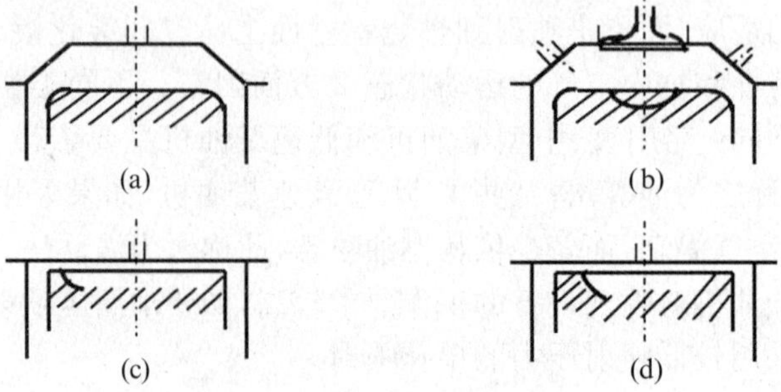

图2-1-4　开式燃烧室

图2-1-4中(a)为大型低速二冲程弯流扫气式柴油机燃烧室，由于气缸盖上无气阀，所以在缸盖底面可形成凹空以利于扫气；(b)为大型低速二冲程直流扫气式柴油机燃烧室；(c)和(d)分别为浅盆型和浅ω型活塞顶，与平底气缸盖相配合，适用于大、中型四冲程柴油机。开式燃烧室燃油直接喷入气缸，混合气形成方法是空间雾化混合，其特点是：①燃烧室基本上是一个统一空间，形状简单、结构紧凑、相对散热面积小、热损失小，无气体流动损失，具有良好的起动性和经济性。②混合气的形成主要靠燃油的喷射雾化，对喷雾质量要求较高，要求油束与燃烧室形状相匹配，为此多采用多孔喷嘴，喷孔直径较小，针阀开启压力较高，通常为20～40 MPa。③由于是均匀的空间混合，在滞燃期内形成的可燃混合气较多，因此最高燃烧压力及压力升高率较高，工作粗暴。燃烧直接在活塞顶上进行，使活塞直接承受较大的热负荷和机械负荷。燃烧温度高也容易冒烟和产生较多的NO_x。④由于混合气的形成主要依靠雾化质量，为保证燃油的充分燃烧，需要较大的过量空气系数α。由于相对散热面积较小，为减轻热负荷，也需要较大的过量空气来冷却燃烧室。

开式燃烧室在大、中型柴油机及船用低速柴油机中得到广泛的使用。

（2）半开式燃烧室

在小型高速柴油机上，由于柴油机的转速高，混合气形成和燃烧的时间极短，单靠雾化混合，喷孔必须很小，喷射压力必须很高，这就使燃油系统制造困难。在这种情况下，开式燃烧室达不到上述要求，必须使用半开式燃烧室。

半开式燃烧室是由活塞顶面到气缸盖底面之间的余隙容积以及位于活塞顶部或气缸盖底部的凹坑容积2部分组成的，而且二者以较大的通道相连。图2-1-5所示为典型的半开式燃烧室。

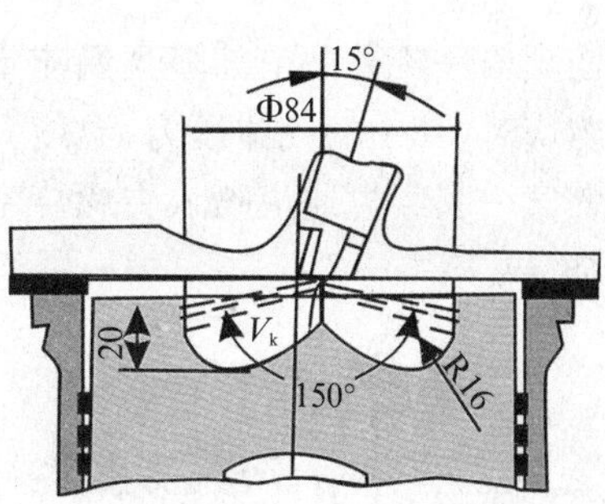

图2-1-5 典型半开式燃烧室

半开式燃烧室中混合气的形成一方面利用喷雾，另一方面组织进气涡流和形成挤流促进混合气的形成和燃烧。与开式燃烧室相比，半开式燃烧室对喷雾的要求有所降低，但对空气涡流的要求明显增强。

半开式燃烧室的经济性较好、起动性较好、过量空气系数 α 较小，多用在小型高速柴油机中。

半开式燃烧室的形状很多，但应用最多的是 ω 型燃烧室或在此基础上的变形。

(3) 球形燃烧室

由 S MEURER 提出的油膜燃烧理论在球形燃烧室上实现，因此球形燃烧室也称 M 过程燃烧室，严格地讲，它也属于半开式燃烧室的一种，见图2-1-6。

球形燃烧室的混合气主要是用油膜蒸发混合形成的。燃油顺气流方向沿燃烧室壁面喷射，在强的进气涡流作用下，将燃油摊布在燃烧室壁面上，形成一层很薄的油膜。燃烧室壁温控制在200～350 ℃，使燃油膜在低温下蒸发，然后与旋转的气流混合成可燃混合气。刚开始的着火点燃从壁面蒸发的混合气，产生的大量热使油膜加速蒸发、燃烧。控制燃烧室壁温的目的是阻止燃料的裂解反应。

球形燃烧室采用油膜蒸发混合可保证工作柔和、燃烧噪声小、排烟少、过量空气系数小、对燃油品质的适应性强等。但同时存在明显的缺点，如起动性能差、变负荷性能差、高低速运转性能差别大、在大缸径上应用困难等，使这种燃烧室未得到推广使用，仅限于某些小型高速柴油机使用。

(4) 涡流室式燃烧室

涡流室式燃烧室由主、副两室所组成，主燃烧室在气缸盖与活塞顶之间，副燃烧室（即涡流室）在气缸盖内，呈球形或圆柱形。二者之间以切向通道连通，通道面积远小于半开式燃烧室，见图2-1-7。

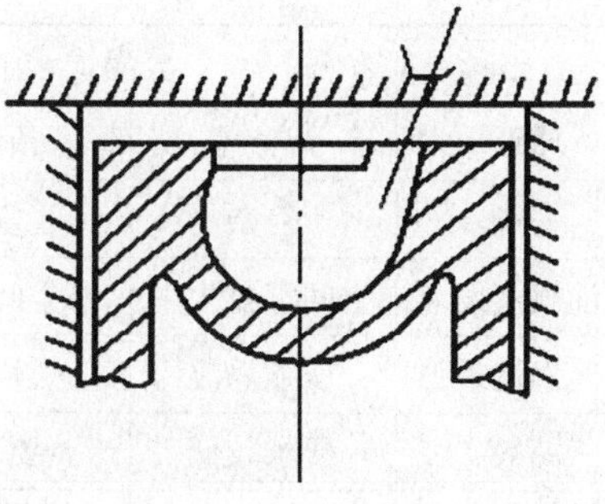

图2-1-6 球形燃烧室

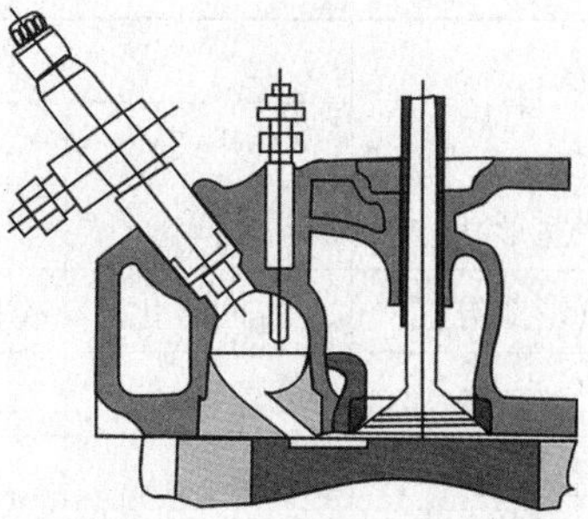

图2-1-7 涡流室式燃烧室

这种燃烧室所形成的混合气主要依赖空气扰动（压缩涡流）。在柴油机的压缩行程中，主室中的空气被压缩并沿切向通道进入涡流室形成强烈旋转的气流，而燃油则在压缩行程末期顺着气流方向全部喷入涡流室，使喷入涡流室中的燃油与空气混合。当涡流室中的燃油燃烧时，其中的气体压力、温度升高。在膨胀行程期间，涡流室中未燃烧的燃料、空气以及燃气一起经过通道喷入主燃烧室(即所谓二次涡流)，并与主燃烧室中的空气进一步混合燃烧。

涡流室式燃烧室的主要特点是：混合气形成主要利用有组织的强烈的压缩涡流，所需过量空气系数较小；对喷雾质量要求不高，一般多采用轴针式喷油嘴，喷油压力也较低。由于压缩涡流随转速升高而加强，所以更能适应小型柴油机的高速化。另外，这种燃烧室工作平稳、有害气体排放少，但热损失大、节流损失和流动损失较大，存在着起动困难、经济性差等缺点。为了改善起动性能，在涡流室中装有电热塞和保温块，以提高燃烧室的热状态。

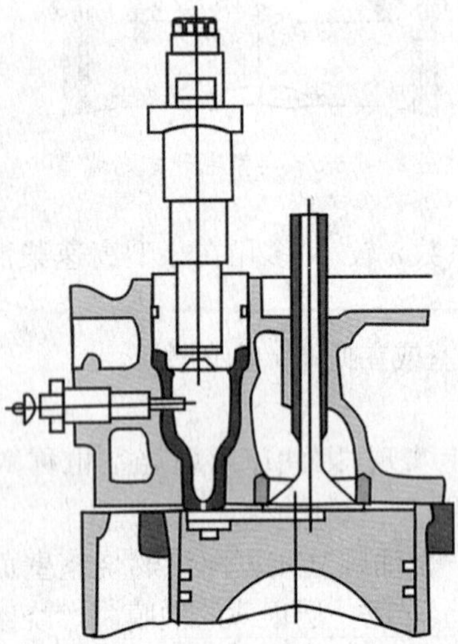

图 2-1-8　预燃室式燃烧室

(5) 预燃室式燃烧室

如图 2-1-8 所示，整个燃烧室由位于活塞上方的主燃烧室和位于气缸盖内的预燃室所组成，二者之间以单孔或多孔通道相连，通道面积远小于涡流室式燃烧室。由于连接通道不与预燃室相切，所以在压缩行程期间并不产生有组织的强烈涡流，但空气流过通道后在预燃室中产生强烈湍流。燃油在压缩行程末期全部喷入预燃室，燃油燃烧后，预燃室中的气体压力、温度升高，其内的混合气高速喷入主燃烧室，并在主燃烧室内形成空气运动(即所谓燃烧涡流)，促使大部分燃料在主燃烧室混合燃烧。

预燃室式和涡流室式同属于分开式燃烧室，二者在混合气形成方式上相同。其差异在于预燃室式燃烧室以燃烧涡流为主，涡流室式燃烧室以压缩涡流为主。其他特点和优缺点均相仿。

由于预燃室式柴油机经济性差，从节能的角度考虑，预燃室式燃烧室在现代柴油机中已基本不被采用。表 2-1-10 是各种燃烧室的比较。

表 2-1-10　各种燃烧室的比较

项目	直接喷射式			分隔式	
	开式	半开式	球形	涡流室	预燃室
燃烧室形状	简单	一般	一般	复杂	复杂
混合气形成方式	空间雾化	空间雾化为主	油膜蒸发	空间雾化为主	空间雾化
空气运动	进气涡流弱	进气涡流较强	进气涡流最强	压缩涡流	燃烧涡流
燃烧雾化	要求高	要求较高	一般	要求较低	要求低
喷油嘴	多孔 6～12	多孔 4～6	单孔或双孔	轴针式	轴针式
针阀开启压力/MPa	20～40	18～25	17～19	10～15	8～13
热损失和流动损失	小	较小	较小	大	最大

（续表）

项目	直接喷射式			分隔式	
	开式	半开式	球形	涡流室	预燃室
起动	容易	较易	难	难	最难
压缩比	12～15	16～18	17～19	16～20	18～22
燃烧噪声	高	高	较低	低	低、怠速高
适应转速/(r/min)	<1 500	<4 000	<2 500	<5 000	<3 500
适应缸径/mm	>200	<150	90～130	<100	160～200

三、燃油系统的作用、组成及重要设备介绍

（一）燃油系统的作用和组成

燃油系统是柴油机重要的动力系统之一，其作用是把符合使用要求的燃油畅通无阻地输送到喷油泵入口端。该系统通常由 5 个基本环节组成：燃油的加装和测量、贮存、驳运、净化处理、供给。

燃油的加装是通过船上甲板两舷装设的燃油注入法兰接头进行的。这样，从两舷均可将轻、重燃油直接注入油舱。为了避免发生船舶溢油事故，在燃油注入管应配有超压保护装置，若使用安全阀来保护，应设置相应的管路使安全阀处溢油排至溢油舱或其他安全处所。燃油注入接头必须高出甲板平面，并加盖板密封，以防甲板上浪时海水灌入油舱。燃油的测量可以通过各燃油舱柜的测量孔进行，通过测深仪表并对照舱容表测定舱内所存燃油量。图 2-1-9 所示为某船舶的燃油加装系统，各油舱的进出口阀采用液压阀，可以远距离进行控制。现代化的船舶除特定的手动截止阀要手动操作外，所有液压阀都可以在集控室的装载屏上操作完成。

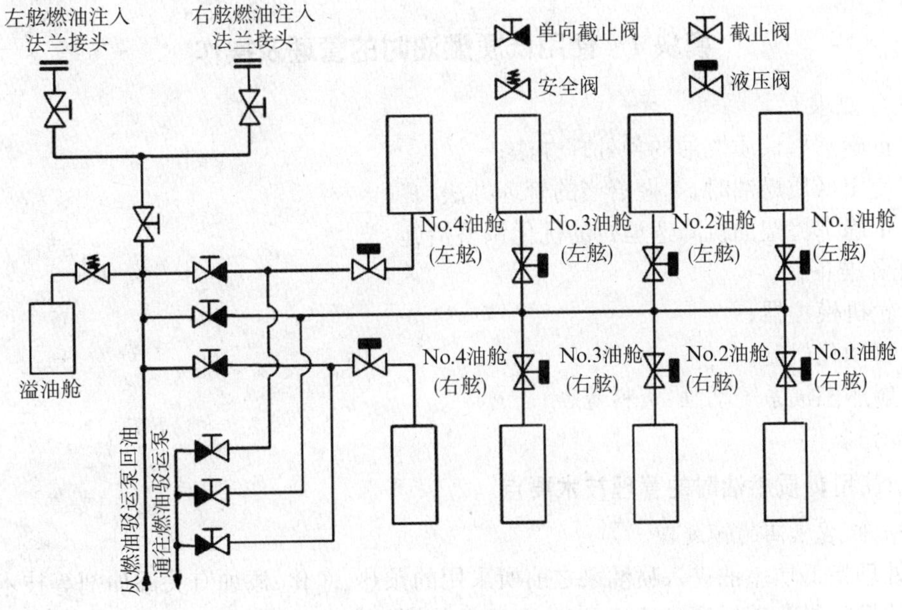

图 2-1-9　燃油加装系统

加装的燃油平时贮存在燃油舱中。燃油系统中设有调驳阀箱和驳运泵,用于各燃油舱柜间驳油。对于重油舱,一般还需装设加热盘管对其进行加热,以保持燃油的流动性。

从燃油舱柜中驳出的燃油在进机使用前必须经过净化处理。燃油净化包括对燃油进行沉淀、过滤和离心分离。

(二) 主要设备与作用

1. 重油驳运泵

重油驳运泵的作用是:将任一重油舱的重油驳至重油沉淀柜中进行沉淀澄清处理;在各重油舱之间相互驳运;特殊情况下可把重油舱中的重油驳至舷外。驳运泵一般使用齿轮泵或螺杆泵。

2. 重油的净化处理设备

重油的净化通常采用沉淀、分离和滤清等净化处理措施。沉淀需在专设的沉淀柜(沉淀柜应设置 2 个)中进行,按有关规定至少沉淀 12 h。为提高净化效果,沉淀柜中的重油应预热至 50~60 ℃,并可酌情加入泥渣分散剂和疏水剂,以使油中悬浮杂质易于沉淀。沉淀柜应定期放水排污。滤清由系统中的多个粗、细滤器和自动反冲洗滤器来完成。净化处理的核心环节是离心分离,其主要设备是离心分油机。

3. 雾化加热器和加热温度的控制

重油使用前的预热处理是保证柴油机正常运转的重要措施,通常采用分段预热的办法。按有关规定应采用饱和蒸汽做加热源。预热蒸汽压力不应超过 0.68 MPa,以防重油中的焦碳析出沉淀在加热器上。

雾化加热器是一个重要的预热设备。根据良好雾化的要求,重油进入喷油泵时其黏度应降低到 12~25 mm^2/s 范围内。在根据此雾化黏度确定雾化加热器的预热温度时,还应再提高 10~15 ℃,以抵消喷油压力及散热对黏度的影响。为避免加热燃油后迅速积垢,预热温度不得超过 150 ℃。

【任务实施】

模块 1 使用低质燃油时的管理及操作

〖任务要求〗

1) 正确掌握低质燃油的预处理办法;

2) 使用低质燃油时,掌握恰当的管理办法;

3) 正确掌握柴油机降速运行的优化调整措施。

〖任务准备〗

1) 轮机模拟器;

2) 自动化机舱;

3) 船舶燃油系统动画、资料等。

〖任务操作〗

一、使用低质燃油时的管理技术要点

(一) 低质燃油的预处理

预处理指低质燃油进入喷油泵之前所采用的预热、净化、添加有关添加剂等技术措施。预处理的目的是改善低质燃油的贮存、驳运和使用性能,以满足柴油机工作的需要。

1. 预热

采用分级预热方案保证低质燃油在输送、净化和雾化等环节中的不同使用要求。预热温度应以满足其黏度要求为准，因而对不同黏度的低质燃油，其预热温度不同。表 2-1-11所示为燃油系统中各部位的预热温度推荐值。如重油贮存柜中的预热温度以泵出为准，为 30～38 ℃；为保证雾化质量要求，喷油泵处的燃油黏度应为 12～25 mm^2/s，据此可从重油的黏温曲线上查出相应的预热温度值。按我国有关规定，燃油预热应使用饱和蒸汽（蒸汽压力不应超过 0.8 MPa）作为预热热源，以防重油中的焦碳析出沉淀在加热器中。在小型船舶上也可采用电加热。目前船用柴油机使用的低质燃油，其雾化加热温度的上限为 150 ℃。为防止预热温度高使燃油汽化中断供油，在近代船用柴油机中采用加压式燃油系统（提高燃油输送泵压力达 1.6 MPa）。

表 2-1-11　预热温度推荐值　℃

名　称	预热温度	
	黏度 180 mm^2/s	黏度 400 mm^2/s
重油贮存柜	30	38
重油沉淀柜	60	60
重油日用油柜	70～80	80
分油机加热器	85	90
雾化加热器	90～115	110～130

2. 净化

燃油的净化包括沉淀、滤清和分离。沉淀应在沉淀柜中沉淀 12 h，并在柜底定期排污以达初步净化的目的。滤清是燃油净化的重要环节，由分布在燃油系统中的粗、细滤器完成。在喷油器入口处还可设置高压缝隙式滤器，对燃油进行最后滤清。离心分油是净化燃油的主要有效手段，当净化低质燃油时应使用 2 台分油机串联布置（第一级为分水机，第二级为分杂机），并正确选择比重环、分油预热温度、排渣时间以及最佳分油量（30%～50%标定分油量），以确保分油质量。对于密度大于 991 kg/m^3 的劣质燃油，建议使用α-LAVAL FOPX 燃油分离系统分离。

3. 添加剂

在低质燃油中加入各种添加剂以改善低质燃油的有关性能，见表 2-1-12。

表 2-1-12　低质燃油使用的添加剂

种类	成分	作用
助燃剂	铜、铁、铝的金属盐，钡的有机化合物	助燃并中和硫化物，减轻烟度
	磷系化合物	剥离碳渣
分散剂	高分子化合物	分散油中的碳渣和沥青
	各种界面活化剂	防止油中的海水氧化油水界面

（续表）

种类	成分	作用
抗蚀剂	氢氧化镁悬浊液	防止硫酸的低温腐蚀
	碱土金属盐悬浊液	防止钠、钒的高温腐蚀
十六烷值增长剂	亚硝酸戊脂、过氧化丙酮	提高燃油的十六烷值
降凝剂	烷基萘、高分子化合物	降低凝点

4. 乳化

在燃油中掺水并使之成为油包水的乳化液，可改善低质燃油的燃烧性能，减少缸内结碳。燃油乳化可采用均质器，它可以使油中的水和杂质颗粒细化与均质化，以改善燃烧，减轻磨损。但此项均质技术因各种杂质颗粒在燃烧中的聚合而加速磨损，未能广泛使用。

（二）柴油机的运行管理

1. 燃油管理

加强对低质燃油质量的检查（如加油时留样、送检等），尤其应防止不同牌号的燃油或相同牌号而不同港口的燃油混舱，以避免 2 种油品中悬浮的沥青分发生凝聚而生成油泥沉淀物，即所谓燃油的不相容性。此时燃油变质产生大量油泥物，影响柴油机的正常工作，如供油管路堵塞、分油机油泥过多、喷油设备咬死、排气冒黑烟等。在船舶机动操纵时，应换用柴油。

2. 喷油设备的调整

适当增大喷油提前角，保证在上止点附近发火以及最高爆发压力的数值和相位正常；适当提高喷油器启阀压力以保证雾化质量；注意喷油器雾化质量。

3. 气缸润滑

选用碱性气缸油以中和硫酸。气缸油的总碱值（TBN）应与燃油的硫分相适应，并酌情增大气缸油注油率。

4. 冷却水温度的调节

注意调节并控制各冷却部位的冷却温度，防止因过热引起高温腐蚀以及因过冷而引起低温腐蚀。在低负荷运转时，应适当提高进气温度和淡水冷却温度。

5. 增压系统、换气系统的管理

排气阀与阀座易因高温腐蚀而迅速损坏，废气涡轮增压器的喷管环、工作叶轮以及压气机叶轮等易发生结碳堵塞、烧损、腐蚀，应定时检查和清洗；空冷器、扫气箱和气口易发生污染、堵塞，应定期检查和清洗。

（三）改进部件结构，提高摩擦表面的工作性能

采用镀铬、氮化等工艺提高缸套、活塞环、活塞环槽表面的硬度，以改善其耐磨性；改进喷油器头部结构，加强冷却效果，以防喷孔周围结碳。十字头式柴油机气缸下部装有横隔板，改进活塞杆填料函的结构并加强管理，以防燃烧产物落入曲轴箱使滑油变质。

二、降速运行及其优化调整

近二十年来，多数营运中的船舶（如油船、矿砂船、散装船等大型船舶）出于货运市场与

船舶营运成本等多方面因素的考虑，大多采用降速运行的节能（油）措施。按不同船舶及货源情况，选用(75～80)%n_b(标定转速)作为长期运转转速(相应运转功率为(40～50)% P_b)。此时船舶航速虽相应降低，但降低幅度不大，而主机燃油耗量降低幅度较大。如航速降低约 20%，而主机耗油量降低达 50%。因而采用降速运行是降低营运成本的一项行之有效的技术措施。

但由于柴油机长期处于低负荷运行状态，偏离其最佳工况太多，必然使柴油机燃烧恶化，故障较多，如磨损加剧、缸内大量结碳等，使柴油机的有效油耗率 b_e增加，可靠性降低。为改善柴油机低负荷运转时的运转性能，使降速运行节能技术更加完善，通常在采取降速运行时，均对柴油机进行相应的优化调整。这些优化调整措施主要有：

1）适当增大气缸压缩比，如在船用大端处加调整垫片，保证压缩终点良好的热状态。

2）适当增大喷油提前角，保证足够高的最高爆发压力。

3）采用小喷孔节能型喷油器（孔径减小，孔数稍有增多，但总流通面积降低）、提高启阀压力等以提高雾化质量。

4）适当减少气缸油注油量，除可减少气缸油消耗外，还可降低缸内积碳与结焦现象。

5）保证缸套、喷油器等正常冷却，调整空冷器后增压空气温度，防止因过分冷却而产生低温腐蚀。

6）改善增压与扫气系统，如适当减小喷管环通流面积、提高增压器转速、调整气阀定时等。

7）加强对柴油机的维护管理，如酌情缩短吊缸周期、加强对增压器的维护和保养等。

模块 2　重质燃油净化系统的管理

〖任务要求〗

1）正确掌握重质燃油净化的方式；

2）正确掌握重质燃油净化系统图。

〖任务准备〗

1）轮机模拟器；

2）自动化机舱；

3）柴油机燃油系统动画、资料等。

〖任务操作〗

图 2－1－10 所示为目前大多数船舶使用的重质燃油净化系统。从图中可以看出，通过调驳阀箱 1，由驳运泵将燃油从油舱送入沉淀油柜 5。沉淀油柜设置高、低位传感器 3 和 3′，使油柜内的油位能够始终保持在 2 个传感器之间。油柜内还设置可自动调节蒸汽流量的燃油加热系统，使燃油保持加热至适当温度，加速油的沉淀分离。供油泵 7 后设气动恒压阀 9 和流量控制阀 9′，以确保平稳地向分油机输送燃油，有利于提高净化质量。燃油进入分油机前，通过分油机加热器加温，加热温度由温度控制器 10 控制，使进入分油机的燃油温度保持恒定。系统中设有备用分油机，既能与主分油机串联工作，也能并联工作。分油机所分离出的净油进入日用油柜 15。日用油柜设溢流管，溢流管口设在接近日用油柜

底部位置，在船舶正常航行的情况下，分油机的分油量比柴油机的消耗量大一些，油柜底部温度较低、杂质和水含量较多的燃油可以通过溢流管引回沉淀柜，既可实现循环分离提高分离效果，又使分油机起停次数减少，延长分油机使用寿命。沉淀油柜和日用油柜都设有水位传感器 6 和 16，用于检测油柜中积水量，给监测系统提供报警信号。

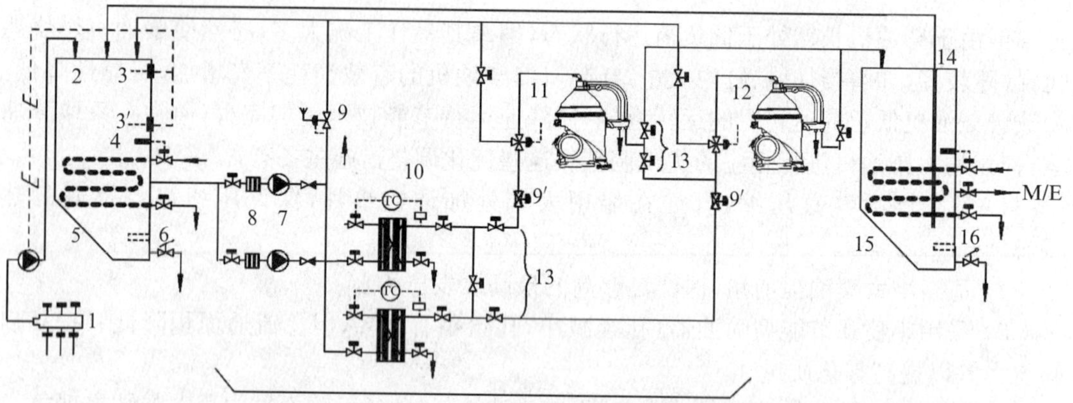

1—调驳阀箱；2—沉淀油柜燃油进口；3—高位传感器；3′—低位传感器；4—温度传感器；5—沉淀油柜；6，16—水位传感器；7—供油泵；8—滤器；9—气动恒压阀；9′—流量控制阀；10—温度控制器；11，12—分油机；13—连接管；14—日用油柜溢油管；15—日用油柜

图 2-1-10　重质燃油净化系统

模块 3　柴油机加压式燃油系统的管理

〖任务要求〗

1）正确掌握船舶加压式燃油系统图的流程；

2）正确掌握船舶加压式燃油系统的压力和温度参数。

〖任务准备〗

1）轮机模拟器；

2）自动化机舱；

3）船舶燃油系统动画、资料等。

〖任务操作〗

日用油柜的燃油通过燃油供给系统送给船舶柴油机使用。如图 2-1-11 所示，柴油日用柜和重油日用柜的燃油通过轻重油转换阀 4 进入燃油输送泵的入口滤器，被输送泵加压后经燃油均质器进入集油柜。集油柜上部设有自动除气阀，其主要作用是放掉系统中的空气，给燃油的使用提供一个缓冲空间，保证循环油泵的吸入压头。燃油在循环油泵的作用下送至雾化加热器（由黏度控制器控制加热量），经燃油细滤器进入柴油机。近年来由于高黏度劣质燃油的使用，其预热温度大大提高。为避免在使用高黏度（380 cSt）重油时因预热温度过高而汽化，出现了一种加压式燃油系统。在日用燃油柜与燃油循环油路之间增设 1 台输送泵，保证柴油机喷油泵进口处的燃油压力为 0.8 MPa（循环泵出口压力为 1 MPa）左右，循环油路（回路）中压力为 0.4 MPa，防止燃油系统在高预热温度（如 150 ℃）时产生汽化和空泡现象。

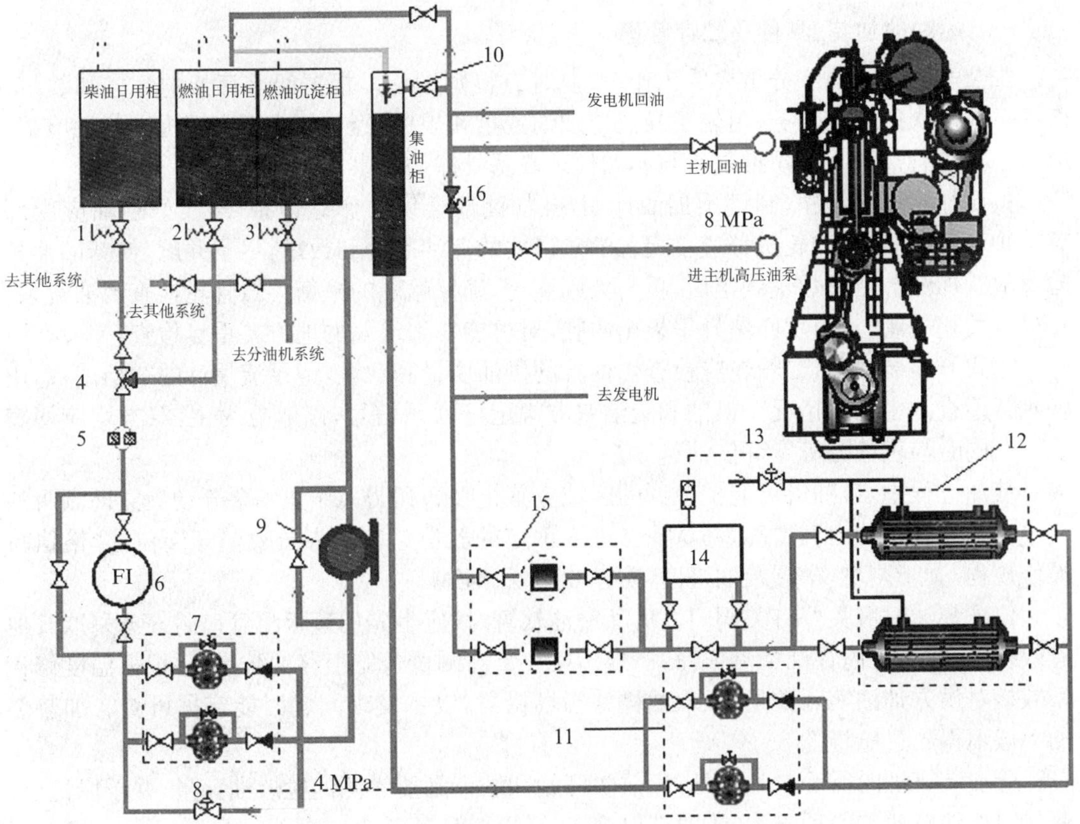

1，2，3—油柜出口的应急速闭阀；4—轻重油转换阀；5—双联滤器；6—流量计；
7—输送泵；8—气动恒压阀；9—均质器；10—自动除气阀；11—循环泵；12—主雾化加热器；
13—自动调温阀；14—黏度控制器；15—自动反冲洗滤器；16—稳压阀

图 2-1-11　加压式主机燃油日用系统

模块 4　柴油机燃油系统的操作与管理

〖任务要求〗

1）正确加装、测量及贮存燃油；
2）正确选择燃油的加热温度；
3）掌握燃油净化的方法；
4）掌握燃油系统放气的方法；
5）掌握燃油系统的换油操作程序；
6）掌握备车时燃油系统的操作要领。

〖任务准备〗

1）轮机模拟器；
2）自动化机舱；
3）船舶燃油系统动画、资料等；
4）某船舶的加油计划。

〖任务操作〗

一、燃油的加装、测量及贮存管理

加装燃油是一项十分重要的工作,作业时应特别细心。根据船上存油的牌号和数量,考虑下一航次的运输任务,由轮机长提出加油数量和规格,经与船长商定后提出加油申请,电告公司主管部门。公司批复后与船舶代理联系具体加油事宜。

按照加装燃油程序,制订预加油计划,开加油前会议并作好记录,落实好溢油应变部署。加油前,二管轮和轮机长应掌握各油舱确实的存油品种和数量,尽量并舱,使新旧油分舱存放。加油油舱和数量确定后,再与大副商定,确保船舶的平衡。二管轮检查装油管系,正确开关相关阀门,由木匠堵好甲板出水孔,对可能发生渗漏的地方要重点检查。

正式开泵装油前,二管轮应检查供油方的供油质量和数量,记录流量计的初始读数,用验水膏检查油中含水情况。供油和受油双方规定好联系信号,以船方为主,双方均应切实执行。同时与供油方确定好供油速度。

装油过程中,在油气可能扩散到的区域应禁止吸烟和明火作业。泵开动后立即倾听油流声响和透气管的出气情况,确认油已进入预定的舱位。装油人员要坚守岗位,严格执行操作规程,勤于测量,掌握装油进度,防止"跑、冒、漏"。

停止装油时应关好有关阀门。拆除输油软管时,应事先用盲板将管口封好或采取其他有效措施,防止管内存油倒流入海,产生污染。重新测量各舱柜存油数量,并根据温度修正系数核对供方加油实际数量,索取油样并当场铅封,以备发现问题时能有据可查。加装燃油一般不得超过舱柜的85%。

除加装燃油时需测量油舱外,每航次开始和结束都要实测油舱燃油存量,并予以记录。测量时要注意船舶前后吃水差,对照舱容表计算。

在燃油的贮存中应注意不同牌号的同一油品以及不同加油港加装的同一牌号燃油不可混舱,必要时需进行试验。

当2种不同的油混兑使用时,最大的问题是它们的不相容性。当混兑后发生不相容情况时,往往会发生化学反应,大量沥青质、淤渣析出,造成堵塞和柴油机燃烧不良,冒大量黑烟。严重时会引起柴油机运行困难。

〖思考〗

不同品牌燃油为何不能混舱?

二、燃油系统加热温度的选择

对燃油(尤其是重油)进行加热是一项十分重要的工作,海船上大多用蒸汽加热,为确保安全,规定使用饱和蒸汽。加热温度随使用黏度要求而异,一般采用分段加热法。燃油舱中加热是为了便于驳运,因此应以油管出口附近燃油不发生凝固为原则,将油舱加热至15~20 ℃,出口附近为35~40 ℃即可。在沉淀柜中,要加热到50~70 ℃(比闪点低一定温度),以提高沉淀效果。为了提高分离效果,分油温度不能太低,也不能太高,对于重油,最高温度不准超过98 ℃。在日用油柜中,重油温度应保持在70~80 ℃。为使喷入气缸中的燃油有合适的温度以确保燃烧完善,对喷油泵前的燃油加热十分重要。对中、低速柴油机而言，雾化加热器的加热温度应使重油黏度降至 12～25 mm^2/s。考虑到压力增高会使黏度增大，以及经管路到喷油器有温度降，加热温度应再提高 10～15 ℃，一般加热到 100～150 ℃。以上各处的加热温度可以通过蒸汽量来调节。

三、燃油系统的净化操作

在营运中应认真掌握好沉淀、分离、过滤等净化环节。定期对沉淀柜和日用油柜进行排污放水，保证油柜清洁，定期清洗燃油滤器。特别是在大风浪天，要增加放残次数和燃油滤器的清洗次数。可根据燃油流经滤器前后的压力差来判断滤器的工作情况：若压差增大超过正常值，表明滤器已变脏堵塞，需立即清洗；若无压差或压差变小，则表明滤网破损或滤芯装配不对，需立即拆卸检查。

四、燃油系统的放气操作

燃油系统中容易积气，气往往聚集在系统的高处。系统有气后会造成供油压力波动，甚至无法供油而停车。油柜上都有透气管，燃油供给系统又是封闭系统，在正常运转中一般不会有空气进入燃油供给系统。系统中的气大部分是清洗滤器或维修管路时进入的，也可能在停机过程中，由喷油泵偶件间隙进入。因此，清洗滤器和维修管路后应注意充油驱气。

五、燃油系统换油时的正确操作

当船舶需要较长时间停泊或燃油管系中某些设备需要拆卸时，应在柴油机停车前改用轻柴油，以便把管系和设备中的重油冲净。此外，当柴油机处于机动操作状态时，为使柴油机具有机动性能（特别是起动性能），最好也使用轻柴油，而船舶正常航行后应使用重油，以提高经济性。这种在柴油机运行中进行的轻、重油转换操作称为换油。换油操作的基本原则是防止油温突变，以避免喷油泵柱塞卡紧或咬死。由重油换为轻油时：首先关闭燃油雾化加热器的加热阀，再关掉黏度计，随后切断燃料油，同时接通柴油，在集油柜中使原来的燃料油与新注入的柴油逐步混合稀释。由于稀释黏度比油温下降得快，所以无须再加温。最后，燃油管道、低压燃油输送泵、燃油雾化加热器、回油管充满柴油，以供下次起动。由轻油换为重油时：首先必须将燃料油日用柜加热至使用状态，同时略为开启燃油雾化加热器使柴油温度上升至 40 ℃以上，随后切断柴油，接通燃料油。要在消耗完系统内柴油的时间内将燃油温度加热至燃料油雾化要求的温度。

近年来推出的船舶中、低速柴油机，无论是主机还是副机，在燃油系统中都采用能够使燃油经过喷油泵、喷油器循环流动的设计。在正常使用时，不论是在靠离码头、锚泊还是航行在狭窄水道，厂家都要求使用重油这种单一燃料，而不再进行换油操作。除非柴油机预计停车较长时间，否则不必换用轻油。

六、燃油系统备车时的操作

1）检查燃油日用柜、沉淀柜的油位，检查柴油柜和柴油日用柜的油位，放掉底部残水。

2）起动燃油分油机净化并加热燃油。各油柜蒸汽阀开度要适宜，预热温度要在规定的范围内。此项工作可提前数小时进行。

3）检查轻重油转换阀启闭状态。备车时应开启柴油阀、关闭重油阀。

4）起动低压燃油输送泵，驱除系统空气，检查并调整油压。

七、加油计划

某船舶的加油计划见表 2-1-13。船上人员的具体相关工作如下。

1）轮机长：加油现场总指挥，负责对外联系，制订加油计划及签收油样和单据。

2）大管轮：加油现场协助轮机长，准备溢油防污设备。

3）二管轮：负责控制有关阀门及对各油舱的测量工作，并及时报告轮机长。

4）电机员：负责准备通信、照明等设备。

5）值班机工：协助大管轮准备防污器材，监视加油现场。

6）值班驾驶员：负责悬挂加油信号旗（白天）或者开启信号灯（晚上）。

表 2-1-13　某船舶的加油计划

船名：xxx　　主管人员：xxx　　起止时间：____　　加油小时数：____

加油总数：F. O.：970 m^3　　D. O.：10 m^3　　L. O.：0 m^3

加油速率：建议速率：300 m^3/h　　完成速率（满舱时）：200 m^3/h

舱名序号	油舱参数		加油前			计划加油舱顺序	加油计划					加油后				
	深度/m	舱容/m^3	油种名称	油液高度/m	存油量/m^3		油种名称	油液高度/m	液面至舱顶余隙高度/m	加油量/m^3	占舱容/%	油液高度/m	液面至舱顶余隙高度/m	存油量/m^3	占舱容/%	本次添加油量
D.O.TK	4.441	87	MDO	0.99	30.75	1	MDO	1.46	2.89	10	46.84					
No.2 F.O.TK	4.862	630	IFO380	0.73	289.56	2	IFO380	1.08	2.88	130	67.55					
W.P.TK	13.2	604	IFO380	0.01	0.3	3	IFO380	10.30	2.90	427.5	70.78					
W.S.TK	13.17	562	IFO380	0.01	0.3	3	IFO380	10.30	7.87	412.5	73.40					

时间：______

【任务评价】

评估名称：船舶燃油系统的操作与管理

评估对象：3 000 kW 及以上船舶二/三管轮

评估要素：

1）燃油的性能指标。

2）燃油的分类。

3）燃油系统的组成。

4）燃油的加装和测量：加油的准备，加油过程，油温和密度对加装量的影响，加油量的计算。

5）燃油的驳运和净化措施。

6）主柴油机备车时燃油系统的操作。

【任务拓展】

一、供油规律和喷油规律

喷油泵的供油规律和喷油器的喷油规律对柴油机的燃烧过程有极大的影响，分析这 2

个规律，可以找出供油与喷油的始点、终点，并判断喷射、燃烧和放热速率等是否符合要求。

（一）供油规律和喷油规律

供油规律是指单位凸轮转角（或单位时间）喷油泵供入高压油路中的燃油量（或称供油速率）随凸轮转角 φ（或时间 t）变化的关系，又称几何供油规律，即 $dg_p/d\varphi$ 或 dg_p/dt。它完全取决于柱塞的直径和凸轮型线的运动规律。

喷油规律是指在喷油过程中，单位凸轮转角（或单位时间）从喷油器喷入气缸中的燃油量（或称喷油速率）随凸轮转角 φ（或时间 t）变化的关系，即 $dg_n/d\varphi$ 或 dg_n/dt。图 2-1-12 所示为测得的某柴油机供油规律与喷油规律比较。从图中可以看出，供油规律与喷油规律之间有一定的内在联系，喷油规律受供油规律的影响，喷油始点迟于供油始点（图中约为9°），喷油持续时间大于供油持续时间，喷油速率的峰值小于供油速率的峰值。

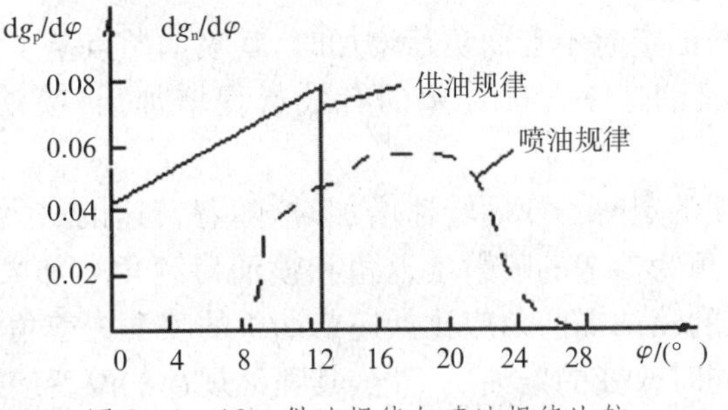

图 2-1-12　供油规律与喷油规律比较

喷油规律在一定程度上控制着燃烧过程，借助喷油规律曲线可分析、判断：

1）喷油始点、终点和喷油持续角是否合适；

2）有无二次喷射、断续喷射等不正常喷射现象；

3）喷油规律是否符合理想的燃烧过程和放热规律的要求。

（二）喷油规律的影响因素

喷油规律与燃油喷射系统的结构特点和柴油机的运转工况等许多因素有关，主要包括以下几个因素。

1. 凸轮型线和有效工作段

凸轮的型线决定了喷油泵柱塞的运动规律，柱塞的速度变化规律决定了喷油泵的供油规律，从而影响喷油规律。

在喷油泵柱塞行程和供油始点相同的前提下，凸轮的外形越陡，油压上升速度越快，供油速度越大，喷油的延迟角和喷油持续角越小。在凸轮外形确定后，一般将凸轮的有效工作段选在柱塞运动的高速部分，以提高供油速率、减小喷油持续角、提高雾化质量。

用转动凸轮法改变供油定时，虽然凸轮与曲轴的工作相位发生了变化，使喷油提前角发生改变，但并未改变凸轮的有效工作段，因此喷油规律曲线不变，喷射延迟角和喷射持续角均不发生变化。

2. 柱塞直径和喷孔直径

在不改变柱塞行程而增大柱塞直径时，供油速率增大，喷射延迟角和喷油持续角均减小。同时，喷油规律曲线初期的喷油速度增大，喷油规律曲线加高，因此在改善柴油机经济性的同时可能使燃烧粗暴。在增压柴油机中，通常加大柱塞的直径，以增加循环喷油量、缩短喷油持续期、改善经济性，此时为了防止燃烧粗暴，应采取相应的调整措施如减小喷油提前角等。

当喷油器的喷孔数不变而喷孔直径减小时，由于喷油阻力的增加使喷油持续角加大，喷油速率减小；由于高压油管中压力的增加，容易引起重复喷射。

3. 高压油管尺寸

油管越长，压缩体积越大，喷射延迟角越大，即实际喷油提前角变小，而喷油持续角基本不变。

油管内径越小，燃油流动阻力越大，喷射延迟角越大，循环供油量减少。

多缸柴油机各缸高压油管应遵循等尺寸、等型号的原则，以保持各缸喷油规律的一致性。

4. 柴油机负荷和转速

当柴油机转速及喷油定时不变而负荷增加时，其喷油始点基本不变，而喷油终点延后，并且增加了后半期的喷油速率。即柱塞的有效行程增加后，喷油压力增加使喷油速度加快。

当柴油机负荷及喷油定时不变而转速增加时，随着转速的增大，对应单位凸轮转角的时间缩短，但以曲轴转角为参考的喷射延迟角和喷油持续角均加大，喷油速率减小。为了避免后燃，高速柴油机的喷油提前角应比低速柴油机的喷油提前角大。

对于负荷与转速同时改变的柴油机工况，其喷油规律的改变应进行综合分析。

二、异常喷射及其消除方法

燃油喷射系统正常喷射的特点是：对应柴油机每一工作循环的喷射过程，喷油器针阀只启闭一次，针阀升程曲线基本呈梯形，高压油管中的剩余压力基本相同。与正常喷射不同的喷射称为异常喷射。常见的异常喷射有二次喷射、断续喷射、不稳定喷射和隔次喷射、滴油等。

（一）二次喷射

在喷油泵供油结束、喷油器针阀落座后又第二次开启形成再次喷射的现象称为二次喷射，又称重复喷射。二次喷射使喷油持续期延长，且燃油是在较低的压力下喷入气缸的，因此雾化质量差，燃烧不完全且喷射偏离上止点附近，后燃严重，排温升高，排气冒黑烟，零部件过热，甚至喷孔积碳，经济性能下降。判断有无二次喷射最可靠的方法是测量喷油器针阀的升程曲线。在管理中可通过燃油消耗率增大、排温高、喷孔结碳等加以判断。

二次喷射产生的主要原因是当喷油泵供油终止后，喷油泵的出油阀落座时，隔断了高压油管与泵腔之间的通路，使泵端的燃油回流速度突然滞止为0；泵端压力由于回油速度突然滞止而上升，该上升的压力波以音速传递到喷油器端，当其压力大于针阀启阀压力时，针阀又重新开启。

一般船用中、低速柴油机在正常工作时不应发生二次喷射。但当管理不当发生下述情况，如喷油器喷孔部分堵塞、出油阀减压作用减弱、高压油管长度和内径变大或刚性变小、喷油器启阀压力过低、高转速大负荷工况等时，则可能产生二次喷射现象。

综上可知，产生二次喷射主要是由于高压系统中的燃油压力波动所引起的，这与高压油管的存在有密切关系。所以，要防止二次喷射，就应避免在主喷射之后喷油器处重新出现高的压力波。从设计方面其主要措施如下：

1）选用较小长度和内径的高压油管，即高压油管的刚性要好；

2）在保证燃油喷射质量的前提下，适当增大喷油器喷孔总面积；

3）适当增大出油阀减压卸载能力；

4）增大出油阀弹簧刚度；

5）适当提高喷油器启阀压力。

（二）断续喷射（波动喷油）

在喷油泵的一次供油期间，喷油器针阀断续启闭，同时伴有针阀开启不足、喷射不力的喷射过程，称为断续喷射。断续喷射虽然没有延长喷油持续时间，但针阀与阀座撞击次数增多，磨损增大，降低针阀使用寿命。当柴油机在低转速、低负荷下运转时，柱塞的运行速度降低，喷油泵的输出压力也降低，此时喷油泵的供油量小于喷油器的喷油量，造成喷油器针阀的断续喷射。因此，断续喷射多发生在低负荷、低速运转工况。

（三）不稳定喷射和隔次喷射

喷油泵每循环供油量不均的喷射过程称为不稳定喷射，即每循环的喷油量不相等。其极端情况是隔次喷射（又称间歇喷射），即喷油泵 2 次或 2 次以上供油才有 1 次喷油过程。由于低速运转而出现断续喷射，如果转速进一步降低，而且高压油管中的剩余压力各循环又不相等，就有可能导致各循环喷油量不等，使柴油机转速不稳定，甚至造成低速运转时自动停车，而且由于 2 次供油 1 次喷油，可能造成燃烧粗暴。如果喷油器针阀和喷油泵柱塞磨损，产生滴漏现象，使压力下降，容易产生不稳定喷射或隔次喷射。不稳定喷射或隔次喷射多发生在柴油机低负荷运转时或喷油设备偶件过度磨损时。

（四）滴油

滴油现象不是由于喷油器针阀偶件密封不良而引起的滴漏，而是在针阀偶件密封正常的情况下，在喷油终了后仍有燃油自喷孔流出。发生滴油时，由于燃油流出速度和压力均很低，燃油不雾化，集结在喷孔处形成结碳，堵塞喷孔。

滴油发生的原因在于因针阀座下部至喷孔间体积过大，以及出油阀减压卸载能力不强，使高压油管中的油压下降缓慢，造成针阀不能迅速落座。因而增强出油阀减压卸载能力或提高针阀落座速度（如增加针阀弹簧预紧力等）均可防止滴油现象。

图 2-1-13 所示为正常喷射与异常喷射针阀升程图。

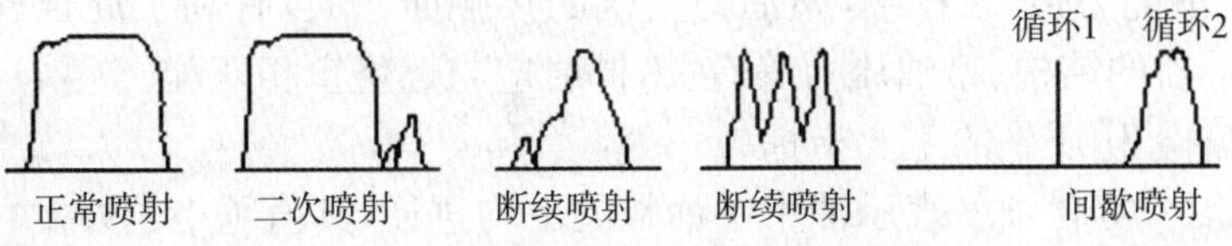

图 2-1-13 正常喷射与异常喷射针阀升程图

三、最低稳定转速

理论上，各缸喷油量应相等。但实际上，由于各缸喷油泵柱塞偶件、喷油器针阀偶件的间隙等在制造加工时不可能做到完全一致，以及油泵调节杆安装间隙的不同，工作时的实际供油量和喷油量各不相等。特别是柴油机在低转速、低负荷运转时，由于各缸的循环供油量很少，这种差异会对各缸供油量产生显著影响，严重时个别缸不能发火而使转速不稳，甚至自动停车。因而船用主柴油机都有一个各缸能够均匀发火燃烧的最低转速，称为最低

(工作)稳定转速。

按GB 1833—1989的规定,最低工作稳定转速指柴油机油门在出厂的标定功率位置上带负荷运转所达到的稳定转速。船用主机则指按推进特性运转时的最低稳定转速。

按我国有关规定,船用低速主柴油机的最低稳定转速不高于标定转速的30%,中速柴油机不高于标定转速的40%,高速柴油机不高于标定转速的45%。

四、燃油的雾化

在柴油机中,燃油在高压下喷入气缸,并分散成细小油滴的过程,称为燃油的喷雾或雾化。将燃油喷射雾化,可以大大增加燃油蒸发的表面积,从而加速燃油的吸热和汽化过程,进而加速燃油与空气的混合。

(一) 油束的形成与特性

燃油在很大的压差(10～60 MPa)作用下,以高速(100～300 m/s)喷入气缸。由于燃油高速流经喷孔时的扰动作用以及缸内压缩空气的阻力作用,使喷出的油流分裂成由细小油粒组成的近似圆锥形油束,见图2-1-14。这些油粒(直径大多在2～50 μm)在燃烧室中进一步分散和细化形成细微的油滴。这一过程称为燃油的雾化。

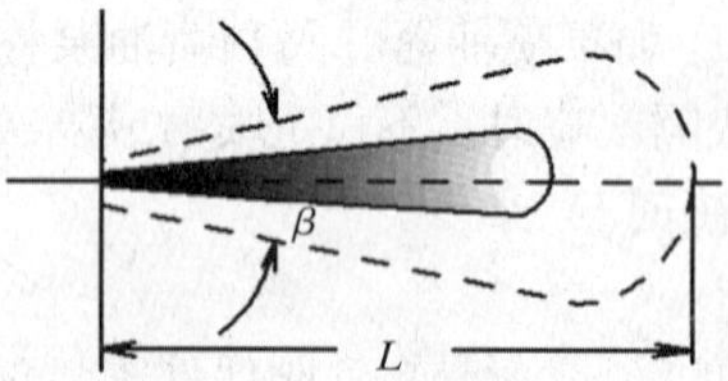

图2-1-14 油束的形状

油束中间部分的油粒较大,运动速度快,雾化较差;而油束外部的油粒分布较散,油粒直径较小。通常在油束外部的细小油粒最先蒸发并与空气混合形成可燃混合气。

1. 表示油束几何形状的参数

1) 油束的射程L。油束的射程也称为油束的贯穿距离,表示油束的贯穿能力。射程越长,贯穿能力也越强。但油束射程的长短应与燃烧室相匹配,缸径大的燃烧室要求油束射程长。如小缸径燃烧室配以长射程,则大部分燃油将喷射到缸壁,并聚集在缸壁上,不能与空气很好地混合,使燃烧不完全,容易形成结碳;如射程较短,则气缸内的空气不能得到充分的利用,使柴油机的功率和经济性降低。

2) 油束锥角β。油束外缘之间的夹角称为油束锥角β,表示油束的扩散能力和紧密程度。β大表示扩散能力强,油粒细,燃油与空气的接触面积大,有利于混合气的形成。β的大小主要与喷油器的结构、喷油压力等有关,同时应与燃烧室相匹配。

2. 表示燃油雾化质量的主要指标

1) 雾化细度。雾化细度表示油束中油粒的平均直径,其值越小越好。

2) 雾化均匀度。雾化均匀度表示不同油粒直径的油粒占油粒总量的百分数;或用油粒的最大直径与平均直径之差来表示,其直径差越小,说明雾化越均匀。

(二) 影响油束特性的因素

影响油束特性的因素很多,主要有以下几个。

1. 喷油压力

增大喷油压力,雾化细度和均匀度减小,雾化质量提高,而且油束射程和锥角均增大。但喷油压力过大,由于射程过大,雾化细度过小,反而使燃烧过程粗暴、冒黑烟和结碳。

2. 喷孔构造

喷孔构造主要包括喷孔直径和喷孔长度直径比 2 个参数。当喷孔直径减小时，β 增大，雾化细度和射程减小；当喷孔长度直径比增大时，射程增大。对于一定的喷油器，油束的形状和分布是与燃烧室形状相配合的，所以无论因磨损还是局部堵塞使喷油器喷孔直径、喷孔长度直径比增大或减小，都破坏了油束与燃烧室的配合，不利于可燃混合气的形成。

3. 燃油品质

影响雾化质量的燃油品质主要是黏度和密度。燃油的黏度和密度增加时雾化困难。所以，当柴油机采用低质燃油时，需相应采取预先加热燃油并提高喷油压力等措施。

4. 喷射背压

喷射背压增加时，油粒与空气的摩擦力增加，油粒所受空气阻力亦增加，致使雾化细度减小，锥角增大，射程减小。

五、燃油的燃烧

燃油的燃烧是一个极为复杂的相互渗透的物理与化学变化过程，加之燃烧的时间极短以及燃烧过程不能直观感测，至今对其中的某些细节问题仍缺乏明确的解释，在某些理论问题上尚存在一定争议。柴油机的燃烧大致经历可燃混合气形成、自燃发火、火焰扩散燃烧的变化过程。

通过对一个油滴悬置于静止热空气中的着火情况的研究可知，着火的 2 个条件是：①混合气的浓度要在一定范围内（称为着火范围或着火界限），超过这一界限将不能着火；②混合气一定要达到某一临界温度，低于这一温度也不能着火。

在柴油机中的可燃混合气着火情况则复杂得多，它受到气缸中燃油油粒的大小、油粒与空气的相对运动、各点处的温度、各油粒具备的物理与化学条件、相邻油粒形成的混合气相互干扰渗透等因素影响。首先着火的部位是油束核心与外围之间混合气浓度适当（通常该局部 $\alpha \approx 1$）和温度适当处。由于在缸内符合此要求的部位不只 1 处，所以可能是多点同时着火，而且各循环的着火点也不尽相同。

在火焰核心形成之后，火焰即向四周传播形成稳定的燃烧。传播路径和速度仍然取决于混合气形成的状态以及空气的扰动。如果个别火焰核心在传播途中遇到不合适的可燃混合气（如浓度过浓或过稀），则火焰传播中断。同时，其他部分的混合气可能形成火焰核心并向四周传播。

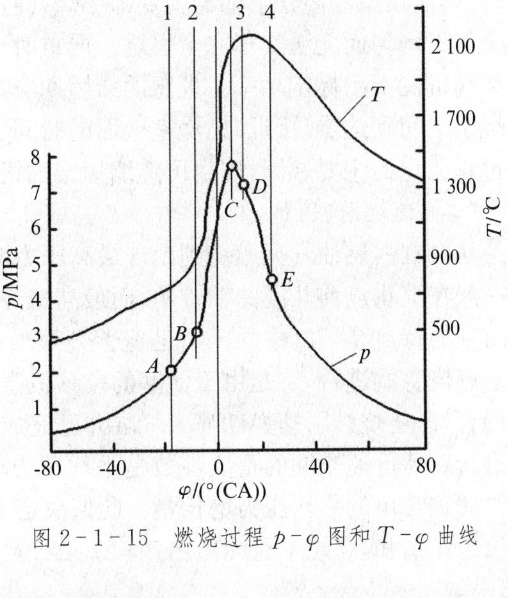

图 2-1-15　燃烧过程 $p-\varphi$ 图和 $T-\varphi$ 曲线

柴油机的燃烧过程可以用不同的方法进行研究，但最简便、最实用的方法是通过展开示功图（即 $p-\varphi$ 图）和 $T-\varphi$ 曲线进行分析。图 2-1-15 所示是典型的 $p-\varphi$ 图和 $T-\varphi$ 曲线。

根据燃烧过程的进展特点，一般可把

燃烧过程人为地划分为4个阶段。

第Ⅰ阶段为滞燃阶段——自喷油始点A至着火点B；第Ⅱ阶段为速燃阶段——自着火点B至最高压力点C；第Ⅲ阶段为缓燃阶段——自最高压力点C至最高温度点D；第Ⅳ阶段为后燃阶段——自最高温度点D至燃烧终点E。

（一）滞燃阶段（A—B）

燃油从A点喷入气缸，这时虽然气缸中空气的温度一般高于在当时压力下燃油的燃点，但燃油并不能立刻燃烧，这是因为此时燃油进行着一系列发火前的物理和化学准备。直到B点（B点是发火点），因气缸内压力急剧上升才离开压缩线。因此，从A点至B点称为燃烧过程的滞燃期。滞燃期的长短可用滞燃角φ_i（°(CA)）表示，亦可用滞燃时间τ_i（s）度量，即

$$\tau_i = \varphi_i/(6n)$$

式中：n为柴油机转速，r/min。

一般柴油机$\tau_i = 0.001 \sim 0.005$ s，在有些情况下甚至可缩短到$\tau_i = 0.0005$ s，但不可能使$\tau_i = 0$。

在滞燃期中，喷入气缸的燃油量称为滞燃量Δ_i，一般低速机的$\Delta_i = (15\% \sim 30\%)\Delta_g$（$\Delta_g$为循环喷油量）。燃油在滞燃期内没有产生明显的燃烧，焰前氧化反应的放热量与物理准备的吸热量基本相等，因此气缸内的压力和温度基本与压缩压力和温度相同。滞燃期气缸内的压力和温度取决于压缩终点的状态。

值得重视的是，滞燃期内形成的可燃混合气的数量决定了后续速燃期燃烧的急剧程度。当滞燃期结束时，滞燃量将立即全部投入燃烧，而且这时活塞接近上止点，气缸容积很小，致使气缸内压力偏离压缩线并迅速达到最高。τ_i越长，Δ_i越多，一旦发火燃烧，压力就会突然增高，使柴油机工作粗暴，表现在曲线BC段上特别陡峭，而且C点也格外高。严重时会造成敲缸和机件的损坏。

τ_i被视为柴油机运转的重要参数。从避免敲缸和减轻机件负荷的角度出发，τ_i应越短越好。但是τ_i必须有一个最小限度，当τ_i过短时也会发生不正常燃烧。这是因为，当τ_i过短时，燃油喷束刚离开喷油器就立即燃烧，使油气和火焰过分集中在喷油器附近，进而造成混合气不均匀而无法实现完全燃烧。严重时造成部分燃油分子在高温下热裂生成碳烟，致使柴油机发不出标定功率。理想的滞燃期应是至少允许燃油喷束在混合气发火前有穿过燃烧室空间到达（或接近）燃烧室壁面的时间。但是一般说来，滞燃期过长是引起柴油机燃烧过程恶化的主要原因，应尽可能缩短柴油机的τ_i值。

（二）速燃阶段（B—C）

从气缸内燃油发火燃烧到出现最高压力为止的这段时期称为速燃期。柴油机的发火点一般在上止点前几度曲轴转角，而最高燃烧压力点约为上止点后10～15°(CA)。这一燃烧时期的特点是气缸中的压力迅速上升至最高燃烧压力p_z。压力之所以迅速上升，一是由于燃烧急剧进行，二是由于活塞的位移极微。在速燃期中，不但烧掉了滞燃期形成的可燃混合气，还烧掉了速燃期喷入气缸并已完成燃烧准备的部分燃油，燃烧近乎在等容状态下进行。评价速燃期的重要参数是平均压力增长率$\Delta p/\Delta\varphi$，它表示本阶段气缸内相应于单位曲轴转角的平均压力增长量。此值决定了柴油机燃烧过程的柔和性。$\Delta p/\Delta\varphi$小的柴油机工作柔和，燃烧平稳无敲击声；$\Delta p/\Delta\varphi$大的柴油机工作粗暴，常伴有敲击声。此种敲

击是由于τ_i过长，Δ_i过多，气缸中积累过多的已完成燃烧准备的可燃混合气而瞬间同时燃烧的缘故，称为燃烧敲缸。由此，燃烧敲缸乃是由管理者以听觉主观判断的。敲缸对于柴油机的可靠性和寿命构成威胁。虽然敲缸时柴油机的经济性较好，但仍须竭力避免。通常，为保证柴油机的运转平稳性与经济性，其平均压力增长率$\Delta p/\Delta\varphi$不宜超过0.4 MPa/(°(CA))。

速燃期的燃烧速率很难直接用控制该燃烧期燃油与空气混合速度的办法来加以控制，故亦称为不可控燃烧期。由于速燃期的可燃混合气主要是为滞燃期喷入气缸的燃油所准备的，为了使柴油机工作平稳，应通过滞燃期来影响速燃期，力求缩短滞然期、减少滞燃量、控制可燃混合气的形成量。滞燃期对燃烧质量起决定作用，因此控制滞燃期是影响燃烧过程的重要手段。此阶段亦称预混合燃烧阶段。

高增压柴油机中，由于循环供油量增加，使滞燃量增加，往往造成平均压力升高率上升，爆发压力增高，柴油机工作粗暴。为避免这一现象的发生，主要采取减小供油提前角的措施，以减小滞燃期和滞燃量，使柴油机燃烧平稳。

(三) 缓燃阶段(C—D)

从气缸内工质出现最高压力到出现最高温度这段燃烧期称为缓燃期。最高温度一般出现在上止点后20～35°(CA)。在缓燃期中燃烧速度仍然很快，工质温度可迅速上升至最高温度(瞬时温度为1 700～2 000 ℃)。在缓燃期中由于燃烧室内已充满燃烧产物和正在燃烧的火焰，燃油油滴喷入气缸即蒸发燃烧。但此时由于活塞已离开上止点下行，气缸容积迅速扩大，故燃烧燃油量虽多而工质压力却缓慢下降(近似于等压燃烧)。该燃烧期的速度取决于喷入气缸的燃油分子寻找氧分子的速度，故亦称扩散燃烧阶段。

缓燃期之所以比速燃期的燃烧速率变缓，是由于此时燃烧室中的废气和燃烧中间产物增多而氧分子变少，燃油分子与氧分子进行反应的机会减少。在这一时期中燃油分子有可能在氧分子不充分的条件下进行燃烧，容易发生燃油分子的热裂而产生黑烟，影响燃油燃烧的经济性和排气净化。缓燃期的主要矛盾是油气得到氧分子的速度赶不上燃烧速度的需要而发生不完全燃烧。此燃烧期的长短主要取决于负荷大小，故亦称为可控燃烧期。

据试验资料，缓燃期燃烧的燃油量为(40%～60%)Δ_g，连同速燃期燃烧的燃油量总计为80%Δ_g左右。速燃期和缓燃期构成燃油明显燃烧时期，故统称为主燃期。

(四) 后燃阶段(D—E)

后燃是燃烧过程在膨胀行程中的继续。其原因有二：一是在缓燃期中难免有一部分燃油因遇不到足够的氧分子而来不及燃烧或燃烧不完全；二是部分燃烧产物在高温下发生逆化学反应，这些燃烧产物只能在活塞下行、气缸内温度下降后才能重新进行燃烧。因此完全消除后燃现象是不可能的，但应设法使之减轻。后燃期的终点很难确定，随柴油机负荷和燃烧过程进行的情况而异，一般在上止点后80～100°(CA)。

后燃期因气缸内温度开始下降，活塞下行，工质膨胀比减小，致使燃油燃烧的热效率较低。后燃期的存在使排气温度提高并由此使柴油机部件的热负荷增加。因此，后燃现象越少越好。缩短后燃期的措施是加强燃烧室内的空气运动，改善混合气的形成。一般柴油机在低负荷运转时后燃期将缩短，低速机的后燃期短于高速机。喷油器雾化不良、滴油、气缸漏气、换气不良、喷油太晚等，均使后燃增加。

六、影响燃烧过程的因素

(一) 燃油品质

在燃油的性能指标中，十六烷值对燃烧过程影响最大。十六烷值高，自燃性能好，则滞燃期短，燃烧平稳；反之，十六烷值低，自燃性能差，滞燃期长，燃烧过程粗暴。因而当柴油机使用的燃油品质发生变化时，必将影响燃烧过程，喷油定时需要进行调整。另外，燃油的挥发性也影响滞燃期，挥发性好，既可缩短着火前的物理准备时间，又有利于着火前的化学准备。加入某种添加剂(如助燃剂等)可改善燃油的燃烧性能。

(二) 缸内工质状态

工质状态的主要参数是压缩终点的空气温度、压力和扰动，其中温度对燃烧过程的影响最大。压缩终点温度越高，滞燃期越短，柴油机工作越平稳。压缩比过小、气缸严重漏气等皆会造成压缩终点的压力、温度过低，甚至使柴油机丧失起动能力，程度较轻者也将出现排气冒黑烟的不良后果。空气的扰动有加速燃前和燃烧过程中混合气形成的积极作用，同时也影响燃油喷射的穿透距离。

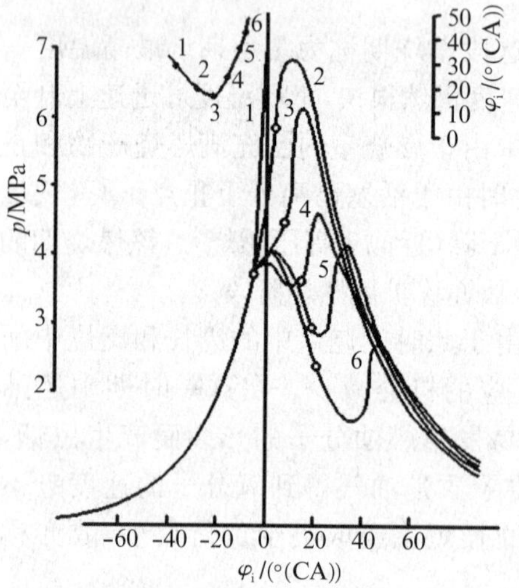

图 2-1-16 喷油提前角对燃烧过程的影响

(三) 喷油定时

喷油定时显著影响燃烧过程。喷油提前角过大，则喷油时缸内工质的温度、压力较低，不利于可燃混合气的形成，使滞燃期增长，滞燃量增加，最高燃烧压力过高，燃烧粗暴，如图 2-1-16中曲线 1 所示。由图中左上角喷油始点标记曲线可知，曲线 1 的喷油提前角约为上止点前 40°(CA)，相应的滞燃角 φ_i 约为 30°(CA)。反之，若喷油提前角过小(如在上止点后喷油)，将因着火前缸内温度与压力已下降，而使滞燃期也增长，但活塞已下行使最高燃烧压力降低，后燃增加，排气温度上升，如图 2-1-16 中曲线 6 所示。图中曲线 6 喷油提前角为上止点前10°(CA)，相应的滞燃角 φ_i 约为 40°(CA)。由此可知，柴油机均有一个最佳喷油提前角，在该喷油提前角工作时，柴油机燃烧平稳，最高燃烧压力适中(符合设计要求)且相位正确(通常在上止点后 10～15°(CA))，经济性高。

(四) 雾化质量

雾化质量好将使滞燃期 τ_i 缩短，柴油机工作平稳，同时燃油细粒能与空气均匀混合使燃烧完全。在船用大、中型柴油机中，燃油的雾化质量主要取决于喷油设备。若喷油设备不正常，将直接影响柴油机的燃烧质量。

(五) 换气质量

换气质量好，进入气缸的新鲜空气量增多，燃油燃烧时有足够的氧气与之混合，燃烧完全。影响换气质量的因素主要有气阀定时，气口(阀)、气道的清洁程度，增压系统(如增压器、空冷器等)的工作状态等。

（六）运转工况

柴油机的转速和负荷是反映柴油机运转情况的2个主要参数。转速和负荷对整个燃烧过程都有影响。

柴油机的转速升高，气缸漏气的散热损失减少，压缩终点的空气压力和温度升高。与此同时，喷油压力提高，空气扰动加强。这些因素使滞燃期 τ_i 缩短，有利于燃烧。但转速的升高却使滞燃角 φ_i 增大，从而使速燃期的爆压和压力升高比增大，不利于燃烧。这种不利影响对涡流室式燃烧室要比对开式燃烧室小些。此外，转速的升高使喷油过程（以曲轴转角计）延长，从而使后燃期加长。这种不利影响将因气缸内扰动的加强而得以减轻。

柴油机的负荷对滞燃期有间接影响。当负荷增加时，由于循环喷油量的增加，气缸内总发热量增加，燃烧室壁温提高，使滞燃期稍有缩短。与此同时，燃烧持续期成比例地增长，爆压提高，后燃加剧。而平均压力增长率的变化则随机型而异：一般低增压四冲程柴油机随负荷增加，压力升高率有所下降，而高增压二冲程柴油机则可能上升。

七、改善燃烧质量的措施

根据上述对燃烧过程的分析可知，一个完善的燃烧过程应具有以下特点：控制滞燃期内的喷油量以保证柴油机燃烧柔和；燃烧在上止点附近发生，燃烧压力应迅速升高到限定的最高燃烧压力并以此不变的压力按等压过程燃烧；燃烧持续时间不应过长（通常燃烧持续期不超过40°(CA)）；主燃烧期燃烧完全，后燃最少。

上述完善燃烧过程的特点也是一种理想燃烧过程的特点。在实践中，柴油机各性能对燃烧过程的要求往往发生矛盾。例如，为保证柔和的燃烧和减少污染就要求降低平均压力增长率及最高燃烧压力，而欲提高柴油机的热效率则要求尽可能快地升高到最高燃烧压力并保持定压燃烧。由此，柴油机的平稳运转与运转经济性二者彼此矛盾，保证柴油机既平稳又经济地运转是设计者和管理者所要解决的主要问题之一。

对现代柴油机放热率的研究从另一个侧面揭示了一个完善燃烧过程的特点。其燃烧放热率应先缓后急，即开始放热要适中以满足柔和运转的要求，随后燃烧加快，加速扩散燃烧阶段的放热率，使燃烧在上止点后附近（一般为40°(CA)）结束，以满足经济运转的要求。在实际运行管理中，管理者应善于综合各种运转因素来调整柴油机的燃烧过程，抓住主要矛盾并兼顾各方面的不同要求。

通过对燃烧过程的理论分析与试验表明，以下措施可改善柴油机的燃烧质量。

首先，从设计方面，可采用特殊形状的燃油凸轮，保证初期喷射速度低，而后期喷射速度增加并在短时间内完成喷油；采用油膜蒸发燃烧方式以保证燃烧柔和；采用分级喷射，即同一气缸有2个油泵柱塞，初期由其中1个柱塞供油，随后2个柱塞同时供油；采用变压缩比活塞以及变喷油定时等。

其次，从运转管理方面，应注意以下几点：

1）确保换气质量良好。包括增压空气系统，气口、气阀定时，活塞环工作状态等均应处于正常状态，保证气缸中有足够的新鲜空气量。

2）燃油品质。燃油的质量应满足使用要求，燃用劣质燃油时，应重视燃油使用前的预处理（预热和净化）质量。

3）气缸压缩温度。保证燃油压缩发火的足够温度，如活塞压缩状态、气缸的冷却等。

4）确保喷射系统正常工作。喷油泵应有正确的供油定时和均匀的供油量；喷油器有正确的启阀压力和良好的雾化质量，避免不正常喷射的出现。大、中型柴油机的燃烧过程对喷射系统的工作状态很敏感，更应重视喷射系统的工作。

5）日常例行管理。①注意观察排气颜色。柴油机排气的正常颜色是隐约可见的淡灰色。若发现冒黑烟，则表示燃烧不正常。但要判断哪一个气缸不正常，还需观察各缸排气温度而定。一般燃烧不正常的气缸排气温度要比正常的气缸高。若排气冒蓝烟，说明燃烧室中有滑油被烧掉；若排气冒白烟，则说明燃烧室中有水分蒸发。②重视各缸排气温度的测量与排气烟度的观察。若某缸排气温度低于一般平均值，则可能由于该缸喷油量较小而使负荷不均。若某缸排气温度超出平均值较多，则有2种可能：一是该缸喷油量太多而超负荷；二是由于喷油设备发生故障而出现严重后燃现象。排气烟度增加表示不完全燃烧加重。③定期测取气缸示功图，计算各缸指示功率并分析各缸的燃烧状态；测取各缸最高燃烧压力的数值，以便大致判断各缸供油定时的变化，一般最高爆发压力过高，可能是喷油泵的供油提前角过大；测取各缸压缩压力以判断各缸压缩状态等。

八、柴油机的热平衡

燃油在气缸中燃烧所放出的热量并不能全部转化成有效功，只有30%～55%的热量转化为有效功，其余45%～70%的热量为各种形式的损失。将单位时间内燃油的热量转化的有效功、废气带走的热损失、冷却介质带走的热损失以及其余热损失的热量的利用与分配情况称为柴油机的热平衡。

柴油机的热平衡可以清楚地表明柴油机对燃油所放出热量的利用情况，展示出各项热损失的大小，从而为改善柴油机的经济性、利用柴油机废热以及设计有关冷却设备提供必要的依据。通常，柴油机的热平衡可用方程式表达为

$$Q_{吸入} = Q_e + Q_r + Q_w + Q_s$$

式中：$Q_{吸入}$为燃油总热量，kJ/h；Q_e为有效功热当量值，即转变为有效功率的热量，kJ/h；Q_r为排气热损失，即排气带走的热量，kJ/h；Q_w为冷却热损失，即冷却介质带走的热量，kJ/h；Q_s为热平衡余项损失，kJ/h，即除Q_e，Q_r，Q_w以外的其余热损失之和，主要包括热辐射损失、不完全燃烧损失及部分机械损失等。

柴油机的热平衡也可用各热量占总热量的百分数表示

$$q_{吸入} = q_e + q_r + q_w + q_s = 100\%$$

式中：$q_e = Q_e/Q_{吸入}$；$q_r = Q_r/Q_{吸入}$；$q_w = Q_w/Q_{吸入}$；$q_s = Q_s/Q_{吸入}$。

通常，柴油机热平衡中各项热量的分配结果大致为：$q_e = 30\% \sim 55\%$；$q_r = 25\% \sim 40\%$；$q_w = 10\% \sim 30\%$；$q_s = 2\% \sim 10\%$。

【课后练习】

一、选择题

1. 燃油性能指标中对柴油机燃烧性能有影响的是________。
   ①十六烷值；②黏度；③发热值；④馏程；⑤硫分；⑥闪点
   A. ①②③④　　B. ①③④⑤　　C. ①③④⑥　　D. ②④⑤⑥
2. 燃油中含硫对柴油机的危害主要是________。
   ①腐蚀燃油系统和设备；②影响燃油雾化；③产生低温腐蚀；④加速碳氢化合物聚合结

碳；⑤破坏正常发火；⑥影响柴油机换气质量

A. ①②③　　B. ①④⑤　　C. ①③④　　D. ②⑤⑥

3. 现代大型船用柴油机采用加压式燃油系统的目的是________。

A. 防止燃油汽化　　B. 加速燃油循环

C. 冷却喷油泵柱塞偶件　　D. 备用燃油系统

4. 为安全使用燃油，船用燃油的闪点应不低于________。

A. 40～50 ℃　　B. 50～55 ℃　　C. 60～65 ℃　　D. 65～70 ℃

5. 柴油机在使用燃料油时，雾化加热器出口燃油温度的高低主要依据________来决定。

A. 输油泵的排出压力要求　　B. 喷油器对燃油黏度的要求

C. 加热器热容量的大小　　D. 燃油的泵送性能

6. 船舶进港前把重油换为轻油的过程中，最容易发生的故障是________。

A. 在集油柜中出现大量油泥　　B. 喷油嘴堵塞，造成雾化不良

C. 喷油泵的柱塞卡紧或咬死　　D. 系统中滤器出现沥青淤渣

7. 按照我国有关规定，大型船舶燃油预热的热源应为________。

A. 过热蒸汽　　B. 饱和蒸汽　　C. 电加热器　　D. 缸套冷却水

8. 在装油前二管轮应完成下列________工作。

①检查装油管系；②正确开关阀门；③堵好透气管；④关好有关通海阀；⑤堵好甲板出水孔；⑥并舱

A. ①②③④⑤　　B. ①②④⑥　　C. ②③④⑤⑥　　D. ①③④⑤⑥

9. 在装油过程中，为确保安全，油气扩散区应当禁止________。

A. 明火作业　　B. 上高作业　　C. 油漆作业　　D. 清洗作业

10. 测量舱柜内燃油数量时，可不考虑的因素是________。

A. 船舶的吃水差　　B. 燃油的加热温度

C. 燃油的水分　　D. 燃油的比重

二、简答题

1. 柴油机燃油系统为何要分段加热？
2. 简述轻油换重油、重油换轻油的操作。

任务 2　柴油机滑油系统的操作与管理

Operation and Management of Lube Oil System of Diesel Engine

【任务描述】

滑油有 7 个方面的作用。柴油机滑油系统的主要作用就是保证连续地供给柴油机各运动部件的润滑和冷却所需的滑油。柴油机运转时不能没有滑油，所以滑油系统的故障会造成的柴油机的故障或停车，继而影响船舶的安全。所以，对滑油系统的管理尤为重要。

学生通过对船舶滑油系统的操作，了解润滑的作用、润滑的类型、滑油的性能指标和质量等级、滑油添加剂，掌握船舶滑油系统的组成和设备，以及曲轴箱油强制润滑系统、曲轴箱油净化系统和气缸润滑系统的管理要点，并能根据要求对滑油进行一般检验。

本任务主要内容：柴油机滑油系统的认识；柴油机滑油系统的操作与管理。

【学习目标】

- 能掌握润滑的作用；
- 能熟悉润滑的分类；
- 能了解滑油的性能指标、质量等级和常见的添加剂；
- 能掌握船舶滑油系统的组成；
- 能掌握曲轴箱油强制润滑系统及净化系统；
- 能掌握气缸润滑的方式；
- 能了解对曲轴箱油的要求并掌握其变质的原因与检验方法；
- 能掌握主柴油机备车时滑油系统的操作及管理注意事项。

【相关知识】

一、润滑类型的识别、滑油性能指标和质量等级的介绍

（一）润滑的作用

由摩擦理论可知，当一个固体表面在另一个固体表面上滑动或滚动时，其运动必然受到两表面间摩擦力的阻碍，伴随着摩擦同时产生热量。在无任何润滑条件下的摩擦（称干摩擦）必然引起表面严重破坏和擦伤。通常，减少两相对运动表面之间干摩擦的主要方法是在两表面之间充以滑油作为运动表面的润滑剂。使用润滑剂的目的就是为了降低摩擦，减少磨损。

柴油机所使用的滑油润滑剂根据使用要求有不同品种和规格，如气缸油、曲轴箱油、汽轮机油、齿轮箱油、液压油以及各种润滑脂等。

近代，由于柴油机技术（高强化程度、劣质燃料的使用等）以及化学工业的迅速发展，在柴油机中普遍采用以石油精炼而得的馏分矿物油为基础油与各种功能的添加剂混合的滑油。基础油的组成与黏度以及所含添加剂的类型与浓度基本上决定了滑油的使用性能。

在柴油机中，润滑有以下作用：

1）减磨作用。在相互运动表面保持一层油膜以减小摩擦，这是润滑的主要作用。

2）冷却作用。带走两运动表面因摩擦而产生的热量以及外界传来的热量，保证工作表面的适当温度。

3）清洁作用。冲洗运动表面的污物和金属磨粒，以保持工作表面清洁。

4）密封作用。产生的油膜同时可起到密封作用。如活塞与缸套间的油膜除起到润滑作用外，还有助于密封燃烧室空间。

5）防腐作用。形成的油膜覆盖在金属表面使空气不能与金属表面接触，防止金属锈蚀。

6）减轻噪声作用。形成的油膜可起到缓冲作用，避免两表面直接接触，减轻振动和噪声。

7）传递动力作用。如推力轴承中推力环与推力块之间的动力油压。

（二）润滑的分类

在柴油机润滑中，按表面的润滑情况可分为以下几种润滑形式。

1. 边界润滑

两运动表面被一种具有分层结构和润滑性能的薄膜所分开，这层薄膜厚度通常在0.1 μm以下，称为边界膜。在边界润滑中，其界面的润滑性能主要取决于薄膜的性质，其摩擦系数只取决于摩擦表面的性质和边界膜的结构形式，而与滑油的黏度无关。相对于无润滑的干摩擦来说，边界润滑的摩擦系数较低，能有效减少零件磨损，可大幅度提高表面的承载能力。其润滑边界膜可由滑油中的极性分子吸附在零件表面形成（吸附膜），或由滑油

添加剂中的某些元素，如硫、磷、氯等与摩擦表面的化学反应所形成(反应膜)。在滑油中加入油性添加剂可提高形成吸附膜的能力；加入极压添加剂可提高形成反应膜的能力。

2. 液体润滑

两运动表面被一层一定厚度(通常为 1.5 μm 以上)的滑油液膜完全隔开，由液膜的压力平衡外载荷。此时两运动表面不直接接触，摩擦只发生在液膜界内的滑油膜内，使表面间的干摩擦变成液体摩擦。其润滑性能完全取决于液膜流体的黏度，而与两表面的材料无关，摩擦阻力低、磨损少，可显著延长零件使用寿命。这是一种理想的润滑状态。

3. 混合润滑

摩擦表面上同时存在着液体润滑和边界润滑(称半液体润滑)或同时存在着干摩擦和边界润滑(称半干摩擦)都叫混合润滑。在柴油机中多指前者，如气缸润滑即属此类。

(三) 形成液体润滑的方法

根据液体润滑液膜压力的产生方式，可分为液体动压润滑和液体静压润滑 2 类。

1. 液体动压润滑

动压润滑由摩擦表面的几何形状和相对运动，借助液体的动力学作用，形成楔形液膜产生油楔压力，以平衡外载荷。图 2-2-1 所示为轴承中的油楔压力分布。在正常运转中，只要供油连续，轴颈就会完全被由滑油动力作用而产生的油楔抬起，同时在轴承与轴颈之间形成一定的偏心度，轴颈所受负荷由油楔中产生的油压所平衡。此油楔的形成及其产生的压力主要与以下因素有关：

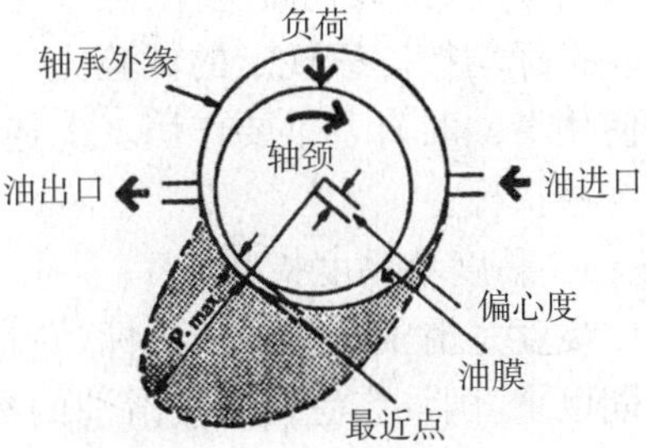

图 2-2-1 轴承中的油楔压力分布

1) 摩擦表面的运动状态(回转或滑动)。转速越高，越容易形成油楔。显然，当柴油机刚起动或低速运转时，难以形成完整油楔。

2) 滑油黏度。黏度适当容易形成油楔，若黏度因滑油牌号不当或变质而过小，滑油就不易被轴颈带动，并且易从轴承两端流出。而黏度过大，则难以涂布。

3) 轴承负荷。负荷越高，越难以形成油楔。尤其在冲击负荷作用下，将可能破坏已形成的楔形油膜。

4) 轴承间隙。间隙过小，滑油不易进入接触表面使轴颈浮起；间隙过大，滑油易从轴承两端逸出。所以轴承间隙必须适当。此外，轴承的油槽位置也影响油槽压力，见图 2-2-2。

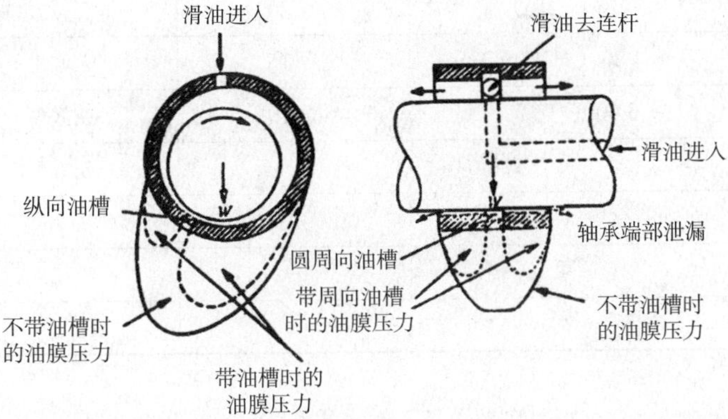

图 2-2-2 油槽对油楔压力的影响

5）表面加工粗糙度。如工作表面加工光洁程度高，很薄的油膜就能完全隔开 2 个摩擦面，容易形成楔形油膜。

2. 液体静压润滑

静压润滑从外部向摩擦表面供给有一定压力的液体，借助于液体的静压力产生油膜以平衡外载荷。如二冲程柴油机的十字头轴承，其工作特点使它难以实现液体动压润滑。为提高其工作可靠性，措施之一是提高滑油压力或专设一个由十字头带动（或电动）的高压柱塞泵，以高压（如 10 MPa）直接向十字头轴承供油，实现液体静压润滑。

3. 弹性液体动压润滑

用于呈点（线）接触的运动表面（如滚动轴承与啮合齿轮的接触点）的润滑，在接触点产生暂时的弹性变形，其中产生极薄的挤压油膜，避免金属间直接接触。

（四）滑油的性能指标

滑油的性能指标主要有黏度、黏度指数、闪点、凝点、残炭、灰分、酸值（总酸值和强酸值）、腐蚀度、抗氧化安定性、热氧化安定性、总碱值、抗乳化度、机械杂质和水分等十余种。这些指标均按国家规定的试验方法进行测定。它们基本上反映出滑油品质的优劣，在选择和使用滑油时有着重要作用。上述指标中有些与燃油性能指标相同，以下仅介绍滑油特有的一些指标。

1. 黏度和黏度指数（VI）

黏度是滑油最重要的指标，它在很大程度上决定着 2 个摩擦表面间楔形油膜的形成。长期以来，国外广泛使用按滑油的黏度进行分类的 SAE 分类法，将发动机用滑油按黏度分成 10 个等级，见表 2-2-1。ISO（International Standardization Organization）将滑油按 40 ℃时的运动黏度 cSt（mm^2/s）的数值分成 18 个等级：ISO-VG（Viscosity Grade），见表 2-2-2。

表 2-2-1 滑油的 SAE 分类法

SAE 黏度等级	最大黏度/MPa·s（相应温度/℃）	边界泵出温度/℃	100 ℃时黏度/（mm^2/s）	
			最小	最大
0W	3 250(−30)	−35	3.8	—
5W	3 500(−25)	−30	3.8	—
10W	3 500(−20)	−25	4.1	—
15W	3 500(−15)	−20	5.6	—
20W	4 500(−10)	−15	5.6	—
25W	6 000(−5)	−10	9.3	—
20	—	—	5.6	<9.3
30	—	—	9.3	<12.5
40	—	—	12.5	<16.3
50	—	—	16.3	<21.9

表 2-2-2 ISO 黏度分类法

黏度等级	中点黏度(40 ℃)/(mm²/s)	黏度限(40 ℃)/(mm²/s)		黏度等级	中点黏度(40 ℃)/(mm²/s)	黏度限(40 ℃)/(mm²/s)	
		最小	最大			最小	最大
ISO-VG2	2.2	1.98	2.42	ISO-VG68	68	61.2	74.8
3	3.2	2.88	3.52	100	100	90.0	110
5	4.6	4.14	5.06	150	150	135	165
7	6.8	6.12	7.48	220	220	198	242
10	10	9.00	11.0	320	320	288	352
15	15	13.5	16.5	460	460	414	506
22	22	19.8	24.2	680	680	612	748
32	32	28.8	35.2	1 000	1 000	900	1 100
46	46	41.4	50.6	1 500	1 500	1 350	1 650

滑油的黏度随温度的升高而降低，这种性能称为滑油的黏温特性。对于航行在不同季节和不同纬度的船舶，柴油机在冷车起动和正常运转时，滑油的工作温度不同，其黏度的大小也不相同，这对保证可靠的润滑影响极大。因而仅以测定温度下的黏度来判断滑油的品质是不够的，还必须注意黏度随温度变化的规律。研究表明，不同滑油的黏温特性是不同的，如有的滑油温度每升高 10 ℃，黏度能减小 3/4，有的滑油则减小不到一半。若滑油的黏度随温度变化程度小，它就能在比较大的温度范围内满足使用要求，这种滑油的黏温特性就好。

在国外，通常用黏度指数(VI)来说明滑油的黏温特性。它是通过与 2 种标准油相比较而得出的。

选定 2 种原油作为比较标准：一种是黏温性能很好的美国宾夕法尼亚石蜡基原油，令其黏度指数为 100；另一种是黏温性能很差的墨西哥湾沿岸环烷基原油，令其黏度指数为 0。把这 2 种标准油都分成若干窄馏分，并选出在 210 ℉(98.9 ℃)时赛氏黏度相同的馏分作为一对，可得到许多对馏分。在每对馏分中，分别测定 100 ℉(37.8 ℃)时的黏度，得到一组数据。欲求某油品的黏度指数，只要测出该油品在 98.9 ℃和 37.8 ℃时的黏度，就可按公式求出其黏度指数。

$$V=(L-U)/(L-H)\times 100$$

式中：V 为试验油的黏度指数；U 为试验油在 37.8 ℃时的黏度(赛氏黏度(s)，下同)；L 为黏度指数为 0 的标准油在 37.8 ℃时的黏度，此时与试验油在 98.9 ℃时的黏度相同；H 为黏度指数为 100 的标准油在 37.8 ℃时的黏度，此时与试验油在 98.9 ℃时的黏度相同。

黏度指数的物理意义表明，黏度指数大者，温度变化时其黏度变化小。一般，黏度指数在 80 以上称为高黏度指数，小于 35 为低黏度指数，介于 35 与 80 之间为中间黏度指数。最好的石蜡黏度指数可达 124，加入增黏剂(后述)后可高达 200 以上。

我国曾用黏度比来评定黏温特性。它是该滑油在 50 ℃和 100 ℃时的运动黏度的比值。黏度比小，表示它在规定温度范围内黏度变化小，质量好。如已知滑油的黏度比，可由曲线法求出相应的黏度指数。

2. 酸值和水溶性酸或碱

滑油中的酸可分为有机酸和无机酸2种。新鲜滑油中的有机酸来源有二：一是原存于石油中的，在精制时没有全部除去；二是有意识加入的呈酸性的抗氧、抗腐添加剂。使用中滑油的有机酸主要是由于自身氧化而产生的。有机酸含量少时，对金属无多大腐蚀作用，反而能增加滑油的油性，以保持较好的边界润滑性能。当其含量较多时，就会对一些轴承材料（有色金属及其合金，特别是铅）产生腐蚀作用。无机酸指硫酸，它对金属有强烈腐蚀作用，滑油中一般不允许有硫酸存在。新鲜滑油中可能含有的硫酸是在精制过程中经酸洗和中和后残留下来的；使用中的滑油由于含硫燃油的燃烧产物漏入曲轴箱而可能形成硫酸。

我国用“酸值”表示滑油中的有机酸含量，用“水溶性酸或碱”表示无机酸或强碱的有无。酸值用中和1 g滑油中的酸所需要的氢氧化钾毫克数来表示，单位为mgKOH/g（毫克KOH/克）。水溶性酸指能溶于水的无机酸（强酸）及低分子有机酸，这种酸几乎对所有金属都有腐蚀作用；水溶性碱是在油品加工时的碱洗剩余物或因贮存中污染而生成的，它对铝有腐蚀作用。水溶性酸或碱只说明油品呈酸性或碱性，仅用于定性检查。

国外用总酸值（Total Acid Number, TAN）表示有机酸和无机酸的总和，用强酸值（Strong Acid Number, SAN）单独表示无机酸的含量，单位均为mgKOH/g。

3. 抗乳化度

海水或淡水漏入滑油经搅拌后使滑油形成乳浊液并生成泡沫，这个过程叫乳化。乳浊液影响润滑性能，加速滑油变质，并在两相界面上吸附机械杂质，污损摩擦表面，加剧部件磨损。滑油的抗乳化度系指滑油在乳化后自动分层（油层和水层）所需的时间（以分钟计），即滑油的破乳化时间。破乳化时间短，抗乳化度就好，反之则差。

4. 热氧化安定性和抗氧化安定性

这2个指标都用来衡量滑油在使用条件下抵抗空气氧化的能力，只是试验方法和应用对象不同。前者属于薄油层在高温条件下的氧化试验，用氧化形成漆膜所需时间（以分钟计）来表示。我国标准规定用“巴包克法”，系指在规定的高温（250 ℃）条件下，空气自由流过薄油层试验油，测定试验油由氧化而生成50%的漆状物所需时间（min），用此时间来评定试验油的热氧化安定性。这种试验方法模拟气缸壁上的油膜工作条件，适用于柴油机滑油。抗氧化安全性属于较低温度条件下的厚油层氧化试验，用氧化后生成的沉淀物和酸值来表示。按我国规定系指在125 ℃条件下，向试验油中通入一定流速的空气或纯氧4 h或8 h，分别测定试验油氧化后生成的沉淀物（%）和酸值（mgKOH/g）。如氧化后沉淀物少、酸值小，则试验油的抗氧化安定性好。这种试验方法模拟液压系统中滑油的工作条件，故用于液压油和透平油等品种。

5. 腐蚀度

腐蚀度用来衡量高温条件下工作的滑油在与氧气充分接触时，对金属（铅）腐蚀的程度。它是柴油机滑油的一个重要指标。现代柴油机中的铜、铅等合金轴承材料对腐蚀十分敏感，只要滑油中有少量酸就能严重腐蚀轴承。我国标准规定腐蚀度试验用“品克维奇法”，即把试验油加热到140 ℃，用特制的一定面积的金属片以15～16次/min的速度交替地浸在油中和露置在空气中，经过50 h后，测定金属片减少的质量（g/m^2）。金属片减少质量越大，滑油的腐蚀性越强，品质越差。

6. 总碱值

总碱值 TBN(Total Base Number)表示滑油碱性的高低。它的单位与酸值相同，即 mgKOH/g，但意义相反。总碱值表示 1 g 滑油中所含碱性物质相当于氢氧化钾的毫克数。天然矿物油本身无碱性，只有加入碱性添加剂后才呈现碱性。在使用过程中，由于添加剂的损耗，总碱值会逐渐降低。

7. 浮游性

浮游性表示含添加剂的滑油清洗零件表面胶质碳渣，使之分散为小颗粒而悬浮携带的能力。通常在专用试验机上在规定条件下进行一定时间的试验，然后根据活塞上的漆膜情况，按 0 至 6 七个级别进行评定。0 级为活塞非常清洁，没有漆膜形成；6 级为严重脏污，活塞完全为漆膜覆盖。

8. 抗泡沫性

抗泡沫性表示在规定试验仪器内以专用泡沫头并通入一定数量的空气测量试验油的起泡体积和消泡时间。滑油在运转时受激烈搅动，使空气混入油中形成泡沫。泡沫过多，除损失滑油外，还会使油泵和轴承引起空泡腐蚀，润滑效能降低，造成轴承烧毁。

（五）滑油的质量等级

国外有些国家和有关学会曾经根据滑油的性能特点和工作状态把滑油分成若干质量等级。比较通用的是美国 SAE，ASTM 和 API 三方联合公布的一种质量分类方法，称为 API 分类法。这种分类方法按油品质量和适用机型特点把滑油分为 CA，CB，CC 和 CD 等 4 个质量等级。

CA——轻载荷柴油机滑油。供燃用优质燃料并在温和到中等程度条件下运转的柴油机使用。在非增压和优质燃料条件下，具有抗轴承腐蚀和防止高温生成沉淀物(漆膜、积碳)的性能。

CB——一般负载的柴油机滑油。用于温和到中等条件下运转的柴油机。在非增压和使用含硫燃料时，具有抗轴承腐蚀和防高温下形成沉淀物的性能。

CC——中等负载柴油机滑油。用于中等到苛刻条件下工作的高增压柴油机。具有防高温形成沉积物和防锈、防腐蚀的性能。

CD——重载荷柴油机滑油。用于增压、高速、高功率并要求能非常有效地抑制磨损和防止形成沉积物的柴油机。在使用各种质量燃油的增压柴油机中具有抗轴承腐蚀和防高温形成沉积物的性能。

API 分类对柴油机滑油规定了严格的发动机试验方法和标准，滑油必须通过规定的评定项目并合格后，才算符合某一级别。目前，这种分类法已经得到国际上的承认和使用。

由于高增压柴油机的发展，使用 CD 级油已不能满足要求。近年来又研制出比 CD 级更高等级的油品，但还未正式命名为 CE 级。

此外，船用气缸油和大功率中速机两用油仍由各油公司自行研制、自行评定，尚无统一规格标准。

（六）滑油添加剂

随着柴油机强化程度的提高和劣质燃油的使用，滑油的工作条件愈来愈差，直链纯矿物油不再能满足柴油机的工作需要。近几十年来随着化学工业的发展,多种添加剂被加入到纯矿物油(基础油)中,形成了一种由基油和添加剂组成的新型油品。所谓添加剂系指凡是能改善和提高石油产品的质量和给予新的性质,以满足使用及贮存性能的要求而添加的少量物质。

石油添加剂的种类很多,用途也很广泛,其主要作用是:

1) 减少发动机部件上有害沉积物的形成和聚积。

2) 中和酸性物质,减少其对设备的腐蚀。

3) 防止设备及部件受到锈蚀。

4) 减少设备及部件的摩擦和磨损,延长设备及部件的使用寿命。

5) 使润滑剂的氧化和热分解延缓,延长其使用寿命。

6) 改变润滑剂的物理性质,如:提高其黏度指数,改善黏温特性;降低其倾点,改善低温使用性能;减少泡沫形成等。

目前常用的添加剂按其使用性能大体分为如下几类。

1. 清净分散剂(清净浮游添加剂)

防止高温时生成漆膜的添加剂称清净性添加剂;防止低温时生成油泥沉淀物的添加剂称分散剂。在我国统称为清净分散剂。它的作用有二:其一是洗涤作用,能够使沉积在部件上的碳烟颗粒和沥青树脂状物呈分散悬浮状态,减少积碳和油泥,保持部件清洁和防止系统堵塞。其二是中和酸性物质。这种添加剂为碱性,既可以控制油因氧化而形成的有机酸,又可中和由进入曲轴箱的燃烧产物形成的无机酸,起到锈蚀抑制剂的作用。它是气缸油中重要的添加剂。

2. 油性剂、极压剂(抗磨剂)

油性剂、极压剂都能在边界润滑条件下起到减磨作用,但它们的作用机理不同。油性剂是带有极性基团的活性物质,它能定向地吸附在金属表面上形成不易破坏的边界吸附薄膜,以降低磨损。常用的油性剂有硫化鲸鱼油、硫化棉子油等。极压剂能在高温和高负荷下分解产生活性化合物,在金属表面生成低熔点化合物,形成反应薄膜,有减少摩擦、防止擦伤、降低磨损、加强油膜承载能力的作用。其主要组成为含氯、硫、磷的有机化合物,如硫氯化石蜡、磷酸酯等。

3. 黏度指数改进剂和增黏剂

这类添加剂可提高基础油的黏度,并改善其黏温特性,提高其黏度指数。加入这类添加剂的滑油称稠化机油。户外使用的柴油机(如救生艇用)冬季起动温度为−30 ℃,正常运转后气缸温度可达200 ℃。稠化机油在低温时使黏度增加不多,而在高温时变稠,以满足柴油机冬夏两季的不同需要。增黏剂不仅起到改进润滑剂的流体力学特性的作用,还用来改进润滑剂的吸附能力。其组成多为油溶性的链状高分子有机化合物,如聚甲基丙烯酸酯和聚异丁烯等。

4. 消泡剂

消泡剂可以降低泡沫的表面张力,抑制泡沫的产生并使形成的气泡破裂和消失,防止生成稳定的泡沫,如二甲基硅油等。

5. 降凝剂(降倾点剂)

降凝剂并不改变石蜡析出的温度,只改变石蜡结构。它吸附在油中石蜡结晶表面上,使之仅能生成微小结晶，防止形成结晶网，从而改变低温流动性，降低油品的凝点。常用的有长链烷基萘等。

6. 防锈剂和抗腐蚀剂

防锈剂的作用是依靠其自身具有的极性，吸附在金属和油的界面上形成保护层，防止水与金属接触生锈。

抗腐蚀剂保护有色金属如轴承合金表面，使其不受油氧化和燃气产生的酸的腐蚀，并能中和这些酸。

二、滑油系统的介绍

（一）滑油系统的组成和作用

柴油机的滑油循环系统通常由气缸油润滑、曲轴箱油强制润滑和曲轴箱油分油净化等系统组成。柴油机滑油系统的作用是保证供给柴油机动力装置各运动部件的润滑和冷却所需的滑油。

曲轴箱油强制润滑和曲轴箱油分油净化系统的主要组成设备有：

1）滑油泵。滑油泵常设有 2 台，其中 1 台为备用。为保证滑油压力稳定和流动均匀，常采用螺杆式油泵，但在一些船舶上也采用大排量的离心泵，因此具体泵的采用应以实船设计要求为准。在泵的吸入端管上一般装有真空表，真空度不超过 33.3 kPa(250 mmHg)。泵的排出管上装有安全阀和调节压力、流量的旁通阀。

2）滤器。在滑油泵的进口端和出口端分别设有粗、细滤器，滤器一般为双联式。装在进口端的一般为粗滤器(有时还用磁性粗滤器)，装在出口端的为细滤器，其前后装有压力表。

〖思考〗

滑油系统为何要设磁性滤器？

3）滑油冷却器。滑油冷却器通常采用管壳式或板式热交换器，见图 2－2－3。

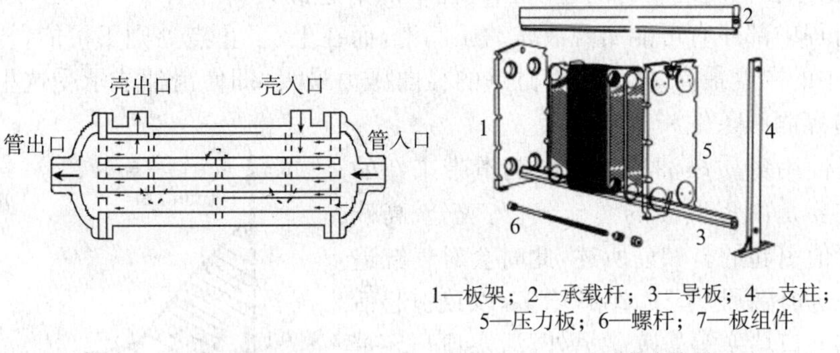

1—板架；2—承载杆；3—导板；4—支柱；
5—压力板；6—螺杆；7—板组件

(a) 管壳式热交换器　　(b) 板式热交换器

图 2－2－3　冷却器

4）滑油分油机。滑油分油机一般采用离心分离，它是曲轴箱油分油净化系统最重要的设备。

（二）曲轴箱油强制润滑系统

曲轴箱油强制润滑系统类型按柴油机结构不同分为湿油底壳式和干油底壳式滑油系统。

1. 湿油底壳式滑油系统

湿油底壳式滑油系统的滑油存放在柴油机油底壳中。柴油机正常运转时，由其所带的滑油泵抽吸油底壳滑油，经滑油冷却器冷却后送至各润滑部位，润滑后流回油底壳，构成独立的润滑系统。此种滑油系统的特点是结构简单，柴油机带滑油泵，管路依附于机体上，油底壳存油量少。但该系统的缺点是油底壳中的滑油经常受到燃烧室泄漏的高温燃气的污染，容易变质，故滑油的使用寿命短。这种系统常用于小型柴油机动力装置。

2. 干油底壳式滑油系统

干油底壳式滑油系统的滑油存放于单独设置的滑油循环舱（柜）中，有以下 2 种形式：

1）单泵系统。滑油循环舱（柜）设置于柴油机油底壳之下，滑油泵自其内吸油，经滑油冷却器冷却后送至各润滑部件，润滑后借助重力流回柴油机底部，最后流回滑油循环舱（柜）中。

2）双泵系统。该系统有 2 台滑油泵：一台具有单泵系统中的吸油和泵送功能；另一台则专门用于抽吸柴油机油底壳中的滑油，将油泵至循环舱（柜）中。该系统的循环舱（柜）与管路布置不受柴油机位置限制，滑油不存于油底壳中；改善滑油工作条件，延长使用寿命，但需增加 1 台滑油泵。

（三）气缸润滑

柴油机气缸润滑是一个复杂而重要的问题。在大型十字头式柴油机中，气缸润滑是一个独立的润滑系统，其润滑设备、滑油品质以及运转管理均需特殊考虑。在当代柴油机高强化、燃油劣质化的发展中，对气缸润滑提出了愈加苛刻的要求。

1. 气缸润滑的工作条件

气缸润滑的特殊性首先在于高的工作温度。通常，气缸套上部表面温度为 180～220 ℃，缸套下部表面温度为 90～120 ℃，活塞环槽表面温度根据测量点位置和活塞顶的设计在 100～200 ℃。高温会降低滑油黏度，加快滑油氧化变质速度，并使缸壁上的部分油膜蒸发。

其次，活塞在往复运动时的速度在行程中部附近最大，在上、下止点处为 0。因此，只有在活塞行程中部才有可能实现液体动压润滑，而在上、下止点处则不可能。特别在上止点处，气缸中的温度最高，活塞环对缸壁的径向压力最大，即使滑油能承受这里的高温，也只能保证边界润滑条件。

柴油机使用劣质燃油后为气缸润滑带来新的问题。这主要是由劣质油的高硫分、高灰分、高残炭值和沥青值引起的。如前所述，此时会对气缸造成低温腐蚀、固体颗粒磨损、结碳增多，以致引起活塞环胶着和气口堵塞等故障。另外，活塞顶与环带部分变形也使气缸润滑的难度增加。

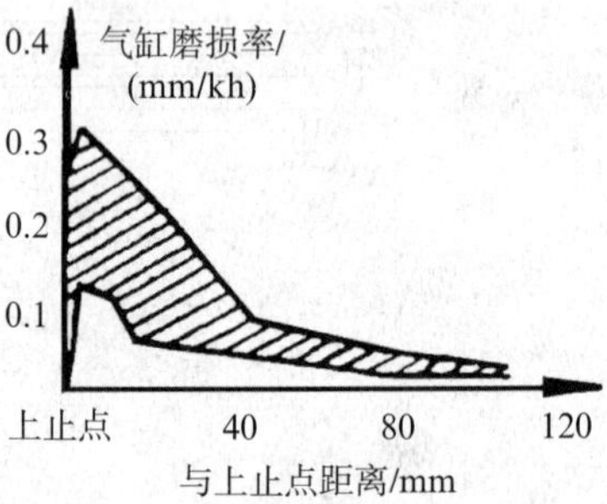

图 2-2-4　气缸套磨损量随行程变化的规律

由于上述原因，气缸套特别是它的上部，很难形成连续完整的油膜，因而一般在气缸套的上部磨损特别严重。图 2-2-4 所示为一台二冲程直流扫气柴油机的气缸套磨损量随行程变化的规律。该柴油机使用劣质含硫燃油。上限曲线表示使用低碱性气缸油，下限曲线表示使用高碱性气缸油。由图可见，气缸套最大磨损量均发生在缸套上部。高碱性气缸油可大大降低缸套腐蚀量，上、下限曲线间的阴影部分可认为系由酸性腐蚀所引起的磨损。

2. 气缸润滑的作用

1）减少摩擦损失和防止气缸套及活塞的过度磨损；

2）带走燃烧残留物和金属磨粒等杂质；

3）帮助密封燃烧室空间；

4）在金属表面形成油膜，可防止燃气与金属接触，以免产生腐蚀；

5）减轻噪声。

3. 气缸润滑的分类

气缸润滑一般可分为飞溅润滑和气缸注油润滑 2 种方式。

（1）飞溅润滑

飞溅润滑靠从连杆大端甩出并飞溅到气缸壁上的滑油来润滑，一般不需要专门的润滑装置。气缸滑油与曲轴箱滑油属同一油品且循环使用，在活塞裙部需装设刮油环以便把飞溅到缸壁上的多余滑油刮回曲轴箱。此种润滑方式仅适用于中、小型筒形活塞式柴油机。

（2）气缸注油润滑

气缸注油润滑使用专用的润滑系统及设备（气缸注油器、注油接头），把专用气缸油经缸壁上的注油孔（一般均布 8～12 个）喷注到气缸壁表面进行润滑；其注油量可控，喷出的气缸油不予回收，国外称“一次过润滑”（Once-through）。这种润滑方式能保证可靠的气缸润滑，而且可选择不同质量的气缸油以满足缸内润滑的不同要求，因而这是一种较合理的气缸润滑方式。目前在十字头式柴油机（均装设横隔板）中均使用此种润滑方式。

在某些中速筒形活塞式柴油机中，气缸润滑除采用飞溅润滑方式外，还采用注油润滑作为气缸润滑的辅助措施。

4. 气缸注油润滑

（1）对气缸油的要求

良好的气缸油应具有如下性能：

1）润滑性。气缸油必须在活塞与气缸壁之间形成适当厚度的油膜，并能良好地湿润金属，以减少滑动摩擦和磨损。鉴于气缸润滑处于边界润滑条件，因而要求气缸油应具有良好的油性。

2）黏度及黏度指数。气缸油在较高温度下应有适当的黏度，并能迅速分布到整个工作表面，而在起动时黏度又不至于太高。即要求气缸油应有适当的黏度（通常在 100 ℃时为 14～20 cSt）和较高的黏度指数（75～95）。

3）清净分散性。气缸油应能抑制在活塞和活塞环上形成漆膜和沉积物；应具有良好的蔓延扩散性；具有能使碳渣变成微小颗粒悬浮在油中的能力。

4）中和性能。气缸油应能中和燃用劣质高硫燃料时生成的硫酸。要求气缸油具有一定的碱性（TBN 为 40～100 mgKOH/g）。

5）抗氧化性。气缸油应在气缸内高温下有良好的抗氧化性，防止生成积碳沉积物，使活塞环区及气口处沉积物减至最少，使缸壁上的油膜得以保持。

6）其他。气缸油燃烧后生成的灰分应尽可能少，且不属于硬颗粒的磨料物质，应具有良好的密封性和贮存稳定性等。

从上述要求来看，纯矿物油无法完全满足这些要求。近代的气缸油都是选用优质的矿物润滑油作为基础油，再加入各种效能的添加剂制成的。在各种添加剂中，碱性添加剂占有最重要的地位，从某种意义上讲，劣质燃油能否使用，在很大程度上取决于这种添加剂的效能。20 世纪 50 年代的碱性添加剂多为水溶性，由此类添加剂制成的气缸油属乳化气缸油；之后发展了一种虽不溶于油但能以极细颗粒分散到基础油中的添加剂，制成所谓的分散型气缸油。近代使用的碱性添加剂均属于油溶性，由于具有良好的贮存稳定性而得到广泛应用。

（2）气缸油的种类

根据机型和运转状态的不同要求，有如下几种：

1）SAE50 黏度等级，此类气缸油使用广泛，总碱值可覆盖 10～100 mgKOH/g。燃用不同硫分的燃油应选用不同总碱值的气缸油，见表 2－2－3。

2）SAE40 黏度等级，总碱值为 40 mgKOH/g。

3）黏度等级大于 50，总碱值有 70 mgKOH/g，85 mgKOH/g，100 mgKOH/g，用于长冲程高负荷柴油机。

4）不含添加剂的 SAE50 高黏度气缸油，用于新发动机及换新缸套磨合。

表 2－2－3　燃油含硫量与总碱值对照

选用值	B&W				Sulzer				
含硫量/%	＜0.8	1～2	2～3	＞3	＜0.5	0.5～1.0	1.0～1.5	1.5～2.5	＞2.5
总碱值/（mgKOH/g）	5～7	10～40	40～70	70	5	5～10	10～20	20～40	40～70

表 2－2－4 为中国石油润滑油公司生产的船用气缸油标准及典型数据。

表 2－2－4　DCA5070H 船用气缸油标准及典型数据

项　目	要求	DCA5070H 船用气缸油		中国试验方法
		质量指标	典型数据	
运动黏度（100 ℃）/（mm^2/s）		17.5～＜21.9	19.0	GB/T 265
碱值/（mgKOH/g）	不低于	68	70	GB/T 7304
黏度指数	不小于	95	100	GB/T 1995
闪点（开口）/℃	不低于	220	248	GB/T 3536
倾点/℃	不高于	－10	－15	GB/T 3535
沉淀物/%	不大于	0.03	0.01	GB/T 6531
水分/%	不大于	0.06	0.04	GB/T 260
硫酸盐灰分/%	不小于	8.0	9.5	GB/T 2433
密度（20 ℃）/（kg/m^3）		报告	920	GB/T 1884
Bolnes－3DNL 发动机试验		通过	通过	台架试验

(四) 曲轴箱油润滑

曲轴箱油又叫柴油机油或系统油。通常,曲轴箱油润滑主要指对柴油机曲轴箱内各轴承的润滑,在筒形活塞式柴油机中它兼作气缸滑油(飞溅润滑)和活塞冷却液,在某些柴油机中它还用作液压控制油。这种润滑方式的最大特点是滑油循环使用,因而它在使用中逐渐污染变质。

1. 曲轴箱油

柴油机曲轴箱油按使用条件不同有十字头式和筒形活塞式柴油机曲轴箱油 2 种。

(1) 十字头式柴油机曲轴箱油

因为十字头式柴油机中的曲轴箱与气缸是隔开的,所以曲轴箱油的工作条件比较缓和。其正常消耗率为 0.1～0.3 g/(kW·h)。它主要用来润滑各轴承和导板等,在某些柴油机中还用来冷却活塞或兼作为操纵机构液压控制油使用。对这种油的要求如下:

1) 黏度和黏温性能。曲轴箱油必须具有适宜的黏度,以保证油膜的建立。由于船用柴油机经常在变工况下工作,环境温度变化也较大,所以要求它能在较宽的温度范围内可靠地工作,即具有较好的黏温特性。根据使用经验,这种油的黏度以 100 ℃时为 11～14 mm^2/s(相当于 SAE30)、黏度指数为 80～95 为宜。

2) 抗腐蚀性能。抗腐蚀性能对轴瓦有重要意义。抗腐蚀差,可能引起轴承合金腐蚀或铅锡和铅烟等镀层剥落。曲轴箱油必须加有抗氧抗腐添加剂。

3) 清净分散性。油品能使碳粒或各种颗粒油泥等分散成微小粒子并悬浮在油中以便滤掉的特性,称为滑油的清净分散性。

4) 抗氧化安定性。曲轴箱油应具有在较高温度下的抗氧化性能(冷却活塞),轴承润滑用曲轴箱油与空气接触机会多,易氧化变质,要求抗氧化安定性好。通常,应控制油温不超过 82 ℃,以控制氧化速度。

5) 其他。如抗乳化性能、抗泡沫性能、闪点等。

(2) 筒形活塞式柴油机曲轴箱油

这种曲轴箱油还要兼作为气缸滑油使用,故其工作条件较十字头式柴油机曲轴箱油恶劣。其正常消耗率为 1.07～1.6 g/(kW·h)。它除应满足对十字头式柴油机曲轴箱油的全部要求外,尚应满足以下要求。

1) 高温工作时的清净性。在高温下能保证各种沉淀物不黏附在机件上而应悬浮在油中。

2) 热氧化安定性好。

3) 足够的碱性。要求能中和劣质燃油燃烧后生成的硫酸,一般要求总碱值为22～34 mgKOH/g。

4) 黏度要求高。根据不同使用条件应分别具有相当于 SAE20,SAE30,SAE40 等级的滑油。

综上所述,十字头式柴油机和筒形活塞式柴油机曲轴箱油由于工作条件不同,要求的质量等级也不相同。表 2-2-5 为中国石油润滑油公司生产的曲轴箱油标准及典型数据。

表 2-2-5 DCB3030,4030 船用中速筒形活塞式柴油机曲轴箱油标准及典型数据

项 目		要求	DCB3030		DCB4030		中国试验方法
			质量指标	典型数据	质量指标	典型数据	
运动黏度(100 ℃)/(mm^2/s)			10.5～<13.5	12.5	13.5～<16.5	14.5	GB/T 265
碱值/(mgKOH/g)		不低于	30	30	30	30	GB/T 7304
黏度指数		不小于	85	88	85	88	GB/T 1995
闪点(开口)/℃		不低于	220	238	220	238	GB/T 3536
倾点/℃		不高于	−15	−18	−15	−18	GB/T 3535
沉淀物/%		不大于	0.03	0.01	0.03	0.01	GB/T 6531
水分/%		不大于	0.05	0.03	0.05	0.03	GB/T 260
硫酸盐灰分/%		不小于	3.0	3.6	3.0	3.6	GB/T 2433
密度(20 ℃)/(kg/m^3)			报告	890	报告	900	GB/T 1884
液相锈蚀(合成海水)			无锈	无锈	无锈	无锈	GB/T 11143
分水性	游离水/mL	不小于	1.0	1.3	1.0	1.3	SH/T 0619
	乳化液/mL	不小于	0.5	0.3	0.5	0.3	
高温氧化和轴瓦腐蚀(L-38)			通过	通过	通过	通过	SH/T 0265
135 发动机试验(重质燃料法)			通过	通过	通过	通过	台架试验
承载能力(L-38)/级		不小于	10	11	10	11	SH/T 0306

2. 曲轴箱油的化验项目及各指标允许限值

目前,化验项目及各指标允许限值还没有统一标准,一般多由各油公司拟定。化验项目和允许各指标变化限值大致如下。

(1) 黏度

使用中的滑油黏度可能降低(混入柴油)或增高(混入重油或自身氧化)。一般认为,滑油黏度变化不得超过初始值的 25%或 20%。

(2) 总酸值

滑油自身氧化和燃烧产物中的酸性产物漏入均使总酸值增高。总酸值的变化速度比其绝对值更为重要,因为它可以说明滑油是否迅速恶化以及产生沉淀物和变黑的倾向。总酸值有一个缓变时期,缓变后期总酸值可能增加很快。通常,若总酸值变化迅速增高,则此值不允许超过 2.5 mgKOH/g;若总酸值变化缓慢,则可允许高达 4 mgKOH/g;但若出现强酸值,则只允许总酸值达到 2.5 mgKOH/g。

(3) 强酸值

燃烧产物中的酸性物质漏入将造成强酸值增加。正常使用的滑油不允许出现强酸值。如出现强酸值,应引起足够重视,立即查明原因,采取有效措施(如水洗等)。

(4) 总碱值

滑油在使用中,随着碱性添加剂的消耗,总碱值逐渐减小。不允许总碱值为 0 或出现强酸值。

(5) 水分

滑油中的水分系由冷却系统泄漏引起的。当水分超过 0.5%时,应查明原因,同时用滑油分油机予以处理。

(6) 盐分

海水漏入滑油会出现盐分,盐分具有腐蚀作用。应查明原因,采取处理措施。水洗法可排除盐分,但应考虑滑油中的添加剂是否溶于水。

(7) 沉积不溶物

滑油中的沉积不溶物包括燃烧产物、磨屑、铁锈和氧化物等。这些污染物会使滑油黏度增加并生成泥渣。使用纯矿物滑油并具有连续分离净化设备的十字头式柴油机,沉积不溶物一般不超过 0.5%,若超过 1%说明滑油污染严重。使用添加剂滑油的筒形活塞式柴油机,其滑油的沉积不溶物允许高达 3%,因为此种滑油具有悬浮携带固体微粒的能力。沉积不溶物中的氧化物溶于苯而不溶于正庚烷,因而分别用正庚烷和苯测量沉积不溶物的数量,其差值即为氧化物质量。一般沉积物多指正庚烷不溶物。

(8) 闪点

燃油漏入将降低滑油闪点。一般,当闪点降低 40 ℃或更多时,应查明原因。

在分析以上化验指标时,应综合分析各指标的变化,不应只强调某一指标的变化。

3. 曲轴箱油变质的原因

曲轴箱油在循环使用中其性质不可避免地会发生变化。当它变化到不能满足使用要求时需进行处理与更换。在正常使用条件下,滑油变质速度较慢,如管理不当、操作失误或长期工作不良,滑油变质速度就会加快。

滑油变质原因虽然很多,但主要有外来物混入和滑油本身氧化 2 类。

(1) 外来物混入

混入的外来物主要有淡水和海水,灰尘,各种金属磨料和焊渣等硬质颗粒,油漆、石棉和棉纱等软质杂质,燃油和气缸中的燃烧产物等。海、淡水混入会使滑油乳化,破坏其润滑性能,腐蚀金属表面,加速部件磨损,同时还能加速滑油的氧化,使滑油过早变质。

燃油漏入会降低滑油的黏度和闪点。一方面使滑油难以形成油膜;另一方面使曲轴箱内存积大量油气,易引起曲轴箱爆炸。

燃烧产物漏入滑油将使滑油的酸值和碳渣增加,燃烧产物中的硫酸与滑油反应生成含硫和氧的固体沉淀物,加速滑油的变质。这一现象在筒形活塞式柴油机中尤为明显。

(2) 本身氧化

滑油在使用条件下与空气接触将逐渐氧化而生成漆膜、树脂和有机酸等不溶于油的沉淀物。此时滑油的颜色变深暗,总酸值增加,黏度和密度增加。滑油的氧化速度随温度的提高而加快。在正常使用温度(不超过 65 ℃)下,氧化并不明显。但若由于工作不正常,如燃气大量漏入或轴承过热等,而使滑油温度升高,则滑油的氧化速度将大幅度提高。此外,铁锈和涂漆渗入滑油会起到催化作用而加速滑油氧化。

【任务实施】

模块1 柴油机滑油系统的认识

〖任务要求〗

1）正确认识柴油机曲轴箱油强制润滑系统；

2）正确认识曲轴箱油净化系统；

3）正确认识气缸注油润滑系统。

〖任务准备〗

1）柴油机曲轴箱油强制润滑系统、曲轴箱油净化系统、气缸注油润滑系统多媒体动画；

2）自动化机舱；

3）轮机模拟器。

〖任务操作〗

一、Sulzer RTA-T系列柴油机曲轴箱油强制润滑系统的认识

在柴油机滑油系统中以单泵干油底壳式滑油系统居多，其特点是贮油量大、滑油沉淀与净化处理方便、冷却充分和滑油使用寿命长。但其所占空间较大，管路较为复杂。此种系统适用于大、中型柴油机。

图2-2-5所示为Sulzer RTA-T系列柴油机曲轴箱油强制润滑系统。这是一种典

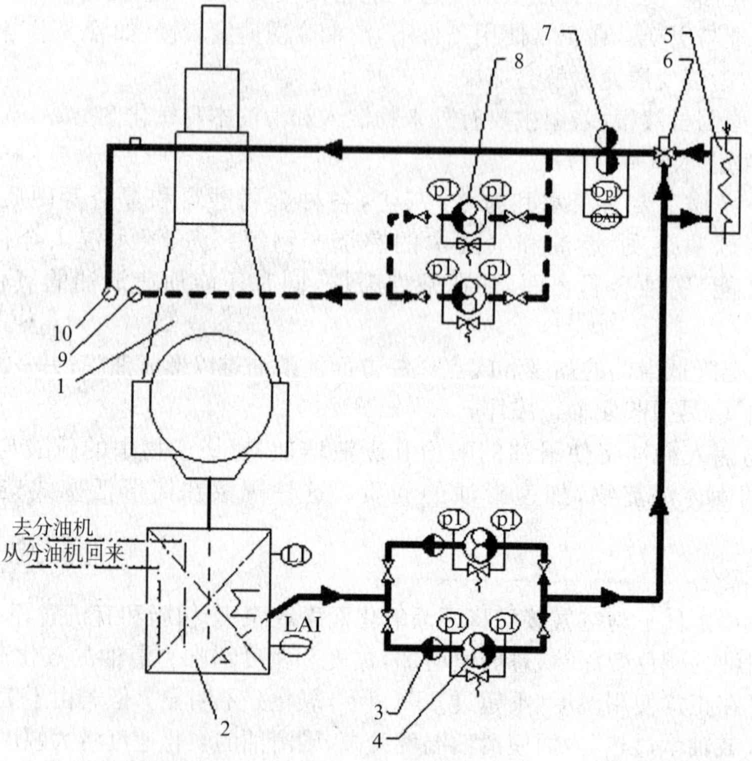

1—主机；2—循环油柜；3—滤器；4—滑油泵；5—冷却器；6—温度自动调节阀；7—滑油滤器；8—十字头滑油泵；9—十字头滑油进口；10—滑油进口

图2-2-5 Sulzer RTA-T系统柴油机曲轴箱油强制润滑系统

型的干式润滑系统。主滑油泵 4 自循环油柜吸油，泵送分 2 路：一路经十字头滑油泵 8 将压力提高到 1.1 MPa 通过十字头滑油进口 9 后送入十字头；另一路滑油压力为 0.4 MPa，送至主轴承和推力轴承等处。各轴承润滑回油经油底壳流入循环油柜。

二、曲轴箱油净化系统的认识

曲轴箱油净化系统在柴油机运转中可连续对滑油循环柜中的曲轴箱油进行分离净化处理，排除曲轴箱油使用中混入的各种杂质和氧化沉淀物。图 2-2-6 所示为某大型柴油机的曲轴箱油净化系统。滑油分油机经污油吸入管 2 从滑油循环柜中吸入曲轴箱油，经加热器预热后送至分油机进行净化处理，净油重新返回循环柜。滑油中分离出的水分和污渣分别由 14 和 15 排出，污渣可由污油泵排出。对直链纯矿物曲轴箱油，其净化速率能保证在 1 天内净化油量为循环柜贮油量的 2～3 倍，对清净型曲轴箱油应为2～5 倍为宜。

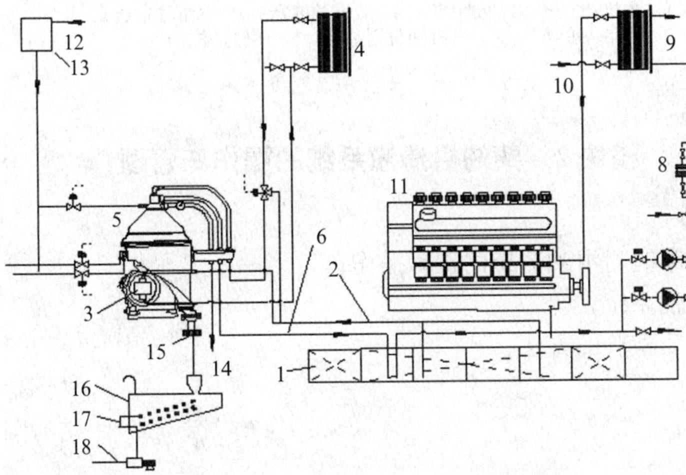

1—滑油循环柜；2—污油吸入管；3—泵；4—加热器；5—分油机；6—净油；7—滑油泵；8—滤器；9—冷却器；10—冷却水出口；11—柴油机；12—冷水；13—工作水箱；14—水出口；15—污油出口；16—污油箱；17—加热管；18—污油泵出口

图 2-2-6　曲轴箱油净化系统

除上述净化措施外，尚可在停港期间把全部滑油泵至滑油处理柜中，再视情况进行有关处理，如预热、沉淀、放水、放残、投放添加剂等。处理完毕后再用分油机送回循环柜。如需进行水洗法处理，则在滑油分油机入口处加入相当于 1%～2%滑油量的淡水进行净化。水洗法不仅可洗掉无机酸，而且还能浸湿小颗粒杂质使之便于分离。因某些滑油添加剂也溶于水，故对滑油水洗时，应征得供油厂商的同意。

对中、小型柴油机的曲轴箱油，因其油量有限，一般采用全部滑油换新法。

三、气缸注油润滑系统的认识

气缸注油润滑系统见图 2-2-7。

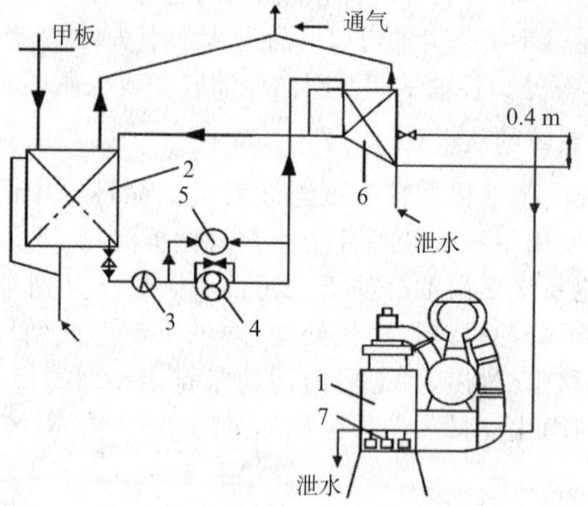

1—主机；2—气缸油储存柜；3—气缸油滤器；4—气缸油输送泵；
5—手动泵；6—气缸油日用油柜；7—气缸油注油器

图 2-2-7　气缸注油润滑系统

模块 2　柴油机滑油系统的操作与管理

〖任务要求〗

1）船舶主机备车时对滑油系统的正确操作；

2）正确管理滑油系统；

3）掌握滑油变质检验的方法。

〖任务准备〗

1）自动化机舱；

2）轮机模拟器；

3. 滑油变质检验的试纸及简易化验设备 1 套。

〖任务操作〗

一、船舶主机备车时对滑油系统的操作

1）检查主机滑油循环柜、透平油柜、轴系油位（尾轴承和中间轴承）以及气缸注油器的油位，不足时应补充至规定油位。

2）开启滑油分油机，并加热滑油。此项工作最好提前数小时进行。

3）开启滑油循环泵，检查并调整油压至规定值。当主机有轴带滑油循环（增压）泵时，应开启主机备用滑油循环（增压）泵进行油压的检查和调整。滑油系统的驱气工作十分重要，不可忽视，通常可在系统的高位滑油滤器上进行放气（下同）。

4）对独立润滑系统的增压器，还应起动透平油泵。

5）对油冷式活塞，当滑油循环泵起动后，要注意观察各缸活塞冷却油的回油情况和温度。

6）在柴油机冲车前的盘车过程中，应摇动气缸注油器（约 50 次）以润滑气缸表面。

7）各非压力润滑点的润滑油杯，应加注润滑油或润滑油脂，如气阀机构和气阀传动机构、油门调节杆和调速器传动轴（杆）等。

二、对船舶滑油系统管理的注意事项

（一）正确选用滑油

根据要求合理地选用滑油，并把质量合格的滑油输送到各需要被润滑的部件，保证其正常运转。

（二）确保滑油的工作压力

滑油的工作压力应按说明书规定进行调节，一般应保持在 0.15～0.4 MPa。滑油的压力应高于海水和淡水压力，以防止泄漏时冷却液漏入滑油中。滑油的压力可由滑油泵的旁通阀来调节。

滑油的压力过高时，滑油会向四处飞溅，接合面易漏油，在曲轴箱中容易受热氧化变质，也增加了滑油的消耗。滑油压力过低时，会因轴承供油不足而使机件磨损增强，严重时会发生重大机损事故和安全事故。

（三）确保滑油的工作温度

滑油温度过低，黏度增大，摩擦阻力损失增大，同时滑油泵耗功增加；滑油温度过高，黏度降低，润滑性能变差，零部件磨损增大，同时滑油易氧化变质。

通常，滑油进口温度应保持 40～55 ℃（中、高速机取上限）；最高温度不允许超过 65 ℃（中、高速机为 70～90 ℃）；进出口温差一般为 10～15 ℃。滑油的温度一般可通过滑油冷却器的旁通阀来调节。

（四）保证正常的工作油位

经常检查循环柜油位，保证正常油位。油位过低，滑油温度会升高，容易使滑油在曲轴箱中挥发。另外，单位时间滑油的循环次数过多，油中杂质无法在循环油柜中充分沉淀，加速滑油氧化变质，严重时有断油危险。油位过高，可能造成溢油危险。

运转中油位突然降低，可能是油底壳或管系泄漏引起的；油位突然升高，则可能是冷却系统中的水漏入所致。

（五）备车和停车时的管理

1）备车时应对滑油柜加温，使滑油温度预热到 38 ℃左右，以便杂质分离和防止油泥沉淀在管壁上，并可减轻滑油泵的负荷。加热后即可开动滑油泵，使滑油在系统中循环，防止柴油机起动时干摩擦。

2）停车后，应继续让系统运转 30 min 左右，使发动机各润滑表面继续得到冷却。

（六）定期检查和清洗滑油滤器和冷却器

检查滑油冷却器的冷却水管，防止其被海水腐蚀，清洗冷却器以提高其冷却效果。通常壳管式冷却器使用三氟乙烯溶液进行清洗；板式冷却器则用人工清洗。

在日常巡回检查中应经常检查滑油滤器的进出口压差，以防影响柴油机的正常运转。清洗滤器时可采用清洗剂或柴油浸泡、软刷清除污垢和压缩空气吹净等，切勿损伤其零件。对于自动反冲洗滤器，应按说明书要求拆装和用专用工具清洗。

三、船舶曲轴箱油变质的检验

为了能及时掌握滑油变质规律以便相应采取有效的措施，需对曲轴箱油进行定期检验，通常有以下几种方法。

(一) 经验法

根据轮机人员的使用经验,通过对曲轴箱油的直观检查,如摸(黏性)、嗅(气味)、看(颜色),以及检查滑油分油机中的沉积油泥,观察溅在曲轴箱壁面上的滑油颜色、活塞冷却腔内的积碳等,可大致定性判断滑油的变质情况。

(二) 油渍试验法(Oil Spot Tests)

这种方法把待检滑油滴在特殊试纸上,待该油滴干燥后,根据其扩散状况和颜色的变化与提供的标准图像(或新油的扩散和颜色)比较,可大致判断滑油的变质情况。如油渍中心黑点较小,颜色较浅,四周黄色油渍较大,则表明滑油仍可使用;如黑色较大,且黑褐色均匀无颗粒,则表示滑油已变质。

(三) 化验法

化验法可对滑油进行定量分析。根据使用要求可分为船上简易化验和实验室化验 2 种。

船上简易化验可在船舶现场进行现场化验,所使用的化验设备(Onboard Test Kit)均由油品供应商提供。应根据其规定的方法进行化验,可得到诸如黏度、水分、盐分、总碱值、强酸值和不溶物等性能指标的数值,从而可较准确地及时判断滑油的变质情况。

实验室化验应由轮机人员在船舶上取出油样,送交陆地实验室(通常为油品供应商)进行定量化验分析,轮机员可根据化验分析单进行综合分析并决定处理措施。通常,化验分析单上已有对滑油的分析结论及相应的处理措施。

曲轴箱油应在使用中每隔 3～4 个月取油样化验 1 次。所取油样应有代表性,一般应在滑油分油机前取样,而且最好在进港前运转中取样。取样时应使用专用取样瓶并放掉 2 倍于取样旋塞管路中的存油,以消除旋塞管路中的杂质。取样瓶应加以密封并注明使用累计小时等参数。

【任务评价】

评估名称:柴油机滑油系统的操作与管理

评估对象:3 000 kW 及以上船舶二/三管轮

评估要素:

1) 润滑的作用及滑油的性能指标;

2) 滑油的质量等级及常见的添加剂;

3) 滑油系统的组成、主要设备及其作用;

4) 主柴油机备车时滑油系统的操作及管理要点。

【任务拓展】

一、气缸油、注油定时和注油率的选择

(一) 气缸油的选择

选择气缸油时,一般应根据所使用燃油的硫分来选择气缸油的总碱值。根据使用经验,使用高硫分($S>2.5\%$)的燃油,气缸油的 TBN 应为 65～70 mgKOH/g;$S<2.5\%$者,TBN 约为 40 mgKOH/g;使用船用柴油时,TBN 为 10～14 mgKOH/g。近代有些工作条件严苛的柴油机已采用 TBN 为 100 mgKOH/g 的气缸油。一些柴油机制造厂曾根据燃油的硫分,推荐出理论上的气缸油总碱值,但这种匹配关系在实践中却不易执行。其主要原因在于远洋船舶需要在世界不同港口加装燃油,在决定加装燃油时,习惯上均以黏度等级

为准，而相同黏度等级的燃油硫分随产地的不同又有较大差别。对这种差别船方事先无法获得有关数据，无法根据燃油硫分的变化来改变气缸油的总碱值。在多数情况下，船方只备有某一总碱值的气缸油。因而在实践中总碱值与燃油硫分的匹配比较粗糙，只是在长期使用低硫分燃油时才酌情选用总碱值低（10～14 mgKOH/g）的气缸油。如此时仍使用高碱性气缸油，则有可能在缸内出现由过量碱性添加剂所形成的大量灰白色沉淀物（通常为含钙盐类）。为了检查运转中柴油机使用的气缸油碱性是否足够，可以对从气缸中刮下的残油（在活塞杆填料函取样）进行化学分析，若残油仍呈现一定碱性（TBN 大于 10 mgKOH/g），则说明气缸壁上的油膜有足够的碱性储备。此外，还可以用直观法加以判断。一般来说，注进气缸的滑油，由于活塞的往复运动，油滴容易迅速分布到注油孔上、下部的狭窄表面上，而沿圆周方向的扩散速度较慢。因此若气缸油碱性较低，则在各注油点之间的缸套表面上容易出现漆状沉积物，使铸铁缸套表面被腐蚀发暗（镀铬缸套则出现白斑），见图 2-2-8。

（二）气缸注油孔的数量和位置

气缸注油孔的数量和油孔两侧人字形布油槽的形状对注油润滑有很大影响。在正常情况下，气缸注油孔（8～10 个）沿缸套圆周均匀分布。如油孔数太多，易引起各注油孔注油不稳定。气缸注油孔的位置因机型而异。通常，近代大型柴油机注油孔多在缸套中上部（高位注油孔），而四冲程柴油机的注油孔多分布在缸套下部。

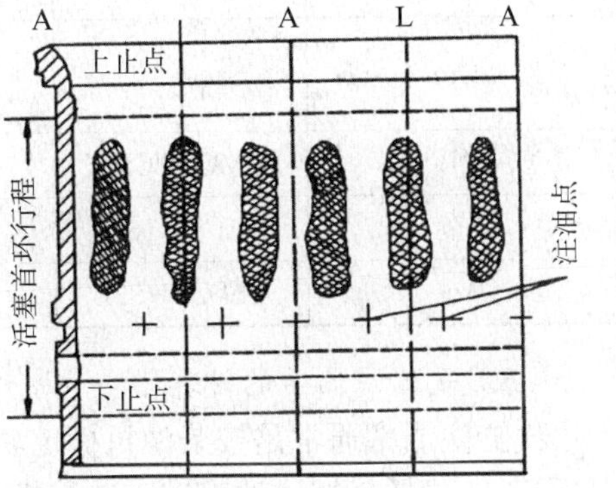

A—横向；L—纵向

图 2-2-8 气缸套腐蚀部位（缸套表面展开）

（三）注油定时的选择

通常认为，注油定时应选择在活塞上行使注油点位于第一、二道活塞环之间时向缸内注油。但实践证明，现有的注油设备难以做到准确地定时向气缸注油。实验研究表明，只有在缸内压力低于注油管中的油压时，气缸油才会注入缸内。在短活塞柴油机曲轴回转 1 转中，这种机会一般有 2 次：一次是活塞上行到上止点附近，活塞的下边缘打开注油孔；另一次是活塞在下止点附近，缸内正在扫气时。而在长活塞柴油机曲轴回转 1 转中，这种机会只有 1 次，即当气缸内正在扫气时。注油次数随机型而异，通常约 2～40 个活塞行程注油 1 次。

（四）注油率的选择

气缸油的注油率应当适宜。注油率太大，不但浪费而且会使活塞顶面、环带区、气口和排气阀处的沉积物增多，引起活塞环和排气阀黏着，使气流通道部分堵塞，同时，多余的气缸油还会沉积在活塞下部空间、扫气箱和定压排气管中，导致扫气箱着火；注油率太少，则难以形成完整的油膜，而使活塞环与缸套磨损加剧和漏气增多，泄漏的燃气又会破坏缸壁上的油膜导致发生咬缸事故。因而存在一个最佳注油率。直流扫气柴油机的气缸油分布特性与弯流扫气柴油机不同（由气体的流动形式和活塞裙长度不同引起），因而弯流扫气柴油机的最佳注油率一般较直流扫气柴油机大。表 2-2-6 所示为有关厂家推荐的最佳注油率。在实际应用中，一般的趋势是注油率过大，这主要是由管理者的主观因素造成的。

不同类型的柴油机的注油率在不同工况下各不相同，最适宜的注油率应该根据推荐的注油率并综合考虑活塞环的状态、缸套磨损率的大小以及柴油机部件的拆检周期来确定。如缸套内壁表面湿润、干净，首环半干半湿，其余环湿润，活塞环在环槽内活动灵活，环外圆表面光亮，倒角尚在，则气缸注油率适中。

表 2-2-6 气缸注油率

制造厂	机型	气缸注油率/(g/(kW·h))	
		制造厂推荐值	实际使用经验值
Sulzer	RD RND RTA	0.95 1.22 0.8	1.0～1.36 1.0～1.36
B&W	VT2BF KEF	0.54 0.68	0.54～0.68 0.8～0.95
MAN	KZ KSZ	0.80 1.09	1.09～1.90
MAN B&W	MC/MCE	0.8	
三菱	UEC85/160C	0.55～0.80	1.09～1.77
沪东	ESDZ43/82B	0.68	0.68～1.09

（五）气缸注油率的计算

气缸注油率通常是按柴油机标定功率来确定的，但柴油机实际使用中一般并不在此功率下运行，这样气缸注油率应随柴油机负荷的降低而减少。如气缸注油器属"随负荷调节"式（参见后述），当计算负荷变化后的注油率时，可以实际平均有效压力为依据。如标定工况的气缸油注油率为 A_b，则在负荷变化为 90%标定值时，其气缸注油率 $A'=90\%A_b$。

应当指出，当柴油机处于连续低负荷运转的特殊情况下时，注油率绝对不能低于其标定注油率的 40%。

若气缸注油器属"随转速调节"式，则当转速变化后其气缸注油率为

$$A=G\cdot n_b\cdot z/(n\cdot P_b)$$

式中：A 为气缸注油率，g/(kW·h)；G 为柴油机气缸油消耗量，g/h；n_b 为标定转速，r/min；z 为气缸数；n 为实际转速，r/min；P_b为标定功率，kW。

尽管采用注油率和适当的总碱值（TBN）能比较有效地控制活塞和气缸套组件的磨损，然而当所用燃油与滑油配合不良时，仍不免会引起腐蚀和磨料磨损。因而有必要用综合参数"碱总量"（BT）对磨损进行定量分析，其单位为 mgKOH/(kW·h)。

$$碱总量\propto注油率\times总碱值$$

调查结果显示，对应于某一注油率和总碱值，存在一个合理的碱总量范围。

处于磨合期的气缸活塞组件，为了加速磨合，通常采用无添加剂的精炼滑油，其牌号应与所用燃油含硫量相匹配。这是因为该滑油具有较强的承载能力而又不阻碍硫分对工作表面的腐蚀（一定的腐蚀有利于磨合）。在任何条件下均不应使用高碱性气缸油，那样会使

磨合期加长且无法控制剧烈的磨损和擦伤。而在整个磨合期的各个不同阶段还应适时换用不同碱值的气缸油。

磨合期的气缸注油率目前尚无一致的标准,比较公认的做法是增加注油率 20%～100%,随着负荷的提高逐渐减少过量滑油。通常认为在磨合期使用硫分大于 1%的燃油对磨合有利,在这方面各造机厂家的具体做法不同。图 2-2-9 所示为一种注油率调整规范。

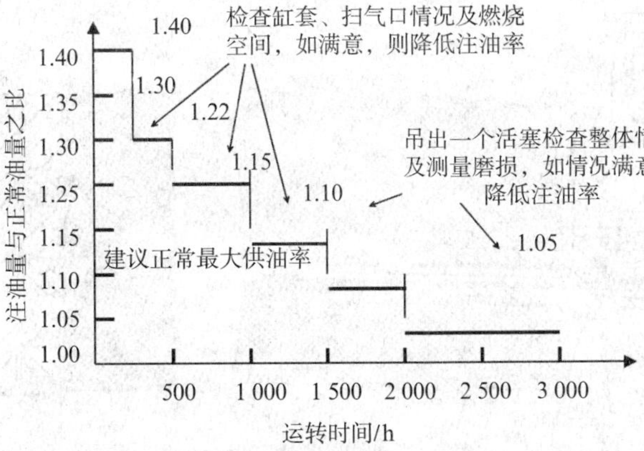

图 2-2-9　磨合期气缸注油率调整规范

二、气缸注油设备

气缸注油的主要设备是注油器和注油接头。

气缸注油器由多个柱塞式油泵单元组成,其驱动方式有机械式和液压式 2 种。机械式由凸轮轴或其他运动部件带动,其结构简单可靠,使用广泛。液压式使用较少,但用于 Sulzer RLB 和 RTA 型柴油机,见图 2-2-10。注油器 5 由液压电机 4 驱动,而 4 由负荷指示轴 3 控制。

注油器注油量的调节方式有"随转速调节(等速率调节)"与"随负荷调节"2 种。前者注油量与柴油机转速成正比,后者注油量随负荷变化而自动调节。由于后者可改善随转速调节在低负荷运转时注油量过大的弊病,因而新机型多采用,如 Sulzer RTA 型柴油机。

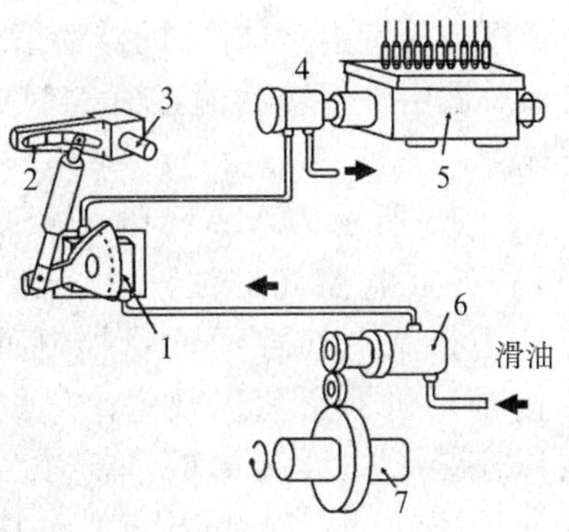

1—流量调节阀；2—调节手柄；3—燃油负荷指示轴；4—液压电机；5—注油器；6—齿轮泵；7—凸轮轴

图 2-2-10　液压电机驱动的注油方式

气缸注油润滑有脉动式和蓄压式 2 种。

在脉动式注油方式中,注油器中柱塞泵的柱塞在加压行程中向气缸注油器接头压送滑油。为保证活塞上行通过注油点时能定时供油,柱塞与活塞的运动是相对应的。而实际上,只有当气缸内压力低于注油器出口管内压力时,注油接头处的止回阀才开启向气缸内注油。

在蓄压式注油方式中，柱塞泵出口的油进入各注油接头处的蓄压器内，在该压力与气缸内压力差的作用下自动注入气缸。注油接头穿过气缸冷却水空间安装在气缸套各个注油孔内，图 2-2-11 所示为蓄压式注油接头。蓄压器贮存气缸油并使注油接头内维持一个恒定压力。注油器每次排油量很小，仅使系统内压力升高 0.15～0.20 MPa。止回阀防止缸内燃气倒冲入注油接头，当缸内压力低于蓄压器内压力时，止回阀开启，气缸油自动注入气缸。

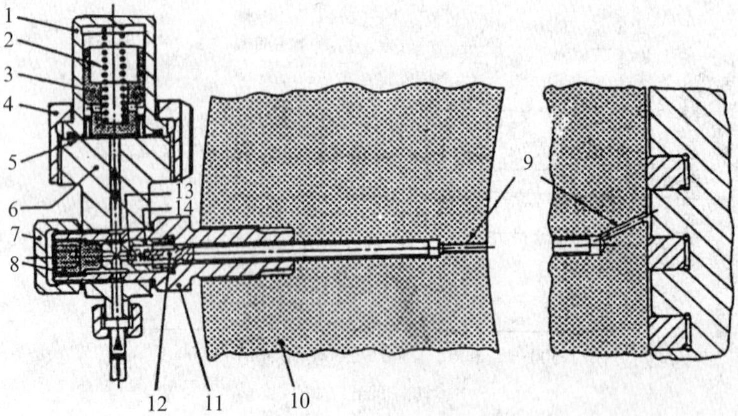

1—蓄压器缸套；2—弹簧；3—活塞；4—螺帽；5—膜盒；6—座；7—螺帽；8—缓冲螺栓；
9—注油管；10—主机缸套；11—接头；12—顶销；13—止回阀；14—止回阀座

图 2-2-11　蓄压式注油接头

气缸注油器的形式较多。图 2-2-12 所示为 B&W 型柴油机所使用的“随转速调节”HJ 型气缸注油器。

这种注油器每缸设置 1 个，由多个柱塞式油泵单元组成。油泵柱塞 12 由凸轮轴上的凸轮 4 驱动，凸轮轴 2 由驱动轴 1 经齿轮带动。驱动轴的转速为柴油机转速的 1/2。气缸油流动路线为吸入阀 14，15→排出阀 17，18→观察玻璃管 19→止回阀 22→出油管至注油接头。由观察玻璃管内钢球 20 的浮动情况可判断各泵的注油量。油泵的单调可用调节螺钉 21 进行；总调由外部转动偏心轴 24 实现。排出阀 17 与 18 之间的螺钉可用于排出工作腔内的空气。

图 2-2-13 所示为 MAN B&W S60ME-C 型气缸注油系统。它由气缸油柜、油泵、控制板和各缸电控气缸油注油器组成。气缸油经油泵增压后排至分布各缸径向的注油点。主控站上气缸油油量控制面板根据曲柄位置信号（由曲柄编码器根据曲柄所给的信号）、机器负荷以及每个气缸油注油量反馈信号进行控制。气缸油注油量信号主要以安装于扫气箱内的油雾浓度探测器所给出的信号作为反馈信号。另外，气缸油的注油率在一定范围内与燃油中硫的含量成正比例函数关系，而当柴油机使用某一固定标号燃油时，其中硫分含量固定，此时，注油器注油量取决于缸内燃油供应量。同时由扫气箱油雾浓度检测器发送一个反馈信号，此反馈信号可对气缸油供油量进行修正。

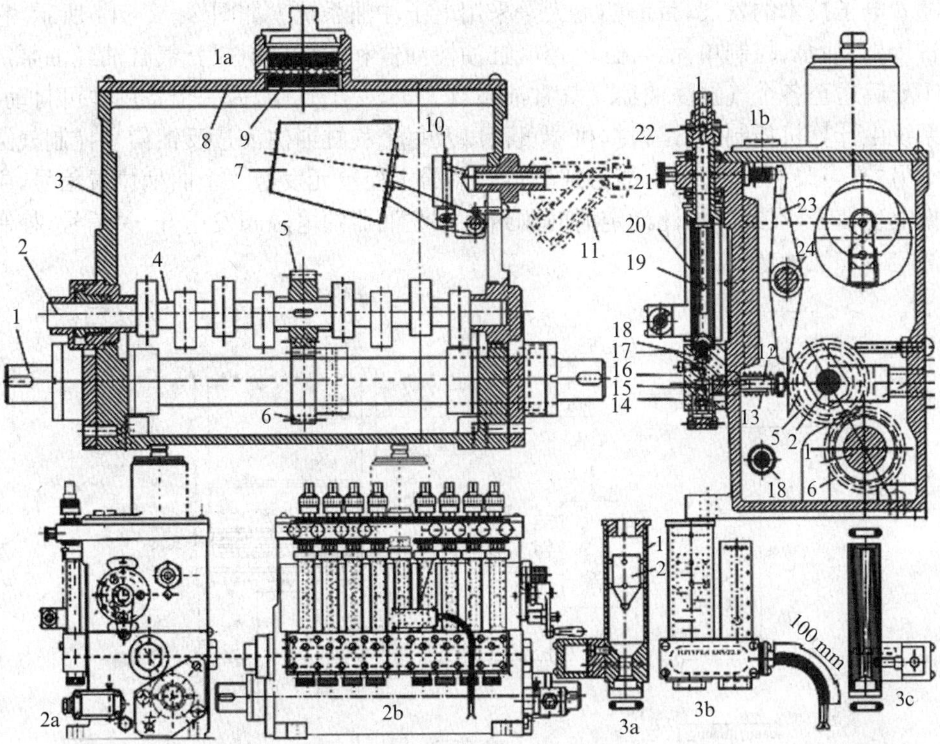

1—驱动轴；2—凸轮轴；3—贮油箱；4—凸轮；5，6—传动齿轮；7—浮子；8—盖；9—滤网；10—滑阀；11—滤器；12—油泵柱塞；13—弹簧；14，15—吸入阀；16—泵体；17，18—排出阀；19—观察玻璃管；20—钢球；21—调节螺钉；22—止回阀；23—摇臂；24—偏心轴

图 2-2-12　HJ 型气缸注油器

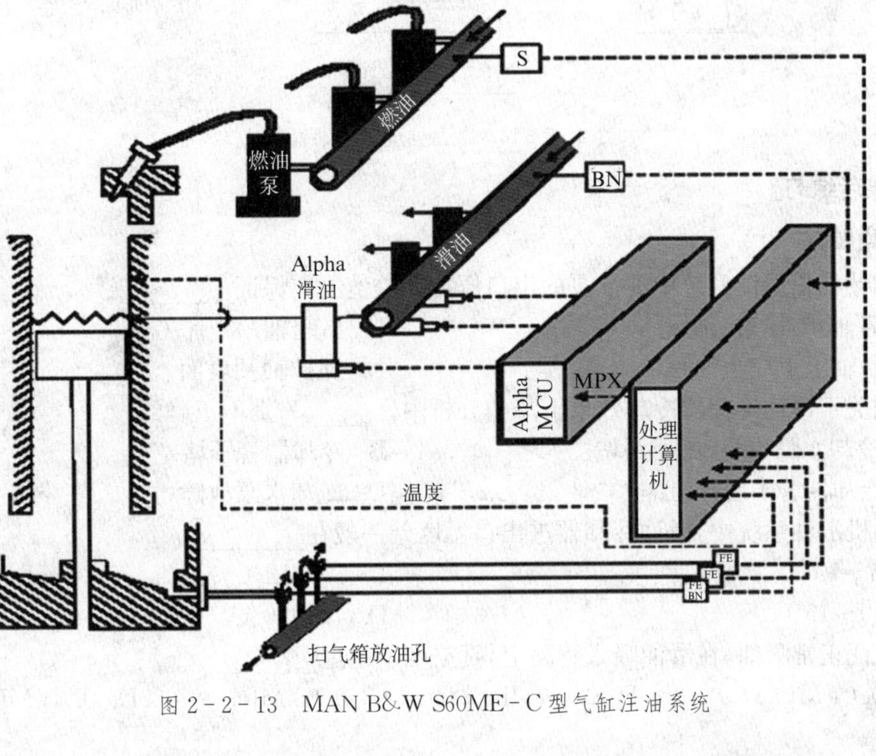

图 2-2-13　MAN B&W S60ME-C 型气缸注油系统

随着电子技术的发展，目前船上大量采用电子注油系统。如图2-2-14所示，它由气缸油日用柜、油泵、控制单元、各缸电控气缸油注油器和蓄压器组成。气缸油经油泵加压到4.5 MPa后送至各个气缸注油器。气缸油泵有2个，一个工作，另一个备用并可自动起动。整个系统由计算机控制，它是根据机器负荷以及每个气缸油注油量反馈信号控制气缸注油量的。另外，当柴油机工作时，能够通过传感器给主控单元发送一个曲柄位置信号，主控单元根据上述信号，在最佳的注油定时时刻给气缸注油器的电磁阀发送开/关信号，控制气缸的注油定时和注油量。

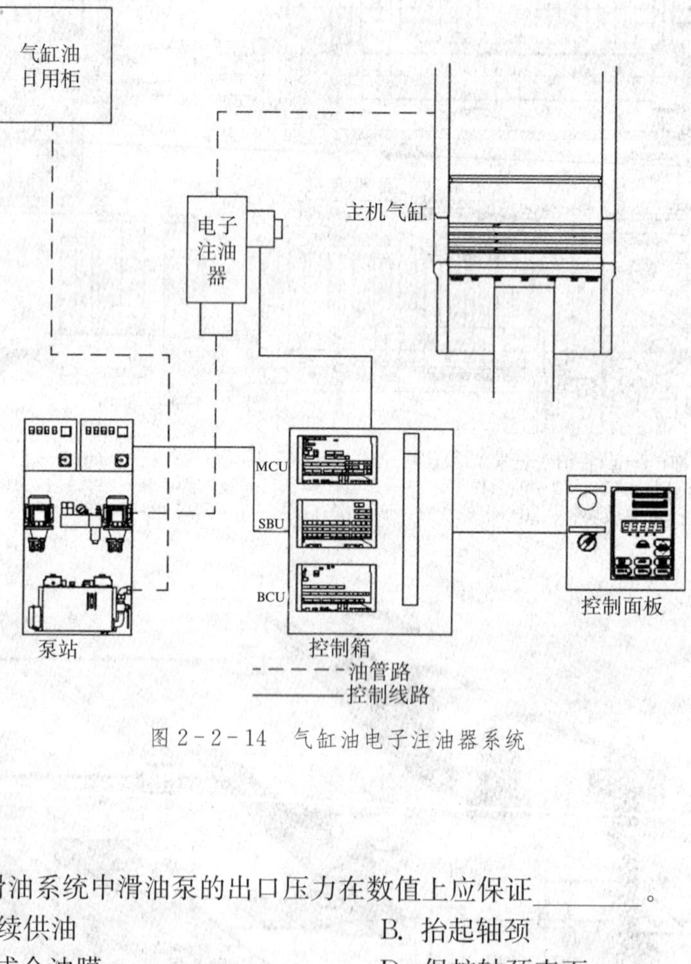

图2-2-14　气缸油电子注油器系统

【课后练习】

一、选择题

1. 船用柴油机滑油系统中滑油泵的出口压力在数值上应保证________。
   A. 各轴承连续供油　　B. 抬起轴颈
   C. 各轴承形成全油膜　　D. 保护轴颈表面
2. 下列关于滑油冷却器冷却效果下降的分析中，________是不正确的。
   A. 冷却水量不足，滤器污堵　　B. 冷却器管子堵塞
   C. 冷却器管子破损泄漏　　D. 冷却水泵故障
3. 柴油机滑油系统中，滑油冷却器进出口温度差一般在________。
   A. 8～10 ℃　　B. 10～12 ℃
   C. 10～15 ℃　　D. 10～20 ℃
4. 为保证正常吸油，在滑油吸入管路上，真空度不超过________。
   A. 0.01 MPa　　B. 0.07 MPa　　C. 0.03 MPa　　D. 0.04 MPa

5. 下列关于滑油系统管理的说法中，________是错误的。
   A. 备车时，应开动滑油泵
   B. 滑油压力过低时，将会使轴承磨损
   C. 滑油温度过高时，易使滑油氧化
   D. 停车后，应立即停止滑油泵运转
6. 滑油的出口温度通常应不超过________。
   A. 40 ℃　　B. 55 ℃　　C. 65 ℃　　D. 80 ℃
7. 滑油供油压力不足会导致________。
   A. 接合面漏油　　B. 滑油氧化变质　　C. 滑油消耗增加　　D. 机件磨损加剧
8. 柴油机停车后，滑油系统应继续运行约________。
   A. 20 min　　B. 40 min　　C. 60 min　　D. 90 min
9. 船舶主柴油机的滑油系统通常由下述系统组成________。
   ①滑油驳运系统；②曲轴箱油强制润滑系统；③滑油的注入与驳出系统；④曲轴箱油分油净化系统；⑤废气涡轮增压器润滑系统；⑥滑油的预处理系统
   A. ②④⑤　　B. ③⑤⑥　　C. ③⑥　　D. ④⑤⑥

二、简答题

1. 简述滑油系统的管理要点。
2. 简述滑油压力变高、变低的原因及调节方法。

任务3　柴油机冷却系统的操作与管理
Operation and Management of Cooling System of Diesel Engine

【任务描述】

柴油机的做功与冷却是一对矛盾。热量可以做功，冷却液却带走一部分热量，但如果没有冷却，柴油机在高温状态下受热部件的强度和刚度就不能保证，其承受的热应力和机械应力就会损坏柴油机。而柴油机冷却系统能够提供足量、连续以及适当温度的冷却介质来保证柴油机安全工作。

学生通过对冷却系统的操作与管理，能够了解冷却的作用、冷却的方式、冷却介质、冷却系统的组成和设备，掌握冷却水检验及处理方法、冷却系统的管理注意事项等。

本任务具体内容为：柴油机冷却系统的认识；船舶主柴油机备车时冷却系统的操作与管理。

【学习目标】

- 能了解冷却的作用和方式；
- 能熟悉船舶上常见的冷却介质及其特点；
- 能掌握船舶冷却系统的组成和关键设备；
- 能了解常见的冷却水添加剂及水处理方法；
- 能掌握冷却系统维护管理注意事项。

【相关知识】

在柴油机中，燃油燃烧放出的热量有30%～33%要经过气缸、气缸盖和活塞等部件散向外界。为了能散出这些热量，需要有足够数量的冷却介质强制连续流经受热部件，通过冷却保证这些受热部件的正常工作温度。因而在多数柴油机中均设置冷却系统，保证足够而连续的冷却介质流量以及适当的冷却介质温度。

一、冷却的作用和方式

从能量利用观点来看，柴油机的冷却是一项应予避免的能量损失，但从保证柴油机正常工作考虑它又是必需的。柴油机冷却有以下作用：首先，冷却可以保持受热部件的工作温度不超过材料所允许的限值，从而可保证在高温状态下受热部件的足够强度；其次，冷却可以保证受热件内外壁面适当的温差，减少受热部件的热应力；此外，冷却还可以保证运动部件如活塞与缸套的适当间隙和缸壁工作面滑油膜的正常工作状态。冷却的这些作用通过冷却系统来实现。在管理中应兼顾柴油机冷却的2方面要求，既不使柴油机因过分冷却而过冷，也不使柴油机因缺乏冷却而过热。从尽量减少冷却损失以充分利用燃烧能量出发，国内外正在进行“绝热发动机”的研究，相应发展了一批耐高温的材料，如陶瓷材料等。

目前，柴油机的冷却方式分强制液体冷却和风冷2种。绝大多数柴油机使用前者。

二、冷却介质

在柴油机强制液体冷却系统中，冷却介质通常有淡水、海水、滑油等。淡水的水质稳定，传热效果好并可采用水处理剂解决其腐蚀和结垢的缺陷，因而它是目前使用广泛的一种理想冷却介质。柴油机对淡水水质的要求一般为不含杂质的淡水或蒸馏水。若为淡水，则要求其总硬度不超过10(德国度)，pH值为6.5～8，氯化物含量不超过50×10^{-6}。当使用蒸馏水或离子交换器产生的完全脱离子水作为冷却淡水时，必须特别注意对淡水进行水处理，并定期化验，确保水处理剂的浓度达到规定范围，否则由浓度不够而产生的腐蚀比使用一般硬水还严重(因无一般硬水所形成的石灰薄膜沉淀物保护)。海水的水质难以控制且其腐蚀和结垢问题比较突出，为减少腐蚀和结垢应限制海水的出口温度不超过45 ℃，因而目前很少使用海水直接对柴油机进行冷却。滑油的比热小，传热效果较差，高温状态易在冷却腔内产生结焦，但它不存在因泄漏而污染曲轴箱油的危险，因而适于作为活塞的冷却介质。

三、冷却系统的组成和设备

一般柴油机冷却系统是用淡水强制冷却柴油机的，然后用海水强制冷却淡水和其他载热流体(如滑油、增压空气等)。在系统布置上前者属闭式循环，后者属开式系统。二者组成的冷却系统称为闭式冷却系统。

(一) 闭式淡水冷却系统

由于受热部件工作条件不同，所要求的冷却液温度、压力和基本组成也各不相同。因而各受热部件的冷却系统通常由几个单独的系统组成，一般分为缸套和气缸盖、活塞、喷油器3个闭式淡水冷却系统。

在缸套水冷却系统中，淡水流动路线可以有2种方案。

1. 方案A

如图2-3-1(a)所示，淡水泵供应的淡水先进柴油机，然后去淡水冷却器，这可以防止缸套穴蚀和冷却水的汽化。由于冷却器内淡水的压力较低，有可能发生海水漏入淡水的情况。

2. 方案 B

如图 2-3-1(b)所示，淡水泵供应的淡水先去冷却器，然后再到柴油机。由于柴油机淡水冷却腔内的压力较低，易造成死角，出现局部的蒸发、冷却不良，并引起穴蚀或局部过热。

目前方案 A 在船舶上使用较广，方案 B 应用较少。

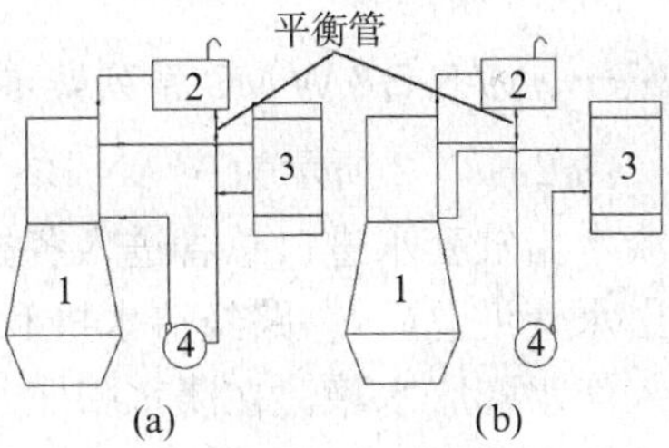

1—主机；2—膨胀水箱；
3—冷却器；4—淡水泵

图 2-3-1　冷却系统布置方案

（二）开式海水系统

开式海水系统用海水作为冷却剂冷却淡水、滑油、增压空气和空气压缩机等。系统的基本组成是海底阀和大排量海水泵。

海水泵一般设 2 台，其中 1 台备用。有些船上把备用泵兼作备用淡水泵。海水泵排量很大，通常在吸入管处接一应急舱底吸口，以备机舱大量进水时应急排水之用。海水泵一般均采用大排量离心泵。

通常，船舶上的柴油副机有自己独立的淡水冷却系统。

（三）中央冷却系统

从 20 世纪 70 年代初期开始，出现了一种新型的柴油机冷却系统，即中央冷却系统。这种冷却系统的基本特点是使用不同工作温度的 2 个单独的淡水循环系统：高温淡水(80～85 ℃)和低温淡水(30～40 ℃)闭式系统。前者用于冷却主机，后者用于冷却高温淡水和各种冷却器。受热后的低温淡水再在 1 个中央冷却器中由开式的海水系统进行冷却。由此，可保证只使用 1 个用海水作为冷却液的冷却器。

中央冷却系统较前述传统的冷却水系统有以下明显优点：海水管系及中央冷却器的维修工作减至最低限度；气缸冷却水温度稳定，不受工况变化的影响，因而使柴油机始终在最佳冷却状态下运转；淡水循环可多年保持清洁，维修工作量极少。

中央冷却系统同时也存在以下缺点：增加中央冷却器及其辅助设备与管系，因而投资费用较高；由于附加管系的阻力损失，使水泵耗功也有所增加。

在近年来建造的现代化船舶中，大多采用中央冷却系统。

【任务实施】

模块 1　柴油机冷却系统的认识

〖任务要求〗

1）正确认识 MAN B&W MC 系列柴油机闭式缸套冷却水系统；

2）正确认识开式海水冷却系统；

3）正确认识中央冷却系统。

〖任务准备〗

1）自动化机舱；

2）轮机模拟器；

3）船舶冷却系统多媒体动画。

〖任务操作〗

一、MAN B&W MC系列柴油机闭式缸套冷却水系统的认识

图 2-3-2 所示为 MAN B&W MC 系列柴油机缸套冷却水系统。缸套冷却水泵出口的淡水由缸套水进口总管进入各缸套下部,沿缸套→气缸→透平增压器路线进行冷却。各缸出水管汇总后,一路经造水机和缸套水冷却器冷却,重新进入缸套冷却水泵进口;另一路进入淡水膨胀水箱。在淡水膨胀水箱与缸套冷却水泵之间设有平衡管用于给系统补水并保持淡水泵吸入压头。系统中有温度传感器检测柴油机冷却水出口温度的变化,并通过热力控制阀控制其进口温度。通常,缸套冷却水泵设有 2 台,皆为离心泵。

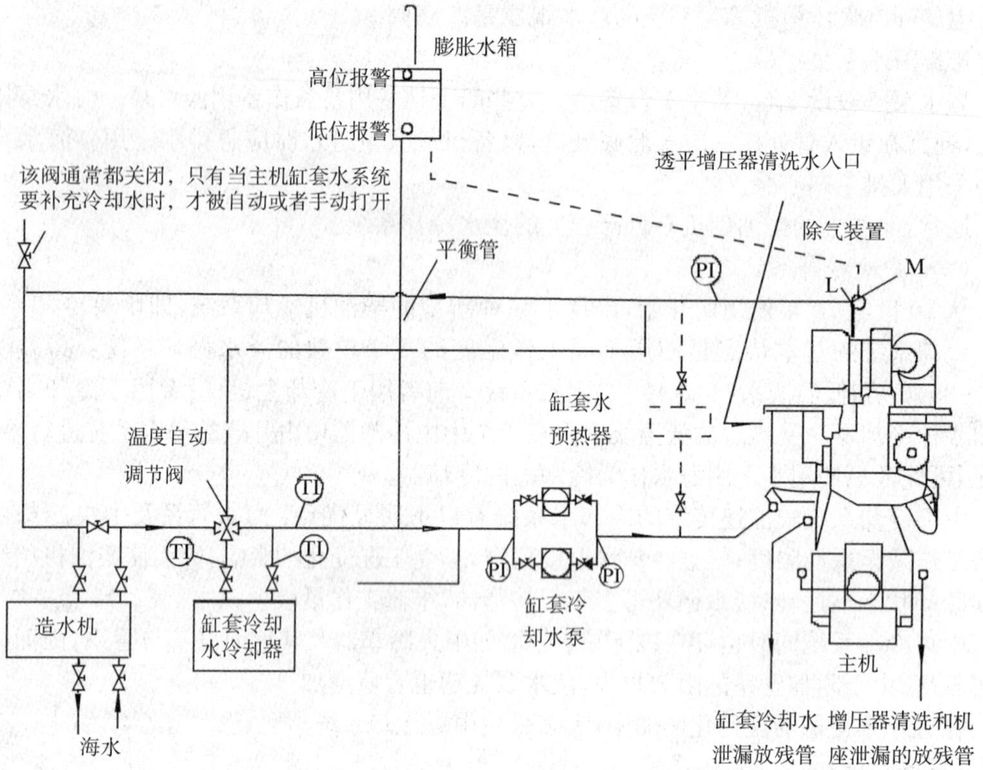

图 2-3-2　MAN B&W MC 系列柴油机缸套冷却水系统

缸套冷却水系统中均设高置膨胀水箱,其作用有:①膨胀。使系统中的淡水受热后有膨胀的余地。②补水。补充系统中因蒸发和泄漏而损失的水量并保证淡水泵有足够的吸入压头;排放系统中的空气。③投药。可在此投放化学药剂以对冷却水进行化学处理。④加热。可对冷却水加热以暖缸(如在其中设置加热装置)。

喷油器冷却系统的组成和原理与缸套冷却系统基本相同,冷却剂可用淡水或柴油。目前大、中型柴油机普遍采用燃油经喷油器循环的措施,利用燃油冷却喷油器,不设专门的冷却系统。

二、开式海水冷却系统的认识

开式海水冷却系统见图 2-3-3,使用过的海水排至舷外。在系统中装设感温元件 6

和自动温度调节阀 11，使部分使用过的海水回流至海水泵进口，保证进冷却器的海水温度不低于 25 ℃。

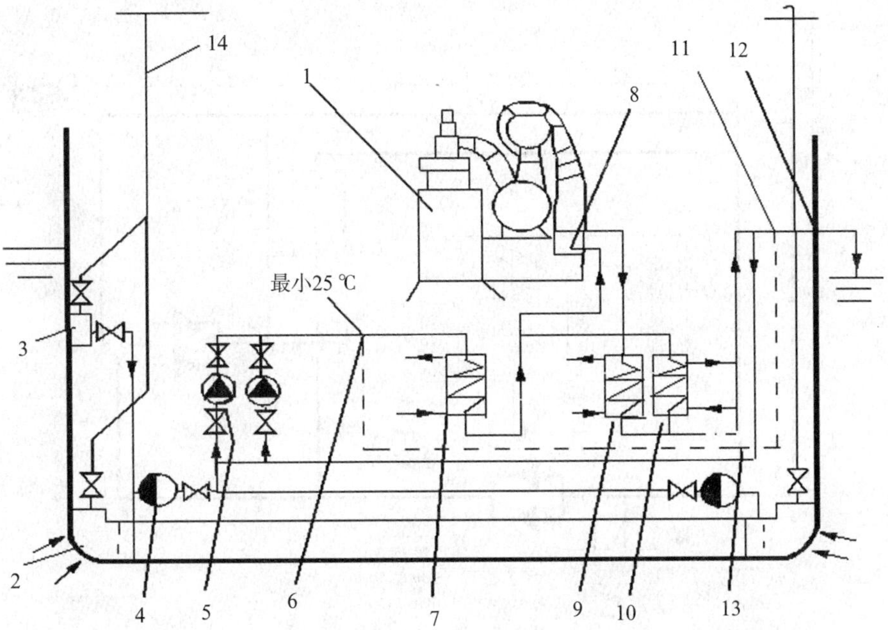

1—主机；2—低位海底阀；3—高位海底阀；4—海水滤器；5—海水泵；6—感温元件；
7—滑油冷却器；8—增压空气冷却器；9—活塞水冷却器；10—缸套水冷却器；11—温度调节阀；
12—出海阀；13—温海水回行管；14—通气管

图 2－3－3　开式海水冷却系统

一般设 2 个以上海底阀，分高位和低位，分别设在船舶的两侧舷旁。高位海底阀位于空载水线下约 300 mm 处，低位海底阀设在舱底（靠双层底附近）。船舶进港后，由于水面下泥沙污物较多，多用高位海底阀。而在海上航行时，为防止因风浪造成空吸，多使用低位海底阀。当船舶在码头停靠时，一般停止使用靠近码头一侧的海底阀，而改用外侧海底阀，以防污物堵塞。

〖思考〗

为何要设高位海底阀？

三、中央冷却系统的认识

图 2－3－4 所示为典型柴油机使用的中央冷却系统。主机缸套冷却水为高温淡水循环系统，副机缸套水为低温淡水系统。低温淡水由中央冷却水泵泵出，分别冷却主机空冷器的低温循环、各台发电柴油机及其他冷却器，并且部分低温淡水通过混水阀进入高温淡水系统以调节高温淡水系统的温度。高温淡水系统主要用来冷却主机缸套水和空冷器的高温循环。在港泊期间，副机缸套冷却水可用来给主机暖机。受热后的低温淡水可在中央冷却器中由主海水泵泵出的海水进行冷却。由此，简化了船舶海水管系，使海水管系最短。

此外，在系统中尚有多个温度传感器以及相应的热力控制阀，可根据水温的变化调节旁通水量大小。

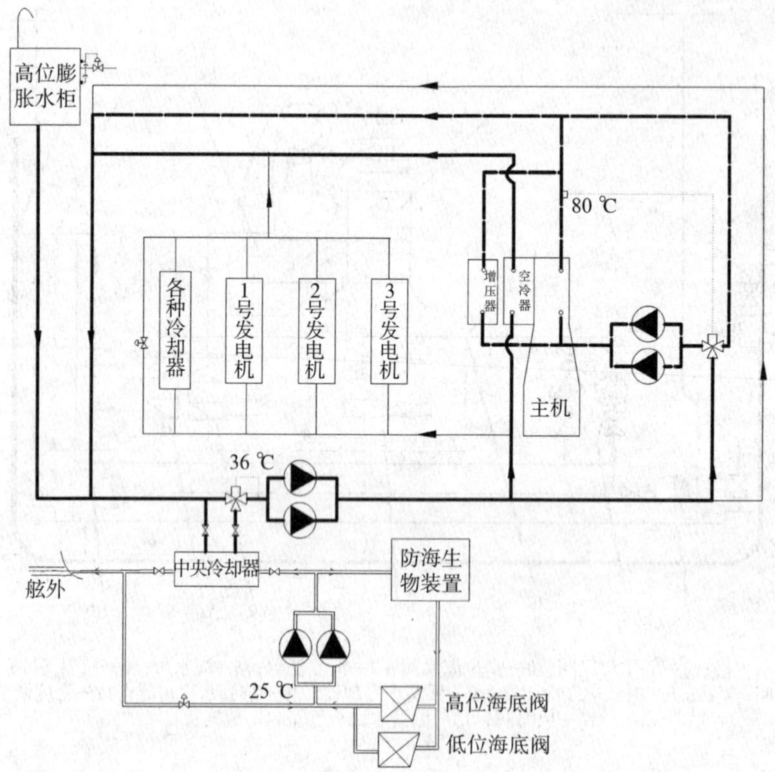

图 2-3-4　柴油机中央冷却系统

模块 2　船舶主柴油机备车时冷却系统的操作与管理

〖任务要求〗

1）船舶主机备车时对冷却系统的正确操作；

2）正确管理冷却系统；

3）掌握冷却水变质检验的方法。

〖任务准备〗

1）自动化机舱；

2）轮机模拟器；

3）柴油机冷却系统多媒体动画。

〖任务操作〗

一、船舶主柴油机备车时冷却系统的操作

1）检查主机膨胀水柜、活塞冷却水柜（水冷式活塞）、主机喷油器冷却水柜的水位，水量不足时应补充到规定的水位。

2）提前 15～30 min 起动主机淡水（循环）泵，并驱除系统内气体。要注意检查主机淡水（循环）泵、主机海水泵阀门是否开启；要检查并调整好水压。

3）对水冷活塞，应开启活塞冷却水泵，同时注意观察各缸活塞冷却水的流动情况。

4）开动喷油器冷却泵，必要时可进行加温预热冷却水。

二、对柴油机冷却系统管理的注意事项

首先调整冷却系统的工作参数，并确保正常。

1）淡水泵出口压力应调整在正常工作范围。通常淡水压力应高于海水压力，防止冷却器泄漏时海水漏入淡水中，引起其变质。

2）淡水温度应根据说明书的规定调整至正常工作范围。勿使淡水出口温度过低（造成热损失增加、热应力增大、低温腐蚀）或过高（使缸壁滑油膜蒸发、缸壁磨损加剧、冷却腔内发生汽化、缸套密封圈迅速老化）。对于中、高速柴油机，一般出口温度可控制在 70～80 ℃（不烧含硫重油时），低速柴油机可控制在 60～70 ℃；进出口温差不大于 12 ℃。一般淡水出口温度以接近允许上限为宜。

3）海水出口温度不应超过 50 ℃，以免盐分析出而沉积成垢，影响传热。

4）在运转中，调节淡水温度可以利用海水管路上的旁通阀来调节进入淡水冷却器的海水量，或者利用淡水管路上的旁通阀来调节进入淡水冷却器的淡水量，或者调节海水温度。现代新建的船舶大多装设淡水和滑油温度自动调节装置，它们的调节阀都装在淡水和滑油的管路中，以控制进入冷却器的淡水量和滑油量。

5）检查各缸冷却水的流动情况，如需调整冷却水流量，应调整淡水泵的出口阀，同时注意调节速度应尽量缓慢。淡水泵的进口阀应始终处于全开位置上。

6）当发现气缸冷却水压力波动而调节无效时，通常是由于系统中有气体存在造成的，应尽快查明原因并消除。

其次应定期检查膨胀水箱和淡水循环柜的水位变化。如水位降低过快应迅速查明原因，加以排除。

在备车时应开动淡水泵进行冷却系统驱气，一般使淡水在系统内循环 15～30 min。在需要时，还应同时进行暖缸，使水温达到 45 ℃左右。暖缸有利于缸内发火，易于起动，还可使滑油均匀布散防止缸套严重磨损，并可降低缸壁的热应力。

在进出港机动操纵时，要控制海水系统保证淡水温度不产生过大波动，应提前关掉海水泵或控制其流量。停车后，应让冷却水继续在系统内循环 20～30 min，使气缸温度逐渐下降，防止缸壁表面的滑油膜蒸发或结碳，还可以减少热应力。

同时注意检查海水滤器和海水阀是否被杂物堵塞。在寒冷地区航行时，应加强对海水管系的管理，防止海底阀被冰块卡死，并应保证海水进入冷却器的温度（不低于 25 ℃）。

三、柴油机冷却水水质的检验

应定期（最好每周 1 次）检查冷却水质量，检测水处理添加剂（如缓蚀剂）的浓度是否在其说明书规定范围内，检测 pH 值（20 ℃时应为 7～10）和氯化物浓度（不大于 50×10^{-6}）。通过这些指标的变化可大致判断冷却系统的工作状态，如：若氯化物浓度增加，则表示有海水漏入；pH 值降低说明有排气漏入。

【任务评价】

评估名称：柴油机冷却系统的操作与管理

评估对象：3 000 kW 及以上船舶二/三管轮

评估要素：

1）冷却系统的组成、主要设备及其作用；

2）冷却水的处理方法；

3）主柴油机备车时冷却系统的操作及管理要点。

【任务拓展】

在闭式和中央冷却系统中，虽然都采用淡水作为冷却介质，但自然界中没有纯净的水，仍需对系统中的淡水进行处理，以防在冷却腔中结垢和造成腐蚀。船舶上处理冷却水的方法有 2 种。一种是加入无机缓蚀剂。此类化学药品大致分为阳极缓蚀剂与阴极缓蚀剂 2 种：前者如碳酸盐、磷酸盐、亚硝酸盐等，可在阳极金属上形成保护层，防止阳离子进入水中，但浓度必须足够，否则未形成保护层的局部将产生严重腐蚀；后者如重碳酸钙等，可在阴极金属上形成保护层。目前大多使用以亚硝酸盐和硼酸盐为主的水处理剂。其价格便宜，保护效果好，投药量低（$<0.5\%$），如浓度不当，其危害不突出，且不会伤及皮肤。其缺点是在船上必须定期化验其浓度变化，对锌及镀锌管有腐蚀作用，另外亚硝酸盐有一定毒性。另一种是加入乳化防锈油，由于环境保护的要求，目前较少使用乳化防锈油。

一、无机缓蚀剂

无机缓蚀剂（防锈剂）的种类很多，但目前国内外所使用的均以亚硝酸盐和硼酸盐为主要成分：前者具有很好的防垢和防锈双重作用；后者为碱性物质，可提高冷却水的 pH 值，有利于保护膜形成。只要按使用说明书应用，都能取得良好效果。下面仅以远洋船上常用的 UNITER 公司生产的船用冷却水处理剂 Dieselguard（原名 PEROLIN Formet 326）为例加以说明。这种冷却水处理剂为干燥灰白色粉状亚硝酸盐硼酸盐化合物，能使金属表面形成完整的一层薄膜，不影响传热；能防止电化学腐蚀和穴蚀，抑制水垢生成，对铜、黄铜及非金属（如软管、垫床、密封装置）均无损害。加有这种药剂的冷却水可用作造水机的热源，制得的淡水可供饮用。

使用时这种药剂的用量控制及浓度是根据亚硝酸盐浓度而定的，见表 2－3－1。对原来积有水垢和沉积物的冷却腔，加药量应加倍（达 $5\,000\times10^{-6}$），且经常从系统中放水，以排出水垢、铁锈和泥渣，放水量每次 10 L 即可。药剂未加入系统之前，应先按 1 kg 药剂加 6 kg 水的比例把药剂溶解，放掉系统中的部分水后，加入膨胀水柜中。待药剂分散到整个系统后，应立即取水样化验，并根据化验结果对含药浓度进行调节。当达到所需要求后应每周再化验 1 次。亚硝酸盐浓度化验是利用 UNITER 公司提供的手提化验箱按说明进行的：取经过滤后的水样 5 mL 放入瓶内，再加蒸馏水至 50 mL，加入 2 片亚硝酸盐 1 号药片，待摇至溶解后再放入 1 片亚硝酸盐 2 号药片，待溶解后再放入第二片 2 号药片，这样一片片加入直至出现粉红色并保持 1 min 以上。加入的 2 号药片总数乘以 180 即得出亚硝酸盐的浓度值（10^{-6}），再与表 2－3－1 比较，即可决定加药数量。亚硝酸盐的浓度一定要足够，否则金属表面薄膜不能保持完整，反而会加速电化学腐蚀。

表 2-3-1　投药控制表

<table>
<tr><th rowspan="2">亚硝酸盐浓度/10^{-6}</th><th colspan="3">每吨水投药量/kg</th></tr>
<tr><th>蒸馏水</th><th>自来水</th><th>有海水污染</th></tr>
<tr><td>200</td><td>2</td><td>5</td><td>6.5</td></tr>
<tr><td>400</td><td>1.5</td><td>4.5</td><td>6.0</td></tr>
<tr><td>600</td><td rowspan="2">1.0</td><td rowspan="2">4.0</td><td>5.5</td></tr>
<tr><td>800</td><td>5.0</td></tr>
<tr><td>1 000</td><td>0.4</td><td>3.5</td><td rowspan="2">4.5</td></tr>
<tr><td>1 200</td><td rowspan="5">控制范围</td><td>3.0</td></tr>
<tr><td>1 400</td><td>2.5</td><td>4.0</td></tr>
<tr><td>1 600</td><td rowspan="2">2.0</td><td>3.5</td></tr>
<tr><td>1 800</td><td rowspan="2">3.0</td></tr>
<tr><td>2 000</td><td>1.5</td></tr>
<tr><td>2 200</td><td rowspan="3"></td><td>1.0</td><td>2.5</td></tr>
<tr><td>2 400</td><td rowspan="6">控制范围</td><td>2.0</td></tr>
<tr><td>2 600</td><td>1.3</td></tr>
<tr><td>2 800</td><td rowspan="7"></td><td rowspan="2">1.0</td></tr>
<tr><td>3 000</td></tr>
<tr><td>3 200</td><td>0.5</td></tr>
<tr><td>3 400</td><td rowspan="4">控制范围</td></tr>
<tr><td>3 600</td><td rowspan="3"></td></tr>
<tr><td>3 800</td></tr>
<tr><td>4 000</td></tr>
<tr><td>初次投药量</td><td>2.4</td><td>5.4</td><td>6.7</td></tr>
</table>

我国交通运输部推荐的柴油机水处理的药剂也是亚硝酸钠与四硼酸钠的混合物，其处理与化验步骤可参见有关说明书。

二、乳化防锈油

乳化防锈油品种很多，配方各异，但不外乎由有机防锈添加剂、乳化剂和基础油 3 部分组成。采用防锈油处理冷却水，除有防蚀作用外，还有一定的润滑作用，因此常用于活塞冷却水的处理。我国船舶常用的防锈油有国产 NL 型乳化防锈油和壳牌“壮马士 B”(Shell Dromus B)防锈油。

NL 型乳化防锈油是红棕色的透明油状液体，与水混合后可成为乳白色的乳浊液。它适用于硬度为 0.7～8.0 毫克当量/L，氯离子不超过 0.4 毫克当量/L 的一般自来水。如水的硬度小于 0.7 毫克当量/L，则易生泡沫，可在水中加入硫酸钙(每 100 kg 水加 5 g)来防止；如水的硬度大于 8.0 毫克当量/L，则易造成析油，在船上可掺一些造水机制造出来的蒸馏水或锅炉的凝结水来降低硬度。

初次使用时，按1%～1.5%(体积百分比，下同)加入防锈油，此时因金属表面的吸附和水中钙、镁离子的消耗，含油量会很快降低。运行时，防锈油浓度应保持在0.8%～1.0%范围内，低于0.5%要补油；浓度也不要大于1.3%。配制时，将所需防锈油与3～5倍的水混合搅拌，从膨胀水箱加入。配制时避免用镀锌容器，因它易与镀锌面起反应生成锌皂，影响乳化液稳定并产生浮渣。

当乳化液变成澄清、黑棕色、泥泞状或油状时，表明已失效。此时应排掉原来的冷却液，清洗冷却系统，然后更换新液。

Dromus B防锈油使用方法与NL型防锈油相同，不同点在于水质硬度要求为2.5～3毫克当量/L，使用浓度则是初次加入时为0.7%，运行时保持在0.5%～0.25%。

【课后练习】

一、选择题

1. 柴油机冷却系统的冷却水，合理的流动路线和调节方法应该是________。
   A. 冷却水自下而上流动，调节进口阀开度大小控制温度
   B. 冷却水自下而上流动，调节出口阀开度大小控制温度
   C. 冷却水自上而下流动，调节出口阀开度大小控制温度
   D. 冷却水自上而下流动，调节进口阀开度大小控制温度
2. 柴油机膨胀水箱的作用是________。
   A. 放气　　B. 补水
   C. 水受热后有膨胀的余地　　D. 以上都是
3. 在中央冷却系统中，冷却滑油的介质是________。
   A. 海水　　B. 低温淡水　　C. 高温淡水　　D. 热海水
4. 关于海水系统海底阀的说法不正确的是________。
   A. 至少有2个　　B. 位于左右两舷　　C. 有高位和低位　　D. 位于海水滤器后
5. 某些船舶的海水系统在出海阀前设有温度调节阀，其目的是________。
   A. 控制海水最高温度　　B. 控制海水最低温度
   C. 调节淡水温度　　D. 调节滑油温度
6. 船舶主柴油机气缸冷却水应最好________检查冷却水质量。
   A. 每天　　B. 每周　　C. 每半个月　　D. 每月

图2-3-5所示为MAN B&W MC柴油机缸套冷却水系统，第7～10题与此图相关。

7. 关于系统中的设备，下列说法不正确的是________。
   A. 12为冷却器　　B. 14为温度传感器
   C. 7为平衡器　　D. 6为膨胀水箱
8. 关于冷却水温度的调节，下列说法错误的是________。
   A. 由14调节主机淡水温度　　B. 由10调节副机淡水温度
   C. 根据主、副机进口温度调节冷却水温度　　D. 调温装置可自动控温
9. 为了维持系统正常运行，需定期对冷却水水质进行化验和投药处理，一般投药部分为________。
   A. 3　　B. 5　　C. 6　　D. 8

10. 关于主机暖机操作，下列说法错误的是________。

A. 可用副机冷却水为主机暖机　　B. 暖机时 A 阀关

C. 暖机时 B 阀开　　D. 暖机时 3 运行

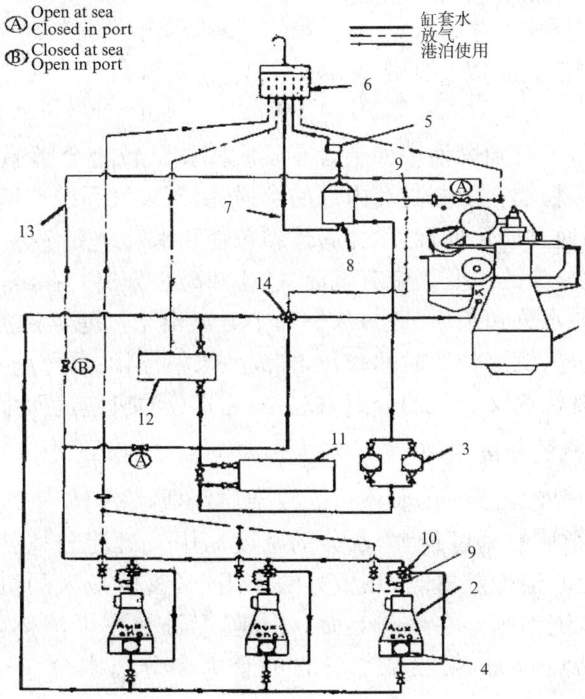

图 2-3-5　MAN B&W MC 柴油机缸套冷却水系统

二、简答题

1. 叙述中央冷却系统的优缺点及管理要点。
2. 叙述柴油机冷却系统管理的注意事项。

任务 4　离心式分油机的拆装、操作与管理

Disassembly, Assembly, Operation and Management of Centrifugal Separator

【任务描述】

离心式分油机是船舶燃油系统和滑油系统中重要的设备之一，是燃油净化的核心环节，尤其在柴油机使用低质燃油时，其作用更为重要。柴油机燃油设备的许多不正常现象都与其使用不合格燃油有关，所以离心式分油机管理的好坏直接影响到柴油机的正常工作。

学生通过对典型的国产 DZY-50 型分油机的拆装、操作，熟悉分油机的作用、基本工作原理和工作特点，了解离心式分油机的结构、各部件名称及作用，掌握离心式分油机的拆装专用工具的使用及拆装方法、起停及分油操作、日常维护保养规范。

具体任务为：典型分油机的认识；分油机的拆装；分油机的起动、运行管理及停车操作。

【学习目标】

- 掌握离心式分油机的工作原理；
- 掌握典型分油机的结构；
- 掌握分油机的专用工具的使用及拆装步骤；
- 掌握分油机的操作程序；
- 掌握分油机的常见故障及其处理方法。

【相关知识】

通过前面的学习，了解到燃油中如果含有硬质固体颗粒物会影响燃油的雾化和燃烧，同时，这些硬质固体颗粒物会加剧缸套内部的磨损，引起排气系统的堵塞等。因此，在燃油进机使用之前必须要通过净化处理，除掉固体颗粒物和水。

船上对燃油净化分离的主要措施有沉淀、过滤和离心分离。在沉淀柜中静置一定的时间后，燃油中大部分的水分和杂质分层，从燃油中分离出来。滤器过滤可以分离出燃油中悬浮的固体颗粒。但是，沉淀分离时间较长，分离效果不佳，滤器分离不能分离燃油中的水分。因此，需要一种既快速又有效的分离方法，离心式分油机应运而生。

一、离心式分油机的分离原理

未经净化分离的燃油由纯油、水分和机械杂质组成，它们的密度各不相同，其中，纯油的密度最小，机械杂质的密度最大，水分的密度居中。沉淀分离就是利用这一特点实现的。当燃油在沉淀油柜中静置时，在重力的作用下，密度最大的机械杂质会聚集在油柜的底层，其上是水，纯油则浮在水的上面。但是，燃油是黏性液体，水滴和固体小颗粒在其中运动时受到黏滞阻力，仅仅依靠各自的重力来分离水分和杂质，所需要的时间长，效果也不好。

如果把燃油置于高速回转的分离筒中，燃油随分离筒高速旋转，燃油中的纯油、水分和机械杂质便处在离心力场中。与沉淀分离利用重力场一样的道理，油、水和杂质所产生的离心惯性力各不相同，就会沿着离心力的方向分层。机械杂质的离心惯性力最大，留在分离筒的外圈；纯油的离心惯性力最小，汇聚在转轴附近；水分则位于二者之间。机械杂质、水分、纯油的离心惯性力要比本身的重力大几千倍，使用离心分油机净化分离可以缩短燃油净化时间，提高净化效果。图 2-4-1 所示为分油机的构造和工作原理。

分离筒是分油机的核心部件，它由分离筒本体、活动底盘、分离筒盖、分离盘架和分离盘片等组成。分离筒本体由立轴锁紧螺母固定在立轴上，一起高速回转，转速一般在 6 000 r/min以上。真正起到分离作用的是分离筒内的分离盘片，若干不锈钢的分离盘片叠套在盘架上，随分离筒本体高速转动。分离盘片呈锥形，其中心角为 60～100°，厚度为0.4～1.5 mm，盘间距为 0.5～1.0 mm。在分离盘的外周开有一圈分配孔，待分离的燃油由此引入分离盘片间进行分离。当燃油进入分离盘片之间时，在分离盘片上的径向筋条的作用下随分离盘一起高速回转，根据离心力的不同，分离筒内的燃油按照油、水、杂质分隔成 3 圈不同的区域：杂质在最外圈靠近分离筒盖与活动底盘的接触面位置；分离后的净油则留在分离筒的中心区域；分离出来的水处于二者之间。由于燃油净化分离是一个连续的过程，因此需要把 3 种分离产物送到不同的接收装置内：被净化的燃油经向心油泵排出，水流经顶盖上边缘通过向心水泵排出，而机械杂质在排渣期间通过排渣口排出。

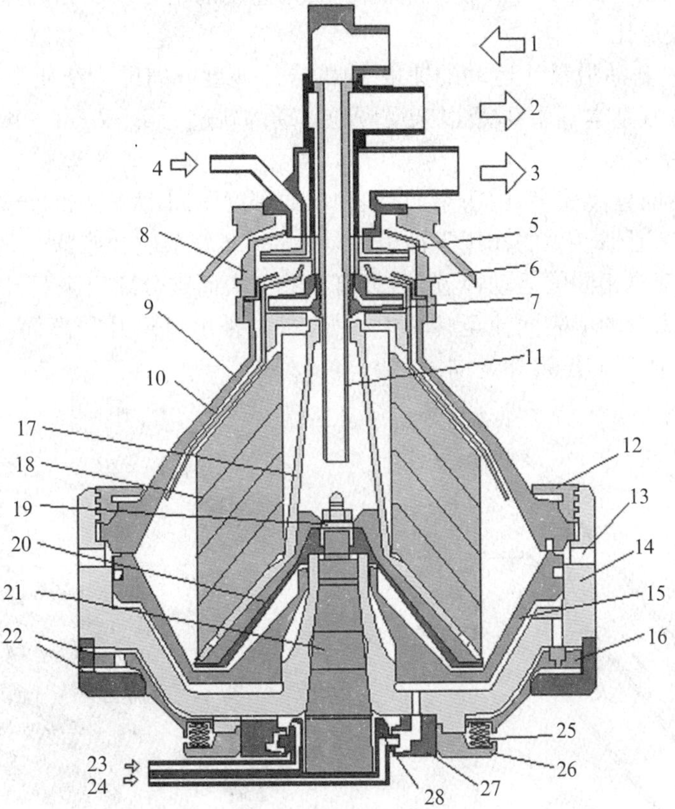

1—污油进口；2—净油出口；3—污水出口；4—水封水、冲洗水进口；5—向心水泵；
6—重力盘；7—向心油泵；8—小锁紧圈；9—分离筒盖；10—顶盖；11—进口管；12—大锁紧圈；
13—排渣口；14—分离筒本体；15—活动底盘；16—滑动圈；17—分离盘架；18—分离盘片；
19—立轴锁紧螺母(将军帽)；20—配油锥体；21—立轴；22—泄水孔；23—开启水入口；
24—密封水入口；25—弹簧；26—弹簧座；27—甩水盘；28—配水盘

图 2-4-1 分油机的构造和工作原理

分油机根据用途不同可以分成分水机(Purifier)和分杂机(Clarifier)2 种。分水机主要用来分离 2 种密度不同的液体，也能分离出大颗粒的杂质；分杂机主要用来分离液体中的固体杂质。二者在结构上的区别仅仅在于分杂机的盘架不带分配孔，同时没有污水出口管路。因此，只要进行适当的更换，就可以实现改装。

为进一步了解燃油分离原理，有必要对分杂机和分水机的工作情况作简要分析。

(一) 杂质在分离筒内的运动轨迹分析

如图 2-4-2 所示，设燃油中有某一杂质颗粒 A，被分离筒带动高速回转时受到离心惯性力的作用，在克服液体对它的黏滞阻力之后，产生向外运动的分离速度 V_r(m/s)，可用下式表示

$$V_r = \frac{\Delta\rho\, d^2 \omega^2 R}{176.4\gamma}$$

式中：$\Delta\rho$ 为杂质与纯油的密度差，kg/m^3；d 为杂质的直径，m；ω 为分离盘的旋转角速度，s^{-1}；R 为分离盘的半径，m；γ 为燃油的动力黏度，Pa·S。由此可见，分离速度 V_r 与杂质和

油的密度差、杂质颗粒大小的平方、分离盘旋转角速度的平方以及分离盘的半径成正比，与油的动力黏度成反比。

分离速度 V_r 与油沿盘片运动的速度 V_1 的合成速度方向即为杂质颗粒运动的方向，V_1 在靠近盘片的位置基本等于0，所以杂质颗粒运动的轨迹为1—2—3—4—5—6。

（二）油水分界面

在高速旋转的分离筒中，由于杂质、油和水的密度不同，大颗粒的杂质和水滴在进入分离盘空间后，在离心惯性力的作用下被甩向外边；一部分杂质和水滴被燃油液流带向转轴中心，经过与分杂机相同的运动轨迹，沿分离盘的下表面被分离出来；干净的燃油由于分离速度小，则沿分离盘的上表面流至转轴中心处，再由排出口离开分离筒。图2-4-3所示即为3种物质分离后的位置和走向。

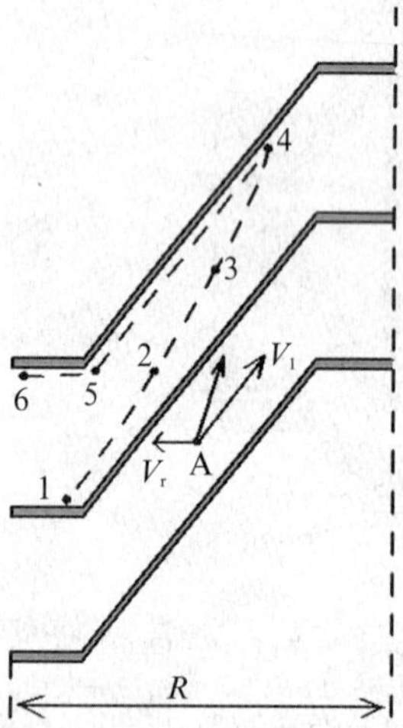

图2-4-2　杂质分离原理

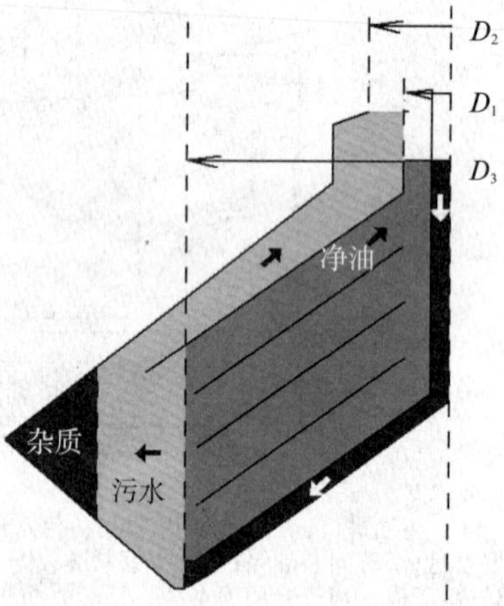

图2-4-3　油水分界面

分离后的净油和污水2种液体之间出现的分层面称为油水分界面。分界面以内的空间被油占据，分界面以外的空间为水和杂质。由于分油是一个连续的过程，因此，待分离的燃油会不断地从中心进入，分离后的净油和污水从各自的通道不断引出，油水分界面实际上是一个动态的压力平衡面。油水分界面的位置十分重要，它直接影响燃油的分离质量，在分油过程中，应保持油水分界面处于分离盘的外边缘与顶盘的外边缘之间。若油水分界面向内（转轴中心方向）移动进入分离盘组件，则造成分离盘组件阻塞，水滴和细小杂质颗粒被油携带从净油出口跑出，降低了分离效果，俗称"油中带水"。若分界面向外移动，一方面会降低从水中分离油的效果，从而造成水中带油；另一方面有可能造成燃油由出水口流出，即出水口跑油。

影响油水分界面位置的因素很多，包括油的密度、分油温度、分油速度、重力盘（密度环）的内径等，其中重力盘的内径在实际应用中影响最大。在分离筒中，油和水构成了一个连通器。若油水分界面水侧的压力大于油侧的压力，则分界面内移，反之则外移。只有当二者压力相等时，分界面才保持稳定，可以得到

$$D_2 = \sqrt{D_3^2 - \frac{D_3^2 - D_1^2}{E}}$$

式中：D_1为出油口直径，mm，固定不变；D_2为出水口直径，mm，同时是重力盘的内径，可以选择；D_3为油水分界面的直径，mm；E为分离状态下水密度与油密度的比值。

〖思考〗

重力盘的内径如何选择？

由上式可知，为了使油水分界面总是处在最佳位置（即保持D_3值基本不变），当待分离的油发生变化时（E值发生变化），可以求出重力盘的内径D_2。在船上每台分油机均附带有一套不同内径的重力盘，根据所求D_2的值更换适当的重力盘。根据D_2与E的关系可知，所用燃油的密度愈大，所选用的重力盘的内径应愈小。一般选取重力盘的原则是：在不破坏水封的前提下，应尽量选用内径大一些的重力盘。

（三）水封水

由于燃油中含有的水分极少，一般只有1%～2%，如果靠燃油离心分离产生的水分来形成油水分界面，显然是不太现实的。通常在分离筒密封以后、分油进油之前，往分油机中通入一定量的淡水，这些水便是水封水。水封水在离心力的作用下首先占据分离筒的外围空间，通入水封水的目的就是在油水分界面附近预先形成一道屏障，阻止燃油在离心力作用下进入油水分界面的外部空间。当分油机开始分油以后，燃油产生的压力与水封水的压力会找到新的平衡位置，也就是实际的油水分界面位置。之后，从油中分离出来的水不断进入水封水的空间，把原来的部分水挤出分油机；分离出来的杂质则可以穿过水封水跑到分离筒的最外围；而分离后的净油则被水封水堵在油水分界面内部空间，不断被油向心泵泵离分油机。

由于水封水在整个分油过程中担负着密封燃油的作用，因此，一旦水封水遭到破坏，就可能影响油水分界面的位置。常常遇到的现象是油水分界面外移，燃油进入水封水的空间，并随着水封水一起由出水口跑出，即出水口跑油。

二、离心式分油机的排渣原理

分油机在分油工作时，分离出来的杂质在离心力的作用下被甩到分离筒内的最外侧，并在那里不断聚集，一定时间以后，这些杂质需要排出分离筒，这个过程称为排渣。分油机的排渣操作在以前是通过人工实现的：先停转分油机，然后打开分离筒，从里面把杂质清除出来。现在分油机排渣都是在分油机运转状态下实现的，利用分油机转动产生的离心力把杂质甩出分离筒。分离筒的活动底盘一般设计成可以上下运动。如图2-4-4所示，在正常分油过程中，活动底盘下部的密封水向上压紧活动底盘，使其与分离筒盖保持密封；当分油机需要排渣时，通过往滑动圈上部导入开启水，依靠开启水的压力克服滑动圈下部弹簧的压力使滑动圈向下移动，打开分离筒本体上的泄水孔，活动底盘下部的密封水通过泄水孔跑掉，活动底盘就会在自身重力和分离筒内液体压力的作用下下行，与分离筒盖分离，杂质在离心力的作用下，通过排渣孔离开分离筒。在

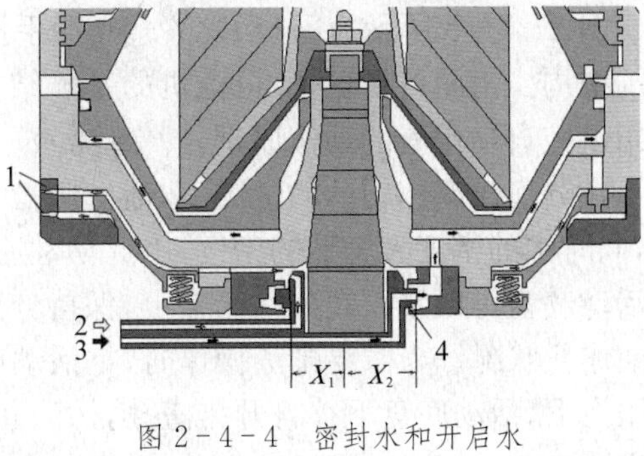

图2-4-4　密封水和开启水

排渣过程中，滑动圈上的开启水通过泄水孔1慢慢泄放，由于泄水孔1设计得非常小，所以滑动圈上部的开启水能够保持一定的压力克服滑动圈下部弹簧的压力。在排渣将要结束时，由于开启水停止供应，滑动圈上部的开启水将慢慢泄放掉，滑动圈在下部弹簧压力的作用下上行，堵住分离筒本体上的泄水孔，当再次导入密封水时，依靠密封水的压力可以使活动底盘上行封住排渣孔，保持分离筒的密封。

分油机的密封和排渣工作是通过控制外部工作水来实现的。如图2-4-4所示，水管3导入的是密封水，水管2导入的是开启水。它们通过不同的路径进入配水盘4，然后分配到不同的位置：密封水通过甩水盘上的导水孔进入活动底盘的下部，开启水通过甩水盘进入滑动圈的上部。由于甩水盘是固定在分离筒本体上的，随着分离筒本体一起转动，而配水盘固定在底座上不能转动，因此，密封水和开启水依靠离心力的作用流动。二者之间并没有密封，完全依靠设计上的差异实现水的分配。由图2-4-4可以看出，密封水在配水盘的出口位于距离转轴中心X_2处，而开启水在配水盘的出口位于X_1处。配水盘的不动与甩水盘的转动形成相对运动，这样配水盘同时又相当于一个离心泵。当密封水引入时，密封水在离心力的作用下占据滑动底盘下部的外部空间，并逐渐占据靠近转轴中心的空间；当完全占据以X_2为半径的圆周外部空间时，多余的密封水将会在“离心泵”的作用下通过密封水管3导出，这样密封水始终处于半径为X_2的圆周以外，不会进入圆周以内。同样的道理，当引入开启水时，开启水将会在离心力的作用下进入滑动圈的上部，同时保持在半径为X_1的圆周以外。部分开启水可能进入密封水的通道内，但密封水决不会进入开启水的通道内，如此实现了二者之间的隔离。

【任务实施】

模块1　典型分油机的认识

〖任务要求〗

1）熟悉国产DZY-50型手控自动排渣分油机的工作原理；

2）熟悉阿法拉瓦MMPX型部分排渣全自动分油机的工作原理。

〖任务准备〗

1）国产DZY-50型手控自动排渣分油机1台；

2）阿法拉瓦MMPX型部分排渣全自动分油机1台。

〖任务操作〗

一、国产DZY-50型手控自动排渣分油机的介绍

图2-4-5所示为国产DZY-50型手控自动排渣分油机的分离筒和手控自动排渣系统的结构。由图可见，这种分油机的基本结构、分离原理与非自动排渣的基本相同。下面介绍手控自动排渣的动作原理。

在分离筒高速转动的情况下，活动底盘下部的工作水作用半径大于上部油水的作用半径，同时水的密度大于油的密度，因此活动底盘下方的压力大于活动底盘上方的压力，从而使活动底盘可以紧压在分离筒盖上，保持分离筒的密封（图2-4-5左半部），这种状态为分油作业状况。当需要排渣操作时，把活动底盘下部空间的工作水放掉，则在上部水封水的压力下，活动底盘下移打开排渣孔，污渣和水封水靠离心惯性力的作用自动从排渣孔中甩出（图2-4-5右半部）。

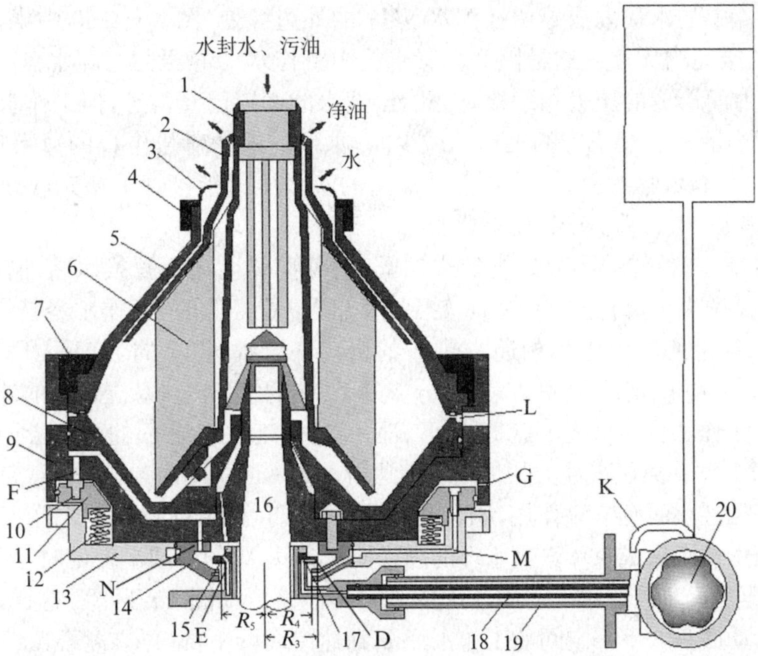

1—盘架；2—颈盖；3—重力盘；4—小锁紧环；5—分离筒盖；6—分离盘；7—主锁紧环；8—活动底盘；9—分离筒本体；10—塑料堵头；11—滑动圈；12—复位弹簧；13—弹簧座；14—分流圈；15—固紧螺母；16—立轴；17—配水盘；18—内接管；19—外接管；20—控制阀

图 2-4-5　国产 DZY-50 型手控自动排渣分油机

为了控制分离筒的开启和封闭，设有由滑动圈 11，配水盘 17，内、外接管 18 和 19 以及控制阀 20 等组成的配水系统。工作水由一专设的高位水箱供给，水箱应置于控制阀 20 上 1.5～3.0 m 高处。控制阀的表盘上刻有“开启”“空位”“密封”“补偿”4 个位置(DE-LAVAL 型分油机相应的是 1,2,3,4 位置)，现在按 4 个位置来说明配水系统的构造和工作原理。

1）分油机停止不用时，控制阀 20 处于“空位”位置。此时分离筒已经打开，活动底盘 8 在最低位置，控制阀 20 切断通往内、外接管 18 和 19 的工作水，整个分离筒内无水，滑动圈 11 在底部复位弹簧 12(共 16 只)的作用下上移，并用它上面的塑料堵头 10 封住装在分离筒本体 9 上的 3 个泄水通道，从而将通道 F 堵死。

2）进行分油作业时，起动分油机，待达到额定转速后，将控制阀 20 按逆时针方向转到“密封”位置，此时工作水通入外接管 19，而内接管 18 与控制阀 20 上的指示管 K 接通。大量的工作水由外接管 19 经导水座和配水盘 17 上的 4 个孔 E 进入分流圈 14 中，在离心惯性力的作用下经分离筒本体 9 上的一个孔进入活动底盘 8 的下部空间。在工作水由离心惯性力形成的压力下，活动底盘 8 上移，压紧分离筒盖 5 并封闭分离筒。随着工作水的不断进入，水环的内缘逐渐向转轴中心靠拢，在充满活动底盘的下部空间后，分流圈 14 中的水环内缘先到达配水盘 17 圆周上的孔 D，并通过内接管 18 从指示管 K 中流出，这就表示分离筒已密封好，此时应迅速将控制阀 20 转至“补偿”位置开始分油作业。

3）“补偿”位置就是进行分油作业的位置。这时，工作水经由控制阀 20 通入内接管 18 和配水盘 17 上的一个孔 D。在分油过程中，若活动底盘 8 下部空间的工作水因泄漏而减少，则工作水自动从孔 D 流入底盘下方进行补充，以保持分离筒的有效密封。在正常情况下，分流圈 14 中的水环内缘停留在配水盘 17 的外边缘处（图 2－4－5 中半径 R_3），向里直到立轴 16 的空间内无水。这是因为高置水箱中工作水的静压力与配水盘 17 孔 D 外线处因离心惯性力而形成的压力相平衡，因此，虽然水的通道已经沟通，但工作水却不会流入分流圈 14。而当活动底盘下方的工作水减少时，水环的内缘离开孔 D 的边缘向外移动，于是工作水经孔 D 自动补给。工作水不能从船上的淡水压力柜接管子补充，因此，保持高置水箱所要求的高度（1.5～3.0 m）很重要。

4）当要排渣时，先关闭分油机的进油阀，向分离筒内充入置换水将油排光，待分离筒中的燃油全部排光后，再把控制阀 20 转到“开启”位置。此时，工作水经控制阀 20 与外接管 19 和配水盘上的 4 个孔 E 相通。孔 E 的出口在配水盘 17 的上表面，距离转轴中心最近（即半径 R_5 最小）。水从孔进入后，使分流圈 14 中的水环内缘从配水盘的外边缘向里移至孔处。这样，工作水就能沿配水盘 17 的下表面溢过分流圈 14 底面的边缘（到达半径为 R_4 处）而进入通道 M，并在离心惯性力的作用下到达滑动圈 11 的上部空间。分离筒本体 9 上有小孔 G，它因直径甚小而有节流作用，因此到达滑动圈 11 上部的工作水不能迅速经由 G 孔排掉，也从外向里逐渐形成水环。当水环的内缘向里到达 M 的节圆半径处时，水环因离心惯性力而形成的压力已足以克服滑动圈下部的弹簧力而将滑动圈 11 压下。这样，3 个通道 F 同时被打开，活动底盘 8 下部空间的工作水经 F 到达滑动圈下部，再靠离心惯性力从本体 9 与弹簧座 13 的缝隙中间甩出。活动底盘下部空间减小，在分离筒内水封水的压力下，底盘下移并打开本体壁上的一圈排渣孔 L，积聚在分离筒内的污渣即连同水封水一并从排渣孔排出。这时可听到排渣的冲击声，通过排污管观察镜亦能看到有污渣排出。

5）排渣完毕后，将控制阀 20 转到“空位”位置。这时，控制阀 20 切断了全部工作水的通道。残存在滑动圈 11 上部的工作水经过小孔 G 逐渐排出，滑动圈在下部复位弹簧 12 的作用下上移，又重新封住本体 9 上的 3 个通道 F，为下一次密封分离筒作好准备。在操作时，应使控制阀 20 在“空位”位置至少停留 5～6 s，使工作水全部放空，再转到“密封”位置。停机不用时，应将控制阀 20 放在“空位”位置。

必须指出，孔 G 直径甚小，很容易被人们忽视，它若被堵死，滑动圈 11 上部的残水就无法排光，滑动圈无法恢复原位，分离筒也就无法封闭。同时，工作水应保持洁净，以防生成水垢或混入泥沙、铁锈和其他杂物，这对分油机的正常运行也是非常重要的。

二、阿法拉瓦 MMPX 型部分排渣全自动分油机的介绍

上述自动排渣分油机，在排渣时将分离筒内所有的渣、水和油全部排光，故也称为全排型分油机。这种排渣方式虽然在排渣前要经历以水驱油的过程，但由于不可能把油全部驱走，因此每次排渣都会损失一些燃油。若采取措施，在分离筒中的物质未排光前就把排渣孔封死，使之只排出残渣的一部分，这便是部分排渣分油机。

图 2－4－6 所示为阿法拉瓦 MMPX 型分油机的结构原理。这种分油机与上述手控自动排渣分油机分离原理相同，都带有重力盘，但前者在结构上又有许多不同之处。

MMPX 型分油机的工作水分为补偿水和开启水 2 部分。补偿水在操纵滑盘 3 腰部形成水环，将操纵滑盘向上顶起，使操纵滑盘上的 3 个阀塞将活动底盘下方密封水的 3 个泄放通道堵死；同时补偿水向活动底盘下方空间供应密封水，以顶起活动底盘将排渣孔堵住。补偿水由分油机正下方的水柜供给，水柜的液位由浮子阀自动保持恒定。分油机心轴是中空的，心轴下端设有一个叶轮。此叶轮将水柜中的水泵入心轴中心通道，经心轴上部的一

个径向孔进入分离筒底部。开启水由电磁阀控制，当电磁阀动作时，开启水便通过13进入分油机转筒底部，以实现自动排渣。

分油机起动后，水环产生的向上推力使阀塞牢牢堵住3个泄水通道，这相当于DZY-50型分油机完成了滑动圈上移的动作。当分油机执行排渣步骤时，电磁阀将开启水接通，从操纵滑盘内部通道进入操纵滑盘上方，形成向下的压力。当操纵滑盘上方压力大于下方压力时，操纵滑盘向下移动，活动底盘下方的水经3个泄水通道进入操纵滑盘上部空间，操纵滑盘上的水压力迅速增加，使操纵滑盘迅速下移，活动底盘下方的水迅速从操纵滑盘外部的3个通道流出。虽然此时补偿水仍在供给活动底盘的下方，但由于供水孔小，活动底盘下方的水仍然快速减少。当活动底盘上面的压力大于下面的压力时，活动底盘下移打开排渣口开始排渣。当操纵滑盘上方的水已积存到倾斜通道的上口径处时，水会通过倾斜通道流至操纵滑盘下方，建立向上的压力把操纵滑盘推向上方，重新把3个通道封死，继而排渣过程结束。可以看出，这种排渣方式的排渣时间很短，可以避免油的损失。

在分离筒本体上有2个小孔，它的作用与DZY-50型分油机中的G孔类似，最后操纵滑盘处的水通过此通道泄放干净。

应该指出的是，上述分油机虽然属于部分排渣式，但由于没有设排水向心泵，分离出的水流过重力盘边缘后，在离心力的作用下从重相盖上的小孔排出分离筒。为避免排渣时跑油，排渣前也要首先停止向分油机进油和引水驱油。驱油过程见图2-4-7，在驱油过程中，油水分解面由X移动到Y。

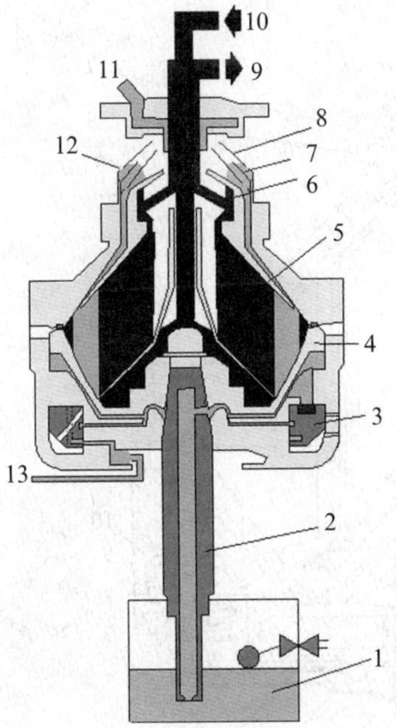

1—水柜；2—分离筒心轴；3—操纵滑盘；
4—活动底盘；5—分离盘；6—净油出口向心泵；
7—重力盘；8—重相盖；9—净油出口；10—污油进口；
11—水封水入口；12—污水出口；13—开启水入口

图2-4-6 MMPX型分油机的结构原理

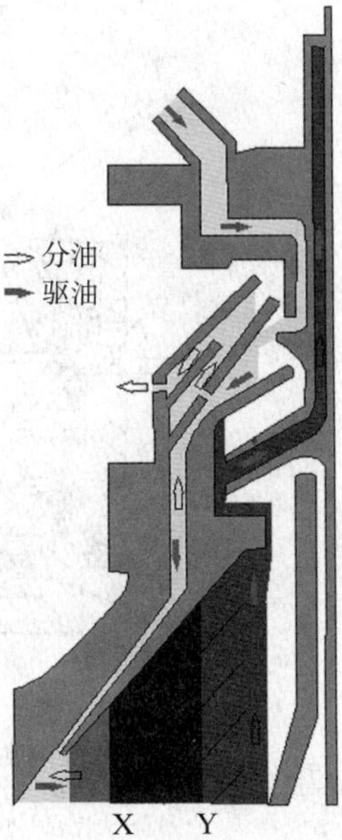

图2-4-7 排渣前的驱油过程

模块2　分油机的拆装

〖任务要求〗

1）正确使用分油机的拆装工具；

2）正确掌握分油机的拆装程序；

3）按顺序将零部件摆放整齐。

〖任务准备〗

1）拆装常用工具，如扳手、螺丝刀；

2）拆装分油机的专用工具；

3）分油机1台。

〖任务操作〗

一、分油机分离筒的拆装

（一）分离筒的拆卸

在解体分离筒前，应首先使分油机完全停下来，并准备好拆装所需的场地和工具等。分油机部件的拆装大多采用专用工具，因此拆装前必须备妥拆卸工具。

该分油机分离筒的装配图见图2-4-8，具体拆卸步骤如下。

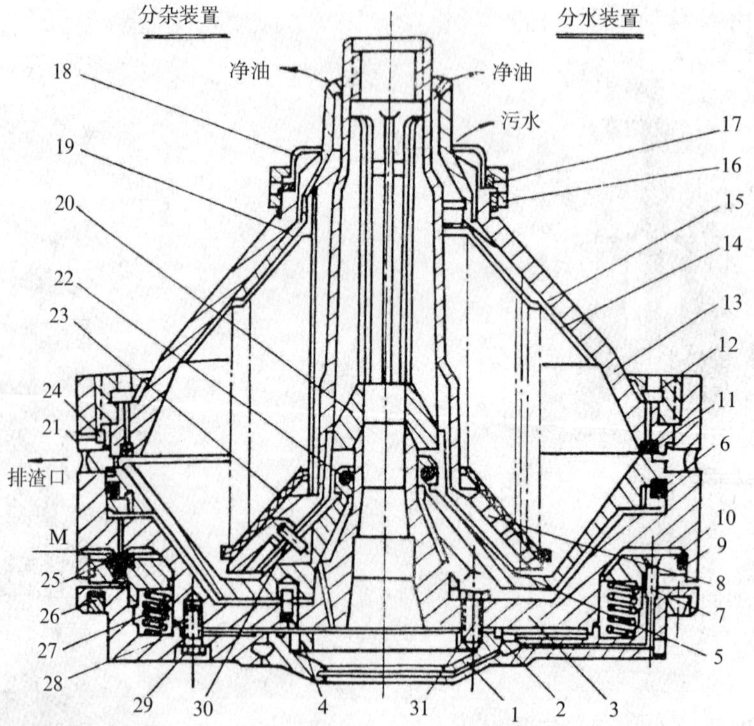

1—分流圈；2—底密封环；3—分离筒本体；4—导销；5—活动底盘；6—活塞环；7—导水销；8—盘架；9—滑块环；10—作用滑块；11—密封环；12—主锁环；13—分离筒盖；14—颈盖；15—分离盘；16—密度环锁环；17—顶密封环；18—密度环；19—杂质挡环；20—锥形轴套；21—活塞环衬簧；22—活塞内环；23—分杂质下盘；24—定位块；25—阀门座；26—平衡块；27—弹簧；28—弹簧座；29—螺栓；30—销；31—螺栓

图2-4-8　分离筒装配图

1）拆除与分油机相连接的外部油管和水管。

2）打开分油机上的盖罩并用锁扣锁固在分油机本体上，以防止盖罩在船舶摇摆时砸下而伤人或损坏设备。

3）用止动装置固定分离筒；然后用拆密度环锁环的专用工具顺时针旋掉密度环的锁环16，取下密度环18。

4）把拆分离筒盖锁紧环的专用工具套在分离筒盖锁紧环上的凹槽内，用锤子顺时针方向打击专用工具的手柄，待其完全松动后，旋下分离筒盖主锁环12。

5）把分离筒起吊专用工具旋入污油入口处的螺纹上，用手拉葫芦吊出分离筒盖13，拿掉颈盖14。

6）取出分离盘15，拿出盘架8。

7）顺时针旋掉立轴螺母，拿掉锥形盘架支座。

8）吊出活塞5（即活动底盘）。

9）拧出分离筒底部的3只螺栓31，即可从分油机壳体内吊出分离筒本体。

10）将分离筒倒置，松掉弹簧座上的6只固定螺栓29，拿掉弹簧座28和复位弹簧（16只）；取出滑动圈和滑动圈橡皮圈。

11）拆除配水盘上的固紧螺母，拆出配水盘和分流圈。检查分流圈的橡皮圈密封状况。

（二）分离筒的清洁和检查

1）仔细清洗分离筒内各部件，检查各处水道、油道及排渣口有无堵塞情况。特别对节流小孔M（参见图2-4-8）应仔细检查清洗，保持畅通。

2）将拆下的分离盘放到清洗槽内用柴油浸泡。将盘架、颈盖和分离筒盖用带柴油的湿布浸湿并去掉污垢。将分离筒本体内沉积为硬块的杂质、油泥清除并擦净。最后将分离盘一片片地用刮刀或毛刷把污垢去净，并在组装前用压缩空气或干净布吹擦干净，以备检查后组装。

3）检查分离盘表面有无损伤、变形，如有裂纹损伤应更换。

4）本体下部的3只阀面（即导水套的密封面）不允许有破碎现象。如有轻微损伤，可经研磨消除后使用。

5）检查滑动圈上的下支承弹簧有无折断、扭曲、裂纹等缺陷，如有则应换新。

6）活动底盘的检查主要是检查密封面（与分离筒盖上的主密封圈的配合面）有无损伤或划痕、压迹，如有应在平台上研平。

7）检查分离筒盖上的密封圈（嵌入在筒盖底部）有无破损、老化现象，是否压痕很深。如果失效，则应换新。

8）检查其他各密封环有无损伤、老化等缺陷，并视其损伤程度决定更换与否。

当上述工作结束时，还应对配水机构进行通水检查，查看工作水是否畅通。

（三）分离筒的装配

分油机经拆卸、清洗、检查后，确认所有零部件完好即可进行装配工作。装复操作的程序可按拆卸的反顺序进行。同时在装配工作中应注意以下几点：

1）安装活动底盘要注意选用专用工具进行安装。

2）所有零部件应保持清洁，并在活动部件的表面涂上润滑剂。

3）注意零部件间的装配记号，正确安装。装配时绝不允许将不同分离筒上的零部件互换安装，否则分离筒的平衡将受到破坏，分油机工作时将产生强烈振动。

4）活动底盘装入分离筒本体内时，应注意活动底盘的定位销孔一定要对准本体上的定位销，活动底盘方可落座。弹簧底座的6只紧固螺栓，应对角均匀地拧紧。

5）安装分离盘盘架时，要使盘架上的销正确地落入滑动活塞的缺口中。可通过转动盘架来实现。

6）安装分离盘时，应按分离盘上的编序1，2，3，4，由上至下地将分离盘套上盘架。

7）分离盘颈盖、分离筒盖上均有定位用的缺口。安装时，一定要使缺口对准相应的凸块。

8）分离筒盖锁紧环和密度环的锁紧环上都刻有上紧用的记号，安装时一定要上紧到使记号各自对准。

9）分离筒装配完毕后，应用手转动分离筒，看、听转动是否灵活，有无异常。

10）装配工作完成后，可按分油机的操作程序起动分油机，进行试运转并进行排渣操作，检查分油机的工作状况，判断安装质量。

二、分油机分流圈橡皮圈的更换

1）按备件说明书的要求选择橡皮圈，注意选用的分流圈尺寸得当。

2）清洁橡皮圈环槽，保证新装橡皮圈与环槽配合适宜。

3）为了安装方便，可以在橡皮圈外周涂一层牛油。

4）分流圈的橡皮圈取出后，新装上的分流圈的橡皮圈放在槽内要注意平整，不能有扭转现象，而且尺寸要合适。

5）按后拆先装的顺序将分油机装复。

6）装复后进行试运转并进行排渣操作。

三、分油机分离筒驱动装置的拆检

分油机是机舱净化燃油、滑油的重要设备。目前船舶上广泛采用叠片式自动排渣分油机，如国产DZY－50型分油机。现将其结构特点概述如下，见图2－4－9。

分油机主要由机械传动机构、分离筒、控制阀、齿轮油泵和机体等部分组成。分油机体下部安装分离筒的传动机构。水平轴4由电机经离心式摩擦离合器驱动，经过大、小螺旋齿轮3和15增速带动分离筒的立轴14高速回转，其增速比为1∶4。计速器6在大螺旋齿轮3的前面（图示方向），由水平轴4经蜗杆蜗轮减速机构带动回转，其减速比为20∶1。水平轴4的另一端（图示的前端）带动2个齿轮泵：一个是进油泵，它吸入沉淀柜中待分离的燃油，并经加热器预热后送到分油机上盖10中央的进油管；另一个是排油泵，它将净化后的燃油输送到日用柜。

立轴14的向心球轴承19装在由6个呈辐射状的径向减振弹簧24支承的轴承外衬套20内。径向减振弹簧24可吸收分离筒高速旋转时产生的径向振动。立轴14的下部设径向球轴承32和轴向推力轴承31。轴向减振弹簧27可吸收螺旋齿轮传动所产生的轴向振动。转动机体下部的调节螺栓17（内六角形），可通过下轴承套26调节分离筒8的高低位置。控制阀12的表盘上刻有“开启”“空位”“密封”“补偿”4个位置。根据工作需要转动手轮就可完成分离筒的开启和封闭。

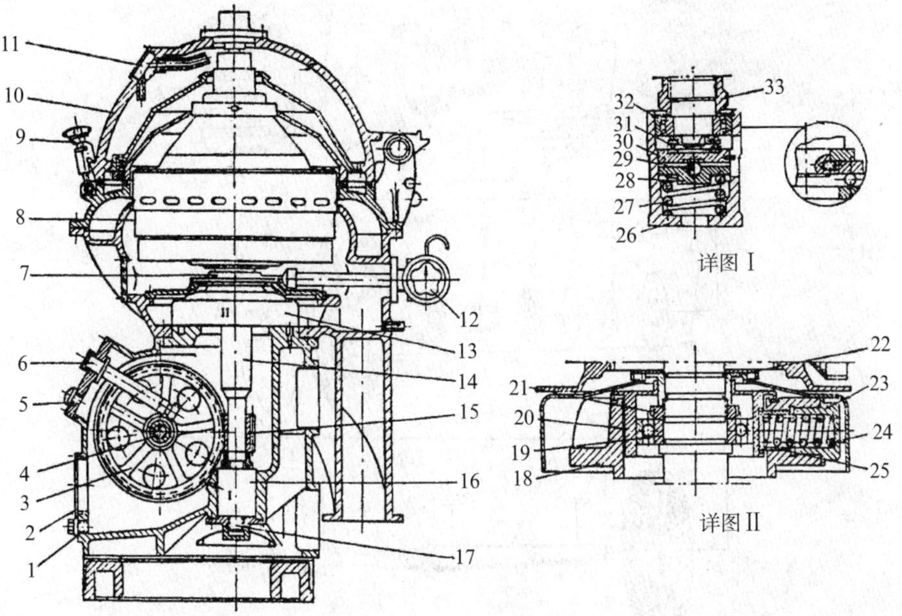

1—放油旋塞；2—油面观察镜；3—大螺旋齿轮；4—水平轴；5—加油孔；6—计速器；7—配水盘；8—分离筒；9—压紧螺钉；10—分油机上盖；11—观察镜；12—控制阀；13—上部轴承；14—立轴；15—小螺旋齿轮；16—下部轴承；17—调节螺栓；18—上轴承座；19—向心球轴承；20—轴承外衬套；21—固定螺母；22—压紧盖；23—支承帽；24—径向减振弹簧；25—弹簧座；26—下轴承套；27—轴向减振弹簧；28—弹簧盘；29—滚珠；30—垫块；31—推力轴承；32—径向球轴承；33—轴承止动圈

图 2-4-9　DZY-50 型自动排渣分油机

分油机拆装前首先应熟悉其结构特点，然后按照拆卸步骤拆装。现以国产 DZY-50 型分油机为例分别介绍其拆装和检查方法。

（一）水平轴系的解体

水平轴系拆装前应将滑油箱中的滑油放出，拆除电机接线，将电动机外移（不拆除电动机支架；电动机轴上的抛块座也可以不拆下来）。其解体步骤如下（参见图 2-4-10）。

1）卸下门盖、计速器装置及齿轮油泵；

2）松掉螺母 29，取出外舌止动垫圈 30，用拉马将摩擦筒 31 拉出并取出键 8；

3）松掉轴承座 18 上的 8 只螺栓 17，并用其中 2 只将轴承座顶出，然后用紫铜棒在油泵端轻击水平轴 7，将轴承座连同水平轴一起抽出；

4）在厚木板上将水平轴竖立（螺纹端朝下），上下冲击，将轴承座、轴套 20 及大螺旋齿轮 9 拉出；

5）松掉螺栓 10，拆下压盖 11，取出油封 12，密封环 13，轴承压圈 14，套筒 15 及轴承 16 等零件；

6）在水平轴另一端，退出定位销 2 和 4，取出油泵传动齿轮 1，轴承 3 和计速器主动轮 5。

（二）立轴系的解体

立轴系的解体应在拆除分离筒、控制水装置和水平轴后进行，其步骤如下（参见图 2-4-11）。

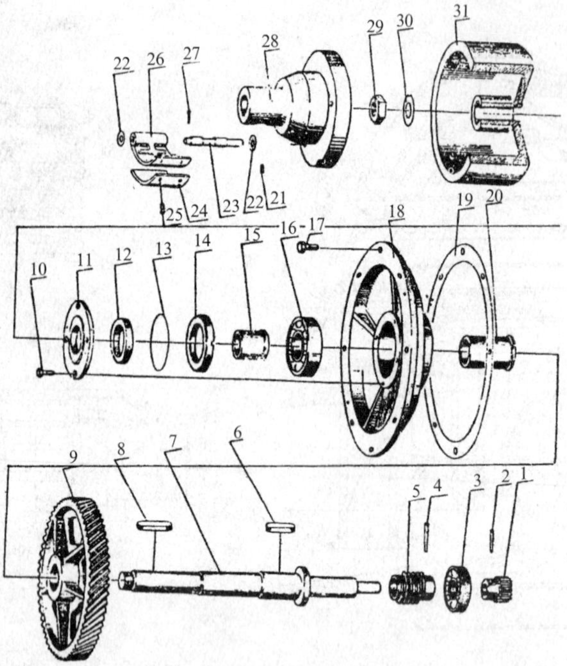

1—传动齿轮；2—销；3—轴承；4—销；5—计速器主动轮；6—键；7—水平轴；8—键；9—大螺旋齿轮；10—螺栓；11—压盖；12—油封；13—密封环；14—轴承压圈；15—套筒；16—轴承；17—螺栓；18—轴承座；19—垫片；20—轴套；21—螺钉；22—垫圈；23—销轴；24—摩擦片；25—螺钉；26—抛块；27—开口销；28—抛块座；29—螺母；30—外舌止动垫圈；31—摩擦筒

图 2-4-10　水平轴系的分解

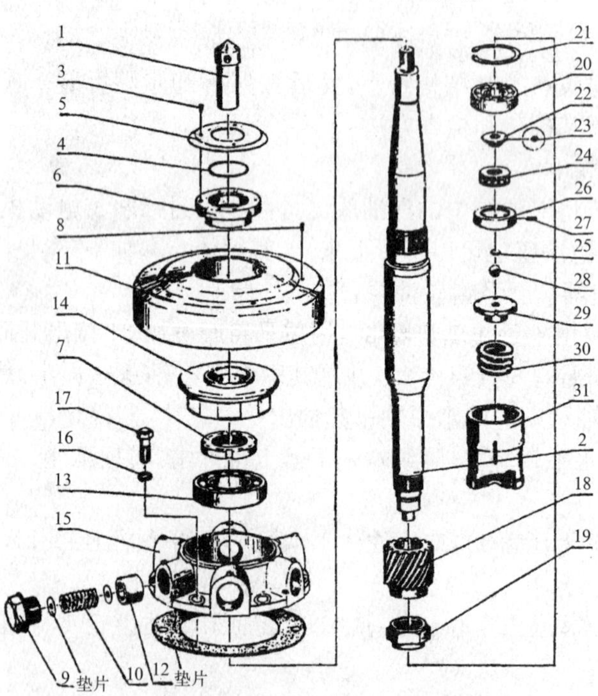

1—立轴螺母；2—立轴；3—螺钉；4—密封环；5—甩水片；6—压紧盖；7—轴承螺母；8—螺钉；9—支承帽；10—缓冲弹簧；11—罩子；12—支承套筒；13—轴承；14—轴承座；15—缓冲器座；16—弹簧垫圈；17—螺栓；18—小螺旋齿轮；19—固定螺母；20—轴承；21—孔用弹性挡圈；22—上衬板；23—螺钉；24—轴承；25—垫块；26—轴承座；27—螺钉；28—钢球；29—钢球座；30—弹簧；31—轴承座体

图 2-4-11　立轴系的分解

1）拆除固定导水套上的罩子；

2）拆除甩水片 5 和罩子 11；

3）拆除缓冲器座（上轴承座）15 上的 6 只固定螺栓 17；

4）吊出立轴系；

5）取出孔用弹性挡圈（卡簧）21，抽出轴承座体（下轴承套）31；

6）松掉轴承座 26 上的螺钉 27，依次将轴承 24，轴承座 26，钢球 28，钢球座（弹簧盘）29，弹簧 30 取出；

7）松掉上衬板（轴承止圈）22 上的小螺钉 23，拿掉上衬板 22 和轴承 20；

8）松掉固定螺母 19，拆除小螺旋齿轮 18；

9）松掉缓冲器座上的支承帽 9，取出缓冲弹簧 10，垫片和支承套筒 12；

10）顺时针旋掉压紧盖 6，取出轴承座（轴承衬套）14；

11）松掉轴承螺母 7，取下轴承 13 和缓冲器座 15。

（三）立轴和水平轴系的装配

分油机立轴和水平轴系各部件经拆卸、清洗、检查后，确认所有零部件完好即可进行装配工作。装复操作的程序可按拆卸的反顺序进行。同时在装配工作中应注意以下几点：

1）安装立轴系和水平轴系时，应保证轴上各零部件之间的正常位置关系和正常的配合间隙。安装时避免发生碰擦现象。

2）检查立轴中部的径向减振弹簧及立轴下部的轴向减振弹簧，若有断裂或自由高度低于规定值应换新（弹簧应成组更换）。

3）立轴装配后，对其高度需进行测量和调整，以保证分离筒本体底平面和固定螺母之间的距离符合说明书要求。调整方法见图 2－4－12。

将立轴量板与立轴圆柱面靠平。当量板上“min”一边与立轴顶端面搁平时，在量板上固定螺母之间应留有规定间隙 a；当量板下端搁在固定螺母上时，量板上“max”一边与立轴顶端之间应留有一定间隙 b。达到上述要求表明立轴高度已调好。立轴的升降可用内六角扳手转动底部的调节螺栓来进行。

4）立轴和水平轴系装好后应能转动自如，无卡滞现象和不正常声响。

5）检查各运动部件如摩擦联轴器、蜗轮、蜗杆、传动轴、定位轴承、齿轮油泵、制动器等，检查其磨损程度及工作状况。如有不正常现象，应查明原因予以消除。

6）安装摩擦联轴器摩擦块时，要注意摩擦片安装方向，见图 2－4－13。要防止摩擦块受油脂污染，否则会造成摩擦块因长时间打滑而发热受损，同时使分离机达不到额定转速。

7）安装电动机时应注意使 3 只抛块全部进入摩擦筒，并调整其同轴度和偏移量，使之符合安装要求。

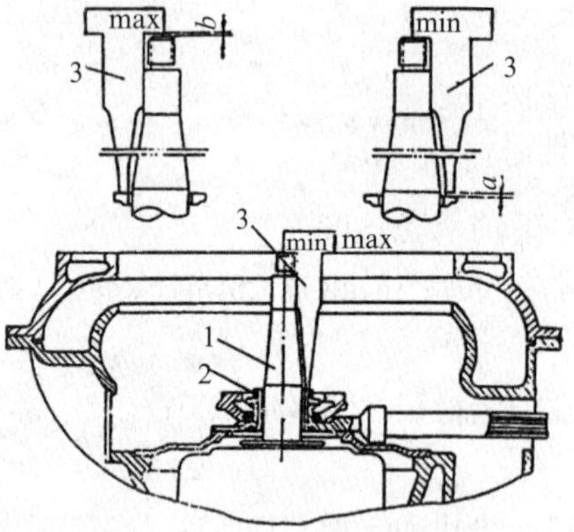

1—立轴；2—固定螺母；3—立轴量板

图 2-4-12　立轴高度的调整

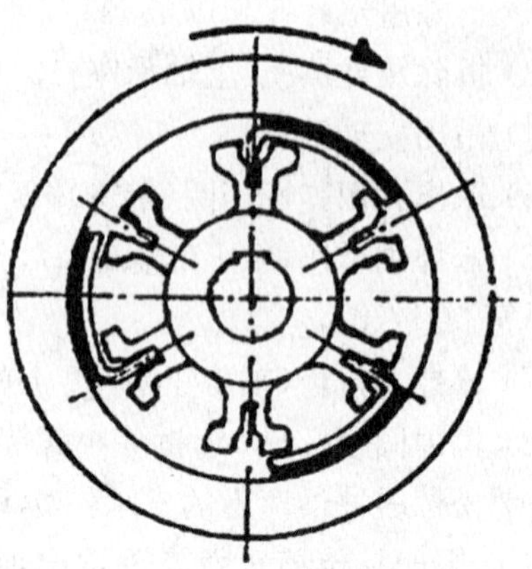

图 2-4-13　摩擦联轴器摩擦片的安装方向

模块 3　分油机的起动、运行管理及停车操作

〖任务要求〗

1）正确掌握分油机起动前的准备工作；

2）正确掌握分油机起动操作；

3）正确掌握分油机分油作业操作；

4）正确掌握分油机排渣操作；

5）正确掌握分油机的运行管理；

6）正确掌握停止分油机的操作。

〖任务准备〗

1）国产 DZY-50 型手控自动排渣分油机及系统 1 套；

2）阿法拉瓦 MMPX 型部分排渣全自动分油机及系统 1 套。

〖任务操作〗

一、分油机起动前的检查、分油操作、排渣操作和停分油机操作

在使用分水机分油之前，应先把水引入旋转的分离筒，直至出水口有水流出为止。这样，当再引入燃油时，水即可把油封住，以免从出水口跑油。先引入的这部分水称水封水，它所占据的空间称水封区。在分油过程中，从燃油中分离出来的水分将不断置换水封水，并从出水口排出，保持油水分界面稳定。不过，分杂机不需要引入水封水，因为它只是用来分离杂质的，没有出水口。

下面以 DZY-50 型分油机为例，来说明手控自动排渣分油机分油作业时的操作管理。

（一）起动前的检查

首先，应检查各转动部件的灵活性，严防卡死，包括打开机盖检查分离筒有无卡死、刹车装置固定杆（设在机体上）是否已脱开、电动机轴是否卡死等。其次，应检查底座滑油是否适量（油面必须在观察镜上的刻度线中间），油泵处的油杯润滑油脂是否加足。最后，应检查高置水箱的水量是否充足、各管路是否通畅、分离油温是否适宜等。

（二）起动和运转

经检查各部件均属正常后，才可起动电动机。起动后约经 2 min，待分离筒达到全速后，把控制阀转到“密封”位置（上一次使用停车后控制阀应在“空位”位置）。当看到工作水从指示管 K 流出时，即表示分离筒的密封已经完成，再把控制阀转到“补偿”位置。然后，打开分油机最上端的引水阀，将水封水引入分离筒形成水封区，注满后（此时出水管有水流出），关闭引水阀。此后就可缓慢开启进油阀，将进油量逐渐增至所要求的分油量。进油阀不可开得太快，若突然加大进油量，猛烈进入分离筒的燃油可能冲破水封区而引起大量跑油（燃油从出水口排出）和溢油。当发生此类现象时，应立即切断进油，重新进行水封，再缓慢进油。

当采用分杂机时，在把分离筒密封好以后，进油应该快一些，因为它没有水封区，不存在燃油将水封冲破的问题。而且，进油加快后，还能使燃油中的杂质不易沉积在分离筒底的转轴附近。

在分油机工作期间，为保证分离效果良好，要力求保持燃油加热温度不变，流量变化也不大。必须随时注意分油机的工作状态，当发现分油机运转不正常或噪声和振动太大时，应立即停车检查。在运转中，应该通过相应的观察孔观察出水口和排渣管中是否有大量燃油（水中带有油花是允许的）和是否有溢油现象。若有，则需随时调整并消除之。

（三）排渣

分油机连续工作一段时间后，必须进行分离筒的排渣工作，否则，积聚在分离筒内壁的污渣将严重降低分离效果。排渣的时间间隔取决于燃油中的杂质含量和分油量的多少。若已知燃油中的杂质百分比和分油量，则可根据说明书提供的图表大致选定排渣的时间间隔。合理的时间间隔最好通过实际效果确定。

进行排渣时，首先关闭进油阀，并开启引水阀向分离筒内缓慢供水，以便把分离筒内的剩油赶走（必须注意从净油排出管观察孔观察是否有水混到净油中），如剩油已大部分收集起来，就可关闭引水阀。然后把控制阀转到开启位置，稍停 3～5 s，当听到有冲击噪声时，表示污渣已经排出，这时可以从排渣管观察孔看到有污渣水排出。为提高排渣效果，可再开启引水阀，把热水引到分离筒中冲洗 5～15 s。如燃油的黏度较大、油中的杂质较多，为保证排渣效果，可重新密封分离筒，再注入热水冲碎污物。然后重复上述第一次排渣动作。这样反复多次，就可使分离筒内的污渣排除干净。

当认为排渣动作满意后，再把控制阀依次转到“空位”“密封”和“补偿”位置，重新进行分离作业。若由于某些原因，分油机运转时间超过排渣间隔时间太多，而在分离筒内已积聚过多的污渣，则切勿进行自动排渣，因为筒内污渣可能已结成硬块。如进行排渣，污块会不均匀裂碎，引起分油机强烈振动，甚至破坏有关部件。在这种情况下，应停止分油机运转，进行人工清洗。

（四）停止分油机运转

当完成分离作业时，不能直接关闭电动机，而需按下述步骤停止分油机。

首先切断进油，如果分离的是重油或重柴油，为防止停车后燃油在管系中凝固，可在切断进油前改用轻质柴油以冲洗管路，或把有关管系的油吸光、放掉，然后开启引水阀，回收分离筒内的剩油，再进行排渣动作。排渣完毕后，将控制阀转到“空位”位置，切断工作水，以防止高置水箱的水经配水盘流失。最后，切断电动机电源，停止分油机转动。

二、分油机的管理注意事项

（一）加热温度和分油量的确定

燃油在分离前要经分油机加热器进行加热，降低黏度，扩大杂质、水与油的密度差，以提高分离效果。油温不能太高，以免水分蒸发，破坏油水分界面，造成跑油。加热温度取决于油的品质和水的沸点。分油机的分油量越小，分离效果越好。但采用循环分离后，分油量越小，循环分离的次数越多，但是分油量必须满足主机的耗油量。一般来说，油的黏度越大、质量越差，加热温度应适当增高，分油量也应酌情减少。分油机制造厂一般都绘制出选择分油量的图表，根据被净化油的品质确定分离温度后，可在图表上查出合适的分油量。表 2-4-1 所给出的不同油料加热温度范围和建议的最大分油量占额定分油量的百分数，可供参考。一般情况下，分离燃油时选择分油机额定分油量的 1/2 状态下工作，而分离滑油则使用额定分油量的 1/3 状态下工作。

表 2-4-1　不同油料加热温度范围和建议分油量

油种类	黏度(室温下)/(mm^2/s)	加热温度/℃	最大分油量占额定分油量的百分数/%
燃油	1.5～5.5	20～40	78
	13	40	70
	30	70～98	62
	40	80～98	62
	60	80～98	47
	100	90～98	45
	180	90～98	31
	380	98	26
	460	98	22
	600	98	18
	700	98	16
滑油		80～90	30

（二）操作方式的确定

分油机的操作方式有 3 种：串联操作，即用 1 台分水机处理全部流量，后面紧接着串联 1 台分杂机；并联操作，即用 2 台分水机并联工作，每台处理总流量的 50%；单机操作，即用单独 1 台分水机处理全部油流量。

采用不同的操作方式将得到不同的净化效果，串联操作方式的分离效果优于其他 2 种方式。尤其是在重力盘选配不恰当的情况下，串联方式能够保持较好的分离效果，而单机及并联方式的分离效果则较差。这对分离低级重质燃油非常重要，因为分离这种燃油将意味着分油机要在接近其性能极限上运转，分水机对运行工况的变化非常敏感，而串联的分杂机能大量回收因分水机调整不良而流失的固体颗粒。不过，并联运行能够增加分离量、提高分离速度，当被分离的油中含有过多的油渣和水时，应采用并联运行方式。单机工作方式多用于分离比较干净的轻柴油和滑油。

（三）分油机的清洗

分油机的清洗主要是指分离盘片的清洗，在清洗之前需要先拆开分油机，从分离盘架上把分离盘片一片片地取下来置于清洗溶液中浸泡，一般 2～4 h 以后，盘片上的污渍便会软化溶解，借助软毛刷将盘片上的污渍清洗干净。黏附在分离盘片上部的污渍主要是一些沥青质的物质，所选的清洗剂需要能够很好地溶解这些沥青质物质，一般分油机厂家会推荐使用其自行研制的清洗剂，根据说明书要求配置相应的清洗溶液即可。

阿法拉瓦开发了一套 CIP(Cleaning in Place)清洗系统，它不需要拆开分油机就可以完成对分离筒内部的清洗。这套 CIP 清洗系统主要利用分油机进油口、出油口和出水口 3 个通道实现清洗溶液在分离筒内部的循环，从而不断地将分离筒内的沥青质物质溶解并带出分油机。

（四）分油机的常见故障分析

分油机的常见故障主要可以分成机械故障和功能故障 2 大类。

分油机的机械故障表现为分油机振动、异常噪声、分油机运转速度太低、起动电流过大或过小、起动时间太长等。分油机的异常振动可能是因为分离筒没有得到及时的清洗或者安装不正确造成失去平衡引起的，也可能是立轴发生弯曲、轴承发生损坏、减振器橡胶垫过度磨损引起的；分油机发出异常噪声有可能是齿轮箱中滑油不足、蜗轮或蜗杆过度磨损、轴承损坏等引起的；分油机达不到分离速度有可能是刹车没有脱开、摩擦离合器摩擦片打滑或过度磨损、电机故障、轴承损坏等引起的；分油机起动电流过大一般是由于刹车没有脱开引起的，而起动电流过小则有可能是摩擦离合器打滑或者电机故障。

分油机的功能故障表现为分离筒密封不严、不能排渣或排渣不畅、出水口跑油等。分离筒密封不严会造成排渣口跑油，它主要是由于密封水的压力不足以抬起活动底盘并与分离筒盖压紧。密封水供水压力不足、密封水泄漏、分油机运转速度不足均会导致这一结果。值得一提的是，开启水在排渣结束以后是通过泄水孔排出的，由于泄水孔为实现节流作用设计得非常小，很容易被杂质堵死。一旦泄水孔堵死，剩余的开启水不能排出，就可能导致密封水空间不能密封，密封水压力建立不了，分离筒也就不能实现密封。当然还有可能是活动底盘与分离筒盖间的密封胶圈发生损坏。分油机不能正常排渣的主要原因是开启水的压力不足、滑动底盘卡紧、密封水泄放孔堵死等。DZY－50 型分油机排渣控制装置系统见图 2－4－14。出水口跑油是分油机运行管理中较常见的故障之一：一种情况是没有建立水封，有可能是起动时没加水封水或加得不足；另一种情况是水封水遭到破坏，这主要是油水分界面外移，油空间越过分离盘外边缘造成的，可能是进油太猛、油温太高、分离盘片脏堵、重力盘内径过大、分油密度太大、分油机净油出口节流阀开度过小等。

【任务评价】

评估名称：离心式分油机的拆装、操作与管理

评估对象：3 000 kW 及以上船舶二/三管轮

评估要素：

1）分离筒及其附件的拆装与检修；

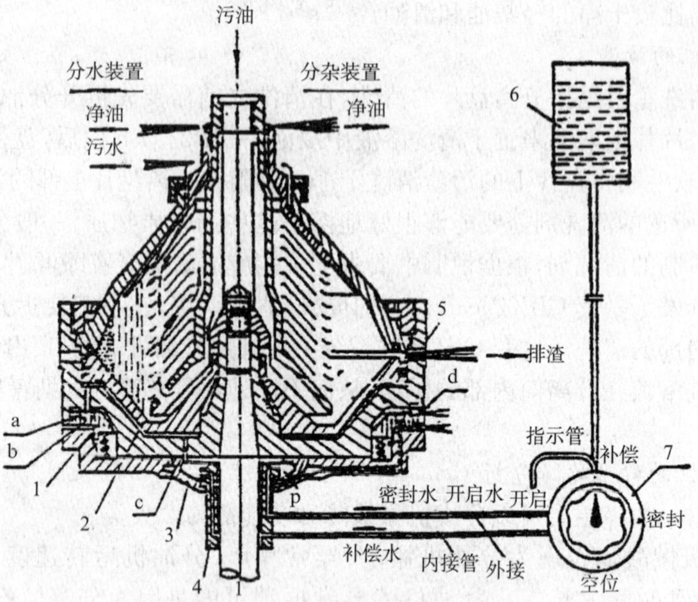

1—作用滑块；2—活塞；3—配水挡圈；4—导水环；5—排渣口；6—重力水箱；7—控制阀

图 2-4-14 DZY-50 型分油机排渣控制装置系统

2）分离盘片的拆装与清洗；

3）滑动圈、分流圈、配水盘、导水座的拆装与检修；

4）分油机起动前的检查操作、起动操作、排渣操作及停车操作。

【任务拓展】

MMPX 型分油机不能实现连续分油，且当用作分水机时，所净化的燃油密度极限为 991 kg/m³(15 ℃)。当燃油的密度超过这一极限值时，水就不能依靠重力盘分离出去。为适应分离更高密度燃油的需要，阿法拉瓦 ALCAP 分离系统中配备了 FOPX 型分油机(用于分离重质燃油)和 LOPX 型分油机(用于分离滑油)。图 2-4-15 为 FOPX 型分油机外

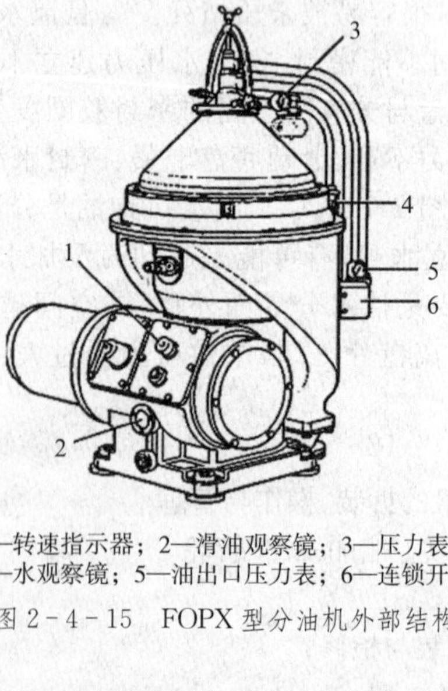

1—转速指示器；2—滑油观察镜；3—压力表；
4—水观察镜；5—油出口压力表；6—连锁开关

图 2-4-15 FOPX 型分油机外部结构

部结构，图 2－4－16 和 2－4－17 分别为 FOPX 型分油机的部件分解图和分离筒部件分解图。

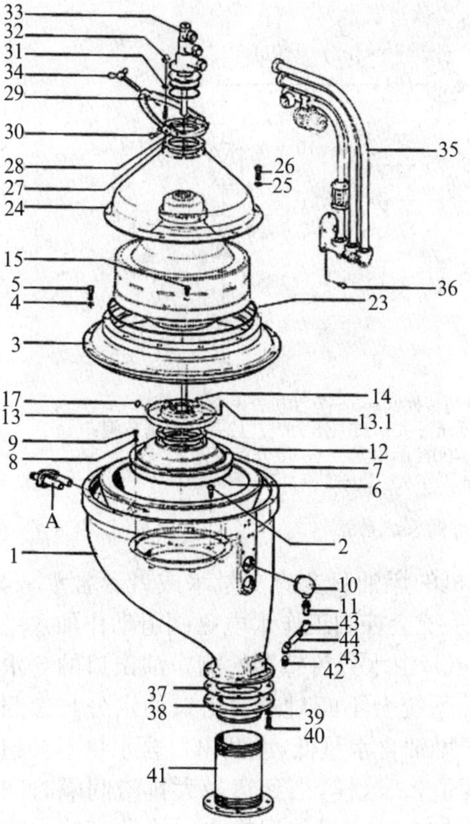

图 2－4－16 FOPX 型分油机部件分解图

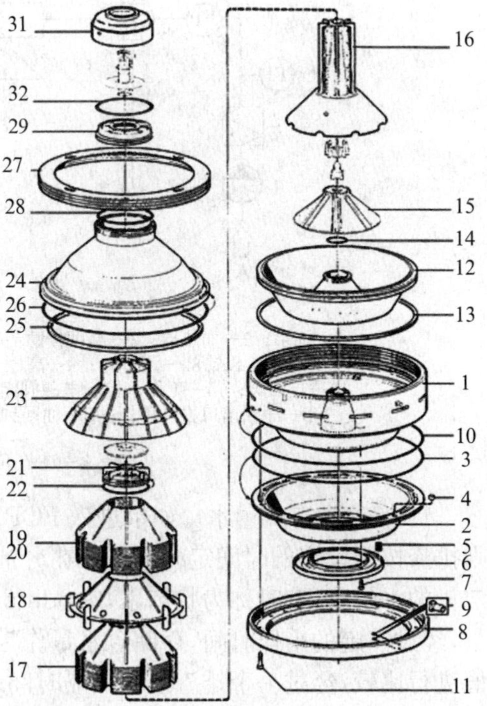

图 2－4－17 FOPX 型分油机分离筒部件分解图

这种分油机取消了传统分油机中的重力盘，待净化的燃油密度的极限值可以增加到 1 011～1 013 kg/m^3（15 ℃）。在 98 ℃时，1 013 kg/m^3（15 ℃）的燃油密度比水的密度要小，这样就可进行离心分离。

FOPX 与 MMPX 型分油机不同之处主要有：FOPX 型分油机补偿水来自高置水箱，而不是心轴；顶起操纵滑盘的不是水压力，而是其下部的一组弹簧；操纵滑盘上的倾斜通道改为垂直通道。这种部分排渣分油机，每次排渣时排渣口仅开启约 0.1 s，每次排放量约相当于分离盘外侧空间的 70%。因此排渣时不用停止进油，保持了分油的连续性。

FOPX 型分油机通常作分水机使用，欲净化的油不断进入 FOPX 型分油机，当排放淤渣或水时进油不中断。净油不断地由净油出口排出，分离出的淤渣和水积聚在转筒的周围。当分油进行一段时间以后，从油中分离出的水不断聚集到达分离盘外缘，此时部分水会随同净油一起流出。安装在净油出口的水分传感器用于检测净油中的含水量，在水分发生变化达到某一设定的触发值时，EPC－400 控制单元执行排渣操作（见图 2－4－18）。同时，EPC－400 控制单元会根据待分离油中的含水情况，自动改变排渣的间隔，一般有以下 4 种情况：

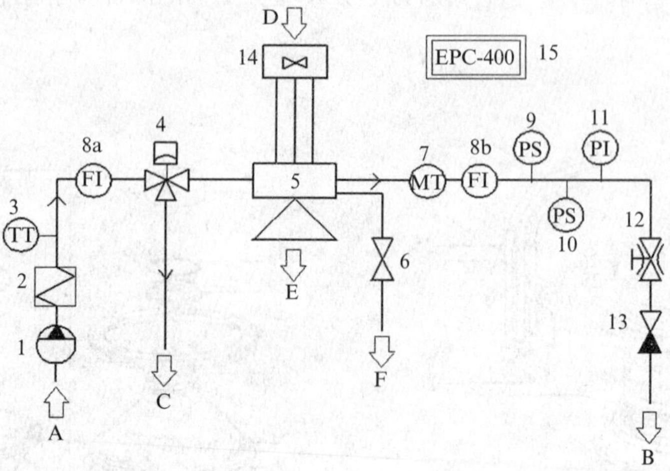

1—油泵；2—加热器；3—温度传感器；4—气动控制转换阀；5—分油机；6—截止阀；
7—水分传感器；8a，8b—流量计；9—高压开关；10—低压开关；11—压力表；12—手动调节阀；
13—止回阀；14—工作水控制电磁阀组；15—EPC-400控制单元；A—待分离燃油入口；
B—净油出口去日用柜；C—油回到沉淀柜；D—工作水；E—排渣；F—污水出口

图 2-4-18　FOPX 型分油机系统示意

1）燃油含有少量水。如果进入 FOPX 型分油机的燃油只含有少量水或者不含水分，则排渣按照设定的时间定时进行。在分油开始时，系统会控制工作水电磁阀组动作加入一定量的水封水(有时称为状态水，Conditioning Water)，由水分传感器检测净油出口的含水量，经过一定的采样时间，存储含水量作为参照值。系统会不断对净油出口的水分与参照值进行比较，经过一个排渣最小间隔时间之后，由于燃油含水量低，净油出口含水量不会超过设定的触发值(触发值等于参照值加上触发高度值)。这样，当到达最大排渣间隔时间时，含水量仍低于触发值，系统就执行排渣操作：先加入一定量的置换水置换分离筒中的燃油，然后通入开启水，打开排渣口排渣。经历设定的排渣时间后，系统重复原来的分油操作(见图 2-4-19(a))。

2）燃油含有中等程度水。当燃油含有中等程度水时，排渣由水分传感器来控制。分油开始时，系统同样会加入状态水，经过一定的采样时间，存储含水量值作为参照值，然后系统不断将测量得到的含水量与参照值进行对比。经过排渣最小间隔时间后，由于燃油中含水量增加，导致分离出的污水量增加，油水分界面的位置不断内移，当到达分离筒外边缘时，污水随净油一起排出，传感器信号在数秒钟内继续增加，当超过触发值时(此时位于排渣最小间隔与最大间隔时间段内)，系统立刻执行排渣操作。值得注意的是，与图 2-4-19(a)情形不同，排渣之前不需要通入置换水，直接通入开启水排渣。排渣结束后同样通入状态水，进入下一个分油循环(见图 2-4-19(b))。

3）燃油含水量高。当燃油具有高含水量时，每到排渣最小间隔时间之前，水分传感器测量到的值可能已经超过触发值，系统会控制出水口管路上的泄水阀(图 2-4-18 中截止阀 6)开启，分离筒中的污水以及部分渣通过出水口排出，分离筒中污水量减少，净油含水量立刻下降，泄水阀继续开启约 20 s 后关闭。在到达排渣最小间隔时间之前，有可能含水量会多次超过触发值，泄水阀会多次打开。当到达排渣最小间隔时间之后，水分传感器再次达到触发水平时，系统会执行排渣操作，同样，通入开启水排渣之前不需要通入置换水。

同时，由于分离筒中水量较多，在排渣结束、开始下次分油之前，不再需要通入状态水（见图2-4-19(c)）。

4）燃油含水量特别高。当燃油中含水量特别高时，有可能通过开启泄水阀不足以减少分离筒中的污水量，此时需要通过排渣来帮助污水的排出。如果泄水阀保持开启 2 min 后，净油出口含水量仍高于触发值，系统就会立刻通入开启水执行排渣操作（不需要通入置换水）。排渣结束后，下一个分油循环开始时不需要通入状态水就可以直接进行分油，经过采样时间存储参照值，如果在排渣最小间隔时间之前，净油出口含水量高于触发值，系统直接执行排渣操作，不再打开泄水阀（见图 2-4-19(d)）。当然，一般燃油中水的含量是不会很高的，如果这种现象连续出现 2 次，系统会启动报警信号提示轮机员需要查找含水量过高的原因。

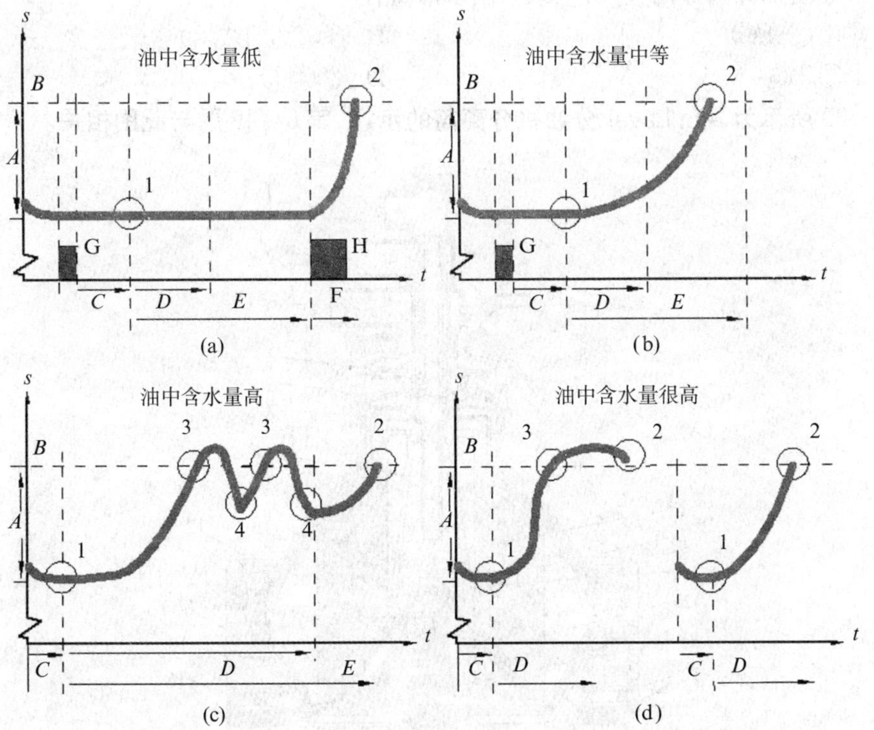

s—水分传感器信号；t—时间；A—触发高度值；B—触发值；C—采样时间；
D—排渣最小时间间隔；E—排渣最大时间间隔；F—置换分离筒中的净油；G—加入状态水；
H—加入置换水；1—存储参照值；2—排渣；3—开启出水口泄水阀；4—关闭泄水阀

图 2-4-19　ALCAP FOPX 型分油机控制程序

【课后练习】

一、选择题

1. 分油过程中油加热的目的是________。
   A. 降低油的黏度　　　　B. 提高流动性
   C. 提高杂质、水和油之间的密度差　　　　D. 减少杂质、水和油之间的密度差
2. 自动排渣分油机排渣口跑油的原因之一是________。
   A. 水封水太少　B. 重力盘内径过大　C. 高置水箱缺水　D. 进油过猛

3. 造成分油机排渣口跑油的原因有________。

①工作水箱断水;②控制阀泄漏;③出水口过大;④进油过猛;⑤颈盖的直径过大;⑥排渣次数太多

A. ①②③　　B. ②③　　C. ①②　　D. ⑤⑥

4. 油水分界面的位置主要取决于________。

①出水口直径;②净油出口压力;③油温;④油的密度;⑤颈盖的直径;⑥排渣次数

A. ②③④⑤　　B. ①②③④

C. ①②④⑤　　D. ②④⑤⑥

5. 提高分杂机的分离效果可采取________。

①减少分油量;②提高分油机的转速;③增加油与杂质间的密度差;④减小分离盘间的间距;⑤增加分离盘的直径;⑥减小出水口直径

A. ①②③④⑤　　B. ①②③④⑤⑥

C. ①②④⑤　　D. ②④⑤

图 2-4-20 所示为 Alfa Laval 分油机分离筒的示意,第 6~10 题与此图相关。

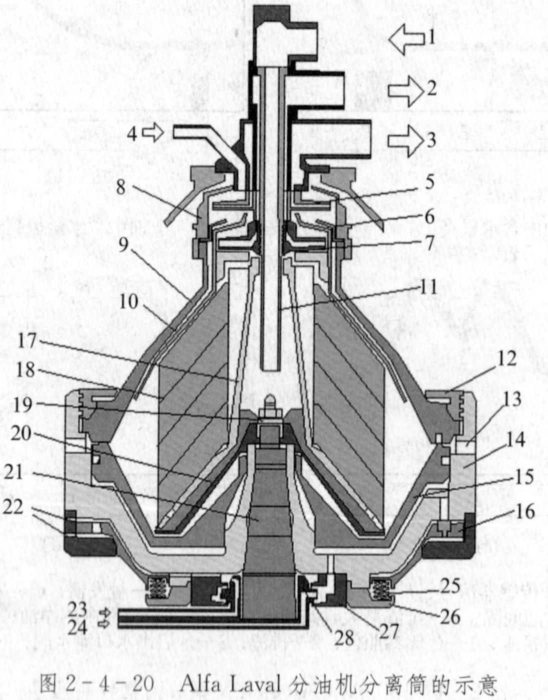

图 2-4-20　Alfa Laval 分油机分离筒的示意

6. 1,2,3 分别指示的是________。

A. 进油口、出水口、出油口　　B. 出油口、进油口、出水口

C. 出水口、出油口、进油口　　D. 进油口、出油口、出水口

7. 燃油密度变化比较大时应更改________以保证分油效果。

A. 5　　B. 6　　C. 7　　D. 18

8. 从______部件可以看出这是自动排渣分油机的分离筒。

A. 4　　B. 5　　C. 15　　D. 16

9. 油水分界面的位置对分油效果影响较大，关于图中指示的油水分界面位置________。
   A. 偏里　　B. 偏外　　C. 偏上　　D. 最佳
10. 图中7是________。
   A. 供油离心泵　　B. 排油离心泵　　C. 排油向心泵　　D. 排水向心泵

二、简答题

1. 叙述分油机的操作步骤。
2. 叙述分油机的拆装步骤及要点。

项目三　柴油机调速装置的使用管理
Management of Speed Control Device for Diesel Engine

项目描述

调速装置就是通过油量调节机构改变柴油机燃油供应量，将其转速调节到规定的转速范围内，并且根据其所驱动负荷的变化自动地调节循环供油量，使其转速稳定在一定范围的装置。该装置简称为调速器。简单地说，调速器就是维持柴油机转速稳定的装置。

柴油机作为原动机驱动负荷运转时，其运转转速与发出的功率和它所驱动的负荷大小有关，而柴油机发出的功率与燃烧的油量成正比。调速器的性能好坏直接影响柴油机运转的稳定性和可靠性，因此在工作中必须加强对它的管理。

本项目以调速器的性能指标和工作原理为基础，通过学习使学生掌握柴油机调速器的性能指标、工作原理及结构组成，能分析柴油机调速器的动态过程及特点，掌握柴油机调速器的调节和管理技能，并能发现并排除调速器常见的故障。

本项目主要任务包括：调速器性能指标的分析；调速器的调节与维护管理。

任务1　调速器性能指标的分析
Performance Analysis of Speed Governor

【任务描述】

能根据柴油机负载的变化自动调节供油量维持其在规定的转速范围内的装置叫调速器。柴油机用在船上，主要是作为船舶主机驱动螺旋桨和作为副机驱动发电机。由于驱动负荷的工作特性和运转条件不同，当负荷变化时，柴油机自身适应能力也不同，因而对调速器的要求也不同。

通过本任务的学习，使学生了解柴油机调速的必要性，掌握柴油机调速器的分类、调速器性能指标的概念，理解调速器性能指标的概念和意义，能够对柴油机调速器的性能指标进行分析。

本任务内容主要包括：调速器性能指标的分析。

【学习目标】

- 掌握柴油机调速的必要性；
- 掌握柴油机调速器的分类；
- 掌握调速器性能指标的概念；
- 理解调速器性能指标的意义；
- 能够对柴油机调速器的性能指标进行分析。

【相关知识】

柴油机作为原动机驱动负荷运转时，其运转转速与发出的功率和它所驱动的负荷大小有关，而柴油机发出的功率与燃烧的油量成正比。在外界负荷一定的条件下，加大柴油机燃油量，使其发出的功率大于外界负荷消耗的功率，柴油机就实现加速；若减少柴油机燃油量，使其发出的功率小于外界负荷消耗的功率，柴油机就减速运行；若供给柴油机一定的燃油量，使其发出的功率与外界负荷相适应，柴油机就在稳定的转速下运行。此外，若柴油机保持一定的供油量，而外界负荷发生改变（增大或减小），柴油机转速也会改变（降低或增加）。若此时柴油机需要在一定的转速下稳定运转，就应及时改变（增加或减少）柴油机循环燃烧的供油量，使其发出的功率与变化的负荷相适应。

调速装置就是通过油量调节机构改变柴油机燃油供应量，将其转速调节到规定的转速范围内，并且根据其所驱动负荷的变化自动地调节循环供油量，使其转速稳定在一定范围的装置。该装置简称为调速器。简单地说，调速器就是维持柴油机转速稳定的装置。

一、调速的必要性

柴油机用在船上，主要是作为船舶主机驱动螺旋桨和作为副机驱动发电机。由于驱动负荷的工作特性和运转条件不同，当负荷变化时，柴油机自身适应能力也不同，因而对调速器的要求也不同。

（一）船舶主机的调速

柴油机在不同的供油量时，按其对应的速度特性工作。当作为主机直接驱动螺旋桨工作时，机与桨配合的工作特性曲线见图 3-1-1。图中曲线Ⅰ为柴油机 90％负荷速度特性，曲线Ⅱ为螺旋桨推进特性（$P_e=Cn^3$），两线交点 B 为柴油机稳定工作点，此时柴油机有效功率与桨的阻力功率相等，柴油机稳定在转速 n_b 下运转。

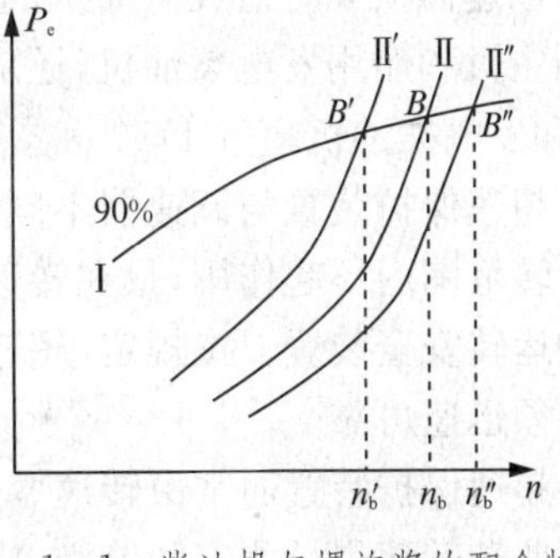

图 3-1-1　柴油机与螺旋桨的配合特性

船舶航行时，因受装载、风力、波浪及水流等原因的影响，其航行阻力会经常变化。当阻力增加时，船速减慢，桨的特性曲线将变陡（如Ⅱ′线），此时主机的负荷加重、转速下降，与主机速度特性曲线Ⅰ的交点变为 B'（主机喷油量不变，速度特性曲线Ⅰ不变）。由于桨的阻力功率与转速的三次方成正比，所以桨阻力功率随转速下降而减少的速度较快，即转速下降的瞬间主机功率大于阻力功率，功率差阻止转速进一步下降，主机便稳定在较低转速 n_b' 下运行。反之，当外界阻力减少时，桨的特性曲线变缓（Ⅱ″线），与主机速度特性曲线Ⅰ的交点为 B''。同理，主机随着负荷减少后转速增加，桨的阻力功率上升的速率大于主机功率增加的速率，功率差阻止转速进一步增加，主机稳定在较高转速 n_b'' 下运行。换句话说，如果柴油机保持供油量不变，即使由于某种原因使外界负荷发生变化，导致主机转速变化，由于螺旋桨的特性，转速的变化会被自动地限制在一定的范围并趋于稳定，因此主机具有自动变更转速以适应外界负荷变化的能力。如果不要求转速恒定不变，则不必装设调速器。但是，为了防止主机在特殊航行条件下（例如风浪中桨露出水面、桨失落或断轴等）造成的超速“飞车”，根据我国有关规范规定，主机必须装设“极限调速器”（简称限速器），使主机在超过 115％标定转速时，自动切断燃油供给，使主机停车。

另外，考虑到主机转速随外界负荷变化的上下波动，以及对其可靠性、寿命和经济性带来的不良影响，现代船舶主机通常都装设“全制式调速器”，使转速保持稳定。

(二) 船舶发电柴油机的调速

柴油机作为带动发电机运转的原动机，要求在外界负荷(用电量)变化时，必须保持稳定的转速运转，以确保发电机输出的电压和频率稳定，即柴油机应按负荷特性工作。

柴油机驱动发电机，此时其负荷大小可用发电机的电磁力矩表示。发电机的电磁力矩只与电流成正比，在磁饱和状态下与转速无关。因此，如果柴油机不装调速器，那么当用电量(电流 I)增加时，其所带负荷(即电磁力矩)就增加，若柴油机喷油量未改变，则输出的扭矩也不变，此时输出扭矩就会小于所带负荷的阻力矩(电磁力矩)，柴油机转速就会下降。而柴油机转速的下降，又使其循环供油量下降，导致其输出的功率进一步下降(输出扭矩也随之下降)，使其输出扭矩与负荷之间的不平衡进一步扩大，最后导致柴油机停车。反之，当外界负荷(用电量)减少时，也同样会因为柴油机输出扭矩与负荷之间的不平衡不断扩大，导致其转速不断地升高，最后导致“飞车”。所以带发电机的柴油机必须装设定速调速器，以保证柴油机始终能以规定的转速稳定运转。

二、柴油机超速保护装置

船用柴油机除按规定和使用要求安装上述的调速器外，为了确保柴油机运转安全，防止在调速器损坏时造成柴油机的超速损坏，按我国有关规定，凡标定功率大于 220 kW 的船用主机和船用发电柴油机，还应分别装设超速保护装置，以防主机超过 120%n_b(标定转速)和发电柴油机超过 115%n_b。

超速保护装置与调速器不同，它只能限制柴油机的转速，本身无调速能力，在柴油机正常运转范围内不起作用，只在转速达到规定值时才动作使柴油机立即停车或降速，故它是一种运转安全装置。按规定，超速保护装置必须与调速器分开且独立运行工作，其保护动作必须迅速可靠。

超速保护装置通常由转速鉴测器、伺服机构和停车机构等 3 部分组成。转速鉴测器随时对曲轴转速进行测定和鉴别，当转速达到规定值时，发出准确而稳定的信号，来触发伺服机构动作；伺服机构的动作具有足够的强度与幅度，保证在任何情况下均能带动停车机构立即切断柴油机的燃油供应或停止气缸进气，使柴油机停车。

转速鉴测器按对转速的测定方式不同，有离心式、电磁式和气压式 3 种类型。离心式利用飞重—弹簧测定转速，多用于中型柴油机；电磁式利用电磁感应原理测定转速，多用于中、低速柴油机；气压式利用增压空气压力测定转速，仅用于机械增压的小型柴油机。伺服机构有弹簧式、气压式、液压式。弹簧式结构简单，但动作后需人工复位；气压式和液压式结构复杂、维护要求高，但其作用力大且可自动复位。

三、调速器的分类

(一) 按调速范围分类

1) 极限调速器(限速器)。用来限制柴油机的最高转速不超过规定值，防止“飞车”，而在转速低于规定值时不起调节作用的调速器称为极限调速器。按船舶规范要求进行台架试验，当转速增至 103%标定转速时，它自动减油，当转速增至 115%标定转速时，它能自动切断燃油供给。这种调速器仅用于船舶主机，但目前已很少使用。

2）定速调速器（单制式调速器）。在任何负荷下都能调节供油量，保持柴油机在预定的转速下稳定运转的调速器为定速调速器。这种调速器常用于带发电机的柴油机上，为满足多台柴油发电机并联运行的要求，通常这种调速器一般有±10%标定转速的可调范围。

3）双制式调速器。能维持柴油机的最低转速并可限制其最高转速的调速器为双制式调速器。其中间转速由人工手动调节。此种调速器用于对低速性能要求较高或带有离合器的中、小型船用主机。

4）全制式调速器。在柴油机全部转速范围内均能自动调节油量，以保持任一设定的转速不变的调速器为全制式调速器。这种调速器广泛用于船舶主机及柴油发电机组。

（二）按执行机构分类

1）机械式（直接作用式）调速器。直接利用飞重产生的离心力与调速弹簧之间的不平衡力去移动油量调节机构，以调节柴油机的转速。

2）液压（间接作用式）调速器。通过液压伺服器将飞重的离心力与调速弹簧之间的不平衡力加以放大，然后使用放大后的液压动力去移动油量调节机构，以调节柴油机的转速。

3）电子调速器。转速信号监测或/和执行机构采用电气方式的调速器。

【任务实施】

模块　调速器性能指标的分析

〖任务要求〗

1）掌握调速器的静态指标的概念及意义；

2）掌握调速器的动态指标的概念及意义；

3）对调速器的动态指标和静态指标进行分析。

〖任务准备〗

1）机械式调速器；

2）液压式调速器；

3）柴油机调速器性能指标的挂图；

4）柴油机调速器性能指标的动画。

〖任务操作〗

调速器的性能好坏直接影响柴油机运转的稳定性和可靠性。

一、调速过程转速变化曲线的测量

调速器装机后，应对柴油机进行突变负荷试验，同时用转速自动记录仪记录柴油机的转速随时间的变化曲线，用以分析调速器的工作性能。

试验时，将柴油机操作手柄放在标定供油量位置，先让其在最高空载转速 n_{0max} 下稳定运转（此时转速有微小波动）；突加全负荷，转速立即下降，瞬时转速下降到最低瞬时转速 n_{min}；此后由于调速器的调节作用，转速经过几次收敛波动后又回升，经过一段时间 t_s，转速稳定在全负荷稳定转速 n_b（仍有微小波动）。试验还可以从其后某点突卸全负荷开始，转速突然增高至最高瞬时转速 n_{max}，由于调速器的调节，转速又下降，经过 t_s 时间后，转速又稳定在最高空载转速 n_{0max}。图 3-1-2 所示的曲线即为柴油机进行突变负荷试验时测得的调速过程转速变化曲线。

从上述分析可知，由柴油机与调速器组成的系统，在外界负荷突然变化时，原稳定工况

(转速)会发生变化。由于调速器的调节作用,又使其回到接近于原稳定工况的另一个稳定工况。调速器的这种调节过程称为调节的过渡过程。

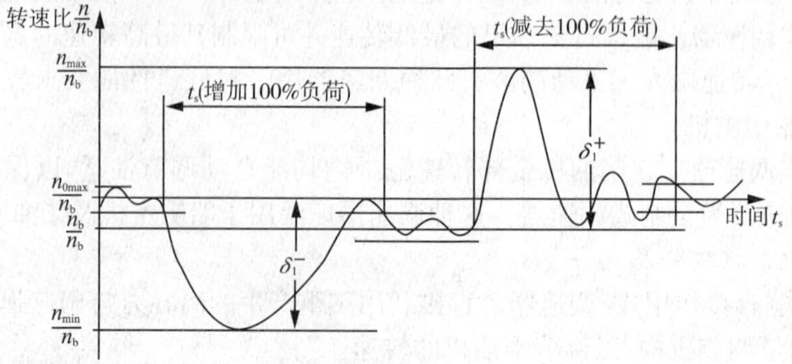

图 3-1-2　突加、突卸负荷时转速调节过程

二、柴油机调速器的性能指标分析

评定调速器性能有以下 2 大类工作指标。①调速器的静态指标：评价调速器起作用之前和之后稳定过程的特性。②调速器的动态指标：评价调速器正在起调节作用时过渡过程的特性。

(一) 调速器的静态指标

1. 稳定调速率 δ_2

稳定调速率 δ_2 指当操纵手柄在标定供油位置时,最高空载转速 n_{0max} 与标定转速 n_b 之差同标定转速 n_b 比值的百分数,即

$$\delta_2 = \frac{n_{0max} - n_b}{n_b} \times 100\%$$

δ_2 用来衡量调速器的准确性,其值愈小,表示调速器的准确性愈好。δ_2 在国外称速度降(Speed Drop)。如果 δ_2 过大,不仅对被带动的工作设备的稳定工作不利,而且对空转时柴油机零件的磨损也是有害的。

对于单台柴油机运转,允许 $\delta_2=0$,表示该柴油机将不随外界负荷变化而保持恒速运转。但在几台柴油机并联工作时,为使各机负荷分配合理,各机的 δ_2 必须相等且不得为 0。对 δ_2 的要求应根据柴油机的用途而定。我国有关规范规定,船用主机的 $\delta_2 \leqslant 10\%$,交流发电机的 $\delta_2 \leqslant 5\%$。

2. 转速波动率 Φ 或转速变化率 φ

柴油机在稳定运转时,由于其回转力矩不均匀,转速会产生微小的波动。转速波动的大小可用转速波动率 Φ 或转速变化率 φ 来评定,但二者的定义不同。一般应使柴油机在某转速稳定运行 15 min 后,测定其间的转速波动情况。

转速波动率为

$$\Phi = \left| \frac{n_{cmax}(n_{cmin}) - n_m}{n_m} \right| \times 100\%$$

转速变化率为

$$\varphi=\frac{n_{cmax}-n_{cmin}}{n_m}\times 100\%$$

式中：n_{cmax}为测定期间的最高转速，r/min；n_{cmin}为测定期间的最低转速，r/min；n_m为测定期间的平均转速，r/min，$n_m=(n_{cmax}+n_{cmin})/2$。

由此可见：Φ表示的是在稳定工况下转速的波动大小；φ表示的是在稳定工况下转速的变化大小。

一般规定在标定工况时，$\Phi\leqslant(0.25\sim0.5)\%$，$\varphi\leqslant(0.5\sim1)\%$。

3. 不灵敏度ε

当柴油机在一定负荷下稳定运转时，由于调速机构中存在间隙、摩擦和阻力等，转速稍有变化，调速器并不能立即改变供油量，直到转速变化量足够大时调速器才能开始起到调节供油的作用，这种现象称为调速器的不灵敏性，国外称之为盲区(Dead Band)。我国用不灵敏度ε表示不灵敏区域的大小，其计算公式为

$$\varepsilon=\frac{n_2-n_1}{n_m}\times 100\%$$

式中：n_1为柴油机转速减小时，调速器开始起作用的转速，r/min；n_2为柴油机转速增加时，调速器开始起作用的转速，r/min；n_m为柴油机平均转速，r/min，$n_m=(n_1+n_2)/2$。

例如：某柴油机在1 000 r/min下稳定运行，当外界负荷变化时，转速在1 020～980 r/min范围内，调速器不起作用。那么，该柴油机的调速器在1 000 r/min时的不灵敏度为

$$\varepsilon=\frac{1\,020-980}{1\,000}\times 100\%=4\%$$

不灵敏度ε过大，会引起柴油机转速不稳定，严重时会导致调速器失去作用，甚至发生飞车。通常，不灵敏度ε随柴油机转速的高低会有所不同，当柴油机在低速运转时，因飞重产生的离心力和与之平衡的调速弹簧力都较小，移动油量调节机构的不平衡力相对也较小，而传动机构的阻力此时相对较大，故不灵敏度较大。一般规定在标定转速时$\varepsilon\leqslant(1.5\sim2)\%$；而在最低稳定转速时$\varepsilon\leqslant(10\sim13)\%$。

(二) 调速器的动态指标

如图3-1-2所示，一个良好的调速系统，除了保证上述静态指标外，在负荷突变、调速器起调节作用的过渡过程，还应满足3个条件：一是过渡过程转速的波动是逐渐收敛的，即转速波动的幅度随时间增长而减小；二是过渡过程转速瞬时波动幅度不应过大，以免影响柴油机的可靠性；三是过渡时间不应过长，转速应尽快达到稳定。

一般采用以下2个动态指标来评定调速系统过渡过程的调节性能。

1. 瞬时调速率δ_1

根据试验时负荷的突卸与突加，δ_1分为突卸负荷瞬时调速率$\delta_1{}^+$和突加负荷瞬时调速率$\delta_1{}^-$。

1) 突卸负荷瞬时调速率$\delta_1{}^+$：指柴油机先在标定工况(n_b)下稳定运行，然后突然卸去全部负荷，测定转速随时间的变化关系。突卸负荷瞬时调速率$\delta_1{}^+$的计算公式为

$$\delta_1{}^+=\frac{n_{max}-n_b}{n_b}\times 100\%$$

式中：n_{max}为突卸100%负荷后的最高瞬时转速，r/min；n_b为突卸100%负荷前的稳定转速(标定转速)，r/min。

2）突加负荷瞬时调速率δ_1^-：与突卸负荷情况相似，当柴油机在最高空载转速n_{0max}下稳定运转时，突加全部负荷，转速也会突然下降，最低瞬时转速为n_{min}，再经几次收敛性的波动后，才会稳定在标定转速n_b下运行。突加全负荷瞬时调速率δ_1^-的计算公式为

$$\delta_1^- = \left|\frac{n_{min} - n_{0max}}{n_b}\right| \times 100\%$$

式中：n_{min}为突加100%负荷时的最低瞬时转速，r/min；n_{0max}为突加100%负荷前的稳定转速(空载转速)，r/min。

我国有关规范要求发电柴油机的$\delta_1^+ \leqslant 10\%$，$\delta_1^-$(突加50%后再加50%全负荷)$\leqslant 10\%$。船用主机一般要求$\delta_1 \leqslant (10\sim12)\%$。

2. 稳定时间t_s

过渡过程的稳定时间t_s是指，从突加(或突卸)全负荷后，转速刚偏离最高空载转速的波动范围(或标定转速的波动范围)到转速恢复到标定转速的波动范围(或最高空载转速的波动范围)为止所需的时间(s)。t_s的大小表明消除过渡过程中波动现象的快慢，稳定时间t_s越短，说明转速波动消除得越快，调速器的稳定性越好。t_s一般限制在5～10 s，对于船用柴油发电机，要求$t_s \leqslant 5$ s。

【任务评价】

评估名称：调速器性能指标的分析

评估对象：3 000 kW及以上船舶二/三管轮

评估要素：

1）调速器的静态指标分析；

2）调速器的动态指标分析。

【课后练习】

一、选择题

1. 直连螺旋桨并装有极限调速器的船舶主机运转中，当油门一定时，若海面阻力增加，则主机的运转工况变化是________。

   A. 转速降低后稳定工作　　B. 增大油后稳定工作
   C. 转速增加后稳定工作　　D. 视海面阻力变化大小而定

2. 柴油机装设调速器的主要目的是，当外界负荷变化时，通过改变________来维持或限制柴油机规定转速。

   A. 喷油压力　　B. 喷油定时　　C. 循环供油量　　D. 喷油时间

3. 船舶柴油机主机采用的调速器通常有________。

   ①杆式液压调速器；②表盘式液压调速器；③极限式调速器；④单制调速器；⑤全制调速器；⑥双制调速器

   A. ①②③⑤⑥　　B. ①②③④⑥　　C. ①②④⑤⑥　　D. ②③④⑤⑥

4. 在柴油机稳定运转中表征其转速变化程度的参数是________。

   A. 稳定调速器　　B. 瞬时调速器　　C. 不灵敏度　　D. 转速波动率

5. 在调速器的性能指标中稳定调速率越小，表明调速器的________。
   A. 灵敏性越好 B. 准确性越好 C. 动态特性越好 D. 稳定时间越短
6. 在下述性能参数中，表明调速器稳定性的参数是________。
   A. 瞬时调速率 δ_1 B. 稳定调速率 δ_2 C. 不灵敏度 ε D. 转速波动率 Φ
7. 下述调速器的性能指标中，不属于静态性能指标的是________。
   ①瞬时调速率 δ_1；②稳定调速率 δ_2；③转速波动率 Φ；④不灵敏度 ε；⑤稳定时间 t_s；⑥转速变化率 φ
   A. ①⑤ B. ②③ C. ②④ D. ②⑥
8. 下述调速器性能指标中，属于动态指标的有________。
   ①稳定调速率 δ_2；②转速波动率 Φ；③稳定时间 t_s；④转速变化率 φ；⑤瞬时调速率 δ_1；⑥不灵敏度 ε
   A. ③⑤ B. ③⑥ C. ①② D. ②④
9. 下述调速器性能指标中，表征其静态性能的有________。
   ①稳定调速率 δ_2；②稳定时间 t_s；③不灵敏度 ε；④转速变化率 φ；⑤瞬时调速率 δ_1；⑥转速波动率 Φ
   A. ①②③⑤ B. ①③④⑥ C. ①②⑤⑥ D. ②④⑤⑥
10. 下列说法正确的是________。
   A. 评定调速器动态特性的指标之一是稳定调速率 δ_2
   B. 根据我国有关规定，船用发电柴油机的稳定调速率不超过 10%
   C. 根据我国有关规定，船用主机的稳定调速率不超过 10%
   D. 根据我国有关规定，当船用发电柴油机突卸全负荷后，瞬时调速率 δ_1^+ 不超过 5%

二、简答题

1. 叙述调速器的分类。
2. 调速器的动态指标和静态指标有哪些？其意义是什么？

任务 2 调速器的调节与维护管理
Regulation and Maintenance of Speed Governor

【任务描述】

机械式调速器：主要由传动机构、感应元件（飞重、滑动套筒及调速弹簧）、油量调节机构和操纵机构等组成的（直接作用式）调速器，它直接利用飞重产生的离心力与调速弹簧之间的不平衡力去移动油量调节机构，以调节柴油机的转速。

液压调速器：通过液压伺服器将飞重的离心力与调速弹簧之间的不平衡力加以放大，然后使用放大后的液压动力去移动油量调节机构，以调节柴油机的转速。机械式调速器是液压调速器的基础。

学生通过本任务的学习，了解机械式调速器和液压调速器的结构组成及工作原理，能够进行机械式调速器和液压调速器的特性分析，掌握机械式调速器和液压调速器的日常维护管理，掌握典型的液压调速器的故障判断及处理方法。

本任务内容主要包括：液压调速器性能参数的调节；液压调速器的故障分析与管理。

【学习目标】

- 机械式调速器的部件组成；
- 机械式调速器的工作原理；
- 掌握无反馈、刚性反馈、弹性反馈和双反馈液压调速器的工作原理；
- 能对无反馈、刚性反馈、弹性反馈和双反馈液压调速器进行特性分析；
- 掌握 UG-8 液压调速器的结构原理；
- 掌握 PGA 液压调速器的结构原理；
- 能够进行液压调速器的参数调整；
- 掌握液压调速器的故障分析与管理。

【相关知识】

一、机械式调速器的原理和特点

（一）机械式调速器的组成及动作原理

如图 3-2-1 所示，机械式调速器主要由传动机构、感应元件（飞重 3，滑动套筒 4 及调速弹簧 5）、油量调节机构和操纵机构等组成。安装在飞重座架 2 上的飞重 3 通过转轴 1 由柴油机驱动高速回转。由飞重 3 和弹簧 5 组成的转速感应元件按力平衡原理工作。当柴油机发出的功率与外界负荷刚好平衡时，其转速稳定，飞重产生的离心力与弹簧 5 的弹力平衡，油量调节杆 8 也停留在某一供油量位置，如图中所示。若外界负荷突然减少，柴油机发出的功率大于外界负荷而使转速升高，这时飞重的离心力将大于弹簧的弹力而使套筒 4 上移，增加弹簧 5 的压缩量，同时通过角杆拉动油量调节杆 8 以减少供油量。换句话说，此时调速器根据外界负荷的减小，自动调小了柴油机的喷油量，从而减少柴油机的输出功率。当调节过程结束时，柴油机的功率与外界负荷在彼此都减小了的情况下恢复平衡，调速器的飞重稳定在新的位置。由于减油时压缩了弹簧，故飞重的离心力与调速弹簧的作用力也在彼此都增长的情况下达到新的平衡状态，稳定的转速略高于原转速。当外界负荷突然增加时，调速器的动作与上述相反，飞重离心力与弹簧作用力在彼此都减小的情况下达到平衡状态，稳定的转速略低于原转速。

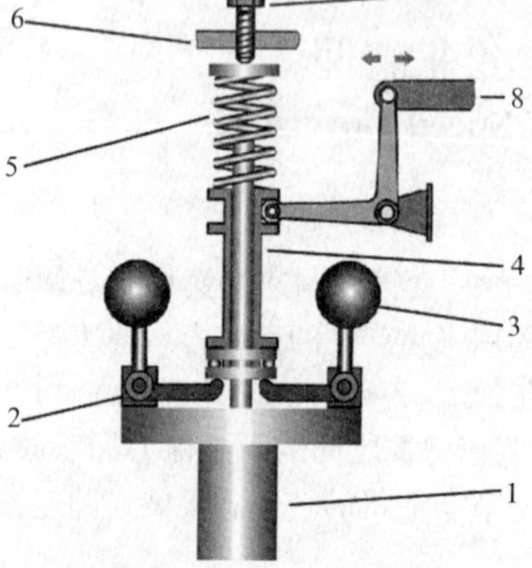

1—转轴；2—飞重座架；3—飞重；
4—套筒；5—调速弹簧；6—本体；
7—转速调节螺钉；8—油量调节杆

图 3-2-1　机械式调速器工作原理

此外，通过转动转速调节螺钉 7 可改变调速弹簧 5 的预紧力，改变柴油机的设定转速。将调节螺钉 7 旋入调速弹簧 5，弹簧的弹力增加，套筒 4 下移使油量调节杆左移加油，柴油机转速就会提高，飞重的离心力增大，当其离心力与增加的弹簧弹力平衡时，柴油机就稳定在较高转速运行。同理，反向旋转调节螺钉 7 使调速弹簧预紧力减小，柴油机就稳定在较低转速运行。

（二）机械式调速器的特点及适用范围

1）不灵敏度 ε 较大。因为机械式调速器直接利用飞重的离心力与调速弹簧之间的不平衡力来移动油量调节机构调节油量进而调节柴油机的转速，所以在飞重质量和弹簧弹力都较大的平衡系统中，因系统的惯性力大，对转速的微小变化反应不敏感，使调速器不灵敏度增加；在飞重质量和弹簧弹力都较小的平衡系统中，因转速微小变化产生的不平衡力过小，传动机构的阻力相对较大，也会使不灵敏度增加。

2）调速准确性不高，即 $\delta_2>0$。这种调速器不能使柴油机在调速前后的稳定转速不变，即 δ_2 必大于 0。当外负荷减少时，调节后稳定的转速要比原稳定转速稍高；而当外负荷增加时，调节后稳定的转速要比原稳定转速稍低。产生这种转速差的根本原因在于感应元件与油量调节机构之间采用的是刚性连接。因为当外负荷减少时，柴油机必须减少相应供油量才能保持转速稳定，故调油杆必须右移减油。由于刚性连接，在减油的同时增大了调速弹簧的压缩量而使弹簧力变大，因而与弹簧力平衡的套筒推力即飞重离心力也必须相应增加，这种平衡条件只有在柴油机的转速稍高于原转速时才能达到。反之，当外负荷增加时，上述平衡条件只有在柴油机的转速稍低于原转速时才能达到。

综上所述，尽管机械式调速器的工作能力较小，其灵敏度和精度均较差，但因其结构简单、维护方便，因此多用于油量调节机构阻力不大的中、小型柴油机上。

二、无反馈液压调速器的工作原理

对于大功率柴油机，油量调节机构的阻力较大，调节油量所需要的力较大。为了使调速器具有一定的灵敏度和足够的工作能力，需要在感应机构与油量调节机构之间布置液压放大机构。由于柴油机油量不是直接依靠飞重的离心力与调速弹簧之间的不平衡力来调节的，而是利用液压油缸的作用力来实现的，所以这种调速器也称为间接作用式调速器。

（一）无反馈液压调速器的动作原理

图 3-2-2 所示为无反馈液压调速器的动作原理。当柴油机稳定运转时，飞重的离心力与弹簧的预紧力相平衡；此时滑阀封闭液压伺服器的上、下控制孔；伺服器的动力活塞静止不动，喷油泵齿条不动，柴油机保持稳定转速。若外界负荷减少，则柴油机转速升高，飞重离心力增大，飞重外张，带动滑套上移，使 AB 杆以 A 为支点逆时针转动，B 点带动滑阀上移，上、下控制孔打开，压力油进入伺服油缸下侧，而上侧空间与低压空间相通。在油压压差的作用下，动力活塞上移并带动喷油泵齿条向减油方向移动，使转速降低。当转速恢复到原设定转速时，AB 杆和滑阀又回到原平衡位置，切断伺服油缸工作油通路。动力活塞停止在新的位置上不动，调节过程结束。反之，当柴油机负荷增加时，转速降低，调节过程按相反方向进行。

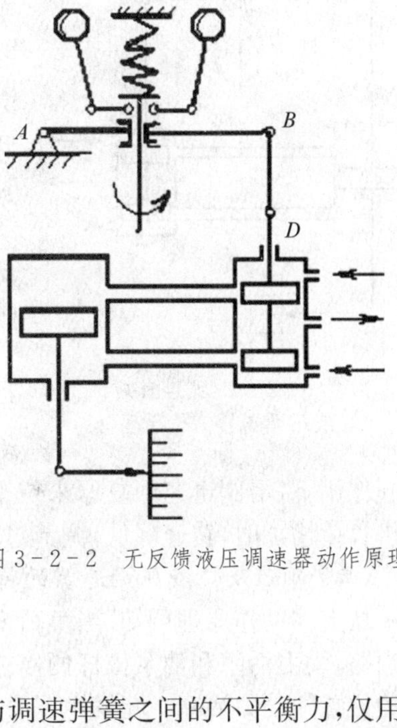

图 3-2-2　无反馈液压调速器动作原理

（二）无反馈液压调速器的特点

从动作原理可知，这种调速器飞重产生的离心力与调速弹簧之间的不平衡力，仅用来推动滑阀，因而其飞重的质量、尺寸和弹簧的刚度都可以较小，则平衡系统感应转速变化敏感性得以较大地提高。而作为放大器的液压伺服器的作用力，则可根据油量调节机构的需要，选择不同尺寸的伺服活塞和不同滑油压力予以放大。

在实际使用中，这种液压调速器不可能根据外负荷的变化既准确又"适可而止"地改变喷油泵的供油量。例如上述外界负荷减少时引起柴油机转速升高的情况，此时滑阀上移，动力活塞带动油泵齿条上移减油，柴油机降速。只有当转速降回到原转速，飞重回到原位时，滑阀才能回到原位封闭液压伺服器的上、下控制孔。由于调速系统有一定惯性，不可能一减少供油量，柴油机的转速立即降低。柴油机转速降低的迟缓使滑阀回位迟缓，必使供油量减少过头，造成柴油机降速过度。而降速过度的结果会使滑阀越过原位又下移，打开控制油路，动力活塞又下移拉动油泵齿条向增加供油量方向移动加油，柴油机重新加速。同理，供油量增加过头，使调速器重新进行减速调节。这样不断地重复降速、加速的调节过程，柴油机的转速不但根本无法很快地稳定下来，甚至有可能转速的波动愈来愈大而发生严重的转速急剧波动。由此可见，这种调速器不能满足实际使用要求。

为了使这种调速器能稳定调节，具有实用价值，在调速器中必须加入一种装置，其作用是在动力活塞移动改变油量的同时对控制滑阀产生一个反作用，促使其向平衡位置的方向移动，减少柴油机转速波动的可能性。这种装置称为反馈机构。

三、刚性反馈液压调速器的工作原理

（一）刚性反馈液压调速器的动作原理

图 3-2-3 所示是具有刚性反馈系统的液压调速器。它的构造与无反馈液压调速器基本相同，只是杠杆 AB 的上端 A 不安装在固定的铰链上，而是与动力活塞的活塞杆相连。这一改变使感应元件、液压放大元件和油量调节机构之间的关系发生如下变化。

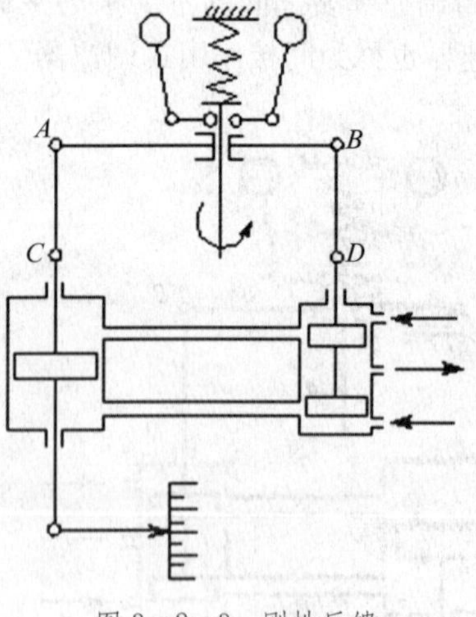

图 3-2-3 刚性反馈液压调速器工作原理

当负荷减小时，发动机转速升高，飞重向外张开带动滑套上移，压缩调速弹簧。此时动力活塞尚未动作，反馈杠杆 AB 的上端点 A 暂时作为固定点，杠杆 AB 绕 A 逆时针转动，带动滑阀上移，把控制孔打开，高压油便进入动力缸的下腔，上腔与低压油路相通。这样，高压油便推动动力活塞带动喷油泵调节杆向上（减油方向）移动，按照新的负荷减少燃油供给量。

在动力活塞上移的同时，杠杆 AB 顺时针摆动，带动与 B 点相连的滑阀向下移动。与此同时，由于减油后，发动机转速下降，飞重回收，滑阀向下移动，在这 2 个力的共同作用下，滑阀迅速回复原来位置，防止供油量减少过头，使转速尽快稳定。反之，当柴油机负荷增加时，转速降低，调节过程按相反方向进行。

（二）刚性反馈液压调速器的特点

从上述动作原理可知，当负荷变化、调速器动作结束时，滑阀回复到原来位置，切断控制油路，动力活塞和油泵拉杆便停在与外界负荷相适应的位置。此时与动力活塞相连的 A 点的位置随动力活塞一起发生了改变，而与滑阀相连的 B 点却回到原位，即 AB 杆的位置因 A 点的变化发生改变，所以与 AB 杆相连的滑套的位置也发生改变，滑套位置的改变使弹簧弹力发生改变，从而导致稳定转速的变化。例如当负荷减小、调速过程结束后，滑阀回到原来位置，动力活塞位于减少了供油量的位置，A 点偏上，滑套偏上，调速弹簧进一步受压，此时只有在较高的转速下运转才能使飞重的离心力与弹簧压力相平衡。因此负荷减小、调速器调节稳定运转后，柴油机的转速比原来稍有升高。同理，当负荷增加时，稳定运转后，柴油机的转速比原来稍有降低。从 AB 杆的位置来看，这种调速器相对于柴油机不同的负荷，具有不同的稳定转速，即 $\delta_2>0$。

综上所述，具有刚性反馈的液压调速器，可以保证调速过程具有稳定的工作特性，但负荷改变后，柴油机稳定的转速会发生变化，即稳定调速率 δ_2 不能为 0。

四、弹性反馈液压调速器的工作原理

如果要求负荷变化时，调速过程既要稳定，又能保持发动机转速恒定不变（即 $\delta_2=0$），就必须采用带有弹性反馈系统的液压调速器，见图 3－2－4。

（一）弹性反馈液压调速器的动作原理

这种反馈形式实际上是将“刚性反馈”改为“弹性反馈”装置，即设置弹性环节——缓冲器 K 和补偿弹簧 S。补偿弹簧的一端与固定的支点相连，另一端则与缓冲器 K 中的活塞相连。缓冲器的油缸与伺服器的动力活塞成刚体连接。缓冲器 K 油缸两空间通过管道及针阀 C 接通，当缸体受力时，缸内液体从一空间流向另一空间，由于针阀的节流作用，使活塞的移动比缓冲器油缸的移动滞后，起到缓冲作用。

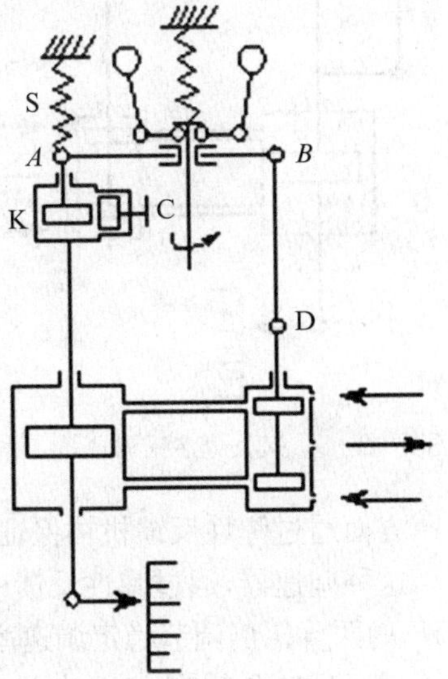

图 3－2－4　弹性反馈液压调速器工作原理

当发动机负荷减小时，转速增大，飞重离心力增加，同样使滑阀上移，动力活塞也上移，喷油泵的供油量减少。随着动力活塞的上移，由于缓冲器 K 中滑油的阻尼作用（针阀开度小，滑油来不及溢出），缓冲器油缸和缓冲活塞就像一个刚体一样随着动力活塞上移，杠杆 AB 上的 A 点也向上移动，在促使滑阀复位的同时，压缩了补偿弹簧 S。这一过程与刚性反馈系统的调速器相同。但当调速过程接近终了时，滑阀回到原来的位置，切断通往伺服油缸的油路，此时缓冲器 K 和动力活塞停留在与新负荷相应的位置上。由于被压缩的补偿弹簧 S 有弹性复原的作用，因此使 A 点带动缓冲器活塞相对于缓冲器油缸移向下方，回到原来位置。缓冲活塞下方油缸中的油经节流阀流到上方。于是，弹簧和杠杆 AB 上的各点都回复到原来的位置，此时调速器的套筒亦因转速复原而回到原来的位置。这样，发动机的稳定转速就保持不变。当负荷增加时，动作过程相反。

（二）弹性反馈液压调速器的特点

这种调速器没有静速差，即 $\delta_2=0$。但要保证其正常工作，关键在于缓冲器 K 中针阀 C 的开度。若针阀开度过大，则针阀节流作用下降，动力活塞移动时，缓冲器缸体移动，缓冲器活塞移动距离会缩短，反馈作用就会减弱，即促使滑阀复位能力减弱，而滑阀迟迟不回位关闭控制油孔，动力活塞油量调节就会过度；极端情形是针阀失去节流作用，动力活塞移动时，缓冲活塞不动。换句话说，当动力活塞移动改变油量时，若失去了对控制滑阀的反馈作用（相当于无反馈液压调速器），调速器将会失去稳定性。若针阀开度过小或关闭，会因反馈作用增强，促使滑阀很快复位，使油量调节不足，转速稳定的时间将延长，即 t_s 过长。故应按要求，保持适当针阀开度。

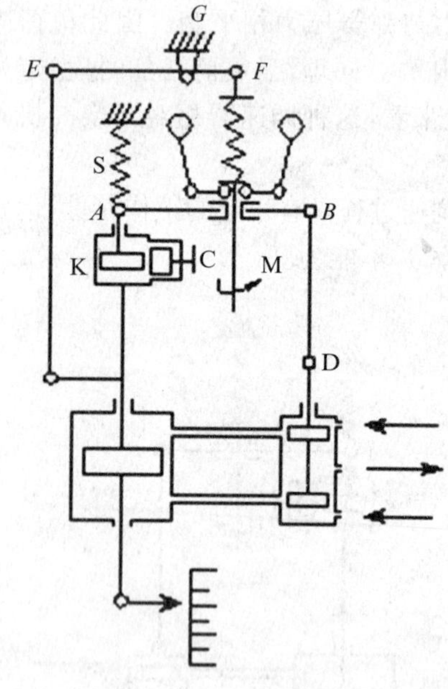

图 3-2-5　双反馈液压调速器工作原理

五、双反馈液压调速器的工作原理

当柴油机需要并车运行时，为保证各台柴油机能够按比例承担负荷，不但要求装设的调速器要有良好的稳定性，还要求有一定的并且可调整的稳定调速率。所以，目前船舶上广泛采用同时具有弹性反馈机构和刚性反馈机构的双反馈液压调速器。这种调速器的工作原理见图 3-2-5。

图 3-2-5 中的刚性反馈杠杆 EGF 和弹性反馈机构（缓冲器 K，补偿弹簧 S，节流针阀 C）由动力活塞杆带动。当外界负荷降低、柴油机转速升高时，飞重向外飞开，带动杠杆 AB 以 A 点为支点逆时针上摆，带动滑阀杆 D 上移，工作压力油进入动力活塞下方，动力活塞上方油泄回低压空间，动力活塞上行减油。伴随动力活塞的上移，一方面使刚性反馈杠杆 EGF 绕 G 点顺时针摆动，由 F 点增加弹簧预紧力，使其稳定后的转速较原转速略高（即 $\delta_2>0$）；另一方面通过弹性反馈机构保证恒速稳定调节。

这种调速器，通过弹性反馈中节流针阀开度的大小调节其稳定性；通过刚性反馈杠杆 EGF 的两臂比例调节稳定调速率 δ_2 的大小，即靠改变 G 点在 EF 上的位置来调节。G 左移 δ_2 变大，右移 δ_2 变小；G 点与 F 点重合，动力活塞在加减油时，F 点对调速弹簧不起作用，$\delta_2=0$。基于这种双反馈液压调速器的稳定性高、δ_2 大小可调、转速调节精度和灵敏度高等优点，故在船用柴油机中得到广泛使用。

由于液压调速器不但具有由控制滑阀和动力活塞组成的液压放大机构（称液压伺服器），还具有反馈（补偿）机构，调节的稳定性得以提高，动态特性得以改善。这些特点使它具有广阔的转速调节范围，调节精度和灵敏度高，稳定性好，所以广泛用于船舶大、中型柴油机。但其结构复杂，管理要求较高。

六、UG-8 液压调速器的结构原理

船用柴油机使用的液压调速器大多为双反馈全制式调速器，其中以 Woodward 公司生产的 UG 型和 PGA 型调速器应用较普遍。UG 型分为杠杆式和表盘式 2 种，并按其工作能力大小分为多种规格；PGA 型为气动遥控式，多用于遥控主机。另外，它们均可按使用者要求附加某些辅助装置以完成控制或安全方面的额外要求。国产全制式双反馈液压调速器，如 TY111 或 TY555 在结构和性能上与 Woodward UG 型相似。

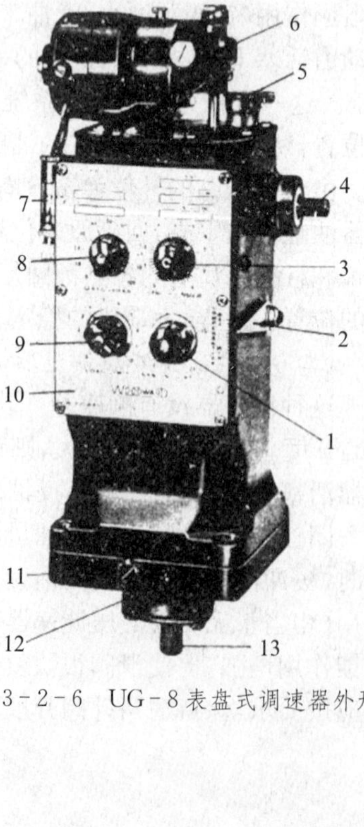

图 3-2-6　UG-8 表盘式调速器外形

UG-8 表盘式调速器的外形见图 3-2-6。其输

出的调节力矩(工作能力)为 8 ft·lb,输出轴转角为 42°,多用于发电柴油机。它的正面表盘上有 4 个旋钮：调速旋钮 3,速度降旋钮 8,负荷限制旋钮 9 以及转速指示器 1。

UG-8 表盘式液压调速器结构原理见图 3-2-7,主要由以下 9 部分组成。

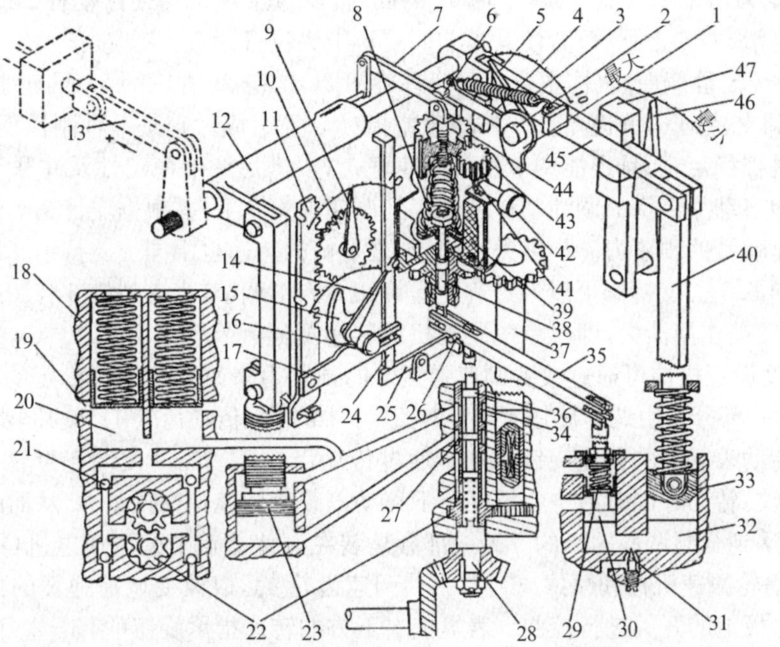

1—静速差凸轮；2—静速差旋钮；3—拉紧弹簧；4—顶杆；5—静速差指针；6—支持销；7—静速差杆；8—调速弹簧；9—负荷指针；10—齿轮；11—齿条；12—输出轴；13—油量调节杆；14—负荷限制指针；15—负荷限制凸轮；16—负荷限制旋钮；17—控制杆；18—稳压油缸；19—溢油孔；20—蓄压室；21—球阀；22—油泵齿轮；23—动力活塞；24—紧急停车杆；25—限制杆；26—限制销；27—控制孔；28—驱动轴；29—反馈弹簧；30—小反馈活塞；31—补偿针阀；32—补偿空间；33—大反馈活塞；34—控制滑阀套筒；35—浮动杆；36—控制滑阀；37—弹性轴；38—调速杆；39—飞重；40—反馈杠杆；41—传动齿轮；42—调速旋钮；43—传动齿轮；44—调速齿轮；45—反馈杠杆；46—反馈指针；47—活动支点

图 3-2-7　UG-8 表盘式液压调速器结构原理

1) 驱动机构驱动轴 28 由柴油机凸轮轴经伞形齿轮传动,通过油泵齿轮 22,弹性轴 37,传动齿轮和飞重架等使飞重 39 等转动,从而将柴油机的转速信号传给感应机构。

2) 转速感应机构由飞重 39,锥形调速弹簧 8 及调速杆 38 组成,用以感应转速的变化。锥形调速弹簧 8 的下端作用在调速杆 38 上,调速杆的下端与浮动杆 35 相铰接。浮动杆的右端与小反馈活塞 30 铰接,中间偏左与滑阀 36 的杆端铰接。这样,当转速变化时飞重张开或合拢,并通过调速杆和浮动杆使滑阀上下移动。

3) 伺服放大机构由控制滑阀 36,控制滑阀套筒 34,动力活塞 23 以及有关油路组成,用来放大感应机构的输出能量。控制滑阀套筒 34 由驱动轴 28 带动回转,柴油机稳定运转时,滑阀正好将套筒 34 的控制孔 27 封闭。当转速升高时,飞重飞开,滑阀上移,动力活塞 23 下部空间通过控制孔 27 与低压油路沟通,动力活塞 23 下移;转速降低时,上述动作相反,动力活塞上移。

4) 调节机构由动力活塞 23,输出轴 12 及油量调节杆 13 等组成。动力活塞 23 上下运动,通过杠杆机构转动输出轴 12,操纵油量调节杆 13,以调节供油量。

5）恒速（弹性）反馈机构主要由大反馈活塞33，小反馈活塞30，上下反馈弹簧29，补偿针阀31，反馈杠杆40和45，可调活动支点47，反馈指针46以及反馈油路等组成。其作用是保证调速过程中转速稳定。反馈杠杆40和45连接在调速器的输出轴12上，由输出轴12驱动。动力活塞23在转动输出轴12的同时，经过反馈机构使浮动杆35绕A点摆动，从而使控制滑阀36上下移动，使其提前回复至中央位置。

6）速度降（静速差）机构主要由静速差旋钮2（图3-2-6中的8），凸轮1，顶杆4，拉紧弹簧3，可调支持销6，静速差杆7和静速差指针5等组成。它是一种刚性反馈机构，不仅能使调节过程稳定，而且还能调节稳定调速率δ_2，以满足调节稳定性及并联运行的工作需要。该机构将动力活塞的调油动作反作用到调速弹簧8上，并根据支持销6的位置按比例地改变调速弹簧的预紧力。预紧力不同，与之平衡的转速也不同。支持销6在不同位置便可得到不同的δ_2。支持销可以通过静速差旋钮2人工调节，当支持销6与调速弹簧轴线重合时，刚性反馈作用消失，即$\delta_2=0$，柴油机的转速不随负荷而变化。

7）速度设定机构可通过改变调速弹簧8的预紧力来改变柴油机稳定的转速。它由2部分组成：一部分是由调速旋钮42（图3-2-6中的3），传动齿轮41和43，调速齿轮44组成的。当转动表盘上的调速旋钮42时，通过传动齿轮41和43使调速齿轮44（即上弹簧盘，带内螺纹）转动并同时沿中心螺杆上下移动以改变调速弹簧预紧力，从而改变柴油机的给定转速，达到全制调速的目的。另一部分是装在调速器盖上的调速电机（图3-2-6中的6）经过蜗轮减速机构和摩擦离合器驱动调速齿轮44，以改变调速弹簧的预紧力。调速电机由配电板上的开关进行控制。表盘上右下方的转速指示旋钮（图3-2-6中的1）用于指示柴油机选定的转速，自身不可调节。

8）负荷限制机构由负荷限制旋钮16（图3-2-6中的9），负荷限制指针14，负荷限制凸轮15，控制杆17，紧急停车杆24，限制杆25，限制销26，齿条11，齿轮10和负荷指针9等组成，用以限制动力活塞的加油行程。在图3-2-7所示位置，负荷限制指针14位于表盘刻度"10"（最大）处，动力活塞23的位置由齿条11和齿轮10传动的负荷指针9指示为"5"。此时在控制杆17与凸轮15之间具有间隙，所以当外界负荷继续增大时，滑阀36的下移不受限制，动力活塞可以继续上行加大供油量。当动力活塞上行至最大供油位置时，负荷指针9也转到指示"10"。此时控制杆17与凸轮15刚好接触，限制滑阀36继续下移，动力活塞（即供油量）也被限制在刻度"10"处。同理，若旋转负荷限制旋钮16使负荷限制指针14置于"8""6""4"刻度处，则柴油机的供油量亦被限制在"8""6""4"处。若旋转负荷限制旋钮16使其负荷限制指针14置于"0"刻度，则通过凸轮15和控制杆17将停车杆24压下，柴油机自行停车。柴油机起动时为防加速过快应将负荷限制旋钮置于"5"；待起动之后运转正常，再将负荷限制旋钮转至"10"或规定位置。

按下紧急停车杆24，这时限制杆25通过限制销26把控制滑阀36抬起，动力活塞23便下移把供油量减为0。此停车杆24仅在调速器试验中使用，并非在柴油机运转中使用，但可在其上方安装安全停车辅助装置（如停车电磁阀等）以保护柴油机。

9）液压系统由低压油池，油泵齿轮22，稳压油缸18，稳压活塞及有关油路组成，用于产生并维持规定的油压。液压系统用来产生推动动力活塞23运动的高压油。油泵齿轮22从油池中吸油加压后排送到稳压油缸18和有关空间。稳压油缸、稳压活塞、弹簧和溢油孔19等用于保持系统中稳定的油压（约为0.8 MPa）。当油压过高时，稳压活塞升起，滑油从溢油孔 19 流回油池，从而保持系统中油压稳定。

当柴油机在某一负荷下稳定工作时，飞重 39 的离心力与调速弹簧 8 的预紧力相平衡，滑阀 36 处于图 3-2-7 所示中间位置将控制孔 27 封闭，使动力活塞 23 下方空间封闭，动力活塞固定不动，输出轴 12 和油量调节杆 13 等均固定在某一位置，使柴油机有一个与外负荷相适应的供油量。柴油机在由调速弹簧 8 所设定的转速下稳定运转。

当柴油机负荷增大时，转速下降，飞重的离心力小于弹簧的预紧力，飞重向内收拢，调速弹簧推动调速杆 38 下移，使浮动杆 35 以右端 C 点为支点向下摆动，推动滑阀 36 下移并打开套筒上的控制孔 27，让高压油进入动力活塞 23 的下腔。由于动力活塞下面面积为上面面积的 2 倍，致使动力活塞向上移动并带动输出轴 12 逆时针方向(加油方向)转动，增加柴油机供油量使转速回升。在输出轴 12 逆时针转动的同时，反馈杠杆 45 的左端上移，右端以活动支点 47 为中心下移，带动大反馈活塞 33 下移，压缩补偿空间 32 中的滑油。由于补偿针阀 31 的节流作用(针阀的开度小)，补偿油缸中的油压上升，致使小反馈活塞 30 上移并压缩反馈弹簧 29。此时浮动杆 35 以左端 A 点为支点逆时针转动，带动滑阀 36 上移，使其提前返回平衡位置，重新封闭控制孔 27，切断压力油，使动力活塞 23 提前停止加油移动。此后，由于反馈弹簧 29 的恢复作用，使小反馈活塞 30 逐渐下移复位，多余的滑油由补偿针阀 31 排出。小反馈活塞 30 下移速度如能与调速杆 38 的上行速度相适应，就能使滑阀 36 稳定在平衡位置，使柴油机恒速转动。

上述一系列动作并非一次完成，而是要反复多次，一直持续到油量的增加与负荷的增加相适应，且使柴油机恢复到原来的工作转速为止。此时，飞重 39，调速杆 38，滑阀 36 和小反馈活塞 30 均回到原先的平衡位置，而动力活塞 23，输出轴 12 和大反馈活塞 33 停在对应于负荷增加后所需的供油量位置上，柴油机在原转速下稳定运转，获得新的平衡。

为保证调速过程有一定的静态转速差，即调速器具有一定的稳定调速率 δ_2，调速器中设有静速差机构(即刚性反馈机构)。在外负荷增加、输出轴 12 逆时针方向转动加油的同时，静速差杆 7 绕支持销 6 也按逆时针方向转动，使其右端上移，调速齿轮 44 和中心螺杆随即一起上移，并将调速弹簧 8 稍微放松。由于调速弹簧的预紧力减少了，要使飞重、滑阀回复原来位置就必须降低柴油机的转速，即存在所谓的"静速差"。也就是当负荷增加时，使柴油机在稍低于原转速下运转。

同理，当负荷减小时，调速器的调节过程与上述相反。同样由于静速差机构的动作，使柴油机以较原转速稍高的转速稳定运转。

七、PGA 调速器的结构原理

PGA 调速器是由原 PG 型调速器与遥控气动速度设定机构组合而成的一种调速器。它是一种双反馈、气动速度设定的全制式液压调速器。它的速度降由刚性反馈机构实现，而弹性反馈机构改用一种阻尼补偿系统(由阻尼活塞、弹簧和针阀组成)。显然，这种调速器主要用于气动遥控系统的主柴油机。这种调速器通常均具有某些辅助装置，如扫气压力燃油限制器(保证增压器在加大负荷时其循环供油量与增压空气压力同步增长，以防匹配不当而冒黑烟)、电磁阀切断装置等。

PGA 调速器的结构由调速器主体部分、速度设定部分和速度降机构 3 部分组成，其原理见图 3-2-8。

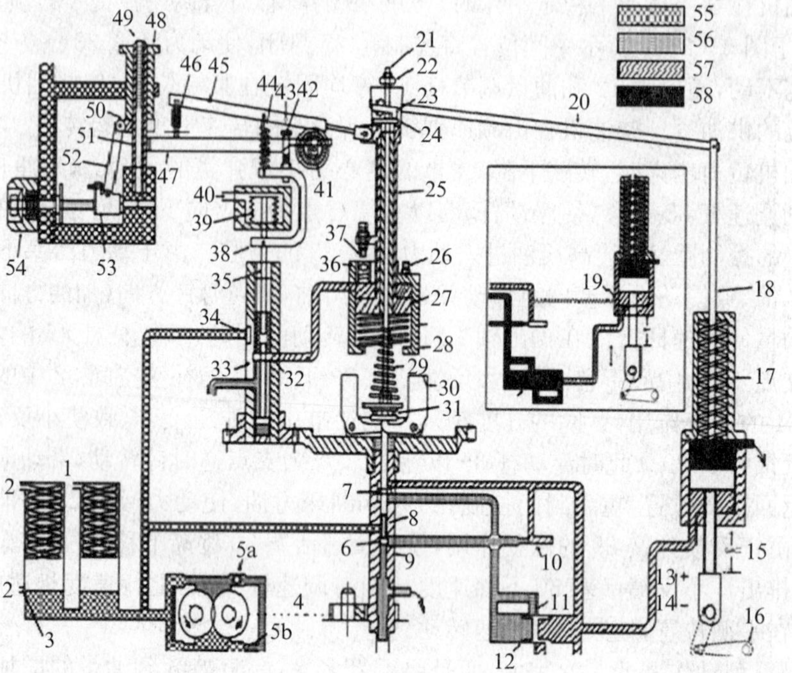

1—蓄压器；2—贮油箱；3—溢油孔；4—油泵；5a—止回阀(开启)；5b—止回阀(关闭)；6—控制环带；7—补偿环带；8—滑阀柱塞；9—套筒(转动)；10—补偿针阀；11—旁通阀；12—阻尼活塞；13—加油；14—减油；15—间隙；16—输出转轴(选配)；17—伺服油缸；18—尾杆；19—选配的补偿切除孔；20—速度降杆；21—切断杆；22—切断螺帽；23—速度降凸轮；24—速度降柱塞；25—活塞杆；26—活塞止动调整螺钉；27—转速设定伺服活塞；28—转速设定油缸；29—调速弹簧；30—飞重；31—推力轴承；32—控制环带；33—套筒(转动)；34—断续供油口；35—速度设定滑阀柱塞；36—最高转速限制阀；37—限制阀调整螺钉；38—"C"形框；39—波纹管；40—控制空气；41—可调支点架；42—低速调整螺钉；43—停车销；44—复位弹簧；45—复位杆；46—负荷弹簧；47—速度设定螺钉组件；48—速度设定螺帽；49—手动高速停车调整螺钉；50—滑环；51—高速停车销；52—连杆；53—引导螺帽；54—手动速度调节旋钮；55—调速器油泵供油压力；56—调速器中间部分油压；57—封闭油和伺服油缸中的油压；58—贮油箱油压

图 3-2-8　PGA 调速器结构原理

（一）调速器主体部分

包括齿轮油泵 4，蓄压器 1，调速弹簧 29，飞重组件 30，推力轴承 31，滑阀柱塞 8，回转套筒 9，阻尼补偿系统 12 和 10，伺服油缸 17 等。伺服油缸内的动力活塞杆通过输出转轴 16 与柴油机燃油调节机构连接。

（二）速度设定部分

PGA 调速器的速度设定机构由气压设定和手动设定机构 2 部分构成。前者使用的控制空气压力范围为 0.049～0.50 MPa，允许的最低压力为 0.021 MPa，允许的最高压力为 0.71 MPa，速度设定值与控制空气压力值成正比；后者使用手动旋钮，可在切断控制空气的情况下任选一速度值。

1）气动式转速设定机构。此机构主要由波纹管 39，速度设定滑阀柱塞 35，单作用弹簧支承的液压速度设定油缸 28 以及使滑阀柱塞 35 回中的复位机构(活塞杆 25，复位杆 45，可调支点架 41，复位弹簧 44 等)等组成。

2）手动转速设定机构。此机构主要由手动速度调节旋钮 54，引导螺帽 53，连杆 52，滑环 50，速度设定螺帽 48，高速停车调整螺钉 49，高速停车销 51 和“T”形带有滚珠轴承支架的手动速度设定螺钉组件 47 等组成。在没有控制空气时，借助于此机构可在机旁任意设定柴油机的工作转速。在无控制空气作用时，低速调整螺钉 42 在复位弹簧 44 的作用下上移至与停车销 43 接触。此时，负荷弹簧 46 使复位杆 45 压在滚珠轴承上，并将速度设定螺钉组件 47 一同压下。若需提高设定转速，可顺时针转动调节旋钮 54，螺帽 53 左移，通过连杆 52 和滑环 50 拉动速度设定螺帽 48 下移，并带动螺钉组件 47 和滚珠轴承一起下移。相应于螺帽 48 下移的某一位置，负荷弹簧 46 拉下复位杆 45 并通过低速调节螺钉 42 和“C”形框 38 等使滑阀柱塞 35 下移离开中央位置。压力油进入活塞 27 的上方使其下移，增加调速弹簧 29 的预紧力，从而提高设定转速值。随着活塞杆 25 的下移，复位杆 45 顺时针转动并通过复位弹簧 44 提起柱塞回复到中央位置，切断压力油，速度设定活塞固定不动，柴油机在较高的设定转速下稳定运转。

同理，如需降低设定转速，则逆时针旋转旋钮 54，调节过程与上述过程相反。速度设定活塞上升至某一较低转速位置固定不动，使设定转速降低。

此外，调速器上还设有正常切断和最高转速限制。正常切断装置由切断杆 21 和切断螺帽 22 组成。当气动操作气压信号消失后，活塞杆 25 上移超过正常低速位置，活塞杆上端的支座接触切断螺帽 22 的下螺帽，把切断杆 21 和滑阀柱塞 8 提起，动力活塞下移切断燃油供给。最高转速限制是由装在油缸 28 上部的最高转速限制阀 36 和安装在活塞杆 25 上的限制阀调整螺钉 37 来完成的。当调速器设定转速超过最大转速(约高 5 r/min)时，活塞杆 25 下移到最大转速位置，调整螺钉 37 顶开限制阀 36，转速设定伺服活塞 27 上部压力油排至油池，转速设定伺服活塞不再下移，从而转速不致超过最大转速设定值。

（三）速度降机构

速度降机构即为前述双反馈中的刚性反馈机构。该机构可在增加燃油量的同时，使柴油机的稳定转速成比例地降低以补偿负荷的增加。其反馈作用的实质是在负荷增加的同时，稍微降低调速弹簧的预紧力。本调速器的速度降机构由动力活塞上的尾杆 18，速度降杆 20 以及速度降凸轮 23 等组成。当动力活塞上移增加供油量时，尾杆 18 上行推动速度降杆 20 通过速度降凸轮 23 的锁紧螺钉使速度降凸轮转动，从而速度降柱塞 24 稍微上移放松调速弹簧 29 的预紧力，以保证一定的稳定调速率。反之，当动力活塞下行减油时，速度降凸轮稍许增大调速弹簧的预紧力。显然，调节凸轮的安装位置可调节稳定调速率的大小。

当柴油机的输出功率与外负荷平衡时，柴油机以恒速运转，此时飞重 30 产生的离心力与调速弹簧 29 的预紧力平衡，飞重处于垂直位置(见图 3-2-8)，滑阀柱塞 8 的控制环带 6 封闭套筒 9 上通向阻尼活塞 12 左方的油路，伺服油缸 17 内的动力活塞固定不动，输出转轴 16 固定，柴油机稳定恒速运转。

当柴油机的外负荷增大时，柴油机转速下降，飞重产生的离心力减小，滑阀柱塞 8 下行。其控制环带 6 开启通向阻尼活塞 12 左方的油路，压力油进入阻尼活塞左侧并推动它向右移动，并将右侧的油压入伺服油缸 17 内动力活塞的下部，推动动力活塞上行，加大油门使柴油机加速。与此同时，阻尼活塞 12 左右两侧的油压同时作用在位于滑阀上部的补偿环带 7 的两侧，且作用在下侧的油压大于上侧油压，产生向上的补偿力，使滑阀柱塞 8 上移提前复位，即由补偿力产生负反馈作用。由此，滑阀柱塞 8 可在柴油机转速达到原转速之前提前回复至中央位置,关闭控制孔,避免因调速系统的惯性而形成的过分加油。在此后柴油机的加速过程中,此补偿力将由阻尼活塞的缓慢左移复位而通过补偿针阀进行调节,使之逐渐减小。

如果补偿针阀开度适当,则可使此补偿力的减小速率与飞重离心力的增加速率相同,使滑阀在中央位置不动。最后当转速恢复至原设定转速稳定运转时,补偿力消失,飞重回复至垂直位置,滑阀与阻尼活塞均回复到原中央位置,而动力活塞稳定在新的位置上。柴油机在增大的供油量下稳定运转。

当外负荷减小时,调速过程与上述过程相反。

如果柴油机外负荷大幅度增减,滑阀柱塞 8 移动较大,则阻尼活塞 12 迅速移向其极端位置,开启旁通阀 11 使高压油直接进出动力活塞下部空间,可大幅度加减油量。而且此时在补偿环带上下不产生压差,无补偿力,可减少调速器的瞬时调速率 δ_1,使调速过程能与外负荷的大幅度变化相适应。

波纹管 39 与复位弹簧 44 组成一个力平衡系统,这个系统通过"C"形框 38 与速度设定滑阀柱塞 35 连接。当作用在波纹管外侧的控制空气压力恰好与复位弹簧向上的力平衡时,滑阀柱塞 35 处在转动套筒 33 中的中央位置,滑阀上的控制环带 32 封闭套筒上的控制孔(见图 3-2-8)。转速设定油缸 28 的上方无工作油流出和流入。转速设定伺服活塞 27 固定不动,调速弹簧 29 的预紧力不变,即柴油机的设定转速不变。

当输入到波纹管 39 外侧压力室的控制空气压力增高时,波纹管被压缩向下的力大于复位弹簧向上的力,波纹管被压缩使速度设定滑阀柱塞 35 下移,高压工作油进入转速设定伺服活塞 27 的上方推动其向下移动,增加调速弹簧 29 的预紧力,即设定转速增高。活塞杆 25 相应下移,带动复位杆 45 以可调支点架 41 为支点顺时针转动,增大了复位弹簧 44 和负荷弹簧 46 向上的拉力,并与波纹管向下的作用力相互平衡。同时通过"C"形框向上拉动柱塞 35 使它回复到中央位置,即封闭转速设定伺服活塞的压力油路,转速设定伺服活塞固定不动,从而给出一个增加了的转速设定值。

当欲降低设定转速而降低控制空气压力时,上述速度设定机构按相反过程动作,最后活塞 27 停在某一上移位置不动,设定转速相应降低。

当控制空气中断或降至最低值以下时,柴油机的运转状态可按要求不同立即停车或维持在某低速下运转。此种不同要求可通过调节低速调整螺钉 42 的不同位置来保证。前者(停车要求)可在控制空气中断及柴油机停车状态时调节螺钉 42 的高度,使它与复位杆上的停车销 43 之间有一固定的间隙。此时,当控制空气中断或在最低值以下时,活塞 27 的上行降低设定转速并不会引起复位杆推动螺钉 42 下行而使滑阀柱塞 35 回中,从而活塞 27 可继续上行而停车。当控制空气压力和柴油机转速都处于它们正常运行的最低值时,螺钉 42 的高度应调节到正好与停车销 43 相接触,这样就限制了活塞 27 继续上行。

【任务实施】

模块 1　液压调速器性能参数的调节

〖任务要求〗

1) 液压调速器的稳定性调节;

2）液压调速器的稳定调速率的设定；

3）液压调速器的速度设定；

4）液压调速器 Woodward UG－8 的结构原理；

5）液压调速器 Woodward UG－8 的参数设定；

6）液压调速器 Woodward PGA 的结构原理；

7）液压调速器 Woodward PGA 的参数设定。

〖任务准备〗

1）Woodward UG－8 液压调速器；

2）Woodward PGA 液压调速器；

3）Woodward UG－8 液压调速器挂图；

4）Woodward PGA 液压调速器挂图；

5）液压调速器动画。

〖任务操作〗

液压调速器的调整一般为修理后的调整或性能优化调整。调整工作最好在调速器试验台上进行。如在柴油机上进行调整，必须严防柴油机超速飞车，并应备好紧急停车机构。通常，此调整工作包括稳定调速率的调节、稳定性的调节以及 PGA 调速器的速度设定调节。

一、稳定调速率 δ_2 的调节

（一）稳定调速率 δ_2 及作用

稳定调速率 δ_2 是调速器重要的性能指标。保证一定的 δ_2，不但可以提高调速过程的稳定性和调速的准确性，而且还能对并联运行柴油机间所承担的负荷进行自动调节，保证各机负荷分配合理。不同用途的柴油机对其调速器的 δ_2 要求不同，在柴油机交验时必须经测试和调节，以符合有关规范要求。

稳定调速率可在调速特性曲线上示出。如图 3－2－9(b) 所示，实测的调速特性曲线并非直线，此处近似地将其视为直线。由图可见，空载(M=0)时，转速为 $n_{空}$；随着负荷的增加，柴油机转速相应降低，在标定转矩时，转速下降为 n_b（标定转速）。此转速差($n_{空}-n_b$)的大小反映了 δ_2 的大小。若 $n_{空}-n_b=0$，则表示此时 $\delta_2=0$，相当于具有弹性反馈调速器的调速特性，见图 3－2－9(a)。

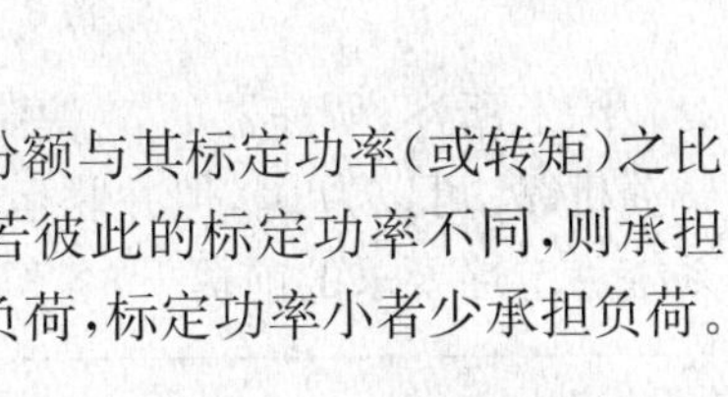

图 3－2－9　柴油机的调速特性

（二）并联运行柴油机对稳定调速率 δ_2 的要求

对于并联运行的多台柴油机，要求每台机承担的负荷份额与其标定功率（或转矩）之比均相同。若标定功率相同，则每台机承担的负荷亦相同。若彼此的标定功率不同，则承担的负荷应与标定功率之值成比例，即标定功率大者多承担负荷，标定功率小者少承担负荷。当总负荷增加至全负荷时，大小二者应同时达到全负荷。

如果 2 台标定功率相同并联运行的柴油机的稳定调速率 δ_2 均等于 0，则其调速特性如图 3－2－10 所示，是一根垂直于 n 轴的直线。此时总功率虽然一定（0～1），但 2 台柴油机之间的负载分配却是任意的，能随时自动地改变，可以是（0～3）与（3～1）的分配，也可以是（0～2）与（2～1）的分配等，这样 2 台柴油机的工况均不稳定，显然这 2 台 δ_2 均为 0 的柴油

机不能并联运行。

若让它们具备一定的稳定调速率 δ_2，并使 $(\delta_2)_1=(\delta_2)_2>0$，则 2 台柴油机有重合的调速特性，$M_合$ 为 2 台柴油机合成的调速特性线(见图 3-2-11)。当 $n=n_1$ 时，每台机都在 2 点运行，合成工作点为 1，两机负荷均匀分布。当外负荷增加时，两机同时加油，但二者转速也同时下降到 n_2，每台机运行点为 $2'$，合成工作点为 $1'$。其负荷分配仍然均匀。

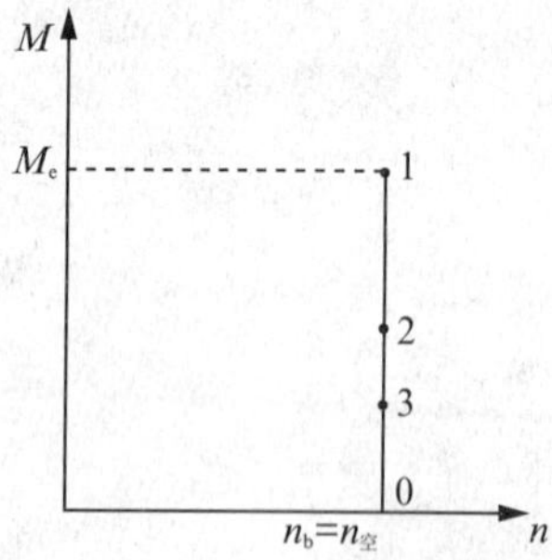

图 3-2-10　$\delta_2=0$ 时的负荷分配

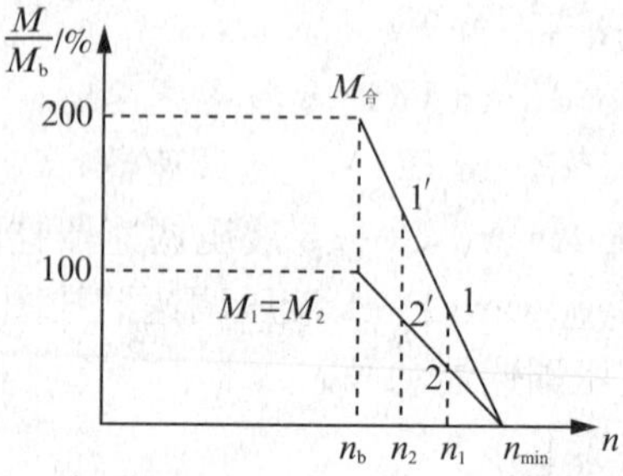

图 3-2-11　两机 δ_2 相等时的负荷分配

若两机的 δ_2 不等，设 $(\delta_2)_1<(\delta_2)_2$(见图 3-2-12(a))，2 条调速特性曲线具有不同的倾斜度，δ_2 小者陡峭。当转速为 n_a 时，两机的运行点分别为 1 和 2，其负荷分配占各自标定功率的份额不等，即负荷分配不均匀，δ_2 小者(陡峭)多承担负荷。若此时调节调速器的设定转速，使两机同时运行在点 2(见图 3-2-12(b))，即让其调速特性曲线沿 n 轴平移后的两线交点 2，这时两机负荷虽然相同，但这种均衡只是暂时的，只要外负荷一有变化，均衡即遭破坏。如外负荷增加，转速降为 n_c，则两机的工作点就分别为 3 和 4，负荷分配又不均匀，严重时 1 台机超负荷而使全船失电。

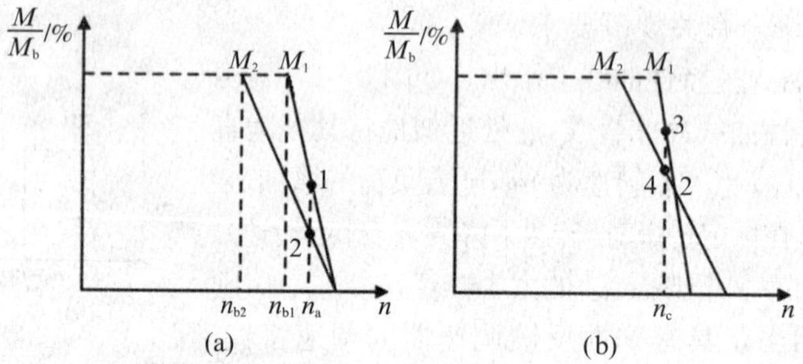

图 3-2-12　两机 δ_2 不相等时的负荷分配

综上所述，调速器的 δ_2 决定了并联运行的柴油机间的负荷分配情况，对于单台运行的柴油机，δ_2 可以为 0。但并联运行的各台柴油机的 δ_2 值必须相等且均大于 0；在满足调速系统稳定性要求的前提下，各机的 δ_2 值应满足有关规范的规定要求。

〖思考〗

并联运行的柴油机对 δ_2 的要求是什么？

（三）稳定调速率 δ_2 的调节

液压调速器的 δ_2 可通过速度降机构(刚性反馈机构)进行调节。Woodward 液压调速器调节方法如下：

1）表盘式调速器可通过其正面表盘上的速度降旋钮 8(见图 3-2-6)进行调节。顺时针方向转动此旋钮,可通过速度降机构增大可调支持销 6(见图 3-2-7)相对调速弹簧 8 轴线的距离,从而增大 δ_2;若使支持销 6 与弹簧 8 轴线重合,则其 $\delta_2=0$。如按使用要求将此旋钮转至刻度为 30～50 处,则表示相应的 $\delta_2=3\%\sim5\%$。实践中可通过并联运行柴油机的负荷分配比例情况进行调节,如某并联机承担负荷小,则应减少该机的 δ_2 数值。

2）杠杆式、PGA 型调速器壳体外部无 δ_2 调节机构。如需调节 δ_2 值,应打开调速器顶盖,旋松速度降凸轮 23(见图 3-2-8)上的锁紧螺钉,则速度降凸轮可沿支点销上的槽道滑动。若将速度降凸轮沿槽道向右滑动,即朝动力活塞尾杆 18 的方向移动凸轮,则 δ_2 值增大;反向移动凸轮则 δ_2 值减小。若使凸轮中心线与支点销中心线重合,则 δ_2 值为 0。决不允许使速度降凸轮移动超过 $\delta_2=0$ 的位置,因为这样会出现负的稳定调速率而使调速器工作非常不稳定。在这些调速器中,δ_2 的调节范围为 0～12%。

机械调速器的 δ_2 值与其结构参数有关,除非更换调速弹簧或飞重等零件,δ_2 一般是不可调整的。若换用刚度小的调速弹簧,其 δ_2 变小,准确性提高,但稳定性会降低。

二、稳定性的调节

为了保证调速过程稳定,在液压调速器中设有反馈系统。通常,在调速器换新或修理后应对反馈系统进行综合调节,以获得尽可能小的瞬时调速率 δ_1 和尽可能短的稳定时间 t_s。

反馈系统调节的环节主要有 2 个(见图 3-2-7)：一是扳动反馈指针 46,以改变反馈杠杆 45 的活动支点 47 的位置,从而调节反馈行程的大小;二是调节补偿针阀 31 的开度,用以调节反馈速度的快慢。如果反馈指针的位置和补偿针阀的开度调节得正确,控制滑阀 36 提前复位后,在飞重 39 和小反馈活塞 30 的复位过程中,控制滑阀 36 在中央位置上一直保持不动。此时,调速过程的瞬时调速率 δ_1 和稳定时间 t_s 均符合有关规定,即调速器的稳定性良好。

若反馈指针指向"最大"位置,反馈行程过大,控制滑阀 36 就会过早提前复位而产生供油量调节不足的现象;反之,反馈指针指向"最小"位置,反馈行程过小,产生供油量调节过度的现象。以上 2 种情况均会导致调速过程产生严重的速度波动,稳定性变差。

若补偿针阀 31 开度过小或关闭,反馈作用过强,控制滑阀过快复位,会造成油量调节不足,使转速恢复时间过长(即 t_s 过长);若补偿针阀 31 开度过大,针阀就会失去节流作用,使反馈动作无法到达小反馈活塞 30,反馈作用减少或丧失,就会造成供油量调节过度,转速波动加剧。二者均使调速过程稳定性变差。

因此,进行调速器稳定性的调节应同时调节反馈指针的位置和补偿针阀的开度。其原则是在尽可能小的反馈指针刻度下,保证针阀开度符合相应说明书要求。如 UG-40 调速器要求针阀开度为 1/4～1/2 转;UG-8 调速器要求 1/8～1/4 转(1955 年前产品)、1/2～3/4 转(1955 年后产品);PGA 调速器要求 1/16～2 转。在任何情况下均不得把补偿针阀全部关死。

稳定性调节步骤如下(以 UG 型为例)：

1）调速前的准备。使柴油机在无负荷下空车运转,当柴油机转速和调速器的滑油温度上升到正常值时，方能进行调节。这时须有专人掌握燃油杆，以备人工切断供油。

2）调速器滑油驱气。把反馈指针放在最大位置，补偿针阀旋出几转，使柴油机处于游车状态，松开调速器上的透气塞，让柴油机转速波动 1～1.5 min，使调速器各油路中的空气从放气塞逸出来，直至空气全部排光后上紧放气塞。

3）无负荷调整。反馈指针置于刻度“3”处；人为地使柴油机转速波动并逐渐关小补偿针阀，直至柴油机转速波动刚好消失为止，检查此时针阀的开度(可将针阀慢慢关死并记住至全关死的圈数，然后返回原来位置)。如其开度符合说明书规定，则调节完成。如调节中波动不停或针阀开度不符合要求，说明反馈作用不足，此时应将反馈指针向“最大”方向增加 2 格，重复以上调节；如果反馈指针达到“7”格时还不稳定，则应调节速度降机构，适当增大稳定调速率 δ_2，再重复以上调节，直至满意为止。

经过上述调节，转速波动会很快停止。如果针阀开度符合要求，就可继续试验在各种转速下柴油机能否在转速一旦波动后就会迅速停止。如果认为满意，无负荷反馈调节即完成。

4）有负荷调整。使柴油机承受负荷，在所需要的各种转速下，检查调速器的稳定性。调整步骤与无负荷时相同。一般只需稍许调整一下反馈指针或补偿针阀开度即可达到满意的调节。

调节完毕后，记录反馈指针位置、针阀开度和速度降数值。锁紧反馈指针位置后不要随便移动。清洗调速器、更换滑油时，只需重新调整针阀开度即可，一般无须更动反馈指针的位置。

PGA 型调速器没有反馈指针，因而其稳定性调节比较简单，只需从全开针阀到逐步关小针阀进行调节即可，最后仍需使针阀开度符合 1/16～2 转的要求。应尽量使针阀有较大的开度，以保证调速器调节迅速。如在针阀几乎关死的情况下，柴油机仍不能恢复稳定运转，则可换用一个刚度较大的阻尼弹簧(见图 3-2-8 中阻尼活塞 12)。

三、速度设定的调节

PGA 调速器速度设定的调节主要包括：气动低速设定值调节；控制空气压力与相应转速范围调节；手动设定旋钮的最高转速调节。通常，此种调节应按下列顺序进行，参见图 3-2-8。

(一) 调节前的准备工作

起动柴油机，使调速器滑油温度正常。

1）如调速器装置有停车电磁阀或压力停车装置，应使它们处于不致使柴油机停车的状态。

2）逆时针方向转动手动速度调节旋钮 54，直至最低速度为止(出现滑动)。

3）使手动高速停车调整螺钉 49 的上端与 T 形速度设定螺钉组件 47 的顶部平齐。

4）调节活塞止动调整螺钉 26，使其在转速设定油缸 28 顶部伸出长度约 13 mm。

(二) 气动低速设定值调节

1）接通控制空气，并调至与所要求低速(空车)相应的最低空气压力值。

2）逆时针转动速度设定螺帽 48，直至在最低控制空气压力下达到所要求的低速为止。

(三) 控制空气压力与相应转速范围调节

1）缓慢增加控制空气压力至所需的最大压力值(注意防止超速飞车)。

2）如果在控制空气压力到达最大值前，柴油机已达最高要求转速，则应向转速设定油缸 28 方向移动可调支点架 41；如相反，则向相反方向移动可调支点架 41。在进行此项调节之后应重新调整低速设定值。

3）控制空气压力达最大值，使柴油机稳定运转，顺时针方向转动限制阀调整螺钉 37 使柴油机转速刚刚开始下降，然后逆时针方向转动螺钉 37 约 1/4～1/2 转并锁紧。防止柴油机超速。

4）控制空气压力降至最低值，顺时针方向转动活塞止动调整螺钉 26 直至刚接触伺服活塞为止。然后逆时针方向返回 3 转并锁紧。这样，在柴油机起动时能迅速打开油门，减少起动时间。

（四）手动设定旋钮的最高转速调节

1）关闭控制空气，顺时针方向转动手动速度调节旋钮 54，使柴油机达到所要求的高速。

2）顺时针方向转动手动高速停车调整螺钉 49，直至其刚好与高速停车销 51 接触为止。

3）将手动速度调节旋钮 54 逆时针方向转至最低速度位置处，以恢复气动速度设定控制。

模块 2 液压调速器的故障分析与管理

〖任务要求〗

1）掌握液压调速器的常见故障的分析和处理；

2）掌握液压调速器的日常维护与管理。

〖任务准备〗

1）Woodward UG－8 液压调速器；

2）Woodward PGA 液压调速器；

3）Woodward UG－8 液压调速器挂图；

4）Woodward PGA 液压调速器挂图；

5）液压调速器动画。

〖任务操作〗

调速器是柴油机的重要组成部分，它直接影响柴油机的运转性能。若调速器发生故障，则可以导致柴油机转速不稳，甚至发生熄火或“飞车”等事故。因此对调速器及其系统细心、正确地维护和管理十分重要。

一、调速器的常见故障

柴油机在工作中，当转速变化出现异常时，通常应考虑以下 3 方面的因素：柴油机工作性能恶化；调速器某些辅助设备失常；调速器本身失常。因此，应首先进行以下检查：

1）确认柴油机的负荷是否超出了柴油机的标定负荷；

2）检查各缸负荷是否严重不均、是否正常发火，喷油器是否处于正常工作状态；

3）检查调速器与喷油泵之间的杠杆传动机构是否卡滞或间隙过大而松动；

4）检查调速器负荷指针的零位与喷油泵的零位是否一致；

5）检查调速器的设定机构、控制空气压力等是否正常。

当进行以上检查并排除之后，如调速器工作仍然不正常，则为调速器自身故障，这些故障通常有以下几种。

（一）柴油机游车或转速振荡

游车指转速有节奏地变化，以手动停住调速器的作用可以消除，但放手后仍会恢复有节奏的转速变化。转速振荡指转速有节奏变化且幅值较大，手动停住调速器作用可消除波动，放手后转速不会立即重新波动，但在调速或负荷变化后波动仍会发生。可能的原因有：

1）调速器反馈系统调速不当，应重新进行稳定性调节；

2）调油杆、高压油泵空动或卡死；

3）调速器滑油太脏、起泡或油位过低（油位表不见油位）；

4）调速器内部故障，如飞重和轴承磨损、滑阀卡死、补偿（阻尼）弹簧弹性失效等；

5）调速器与柴油机不匹配。

（二）调速器输出轴颤动（高频振动）

可能的原因有：

1）调速器驱动不稳，如传动齿轮磨损、啮合不良，凸轮轴传动机构松动，柴油机减振器故障；

2）飞重的弹性驱动机构故障；

3）调速器在安装支座上没有均匀固紧。

（三）柴油机达不到全速全负荷

可能的原因有：

1）喷油泵齿条拉出长度不够而调速器输出轴已达到最大输出行程（刻度 10），这可能是由调油杆系卡滞、空动，调速器输出轴与喷油泵供油刻度匹配不当等因素引起的；

2）控制空气或扫气空气压力太低，设定转速太低；

3）动力活塞运动受阻；

4）液压系统油压过低或油路阻塞。

（四）柴油机起动时高压油泵齿条不能及时拉开

可能的原因有：

1）调速器中油压低，如齿轮泵磨损、齿轮泵单向阀泄漏；

2）起动转速太低；

3）升压伺服器（在起动时刻使用起动空气迅速增加调速器内滑油压力的选用设备）动作不佳；

4）某种断油机构（如停车螺帽等）调整不当；

5）转速设定值或扫气压力燃油限制器（在起动时由扫气压力限定调速器输出轴转角的一种辅助装置）设定值太低。

二、调速器的维护管理

调速器的管理应遵循说明书上的规定。下面介绍一般管理原则：

1）注意调速器内部润滑油情况。

①选用合适的滑油：滑油应严格按说明书要求选用。一般可使用 22 号汽轮机油；若工作场合温度较高，可选用 30 号汽轮机油。理想的滑油应不含杂质、不起泡沫、不产生泥渣或胶状物、不溶解空气、无腐蚀作用并具有较高的黏度指数。

②注意液面高低：要经常注意调速器内的滑油量。加油时超过规定刻线，活动元件会把空气卷入油中，液面过低油道内也会混进空气。若液面下降过快，则说明调速器漏油或渗油，应立即仔细查找和处理。否则，滑油因泄漏而减少，会导致调速器咬死，柴油机发生“飞车”事故。

③注意调速器油道内有否空气：调速器经过拆检或换油，液面过高过低等都会使油道内掺混空气。油道内一旦有空气会影响油流连续性和降低补偿作用的敏感性，导致柴油机转速不稳定。

排除空气的方法是使柴油机怠速运转，将补偿针阀打开几圈，让柴油机产生严重的转速波动约 2 min，以迫使油道中空气排出，再仔细关小调整补偿针阀直至满意。

④确保滑油质量：使用过的滑油会逐渐变质，正常情况下，每半年应换油 1 次。换油时可将调速器拆下，倒净旧油并用柴油清洗后，换入新油再装复。若不拆下调速器，则应趁滑油热时，将旧油从放油塞处放掉，并充入清洁柴油；把补偿针阀开大 2 圈以上，起动柴油机让调速器波动工作 30 s，利用柴油自行清洗，然后停车放掉柴油换入新油，调整好补偿针阀即可。最好待柴油机短时间运转后，把新换的滑油再放掉，重新注入新油。

2）检查调速器输出轴到喷油泵之间的拉杆、杠杆等传动件的连接情况：有否卡阻或间隙过大现象，若发现应及时处理，否则会引起油泵齿条动作不及时造成柴油机转速不稳定。检查各连接处的开口销和保险销有否断落倾向，一旦保险件失落，柴油机将会失控。

3）定期检查调速器下列有关机件，并根据检查情况及时处理：补偿针阀螺母有否松动；弹簧的各部分尺寸及弹力是否正常；各阀与套筒、活塞与缸体及其他机件有否过度磨损情况。

4）柴油机转速不理想的原因是多方面的，要仔细观察，认真分析。在未找到确切原因之前，不要轻易断定是调速器的问题，不要急于拆检调速器。有条件的话，可以用一台同型号的正常调速器换装试验，便可有助于判断出是调速器本身的故障还是调速器以外的原因所造成的。

【任务评价】

评估名称：液压调速器性能参数的调节

评估对象：3 000 kW 及以上船舶二/三管轮

评估要素：

1）稳定调速率的设定；

2）稳定性调节；

3）速度设定的调节。

评估名称：液压调速器的故障分析与管理

评估对象：3 000 kW 及以上船舶大管轮

评估要素：

1）液压调速器的故障分析和处理；

2）液压调速器的维护管理。

【任务拓展】

随着海运事业的发展，有些船舶的柴油机因特殊需要，对调速器提出了更高的要求，如使用新一代大型低速超长冲程柴油机作为船舶主机，其标定转速往往不到 100 r/min，这些船舶要求主机在很低转速（如 Sulzer RTA84 要求在 16～18 r/min）时能稳定运行，这样即使是液压调速器的反应速度也难以满足其使用要求。目前已有不少远洋船舶的主机开始采用电子调速器。

电子调速器是一种电子控制系统。凡转速感测元件或执行机构采用电气方式的调速器，统称为电子调速器。通常有以下 3 种类型：

1）全电子调速器信号感测与执行机构均采用电气方式。如海因茨曼电子调速器、Woodward 8290 电子调速器等。此种电子调速器工作能力较小，多用于小型柴油机。

2）电-液或电-气调速器信号监测采用电子式，而执行机构采用液压式或气力式。此种调速器的液压或气压伺服器工作能力较大，可满足各种柴油机的使用要求。如 Woodward 2301 电子调速器的执行机构使用的是 EG3P 型液压伺服器，而 DGS - 8800 数字式调速器的执行机构则采用气压式。

3）液-电双脉冲调速器在普通的液压调速器上加装电子式的负载信号感测装置。该调速器当电子部分发生故障时，可自动转为液压调速器工作。如国产 YTD - 40 型调速器即为此种调速器。

电子调速器能够采用双脉冲调节，即将转速变化信号（称单脉冲）和负载变化的电脉冲信号这 2 个单脉冲信号叠加起来调节燃油量，亦称频载调速器。这种双脉冲调速器能在负载一有变动而转速尚未明显变化之前就开始调节燃油量，因而具有很高的调节精度，适用于对供电要求特别高的柴油发电机组。

电子调速器是近代发展起来的精密调速器。与机械式调速器和液压调速器相比，由于其信号的传递和控制调整由电信号完成，转速的变化直接采用转速传感器测定，不使用机械机构（飞重和调速弹簧），故摆脱了机械零件的惯性质量和机械摩擦的影响，动作的灵敏性和响应速度得到显著提高，其响应时间只有液压调速器的 1/10～1/2；动态与静态精度得以提高。如单脉冲电子调速器瞬时调速率 $\delta_1=5\%\sim7\%$，稳定时间 $t_s=3\sim5$ s；而双脉冲电子调速器 $\delta_1\leqslant2\%$，$t_s\leqslant1$ s。此外，电子调速器无需调速器驱动机构，故其装置简单，安装方便，便于实现遥控与自动控制。鉴于这些优点，在对各种动力机械的调速控制中得到大量应用。

一、电子调速器的组成和工作原理

（一）电子调速器的基本结构

图 3 - 2 - 13 所示为国产 ESG100A 型电子调速器的基本结构。它由转速传感器、控制器、执行器、外围控制开关及调节电位器组成。

测速传感器是柴油机转速的感应环节，一般为磁电式传感器。当测速齿轮转过时产生感应脉冲，并送至控制器。

控制器是电子调速器的核心。它接收来自转速传感器的信号，并按比例转换成直流电压，然后与转速设定电位器的设定电压（转速）进行比较，把比较后的差值作为控制信号送往执行机构。控制器有模拟式和数字式 2 种，前者由模拟电子元件组成，后者由数字式微处理器及相应外围芯片组成。

执行器的作用是根据控制信号对柴油机的油门进行调节。常见的执行器有电磁式执行器、电液执行器和电气执行器。

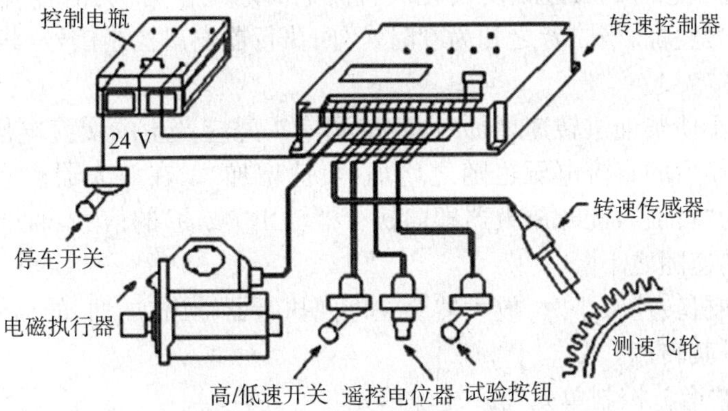

图 3-2-13　电子调速器的基本结构

电子调速器的外围控制开关及调节电位器是用来对调速器进行调整和控制的。根据机组需要,还可安装各种附件,实现自动同步、负荷分配和故障报警保护等功能要求。

(二) 电子调速器的工作原理

1. 组成

图 3-2-14 所示为电子调速器的原理,它由输入部分、控制部分和执行部分所组成。

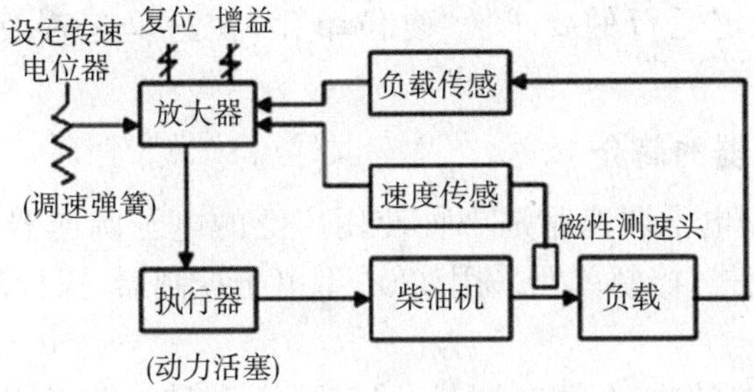

图 3-2-14　电子调速器的原理

1) 输入部分: 由磁性测速头和速度传感器(根据需要也可并用负荷传感器)所组成。磁性测速头感应柴油机的转动而产生交流电压,此交流电压的频率与柴油机的转速成比例。速度传感器则将这个交流电压转变为与此交流电压成比例的直流电压,再把它作为信号输入放大器。此时"速度传感器"所起的作用类似于液压调速器中的"飞重"。

2) 控制部分: 由放大器和转速设定器组成。放大器一方面接收由转速传感器(或负荷传感器)输入的信号,另一方面又同时接收由转速设定器(可用电位器进行调节设定)输入的转速设定信号,并在放大器内把各输入信号的代数和放大后作为控制信号向执行器输出。此时"设定转速电位器"起的作用类似于液压调速器中的"调速弹簧"。

3) 执行部分: 执行器。它根据放大器输入的电信号输出相应的执行动作,对柴油机进行燃油量控制。如果执行器输出的信号仍通过电气来执行调速,此时"执行器"起的作用相当于液压调速器中的"动力活塞"。

2. 电子调速器的调速原理

工作时,先通过转速设定器,利用可调的电位器设定所需的转速,将其产生的转速设定信号以直流电的形式作为"正信号"输入放大器;柴油机起动运转后,速度传感器(或负载传感器)将磁性测速头感应的转速情况转化成直流电的形式作为“负信号”输入放大器，在放大器内将2种信号叠加，当二者之和为0时，不向执行器输出控制信号，柴油机即在设定的转速下运行。

当外负荷减小使柴油机转速增加时，磁性测速头感应产生的交流电压频率立即增加，经速度传感器转换后的直流电压也随之增加(负值增加)。在放大器内它与转速设定“正值”信号之和变为“负值”，此时放大器即向执行器输出“减油”的信号，通过执行器使柴油机的燃油量减少，转速随之下降。

同理，当柴油机转速减小时，放大器会立即向执行器输出“加油”的信号，通过执行器使柴油机加油，提升其转速。

3. 放大器的“增益控制单元”和“复位单元”

放大器在工作时，根据转速变化不断地输出“加油”或“减油”信号，由于其反应极为灵敏，很难做到根据转速变化“适可而止”地改变喷油泵的供油量，柴油机转速不易很快稳定而产生转速的波动。为此，在放大器中专门设置了“增益控制单元”和“复位单元”，使电子调速器能稳定地工作。“增益控制单元”用来控制反馈信号的大小，如果增大增益，则执行器的输出轴转角随放大器输入偏差而增大。此时“增益控制单元”起着液压调速器中“补偿机构”的作用。“复位单元”用来给定放大器的复位时间常数，用以改变放大器的响应时间，如果增大复位的给定值，复位时间常数将增大。只要通过合理的调节就能提高控制回路的稳定性，满足柴油机稳定运行的要求。“复位单元”在这里起着液压调速器中“针阀”的作用。

二、典型电子调速器的简介

Woodward 2301型电子调速器是一种使用广泛的电子调速器，它属于电-液调速器，其测速传感器采用磁电式，控制单元采用2301型电子控制器，执行机构采用EG3P液压执行器。

它有单纯调频型(单脉冲)和调频调载型(双脉冲)2种。前者用于单机运行，其瞬时调速率δ_1一般在5%～7%，稳定时间t_s在3～5 s范围内；后者用于并联运行机组，其瞬时调速率δ_1一般不大于2%，稳定时间t_s不大于1 s。

图3-2-15所示为单脉冲2301型电子控制器的外形。其正面面板上有4个调节旋钮，自左而右分别是：怠速(Low Idle Speed)调节旋钮——用于调节滑油低压保护运转时的最低转速；设定转速(Rated Speed)调节旋钮——用于调节设定转速；稳定度(Stability)调节旋钮——用于稳定性调节；增益量(Gain)调节旋钮——用于增益量调节。

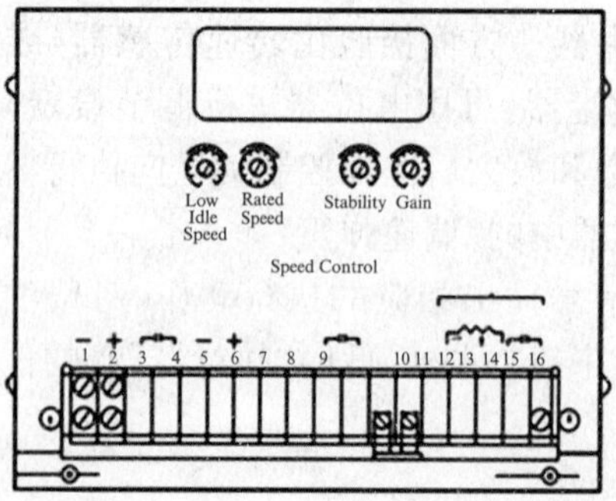

图3-2-15　单脉冲2301型电子控制器的外形

在上述4个调节旋钮下方有接线端子1～16，其端子接线如下：

1,2——接12～40 V直流电源(经稳压电源转换为9 V)；

3,4——速度失灵保护(当测速传感器损坏时，切断去执行器的调速信号，柴油机停车)；

5,6——2301控制器输出(去执行器调速电压信号)；

7,8——磁电式测速传感器测速电压信号输入(1～1.5 V)；

9,10——怠速调节电位计(与怠速调节旋钮相连)；

11,12——转速设定电位计(与设定转速调节旋钮相连)；

13,14——稳定调速率调节电位计(调节范围 0～13%)；

15,16——机组加速时间调节电容器(调节由低速到标定转速的加速时间)。

EG3P 液压执行器见图 3-2-16。由齿轮泵 20 产生的高压油(最大压力为 2.5 MPa)始终作用在负荷活塞 21 的下方,力图使它上行减油,但它的上行受动力活塞 3 下方的油压制约。

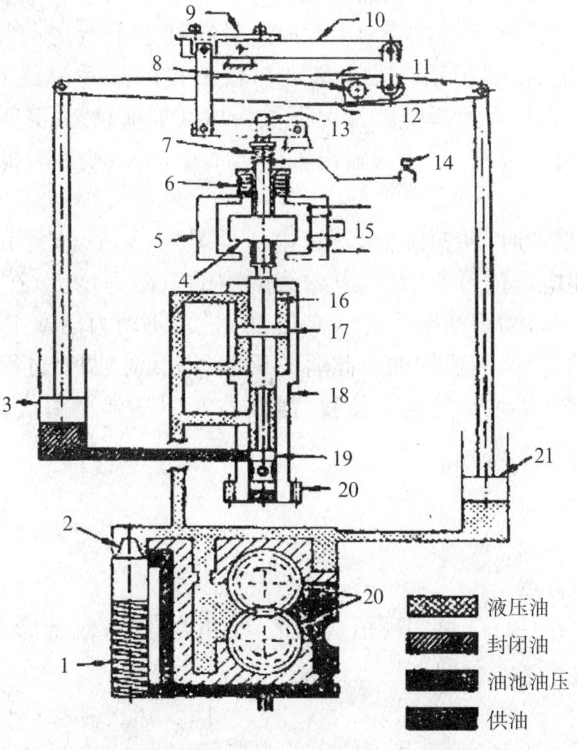

1—安全阀弹簧；2—安全阀柱塞；3—动力活塞；4—永久磁铁；
5—电磁线圈；6—中央弹簧；7—复位弹簧；8—输出轴；
9—可调滑动支架；10—小复位杆；11—加油；12—减油；13—可调弹簧座；
14—中央螺钉；15—去电子控制器；16—滑阀柱塞；17—补偿环带；
18—滑阀套；19—控制带；20—齿轮泵；21—负荷活塞

图 3-2-16 EG3P 液压执行器

永久磁铁 4 固装在滑阀柱塞 16 的上方,并通过中央弹簧 6 和复位弹簧 7 把永久磁铁 4 悬挂在电磁线圈 5 内的磁场中。在滑阀柱塞上有 2 个作用力;一是中央弹簧 6 的向上弹簧力与复位弹簧 7 的向下弹簧力的合力,其方向始终向上,而大小随输出轴 8 的不同位置而不同;二是由电磁线圈产生的电磁力,其方向始终向下,而大小与输出轴的转角位置成正比。这 2 种力的相互作用决定了滑阀柱塞的移动方向。

当柴油机在设定转速 n_b 下稳定运转时,测速传感器产生的交流电压信号经 2301 电子控制器内的频率转换器调质整流成直流电压信号并以负值($-V_b$)输送到控制器内的输出运算放大器的输入端与设定转速正值电压($+V_b$)比较,其差值 $\Delta V=0$,于是输出运算放大器便输出一个与输出轴转角位置(即负荷大小)成正比的调速电压信号,并送往执行器中的电磁线圈产生一个向下的电磁力。此电磁力在数值上恰与前述的弹簧合力相等,而使滑阀柱塞在中央平衡位置保持不动,控制带 19 封闭动力活塞下方空间,动力活塞不动,输出轴静止不动,供油量不动,柴油机在设定转速 n_b 下稳定运转。

当外界负荷减少时,柴油机转速升高,测速传感器产生的并经调质整流的直流负电压 $|-V_a|>V_b$,在输出运算放大器输入端与设定转速正值电压($+V_b$)比较后,其差值 $\Delta V<0$,使控制器的输出调速电压减小。电磁线圈产生的向下电磁力减小,滑阀柱塞在弹簧合力与电磁力差值的作用下上移。动力活塞下方与低压油相通,负荷活塞上行,动力活塞下行,输出轴逆时针方向转动而减油。在减油的同时,小复位杆 10 绕可调滑动支架 9 的支点逆时针方向摆动,增加复位弹簧 7 的向下作用力,使滑阀柱塞下行提前复位,实现负反馈作用,使调速过程稳定。最后,输出轴在减少柴油机供油量的某一位置上,使相应弹簧合力(向上)与电磁力(向下)在均有所降低的情况下重新达到平衡状态,滑阀柱塞重新处于中央平衡位置,动力活塞下方恢复密封状态,输出轴固定不动,柴油机在较低供油量情况下重新稳定运转(n_b)。

同理,当外界负荷增加时,转速降低,测速电压信号 $|-V_a|<V_b$,其差值 $\Delta V>0$,因而输出运算放大器的调速电压信号值增大,电磁线圈中的电磁力增大,在电磁力与弹簧力差值的作用下滑阀柱塞下移,动力活塞下方与高压油相通,使动力活塞上行,负荷活塞下行,顺时针方向转动输出轴,使柴油机加油。此后的反馈(负反馈)调节过程与上述负荷减少时相反。最后在输出轴增加供油量的某一位置,滑阀柱塞回复到平衡状态,动力活塞固定不动,柴油机重新稳定运转。

【课后练习】

一、选择题

1. 机械调速器有下列特点________。
   ①灵敏度高;②结构简单;③可实现恒速调节;④精度较差;⑤维修方便;⑥利用飞重离心力直接拉动油门
   A. ①②③⑤　　B. ②③④⑥　　C. ①②⑤⑥　　D. ②④⑤⑥
2. 目前多使用双反馈液压调速器,其工作中的主要特点是________。
   A. 保证调节稳定性并恒速调节　　B. 保证调节稳定性及恒定的稳定调速率
   C. 保证调节稳定性及可调的稳定调速率　　D. 保证调节稳定性及恒定的速度降
3. 液压调速器的补偿针阀开度过大________,针阀开度过小________。
   A. 油量调节过度/油量调节不足　　B. 油量调节不足/油量调节过度
   C. 油量调节不足/油量调节不足　　D. 油量调节过度/油量调节过度
4. 在 UG 型液压调速器的稳定性调节中,可进行调节的部件是________。
   ①刚性反馈机构;②调速机构;③补偿针阀的开度;④负荷限制机构;⑤低速限止螺栓;⑥反馈指针位置
   A. ①②③　　B. ①③⑥　　C. ①②⑤　　D. ②④⑥
5. 按 PGA 液压全制调速器结构特点,其工作中的主要特点是________。
   ①遥控气动速度设定;②遥控气动速度降设定;③刚性反馈机构实现对 δ_2 的调节;

④反馈指针调节反馈行程大小；⑤阻尼补偿系统保证调节过程稳定且恒速；⑥补偿针阀开度调节补偿速度大小

A. ①②③⑤　B. ②③④⑥　C. ①③⑤⑥　D. ②④⑤⑥

6. 2台标定功率相等并车运行的AB柴油发电机，若A机组始终多承担负荷，正确的调整措施是________。

A. 减小A机组的δ_2　B. 增大A机组的δ_2

C. 增大A机组的频率　D. 减小A机组的频率

7. 关于柴油机起动时高压油泵齿条不能及时拉开，错误的原因是________。

A. 某种断油机构未复位　B. 升压伺服器动作不佳

C. 调速器中油压低　D. 调速器滑油脏污

8. 调速器发生柴油机转速振荡与游车现象不同的是________。

A. 柴油机转速有节奏波动

B. 手动停住调速器作用可消除转速波动

C. 松手后仍恢复原有节奏转速波动

D. 松手后不会立即波动，但负荷变化后仍发生波动

9. 若发电柴油机的稳定性不好，则可能与下面________因素有关。

①补偿针阀开度不当；②反馈指针位置不当；③速度降设定值；④负荷限制设定；⑤调速旋钮设定；⑥油门拉杆间隙

A. ①②③⑥　B. ②③④⑥　C. ①②⑤⑥　D. ②④⑤⑥

10. 电子调速器与传统使用的机构式调速器相比，其主要优点是________。

①动作灵敏；②无调速器驱动机构；③动态性能好；④抗外界干扰能力强；⑤静态性能高；⑥便于实现遥控与自控

A. ①②③④⑤　B. ②③④⑤⑥　C. ①②③⑤⑥　D. ①②④⑤⑥

二、简答题

1. 简述机械式调速器的常见故障。
2. 机械式调速器的稳定调速率是否可以调整？
3. 简述刚性反馈液压调速器的原理及特性。
4. 简述弹性反馈液压调速器的原理及特性。
5. 简述双反馈液压调速器的原理及特性。
6. UG-8液压调速器转速如何设定？
7. UG-8液压调速器主要由哪几部分组成？
8. 叙述UG-8液压调速器的工作原理。
9. 简述PGA液压调速器的结构组成。
10. 简述PGA液压调速器的工作原理。
11. 液压调速器Woodward UG-8和Woodward PGA的稳定调速率如何调整？
12. 液压调速器的维护管理中要注意什么问题？

项目四　柴油机起动装置、换向装置及操纵系统的操作与管理

Operation and Management of Starting Device, Reversing Device and Operating System for Diesel Engine

项目描述

船舶经常在各种复杂的条件下航行，在进出港口和靠离码头时船舶需要多次改变航速及航向；在海洋中正常航行时要求船舶定速前进；在大风浪中航行时应限制主机的负荷及转速，以防主机超负荷或超速；在紧急情况下，船舶为了避碰而要求紧急刹车。为满足船舶机动操纵的要求，船舶主机应当具有起动、停车、调速、限速、限制负荷、正车运转和倒车运转的能力。为此，作为船舶主机的柴油机必须设计起动、换向和调速装置以及控制上述各种装置的操纵系统。

随着船舶自动化技术和电子技术的不断发展，船舶自动化程度越来越高，船舶主机操纵日趋自动化、遥控化、智能化。近年来，新造船舶主机都是遥控操作的，尤其是WARTSILA瑞士公司新推出的RT－flex型主柴油机和MAN B&W新推出的L(S)ME型主柴油机及这2个公司授权生产的柴油机操纵系统较以前结构简单，但功能日趋复杂，正朝着“智能机”方向发展。目前，港口国政府对抵港外轮实施PSC检查，主管轮机员应确保主、副机等设备状态良好，否则船舶会因被发现主、副机存在重大缺陷而受到警告、限期解决或被滞留，船舶不仅承担船期损失和高额的修理费用，还会使船舶、船公司、船旗国船级社被列入“黑名单”而导致名誉损失。因此，轮机管理人员应及时掌握新技术，不断提高管理水平，确保主、副机状态良好，确保船舶安全。轮机管理人员只有掌握各种柴油机的起动、换向和操纵系统的性能才能迅速排除故障，这对船舶安全至关重要。

本项目以船舶柴油机典型的压缩空气起动、换向及操纵系统为实例，在熟悉压缩空气起动装置组成和结构特点的基础上，根据说明书规定的步骤和程序，组织学生动手对系统中的主起动阀、空气分配器等进行拆卸和组装，使学生掌握柴油机起动、换向及操纵系统的操作、维护和管理技能，并能通过对系统的检查，发现并排除主起动阀、空气分配器等的简单故障。

任务1　柴油机起动装置的操作与管理

Operation and Management of Starting Device for Diesel Engine

【任务描述】

压缩空气起动装置是大型柴油机的起动装置之一，就是使静止的柴油机借助外力（压缩空气）的作用使柴油机达到起动转速，从而使喷到气缸内的燃油压缩发火、燃烧、膨胀推

动活塞并通过曲柄连杆机构使柴油机自行运转。而气缸起动阀、空气分配器和主起动阀是压缩空气起动装置的3大部件，主要作用就是按照柴油机的发火顺序和起动正时将控制空气分配到相应的气缸起动阀，将它们逐个打开，并使压缩空气迅速可靠地进入气缸来起动和制动柴油机。气缸起动阀、空气分配器和主起动阀的工作状态是否良好对柴油机的起动性能有很大影响，很多海损事故都与它们的故障有关。为保证气缸起动阀、空气分配器和主起动阀始终处于良好的工作状态，应定期拆检保养。

学生在掌握柴油机压缩空气起动装置的工作原理和特点的基础上，通过对典型柴油机的压缩空气起动装置的气缸起动阀、空气分配器等的拆装和检查，掌握气缸起动阀、空气分配器和主起动阀的日常维护保养方法，并根据操作规范要求完成柴油机的起动任务。

本任务主要内容包括：气缸起动阀和安全阀、空气分配器的拆装、检查；压缩空气起动装置的起动操作；压缩空气起动装置的维护管理。

【学习目标】

- 能描述柴油机的起动方式；
- 能分析柴油机压缩空气起动装置的组成、工作原理和性能特点；
- 能描述柴油机的起动条件；
- 能描述气缸起动阀、空气分配器和主起动阀的工作原理和特点；
- 能按气缸起动阀、空气分配器的结构特点，掌握其拆装的程序及方法；
- 能掌握压缩空气起动装置维护管理的要点；
- 能按操作规范，完成柴油机压缩空气起动装置的起动任务；
- 能掌握分析和排除压缩空气起动系统常见故障的方法。

【相关知识】

一、柴油机起动和起动方式

静止的柴油机必须借助外力(矩)的作用使柴油机达到起动转速，从而使喷到气缸内的燃油压缩发火、燃烧、膨胀推动活塞并通过曲柄连杆机构使柴油机自行运转，这一过程称为柴油机起动。通常称柴油机起动所要求的最低转速为起动转速。起动转速的大小与柴油机的类型、柴油机的技术状态、燃油品质、环境条件等有关。起动转速是鉴别柴油机起动性能的重要标志。起动转速的范围是：高速柴油机80～150 r/min；中速柴油机60～70 r/min；低速柴油机25～30 r/min。柴油机转速过低时，压缩过程进程缓慢，气体对气缸壁散热较多，气体通过活塞环的泄漏亦较多，致使柴油机压缩终点温度较低，达不到燃油压缩发火的要求，柴油机也就不可能起动起来。

按照柴油机起动所采用外来能源的形式，柴油机的起动方式可分为：

1）借助于加在曲轴上的外力矩使曲轴转动起来，如人力手摇起动、电力起动、气马达起动等。船舶中、小型柴油机如救生艇发动机、应急发电柴油机、部分发电柴油机，通常采用电力或气马达起动。

2）借助于加在活塞上的外力推动活塞运动使曲轴转动起来，如压缩空气起动。船舶主柴油机和大多数发电柴油机均采用压缩空气起动方式。

柴油机的起动性能除与柴油机的构造特点和工作条件有关外，也与起动装置有关。柴油机起动装置应能保证柴油机迅速可靠地起动，使消耗的能量尽可能少，易于实现机舱自动化和遥控。对于船舶主机，还要求当曲轴处于任何位置和机舱温度不低于5～8 ℃时，不需暖机就能迅速可靠地起动。

二、压缩空气起动装置组成和工作原理

压缩空气起动就是将具有一定压力的压缩空气(2.5～3.0 MPa)按柴油机的发火顺序在膨胀行程引入气缸,代替燃气推动活塞,使柴油机达到起动转速,完成燃油自行发火。它的主要优点是起动能量大,起动迅速可靠,在正倒车运转时还可以利用压缩空气来实现制动和帮助操纵。但该装置构造较复杂,不适用于小型高速柴油机。

(一) 起动装置简介

图 4-1-1 所示为一种压缩空气起动装置。压缩空气起动装置的主要组成部分包括:空气压缩机,空气瓶 6,主起动阀 3,空气分配器 2,起动控制阀 7 和气缸起动阀 1 等。

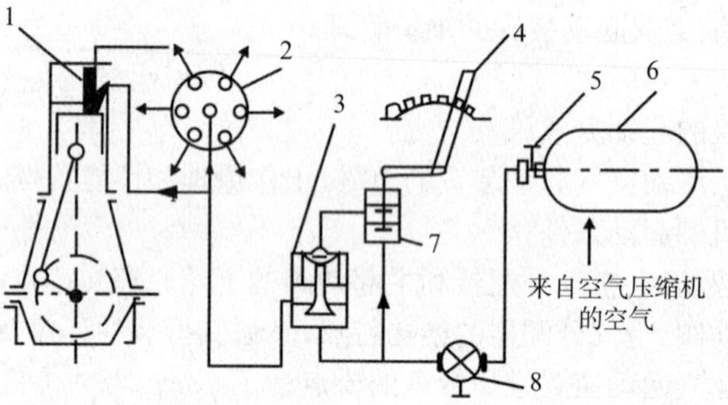

1—气缸起动阀; 2—空气分配器; 3—主起动阀; 4—操纵手柄;
5—出口阀; 6—空气瓶; 7—起动控制阀; 8—截止阀

图 4-1-1 压缩空气起动装置

起动前,空气压缩机向空气瓶充气达到规定压力。空气压缩机的起停由压力继电器自动控制,当空气瓶内压力降至设定的数值时,空气压缩机自动投入工作向空气瓶充气;在空气瓶内压力升至设定数值后,空气压缩机自行停车。

起动柴油机前,打开空气瓶出口气阀和截止阀,使空气瓶中空气自截止阀沿管路通至主起动阀和起动控制阀处等候。当接到起动指令时,将操纵手柄推至"起动"位置。这时,起动控制阀开启,控制空气进入主起动阀的活塞上面,推动活塞下移使主起动阀开启。于是起动空气分成 2 路:一路经空气总管通至各缸的气缸起动阀下方空间等候;另一路为控制用的压缩空气,被引至空气分配器,由空气分配器按照柴油机的发火顺序控制控制空气到达相应的气缸起动阀的上部空间依次将各缸的气缸起动阀打开,使等候在此阀前的起动空气进入气缸,推动活塞运动及驱动曲轴转动。当柴油机达到起动转速时,随即将燃油手柄推至起动供油位置。待柴油机起动后,立即通过柴油机操纵手柄关闭起动控制阀,切断起动空气。主起动阀随即关闭,气缸起动阀上部空间的控制空气也经空气分配器泄放,气缸起动阀关闭。至此,起动过程结束。然后,可逐渐调节供油量使柴油机在设定的转速下运转。当主机定速航行时,将空气瓶截止阀和出口气阀先后关闭。

(二) 起动条件

为了保证柴油机有效、可靠地起动,压缩空气起动的柴油机必须具备 3 个条件。

1. 压缩空气应具有一定的压力和一定的储量

在起动空气瓶容量一定的情况下,压缩空气所具有的能量是由其压力决定的。压缩空

气必须具有足够的压力才能使柴油机在较短的时间内达到起动转速。柴油机起动空气的压力并不一定需要 3.0 MPa，在中、低速柴油机中，此压力一般为 1.5～3.0 MPa，小型柴油机起动空气的压力为 1.0 MPa 左右。按我国《钢质海船入级与建造规范》的要求，供主机起动用的空气瓶至少有 2 个，空气瓶的总容量在不补充空气的情况下，对每台可换向的主机能从冷机连续起动不少于 12 次，试验时应正倒车交替进行；对每台不能换向的主机能从冷机连续起动不少于 6 次。主机多于 2 台时，空气瓶的容量可适当减少。

2. 要有一定的供气正时并有一定的供气持续时间

因为压缩空气代替燃气膨胀做功，推动活塞驱使曲轴转动，所以必须在活塞处于膨胀行程的某一时刻进入气缸，这个供气时刻即为起动正时(空气分配器正时)。起动正时与柴油机的型号、气缸数目、标定转速和起动空气压力等因素有关。合适的起动正时应以最有利于起动和节省空气耗量为主要依据。理论上，对于船用大型低速二冲程柴油机，空气分配器大约在上止点前 5°(CA)开始给相应的气缸起动阀供控制空气，在上止点后 100～120°(CA)结束供气；中、高速四冲程柴油机空气分配器大约在上止点前 5～10°(CA)开始给相应的气缸起动阀供控制空气，进气延续时间因受排气阀限制一般不超过 140°(CA)。因为气缸起动阀不是瞬时打开的，在开启的初期由于开度极小对空气起到节流作用，压缩空气并未真正进入气缸，只有气缸起动阀的开度较大时压缩空气才进入气缸起动柴油机，因此实质上起动空气进入气缸的时刻要延后些，气缸起动阀的控制空气并非在上止点时提供。二冲程柴油机气缸起动阀开启的延续时间因受气口开启时刻的限制，一般不超过 120°(CA)。

3. 要保证最少气缸数

对船舶主机而言，必须保证曲轴在任何位置时都能起动，即柴油机的曲轴在任何位置时至少有 1 个气缸处于起动位置。为此，柴油机必须有一定的气缸数。起动所要求的最少气缸数，对二冲程柴油机为 360°/100°，一般不应少于 4 个；对四冲程柴油机为 720°/140°，一般不应少于 6 个。若气缸数少于上述数值，则在不能起动的情况下，起动前必须盘车，使某缸正好处于膨胀行程开始后的某一时刻。

〖思考〗

为何要保证最少气缸数？

(三) 压缩空气起动装置的主要设备

1. 气缸起动阀

气缸起动阀是起动装置中最主要的部件之一。整个操纵系统能否保证柴油机和轴系可靠地起动、制动和反转，在很大程度上取决于气缸起动阀的性能。一般对气缸起动阀有起动和制动 2 个方面的要求。

起动方面的要求是：为使柴油机起动迅速并减少起动空气消耗量，要求起动阀能迅速开启；当起动阀关闭时，特别是阀要落座时，为减轻阀盘与阀座间的撞击，要求阀落座的速度要慢；在气缸内发火后燃气压力大于起动空气压力的条件下，起动阀应关闭，以防气缸内的高温燃气倒流入起动总管，造成空气管爆炸事故。

制动方面的要求是：当气缸内压力稍高于起动空气压力时，要求气缸起动阀仍能保持开启状态。在船舶全速前进的情况下遇紧急避碰，要求柴油机能迅速制动而停车并立即反转开出倒车。柴油机的制动过程由能耗制动和强制制动2个阶段组成。为了使高速运转的柴油机迅速停车并及时开出倒车，首先通过操纵手柄停油，再通过换向机构以换向转速或应急换向转速进行空气分配器换向操作。换向后，柴油机曲轴、凸轮轴仍按原方向转动，当将操纵手柄重新置于反向起动位置时，空气分配器按换向后的供气正时把气缸起动阀打开，压缩空气进入气缸。此时，压缩空气按照换向后的供气正时依照发火顺序进入各个气缸。因为曲轴仍按换向前的转向转动，所以当某个气缸的气缸起动阀处于开启状态时，该缸正处于压缩行程。进入气缸的压缩空气对上行的活塞起制动作用，消耗柴油机的能量使之转速逐渐降低，同时气缸内的压缩空气经开启的气缸起动阀被释放，减少了压缩空气在膨胀行程做功的能力，使柴油机转速进一步降低，这一过程称为能耗制动。从开启的气缸起动阀释放的压缩空气进入起动总管，若压力高于安全阀设定压力，则安全阀开启泄压；若压力低于设定压力，则安全阀自动关闭。柴油机在能耗制动后转速已经降低，但曲轴仍按原转向转动，此后在压缩行程将压缩空气经开启的气缸起动阀通入气缸，依靠压缩空气压力迫使上行的活塞速度迅速降低直至柴油机停车，这一过程称为强制制动。

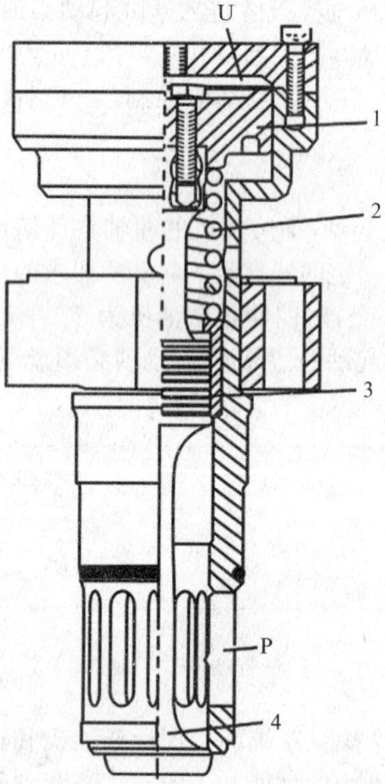

1—启阀活塞；2—弹簧；3—平衡活塞；4—阀盘；P—进气口；U—启阀空间

图4-1-2　单气路控制式气缸起动阀

起动时要求当气缸内的压力大于起动空气压力时气缸起动阀应关闭；制动时则要求当气缸内的压力稍高于起动空气压力时气缸起动阀应保持开启。显然，起动、制动2方面对气缸起动阀的要求是矛盾的。这2种要求是通过气缸起动阀不同的构造实现的，并非所有的气缸起动阀都能满足上述要求。

气缸起动阀按构造原理不同分为单向阀式和气压控制式2种。单向阀式气缸起动阀是简单的单向阀，当起动空气由空气分配器进入单向阀时，该阀开启，柴油机起动；在起动空气经空气分配器泄放大气后，该阀在弹簧的作用下关闭，起动过程停止并防止燃气倒灌入起动空气总管引起爆炸危险。这种单向阀式气缸起动阀适用于中、小型柴油机。气压控制式气缸起动阀的开阀控制空气来自空气分配器，具有尺寸小、空气损失少、起动迅速的特点，适用于大型柴油机。

根据气缸起动阀启闭气路的不同，气压控制式气缸起动阀分为单气路控制式和双气路控制式2种。

单气路控制式气缸起动阀的构造见图4-1-2。它属于平衡式气缸起动阀，即依靠控制空气开启，关阀则靠气阀弹簧。它的主要特点是：启阀活塞为单级平面式，面积大，开关迅速，起动空气消耗少，结构简单，被许多类型柴油机所采用。图4-1-2所示为MAN B&W LMC型柴油机的气缸起动阀，该阀不能兼顾起动和制动2方面的要求。这种起动阀关闭时落座速度快，致使阀盘与阀座撞击严重、磨损快，容易损坏，影响起动阀的密封性和可靠性，严重时将导致柴油机失灵。由于该阀的启阀活塞面积大，故在缸内压力超过起动空气压力时仍有可能开启而发生燃气倒灌，引起起动总管安全阀开启，甚至导致空气管爆炸事故。该型柴油机在每个起动阀的进气管上均装设有一个安全防护帽，以防止火灾事故的发生。

双气路控制式气缸起动阀的结构见图 4-1-3，该阀也属于平衡式起动阀。它的启阀活塞是由面积不等、呈阶梯状连成一体的控制活塞 K_1，K_2，K_3 组成的，来自空气分配器的两路控制空气控制该阀的启闭。以下为其动作原理。

起动时，控制空气由空气分配器经开启管 H 进入活塞 K_1 的上部空间 T，下部空间 N 经关闭管 J 与空气分配器的出口相通。阶梯活塞 2 下行开阀。当活塞 K_1 下行打开控制口 S 时，控制空气立即从空间 T 进入控制活塞 K_2 上部的空间 P。由于空气的作用面积突然增大，使起动阀迅速开启。随着阶梯活塞的下行，K_3 运行到关闭管 J 的气口时，K_3 下部空间 N 变小并被封闭形成气垫，使开启速度减慢，直至全开。由此既可保证启阀速度快，又避免控制活塞与阀体撞击。

当空气分配器经开启管 H 释放 K_1 和 K_2 上部的控制空气并向关闭管 J 提供控制空气时，控制空气首先进入活塞 K_2 下部的空间 M，使起动阀迅速上行。在阶梯活塞 2 上移过程中，控制活塞 K_3 随即切断管 J 与空间 M 的通路，控制空气作用在活塞 K_3 的下表面使关闭速度减慢。当活塞 K_1 关闭控制口 S 时，空间 P 变成密闭空间并随活塞的上行形成气垫，使关阀的后期阀盘落座速度大大减慢，避免了关闭时的强烈撞击。待阀落座后，通过连接槽 B 使空间 P 与空间 M 间的压力自动平衡。

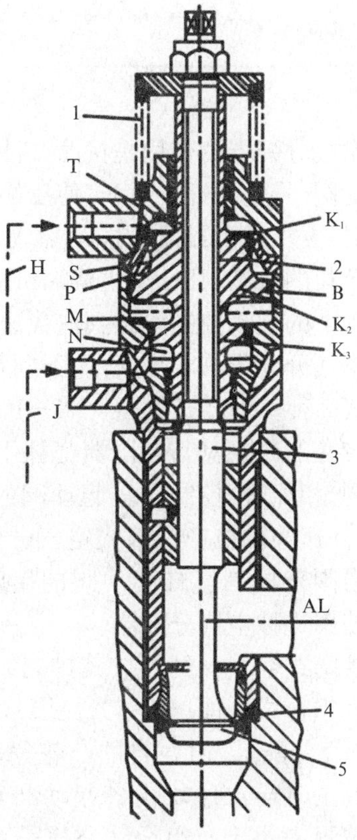

1—弹簧；2—阶梯活塞；3—阀杆；4—阀座；5—阀盘；K_1，K_2，K_3—控制活塞；T—上部空间；M—中部空间；N—下部空间；P—空间；S—控制口；B—连接槽；H—开启管；J—关闭管

图 4-1-3　双气路控制式气缸起动阀

这种起动阀由于启阀活塞采用上小下大的阶梯形状，控制空气进入上部空间 T 后首先作用在面积较小的控制活塞 K_1 上。在起动的油气并进阶段，虽有控制空气作用在控制活塞 K_1 上，但气缸起动阀仍不能开启，即当气缸内压力高于起动空气压力时阀不能开启，避免燃气倒灌的危险，满足了起动方面对起动阀的要求：速开、速关，落座速度缓慢，气缸内发火时阀不应开启。在紧急制动时，气缸起动阀开启初期气缸内处于换向后的换气行程末期和压缩行程初期，气缸内压力较小，当起动阀已处于全开状态时，活塞上行气缸内处于压缩行程，控制空气作用在阶梯活塞 2 的全部工作面积上，向下的作用力增大。因此，虽然气缸内气体压力已超过起动空气压力，但起动阀仍能保持开启状态，从而满足制动方面对起动阀的要求。

近几年，WARTSILA 瑞士公司推出的 RTA 改进型和 RT-flex 型主柴油机的气缸起动阀在双气路控制式气缸起动阀的基础上作了改进。起动阀的开关由两位三通电磁阀控制的控制气源控制，该阀实质上已经成为单气路控制式气缸起动阀。

〖思考〗

为什么双气路气缸起动阀能启阀快、关阀防撞击？

2. 空气分配器

空气分配器的作用是按照柴油机的发火顺序和起动正时将控制空气分配到相应的气缸起动阀，将它们逐个打开，使压缩空气进入气缸起动柴油机。当柴油机起动后进入运转状态时，要求分配器滑阀能与驱动凸轮自动脱离接触，减少不必要的磨损。WARTSILA 瑞士公司的 RT－flex 型主柴油机取消了空气分配器，空气分配器的功能由装于各缸气缸起动阀上的起动控制电磁阀取代。

空气分配器按结构形式不同可分为回转式和柱塞式 2 种。回转式见图 4－1－1，利用凸轮轴驱动一个带孔的分配盘与分配器壳体上的孔（与气缸数目相同）相配合，控制各缸起动阀的启闭，一般多用于中、高速柴油机。柱塞式空气分配器通过起动凸轮和滑阀来控制气缸起动阀的启闭，大、中型柴油机多使用这种空气分配器。

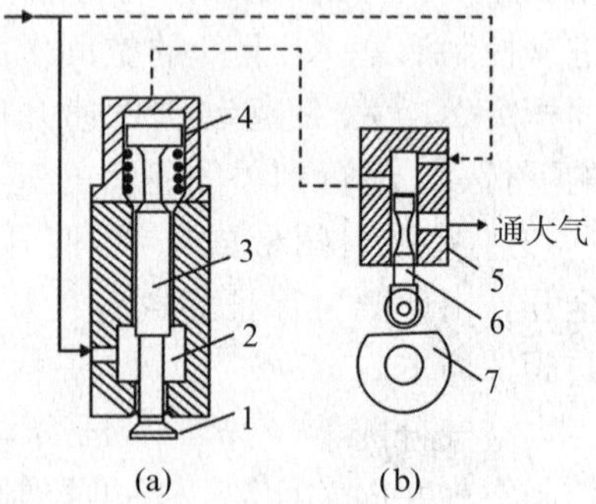

1—起动阀阀盘；2—进气腔；3—阀杆；4—启阀活塞；5—阀体；6—滑阀；7—凸轮

图 4－1－4　气缸起动阀和单体滑阀式空气分配器结构原理

柱塞式空气分配器按其排列结构不同，分为单体式和组合式 2 种。单体式见图 4－1－4，每个气缸 1 个空气分配器，由各自的凸轮驱动。气缸起动阀的启阀正时与次序均由各起动凸轮在凸轮轴上的安装位置来决定。组合式空气分配器由一个起动凸轮控制，凸轮的安装位置和线型决定各缸起动阀的启闭。组合式空气分配器按其柱塞的排列形式可分为圆周排列式和并列排列式。

为与气缸起动阀相配，柱塞式空气分配器分为单气路控制式和双气路控制式 2 种形式。单气路控制式见图 4－1－4，它与单气路控制式气缸起动阀相配；双气路控制式见图 4－1－5，与双气路控制式气缸起动阀配合使用。

双气路控制式气缸起动阀需要 2 路控制空气，因为它的分配器必须有 2 个供气点分别与气缸起动阀的开启管 H 和关闭管 J 相连。图 4－1－5 所示为双气路控制柱塞式空气分配器的剖视图。空气分配器的各滑阀 3 是按各气缸的发火次序绕凸轮轴中心线径向布置的，各滑阀由起动凸轮 6 控制。当空气分配器没有控制空气时，控制滑阀受弹簧 3a 的作用与起动凸轮 6 不接触（图示位置），此时，开启管 H 经放气空腔 VS 通大气，各缸气缸起动阀均处于关闭状态。

起动时，主起动阀打开，来自起动空气瓶的空气经供气管 SA 充满分配器空腔 DS 和关闭管 J 直至气缸起动阀。当按下起动按钮或把起动手柄推至“起动”位置时，一般先导空气通过管子 CA 进入 RS 和 P 腔，将控制滑阀 3 连同滚轮 5 压向起动凸轮 6。如果该缸处于

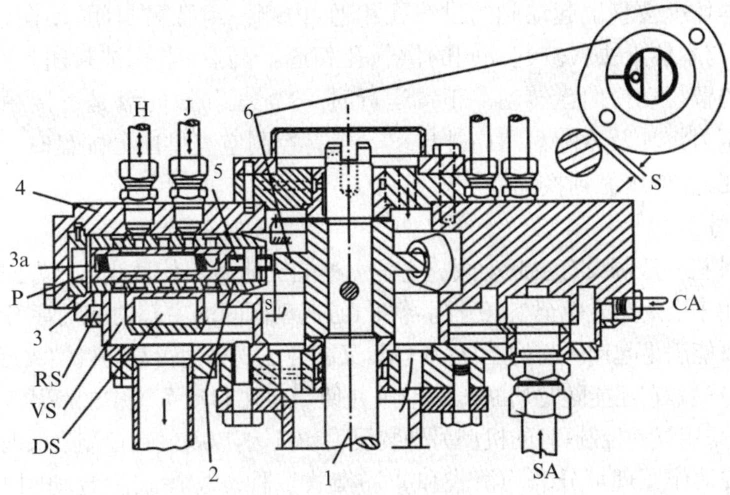

1—凸轮轴；2—滑阀套；3—滑阀；3a—弹簧；4—外壳；5—滚轮；
6—起动凸轮；CA—控制空气管；SA—供气管；DS—分配器空腔；
VS—放气空腔；P—压力空腔；H—开启管；J—关闭管

图 4-1-5　双气路控制式空气分配器

可起动位置，滚轮 5 就与凸轮 6 的基圆相接触。这时，滑阀内移，主起动空气经分配器空腔 DS 与开启管 H 相通，而关闭管 J 与放气空腔 VS 相通放大气。这样，气缸起动阀就被来自空气分配器的控制空气打开，起动空气进入气缸，推动活塞并通过曲柄连杆机构驱动柴油机曲轴转动。随着凸轮轴 1 的转动，凸轮 6 将滑阀 3 推向外端，滑阀 3 将开启管 H 与放气空腔 VS 相通放大气，来自主起动阀的控制空气经分配器空腔 DS 与关闭管 J 相通，使气缸起动阀关闭。而凸轮的基圆又转到另一个滑阀下面，依次启闭另一个气缸的起动阀。当起动按钮或起动手柄复位时，起动结束，空间 P 和 RS 的先导空气经管 CA 泄放，各滑阀 3 又被弹簧 3a 拉回到原来位置，滚轮 5 离开凸轮 6，空气分配器停止工作。

图 4-1-6 所示为 MAN B&W S50MC-C 柴油机所使用的转盘式空气分配器。空气分配器安装在柴油机的一端，由凸轮轴经过齿轮驱动。它由分配盘、换向盘、本体、轴和轴承等组成。在分配盘与换向盘的接触面上，开有内外 2 圈圆弧槽，外槽用于正车起动，内槽用于倒车起动，每圈圆弧槽都分为短槽和长槽。控制空气由 A_1，A_2 空间经分配盘上钻孔供向短槽，由短槽经换向盘及本体上的孔轮流供向各气缸起动阀。结束进气的气缸起动阀的控制空气经换向盘上的孔进入长槽，长槽与轴和换向盘之间的空间相通，由此空间再经本体上的孔泄放大气。换向盘上有 2 组孔，分别与分配盘上的内、外圆弧槽相对。换向盘在正车位置时，

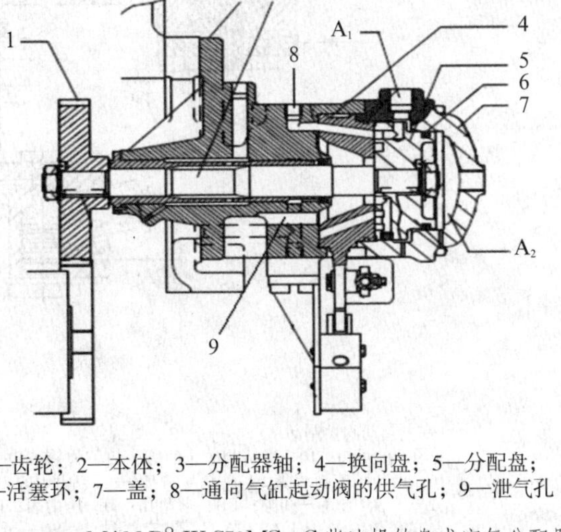

1—齿轮；2—本体；3—分配器轴；4—换向盘；5—分配盘；
6—活塞环；7—盖；8—通向气缸起动阀的供气孔；9—泄气孔

图 4-1-6　MAN B&W S50MC-C 柴油机转盘式空气分配器

外侧一组孔与本体上去气缸起动阀的供气孔相通，内侧一组孔被封闭；换向盘在倒车位置时，内侧一组孔与本体上去气缸起动阀的供气孔相通，外侧一组孔被封闭。换向气缸装置通过换向盘上的臂拉动换向盘转动。正常运行时，分配盘和换向盘是不接触的，靠作用在轴肩上的滑油压力将轴及分配盘略向外推出。当有控制空气供向分配盘时，A_1 和 A_2 空间有压力空气，分配盘被压靠到换向盘上。

3. 主起动阀

大、中型柴油机一般都设有主起动阀。它是一种能迅速启闭的截止阀，位于空气瓶与起动空气总管之间，用来启闭空气瓶至空气分配器和气缸起动阀间的主起动空气管路。在空气瓶打开的情况下，它既能满足起动所需的压缩空气量，又能使供气迅速可靠，并减少压缩空气的节流损失。在起动完毕后，它还能随时切断压缩空气并使残存在起动系统中的高压空气泄入大气。通常主起动阀都采用气动控制，有的机型另外装设手动机构，以备气动控制失灵时使用。

主起动阀按动作原理可分为均衡式和非均衡式 2 种。均衡式主起动阀的开启是依靠加于控制缸内启阀活塞上的控制空气破坏原均衡关闭状态来实现的；非均衡式主起动阀的开启是依靠释放控制缸内的空气来实现的。大型低速柴油机多使用后者。图 4－1－7 所示是一种非均衡式自动主起动阀的结构。这是一种带慢转阀的主起动阀，用于使曲轴缓慢转动的慢转阀与主起动阀壳体连接在一起，起动前通过它可使柴油机以 5～10 r/min 的速度转动。主起动阀既能用控制空气进行控制，也能用手轮进行手动控制。

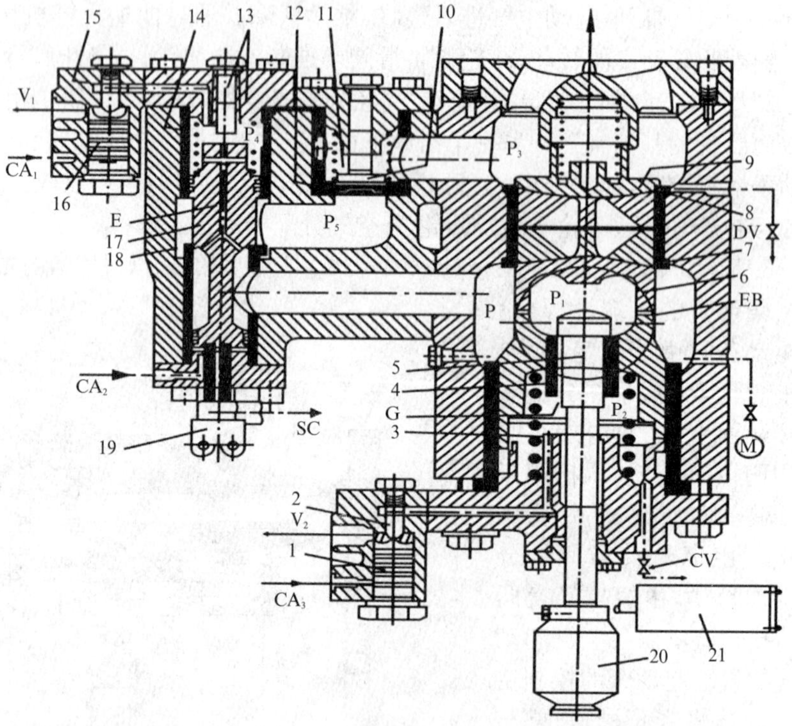

1—主起动阀控制活塞；2—阀；3—弹簧；4—轴套；5—芯轴；6—阀体；7—阀座；8—止回阀阀座；9—止回阀；10—慢转阀的止回阀；11—弹簧；12—阀座；13—调整螺钉；14—弹簧；15—阀；16—慢转阀控制活塞；17—活塞；18—慢转阀阀座；19—双止回阀；20—联轴节；21—二位三通阀；E—平衡孔；G—间隙；EB—平衡孔；M—压力表；DV—放泄阀；$P \sim P_5$—压力空腔；CV—检查阀；$CA_1 \sim CA_3$—控制空气进口；SC—至空气分配器；V_1，V_2—放气孔

图 4－1－7　带慢转阀的主起动阀

置于主起动阀外壳上部的止回阀 9 用于防止起动空气倒流，在阀壳左下侧设有控制活塞 1，由起动控制阀控制，在阀壳左侧是慢转阀。

柴油机起动前，将主起动阀手轮置于“自动”位置，开启空气瓶出口阀，起动空气进入环形空腔 P 并通过阀体 6 上的孔 EB 进入空腔 P_1，继而通过芯轴 5 与轴套 4 之间的间隙 G 进入空腔 P_2。由此作用在阀体 6 底面的力与弹簧 3 的弹力之和大于空气作用在阀体 6 上面的开阀力，使主起动阀关闭。空腔 P 的空气通过慢转阀活塞 17 的孔 E 进入空腔 P_4，活塞 17 在弹簧 14 的弹力作用下紧压在阀座 18 上，压缩空气无法进入空腔 P_5，因而止回阀 10 和 9 关闭。当需要慢转操作时，来自慢转先导阀的控制空气通过进口 CA_1 和 CA_2 进入慢转阀，控制活塞 16 上移顶开阀 15，使空腔 P_4 的起动空气经放气孔 V_1 泄放。与此同时，从 CA_2 进入的控制空气推动活塞 17 上行直至与调整螺钉 13 接触为止。起动空气由空腔 P 进入空腔 P_5，并打开止回阀 10 进入空腔 P_3 通向气缸起动阀。由进口 CA_2 进入的控制空气还通过双止回阀 19 的出口 SC 通向空气分配器，使起动空气柱塞处在工作位置。至此，柴油机慢速转动起来，慢转的转速由调整螺钉 13 的位置决定。切断进口 CA_1 和 CA_2 的控制空气，慢转结束。起动时按下起动按钮，使控制空气由进口 CA_3 进入控制活塞 1 的下方推动活塞 1 上行并顶开阀 2。此时，空腔 P_1 和 P_2 内的压缩空气经放气孔 V_2 放入大气，阀体 6 在空腔 P 的开阀力作用下开启，空腔 P 的空气打开止回阀 9，使空气通向气缸起动阀和空气分配器进行起动。起动完毕后切断通至 CA_3 的控制空气，控制活塞 1 落下，阀 2 关闭，待空间 P_1 和 P_2 内逐渐充满起动空气后主起动阀自行关闭，止回阀 9 随即落座。

检查阀 CV 和放泄阀 DV 用于放掉管路中的残余空气和凝结水，同时阀 CV 也可用来检查主起动阀的动作灵活性和密封性，阀 DV 也可用来检查气缸起动阀的密封性。每次定速或完车后应开启阀 CV 和 DV 以放掉管路中残气。

近几年 WARTSILA 瑞士公司推出的 RTA 改进型和 RT－flex 型主柴油机的主起动阀都取消了慢转阀部分，但慢转功能仍保留。

图 4－1－8 所示是 MAN B&W 的 MC 系列柴油机中采用的一种球阀式主起动阀。它是由主起动阀（大球阀）4 和与其并联的慢转阀（小球阀）3 组成的，二者都是由起动控制阀 1 控制启闭的。此外还组合了一个止回阀 5，用以防止起动管路中压力过高时的倒灌。在止回阀 5 前设有去空气分配器的通路 B。

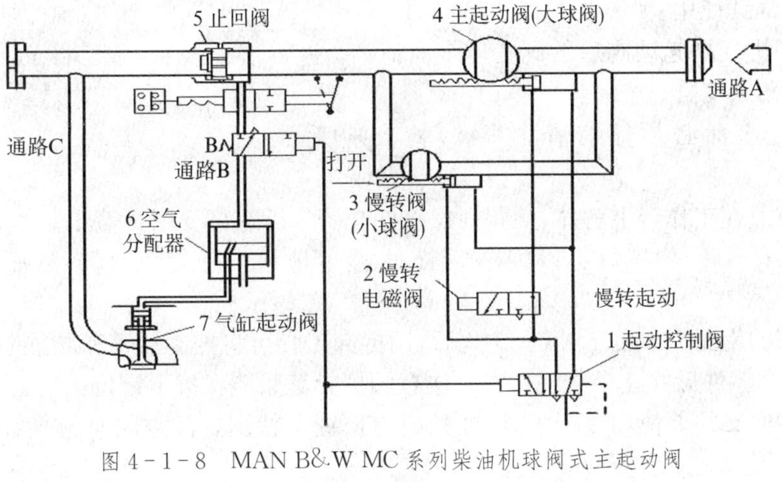

图 4－1－8 MAN B&W MC 系列柴油机球阀式主起动阀

慢转时，按下操纵台上的慢转开关，慢转电磁阀 2 动作使主起动阀锁闭，起动空气通过通路 B 进入空气分配器，经通路 C 进入各缸气缸起动阀，依照发火顺序各缸起动阀逐个被打开使主机慢转。慢转时间到进入正常起动时，按起动按钮，慢转电磁阀断电复位，控制空气经慢转电磁阀 2 后再将主起动阀 4 打开，柴油机进入正常起动程序。如果柴油机停车超过 30 min 再次起动，应操作控制台上的慢转开关使主机慢转，至少要使主机慢转 1 圈后电磁阀才能复位，从而释放对主起动阀的锁闭，在控制空气作用下由控制空气打开主起动阀，继续起动柴油机。

【任务实施】

模块 1　柴油机气缸起动阀的拆装

〖任务要求〗

1）按顺序将零部件摆放整齐；

2）正确使用气缸起动阀拆装工具；

3）掌握拆装原则和程序；

4）学习、指认气缸起动阀组成部分的名称及结构特点。

〖任务准备〗

1）气缸起动阀 8 台(套)；

2）拆装常用工具，如扳手、螺丝刀；

3）拆装气缸起动阀专用工具；

4）清洗液及其他物料，如垫床、润滑脂等。

〖任务操作〗

一、气缸起动阀的拆卸

气缸起动阀见图 4－1－9。

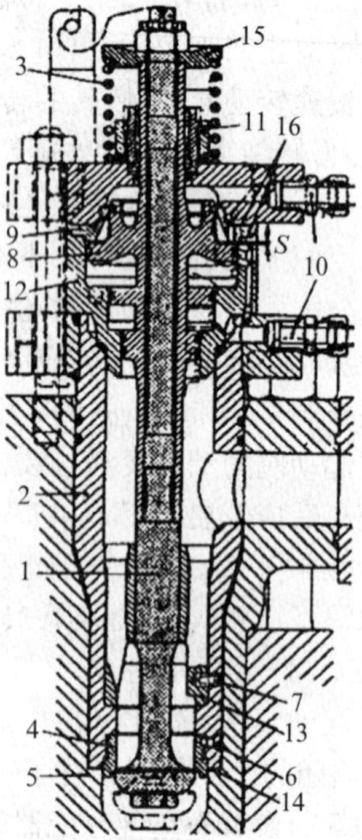

1—阀杆；2—阀壳；3—弹簧；4—阀座；5—气缸盖中央阀体；6—锁钉；7—定位销；8—控制活塞；9—间距环；10—控制空气管；11—锁钉；12—导缸；13—阀杆导管；14—紫铜密封垫圈；15—弹簧盘；16—纸垫圈

图 4－1－9　气缸起动阀

1）拆卸气缸起动阀时，控制空气管和固定螺栓必须先拆掉，用起吊设备装上吊环螺钉将阀吊出。

2）紫铜垫圈也应该拆下检查。如果完好无损，可以退火后继续使用。

3）拆卸出气缸起动阀后的阀孔应全面清洁，注意勿使异物落入气缸。

4）阀孔座面必须仔细清除积碳，检查应无损伤。

5）将阀放在工作台上解体，从阀杆螺母处开始。拆螺母要用弹簧压紧器，将弹簧阀体和弹簧承盘压下后，如螺母可以旋松下来，再慢慢地松出弹簧压紧器，从而松开弹簧而拆下。

6）从阀的密封套上旋下锁钉 11 之后，用拆卸工具可将控制活塞和导缸向上拉出。将阀分解成单个零件后并逐个清洗检查。注意阀杆导套只能在拔下定位销之后才可以拉出。

7）拆卸时必须要使用专用工具，严禁敲、打、锤。特别要注意阀座与气缸盖之间的密封面。

二、气缸起动阀的装复

1）装复在检修工作完成之后方可进行。

2）紫铜密封垫圈 14，退火处理装复，或更换新垫圈。

3）阀座螺纹应涂抹保护油脂。

4）装复前，根据情况更换橡皮密封圈，阀的零件须彻底清洗，并用压缩空气吹扫干净。

5）因起动阀阀杆螺母是承受冲击力的，所以当拧紧时必须要有足够的预紧力。正确的预紧力为活塞贴紧后，再拧紧螺母约 20°。

模块 2　单气路空气分配器的拆装

〖任务要求〗

1）按顺序将零部件摆放整齐；

2）正确使用空气分配器拆装工具；

3）掌握拆装原则和程序；

4）学习、指认空气分配器组成部分的名称及结构特点。

〖任务准备〗

1）空气分配器 8 台(套)；

2）拆装常用工具，如扳手、螺丝刀；

3）拆装空气分配器专用工具；

4）清洗液及其他物料，如垫床、润滑脂等。

〖任务操作〗

一、拆卸及注意事项

1）关闭起动的控制空气，管路内的压缩空气泄放至大气。

2）留意各部件位置及配合记号，以备装复。

3）在弹簧 6 的作用下，将顶杆连同滑阀一起抬起，顶杆 2 与凸轮脱离接触(见图 4－1－10)。

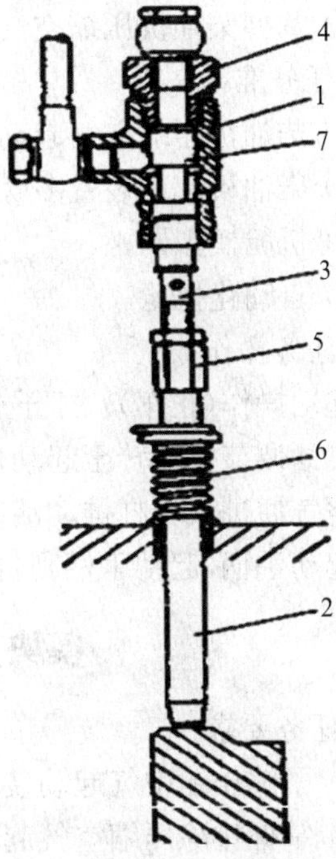

1—壳体；2—顶杆；3—调节杆；4—螺母；5—螺纹调节块；6—弹簧；7—滑块

图 4－1－10　单气路式空气分配器

4）拆除进气管、出气管，旋出螺母 4。

5）下旋螺纹调节块 5 使调节杆 3 与滑块 7 松脱。

6）用 T 型钩头螺栓(随机专用工具)将柱塞滑阀从壳体中拉出。注意各个空气分配器滑阀之间不得相互交换，应摆放整齐或做记号。

7）拆去壳体 1 上的 2 只固紧螺栓，取下壳体(滑阀)。

8）取出顶杆 2，调节杆 3 和弹簧 6。

二、装配

1）装上顶杆 2，弹簧 6，螺纹调节块 5 和调节杆 3。

2）安装壳体(滑套)1，上紧 2 只固紧螺栓。

3）将滑阀与滑套工作表面涂一层薄油脂，以便润滑。其他工作面也应涂抹机油或油脂。

4）将滑阀压入壳体中的滑套内，注意要对准轴线，使滑阀能在滑套内轻松移动。

5）安装螺母 4，进气管和出气管。

6）调节调节杆 3 的长度。此时顶杆 2 应停在凸轮的基圆上。移动螺纹调节块 5 使柱塞滑阀上的沟槽记号与壳体上检查孔的标记相吻合。

7）用塞尺检查调节杆 3 与滑阀之间的间隙。

模块 3　压缩空气起动装置的起动操作

〖任务要求〗

1）分析柴油机压缩空气起动装置的组成和工作原理；

2）理解柴油机压缩空气起动装置的起动条件；

3）掌握柴油机压缩空气起动装置的起动操作步骤。

〖任务准备〗

1）柴油机压缩空气起动装置 1 套；

2）柴油机起动装置多媒体动画；

3）机舱模拟器；

4）自动化机舱。

〖任务操作〗

起动操作（正车）：打开主起动阀，接到正车起动车令后，将换向手柄置于正车位置，同时将燃油调节手柄转至起动位置。换向指示到位后，将起动手柄置于正车起动位置。此时压缩空气便进入气缸推动活塞上下运行以至连续往复运动，当听到气缸发火声音后，立刻松开起动手柄，起动手柄则自动回复原位，并切断空气。起动程序完成。

模块 4　压缩空气起动装置的维护管理

〖任务要求〗

1）了解压缩空气起动装置常见故障的原因；

2）掌握排除压缩空气起动装置常见故障的要点与方法。

〖任务准备〗

1）机舱模拟器 1 套；

2）自动化机舱；

3）压缩空气起动装置 3D 动画；

4）压缩空气起动装置图纸、资料。

〖任务操作〗

一、压缩空气起动装置的维护保养

1）经常检查系统中的有关部件，保证各部件动作灵活、气密。对各阀件定期保养、清洁、润滑以防止锈蚀、卡住或漏气，尤其应特别注意对气缸起动阀的维护保养。

2）压缩空气瓶应定期放残。

3）检修阀件时应关闭气源，以免发生事故。

4）有关部件拆装、检修后应校对或调整相关间隙和定时。

二、压缩空气起动装置的常见故障及排除

（一）柴油机不能起动

如起动手柄或手轮推至起动位置而柴油机没有转动，常见原因及排除方法有：

1）盘车机未脱开。盘车机连锁阀将控制空气管路锁闭，将盘车机脱开即可。

2）压缩空气瓶压力不足或出口截止阀未开或未开足。检查确认后补足或开足。

3）起动空气管系脏污，导致阀卡死或控制管系阻塞。对相关阀或管系拆检、清洗。

4）空气分配器柱塞或气缸起动阀磨损漏气，导致起动定时错乱。对相关空气分配器柱塞或气缸起动阀检修。

5）柴油机存在起动死角。紧急情况下可紧急换向，并反向起动改变曲轴位置后停车，再次按车令起动即可能成功。

（二）柴油机曲轴虽转动但达不到起动转速

常见原因及排除方法有：

1）起动空气压力低，检查确认后补足。

2）起动操纵过快，应重新起动。

3）个别缸气缸起动阀或空气分配器咬死或动作不灵活，应拆检清洗并以滑油活络。

4）某段起动空气管发热。原因是该缸气缸起动阀漏气，应拆检该气缸起动阀，恢复其密封性。

【任务评价】

评估名称：柴油机气缸起动阀的拆装与检查

评估对象：3 000 kW 及以上船舶二/三管轮

评估要素：

1）气缸起动阀拆卸前准备工作；

2）正确选择和使用工具；

3）气缸起动阀的拆卸程序；

4）气缸起动阀拆卸的方法；

5）认识气缸起动阀各部件并说明各自作用；

6）气缸起动阀的装配；

7）气缸起动阀拆装的注意事项。

评估名称：柴油机空气分配器的拆装与检查

评估对象：3 000 kW 及以上船舶二/三管轮

评估要素：

1）空气分配器拆卸前准备工作；

2）正确选择和使用工具；

3）空气分配器的拆装程序和方法；

4）认识空气分配器各部件并说明各自作用；

5）空气分配器拆装中的注意事项。

评估名称：压缩空气起动装置的起动操作

评估对象：3 000 kW 及以上船舶二/三管轮
评估要素：
1）原理描述正确；
2）能分析起动条件；
3）操作要点描述正确；
4）能按步骤起动操作。

评估名称：柴油机压缩空气起动装置的维护管理
评估对象：3 000 kW 及以上船舶二/三管轮
评估要素：
1）检查系统中的有关部件，各阀件正确开关；
2）保证气缸起动阀和空气分配器动作灵活、气密；
3）检查和调整系统中的空气压力和各部件要求的间隙及定时；
4）柴油机不能起动故障的原因和排除方法；
5）柴油机曲轴虽转动但达不到起动转速故障和解决方法；
6）气缸起动阀漏气原因及解决方法。

【课后练习】

一、选择题

1. 气缸起动阀的动作是__________。
A. 开启时刻受主起动阀的控制　　B. 开启时刻直接由空气瓶来的空气控制
C. 开启动作受空气分配器控制　　D. 开启动作由气缸起动阀弹簧控制
2. 气缸起动阀的启闭是由________控制的。
A. 空气总管截止阀　B. 主起动阀　C. 起动空气分配器　D. 空气瓶控制阀
3. 在压缩空气系统中设置主起动阀的理由中错误的是________。
A. 节省起动空气消耗量　　B. 避免起动控制阀的节流损失
C. 避免起动控制阀远离主机而使起动滞后　　D. 减少起动失误率
4. 在压缩空气起动系统中，气缸起动阀的启闭时刻和启闭顺序均由下列________控制。
A. 起动控制阀　B. 空气分配器　C. 主起动阀　D. 起动操纵阀
5. 在压缩空气起动装置中，主起动阀是由下列________控制的。
A. 起动控制阀　B. 空气分配器　C. 气缸起动阀　D. 空气瓶出气阀
6. 单气路控制式气缸起动阀的优点是________。
A. 阀盘与阀座撞击小　　B. 兼顾起动与制动要求
C. 不易发生燃气倒冲现象　　D. 启阀活塞面积大，开关迅速
7. 双气路控制式气缸起动阀的优点是________。
A. 启阀活塞面积大，启闭迅速　　B. 起动空气耗量少
C. 能兼顾起动与制动 2 方面的要求　　D. 结构简单，造价低廉
8. 柴油机在运转中，发现某一缸起动空气管发热，其原因是________造成的。
A. 起动空气压力过高　　B. 气缸起动阀关闭不严而泄漏
C. 排气温度过高排气阀泄漏　　D. 安全阀泄漏

9. 关于单气路控制式气缸起动阀特点的论述正确的是________。
①开、关迅速；②起动空气耗量多；③能兼顾起动和制动 2 方面要求；④结构简单；⑤采用平衡式起动阀；⑥启阀活塞为分级式活塞
A. ①②③　　B. ①③⑤　　C. ②③⑥　　D. ①④⑤

10. 关于双气路控制式气缸起动阀的论述正确的是________。
①采用单级活塞式起动阀；②在性能上能兼顾起动和制动 2 方面要求；③能避免燃气倒冲，引起空气管爆炸；④能速开、速闭但落座速度缓慢；⑤阀盘、阀座撞击轻，磨损少；⑥结构简单，造价低
A. ①②③④　　B. ①③⑤⑥　　C. ②③④⑥　　D. ②③⑤⑥

二、简答题

1. 叙述压缩空气起动装置的工作原理及主要部件的作用。
2. 叙述双气路及单气路气缸起动阀的特点。

任务 2　柴油机换向装置的操作与管理
Operation and Management of Reversing Device for Diesel Engine

【任务描述】

柴油机换向装置是否方便及时是衡量船舶柴油机机动性能的指标之一，是柴油机操纵系统的重要组成部分。其主要作用就是根据船舶的进退要求来改变柴油机旋转方向，其性能的好坏对船舶安全有很大影响。学生通过对双凸轮和单凸轮换向装置的操作、检查和调节，熟悉柴油机换向装置的基本工作原理和工作特点，了解双凸轮和单凸轮换向装置的结构，掌握换向装置的日常维护保养规范。

本任务主要内容：换向操作和换向装置的常见故障分析。

【学习目标】

- 能描述双凸轮和单凸轮换向装置的基本工作原理和性能特点；
- 能按操作要求，正确进行双凸轮和单凸轮换向装置操作；
- 能分析判断换向装置的常见故障；
- 能描述双凸轮和单凸轮换向装置的维护管理要点。

【相关知识】

一、换向原理和方法

根据航行要求，如果船舶要从前进变为后退（或相反），常用方法有 2 种：一种是改变螺旋桨的旋转方向；另一种是保持螺旋桨转向不变而改变螺旋桨的螺距角。目前，多数船舶使用前者实现航向的变换，即船舶的进退依赖于柴油机旋转方向的改变。因此要求主柴油机具有换向性能。所谓换向就是改变曲轴的旋转方向。

要使柴油机换向，首先应停车，然后使柴油机反向起动起来，再使柴油机按反转方向运转。为满足上述要求，必须改变起动正时、喷油正时、配气正时等，以满足反向起动和反向运转对正时的需求。因为上述正时均由相应凸轮控制，所以解决柴油机的换向集中在如何相应地改变空气分配器、喷油泵、进排气阀等凸轮与曲轴的相对位置。为改变柴油机的转

向而改变各种凸轮相对于曲轴位置的机构称为换向装置。

柴油机换向时需改变其凸轮与曲轴相对位置的设备随机型不同而异。在四冲程柴油机中有空气分配器凸轮、进排气凸轮、燃油凸轮等；在二冲程弯流扫气柴油机中有空气分配器凸轮、燃油凸轮；在二冲程直流阀式扫气柴油机中有空气分配器凸轮、燃油凸轮、排气阀凸轮。

目前，换向装置的种类众多，但对装置的要求大致相同，主要有：

1）准确、迅速地改变各种需要换向设备的正时关系并保证正、倒车的正时相同。

2）换向装置与起动、供油装置间应设有必要的连锁机构以保证柴油机的安全。

3）需要设置防止柴油机在运转过程中各凸轮正时相对曲轴上、下止点位置发生变化的锁紧装置。

4）按《钢质海船入级与建造规范》的规定，换向过程所需时间应不大于 15 s。

二、双凸轮换向原理和换向装置

（一）换向原理

双凸轮换向的特点是对需要换向的设备均设置正、倒车 2 套凸轮。正车时正车凸轮处于工作位置，倒车时轴向移动凸轮轴使倒车凸轮处于工作位置，使柴油机各缸的有关正时和发火次序符合倒车运转的需要。

二冲程直流扫气柴油机的双凸轮换向原理见图 4-2-1。图中实线为正车凸轮，虚线为倒车凸轮，正倒车凸轮对称于曲柄上、下止点位置时的纵轴线。当柴油机正转时，凸轮轴顺时针转动。凸轮升起点即为供油始点，图示曲柄位置正处于上止点，则供油提前角为 11°，如果从这一位置正转，气缸内处于燃烧和膨胀过程的初始阶段。当曲轴按正车方向继续转动上止点后 104°，即下止点前 76°时，正车排气凸轮也转过 104°曲轴转角，经传动机件排气阀被凸轮顶起，排气过程开始，接着进行换气过程。如果柴油机换向后从同一位置倒转，则倒车凸轮也将保证气缸内以同样次序进行上述各过程。图中未示出空气分配器的凸轮，其正倒车凸轮的布置原则与燃油凸轮相同。正车运转时，正车凸轮使活塞正处于膨胀行程的某缸的起动阀开启。换向后，倒车凸轮使活塞处于正车压缩行程的某缸的起动阀开启，压缩空气进入此气缸迫使活塞下行，曲轴因而倒转。在多缸柴油机中，当各缸由按正车正时转变为按倒车正时倒转时，发火次序也由正车发火次序变为倒车发火次序，二者相反。如二冲程六缸柴油机的正车发火次序为 1—6—2—4—3—5，则倒车发火次序为 1—5—3—4—2—6。

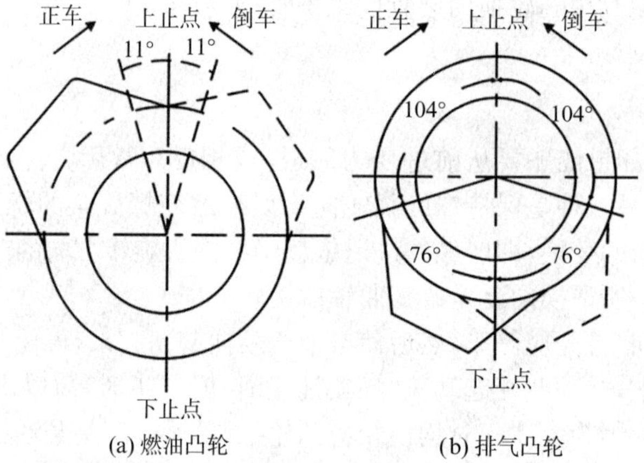

图 4-2-1　双凸轮换向原理

（二）换向装置

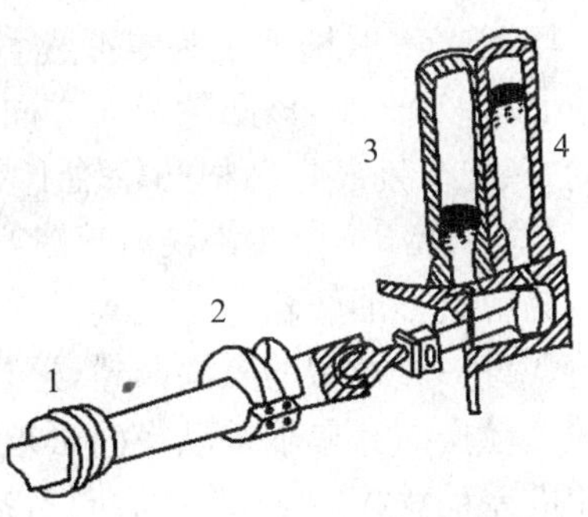

图 4-2-2 气力-液压式双凸轮换向装置

双凸轮换向装置根据其轴向移动凸轮轴所用能量和方法有不同的结构形式，一般有机械式、液压式、气压式。图 4-2-2 所示为气力-液压式双凸轮换向装置，它正处于倒车位置。由倒车换向为正车操作时，利用换向杆使压缩空气进入正车油瓶 4，并将油顶入活塞右方的油缸内，使活塞带动凸轮轴向左移动。与此同时，油缸左端的油被活塞压入倒车油瓶 3，倒车油瓶中的压缩空气则泄入大气中。当活塞移至左面极端位置时，空气分配器正车凸轮 1 和燃油正车凸轮 2 正好处于各从动件下面，换向过程至此结束。

三、单凸轮换向原理和换向装置

单凸轮换向的特点是每个需要进行换向操作的设备（如喷油泵、排气阀、空气分配器等）都各自由一个轮廓对称的凸轮来控制，正倒车兼用。换向时凸轮轴并不轴向移动，只需使凸轮（轴）相对曲轴转过一个角度。柴油机换向时为改变正时使凸轮（轴）相对曲轴转过一个角度的动作称为凸轮轴的换向差动，所转的角度为换向差动角。差动方向如果与换向后的新转向相同，则称为超前差动；差动方向如果与换向后的新转向相反，则称为滞后差动。

单凸轮换向装置所使用的凸轮线型有 2 种：一般线型和鸡心型线型。前者适用于各种柴油机的凸轮，后者仅适用于直流阀式换气的燃油凸轮。

（一）一般线型的单凸轮换向原理

单凸轮换向原理见图 4-2-3。图 4-2-3(a)所示为一个二冲程柴油机的燃油凸轮，凸轮轮廓在作用角 2φ 的中心线两边互相对称。凸轮转至图示位置时，对应气缸的曲柄正处于上止点，这时正车凸轮的对称线 oo' 落后于曲柄一个角度 $\alpha_s=\varphi-\beta$，凸轮轴的这种布置保证了喷油泵有一个适当的喷油提前角（在终点调节式喷油泵中即为 β 角）。由正车换为倒车时，为保证有同样的喷油提前角，必须使倒车凸轮的对称线也落后于曲柄一个角度 α_s，如图中虚线所示位置。因此，在曲轴不动的前提下，必须使凸轮从原来的位置沿正车方向转一个角度 $2\alpha_s=2\varphi-2\beta$；或者在凸轮轴不动的前提下，使曲轴沿倒车方向转动一个差动角 $2\alpha_s$。燃油凸轮换向对于换向后的新转向来说是滞后差动。

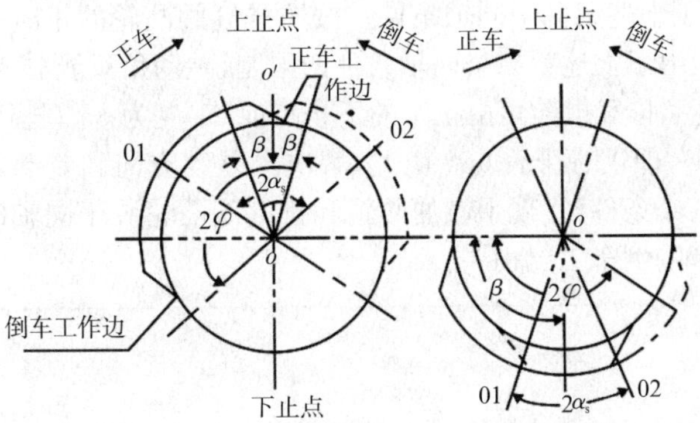

图 4-2-3 单凸轮换向原理

图 4-2-3(b)所示为二冲程直流阀式柴油机的排气阀凸轮，换向是超前差动，换向差动角 $2\alpha_s = 2\beta - 2\varphi$，该凸轮换向方向、换向差动角与燃油凸轮都不同。因此，二者无法同轴差动，只能分别装在 2 根凸轮轴上实现双轴单凸轮差动换向，因而使柴油机结构复杂。

（二）单轴鸡心凸轮换向原理

为解决燃油凸轮与排气阀凸轮差动方向不相同、差动角不相同的矛盾，采用一种鸡心凸轮代替一般线型的燃油凸轮，这样就可以使燃油凸轮和排气阀凸轮装在同一根凸轮轴上实现差动换向。单轴差动换向必须满足下列 3 个条件：①2 组凸轮的差动方向相同；②2组凸轮的差动角相同；③差动后同名各凸轮的正倒车正时基本相同。

鸡心燃油凸轮见图 4-2-4(a)，排气阀凸轮见图 4-2-4(b)。图中实线为正车位置，虚线为倒车位置。鸡心凸轮外廓呈鸡心状，oo'为鸡心凸轮对称线。凸轮基圆 o_1o_2 处的半径最小，从 o_1 和 o_2 点向两侧伸展外轮廓按相同规律变化，至 a_1 和 a_2 点处半径最大并与顶圆衔接。正车(顺时针)运行时，a_1—o_1 为喷油泵的吸油段，o_2—a_2 为喷油泵的泵油段，供油提前角为 β。倒车(逆时针)运行时，其吸油段和泵油段与上述相反。

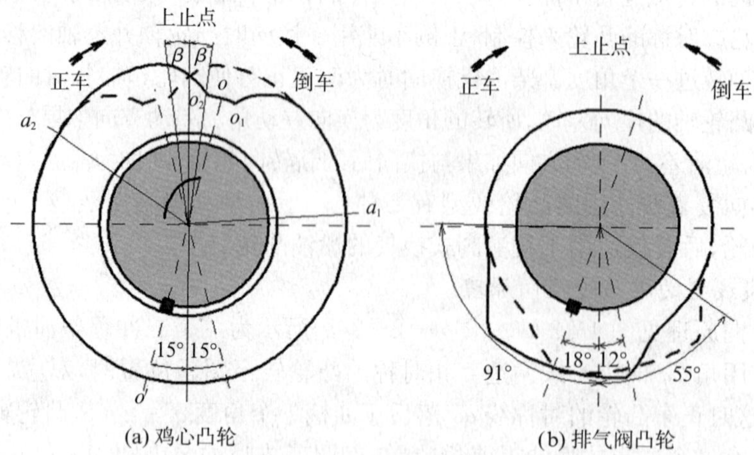

图 4-2-4　鸡心凸轮的差动原理

在图 4-2-4(a)中，鸡心凸轮对称线 oo'相对于该缸曲柄上止点提前 15°。当由正车改为倒车时，只要把鸡心凸轮朝倒车方向转过差动角 30°，到达虚线的位置即可。差动方向对新转向(倒车、逆时针)而言为超前差动。这样，燃油凸轮的差动方向与排气阀凸轮的差动方向相一致，满足了上述第一个同轴条件。按照排气阀凸轮的正时关系，其换向差动角应为 18°×2=36°，但由于上述第二个同轴条件的限制，差动角只能取 30°。由此，倒车时排气阀的正时稍有变化：排气提前角由正车的下止点前 91°变为 85°；排气滞后角由正车的下止点后 55°增大至 61°，即正时滞后 6°。由此，解决了差动方向和差动角度的矛盾，同时基本上满足了上述第三个条件，实现了燃油凸轮和排气阀凸轮装于同轴的单轴换向差动，但柴油机受排气定时影响倒车工况稍差。

〖思考〗

鸡心凸轮换向排气阀定时为何受影响?

（三）单凸轮换向装置

1. 差动方法

1）曲轴、凸轮轴不动，通过换向装置使凸轮相对于曲轴转过一个差动角。一般为滞后差动。

2）凸轮轴不动，先进行空气分配器换向操作，在进行反方向起动时，曲轴反向回转之初使曲轴相对于凸轮轴转过一个差动角后才带动凸轮轴一起转动。这种方法为滞后差动。

3）先进行空气分配器换向操作，在反向起动之初通过差动机构使凸轮轴与曲轴之间有一定的转速差，待完成差动角后再进入同步转动。一般为超前差动。

2. 换向装置种类

按使用工质和能量不同，换向装置可以分为以下几种。

（1）液压差动换向装置

该装置采用液压差动换向伺服器并使用滑油系统中的中压滑油（0.6 MPa）作为工质实现差动换向动作。在凸轮轴上固定有一转板，转板装在液压伺服器中，伺服器外壳通过链轮由曲轴驱动。转板把伺服器分隔成2个空间（正车空间、倒车空间），两空间分别用滑油管与换向阀的有关油管相通。当正车时，转板顶在伺服器内2个对称布置的扇形止动块上，正车空间充满中压滑油，倒车空间释放油压，使转板压紧在伺服器扇形凸块上。此时曲轴通过链条、链轮和转板带动凸轮轴转动，柴油机按正车转向运行。换向时，曲轴不动，操作换向阀改变正、倒车空间滑油的进、排方向，使转板在滑油压力作用下相对曲轴转过一个差动角。如倒车空间进油、正车空间泄油至油底壳，转板在滑油压力作用下相对曲轴转过一个差动角，并带动凸轮轴从正车位置转至倒车位置，完成换向动作。这种装置使用在Sulzer RD，RND，RND－M型柴油机上，为滞后差动。

Sulzer RTA型柴油机采用一种新型的液压换向装置。该柴油机每段凸轮轴都装配有1个换向伺服器，其凸轮固定在换向伺服器的外缘，每个伺服器上装有2个燃油凸轮。每段凸轮轴上也有排气阀凸轮，但其位于换向伺服器外的凸轮轴段上，柴油机正、倒车运转时排气阀凸轮不需换向。凸轮轴与伺服器不是刚性连接的，而是通过转轴上的2个转翼带动换向伺服器按规定方向转动。换向时凸轮轴和曲轴都不动，而是通过控制滑油进、出伺服器相应油缸的变化使伺服器带动燃油凸轮相对曲轴差动以完成换向动作。空气分配器凸轮为双凸轮，换向时依靠控制空气轴向移动该段凸轮轴使相应凸轮处于工作位置。

（2）气动机械差动换向装置

近年来，MAN B&W公司采用一种简易、新颖的气动机械换向装置。换向时曲轴与凸轮轴均无差动动作，通过改变每缸喷油泵传动机构中的滚轮在凸轮轴上的角度位置完成换向动作，见图4－2－5。图示位置为正车位置，换向时利用压缩空气拉动滚轮连杆的顶头，使滚轮连杆的倾斜方向发生改变，即改变滚轮与凸轮的相对位置完成换向动作。排气阀凸轮不需换向。空气分配器凸轮也是双凸轮结构，换向时依靠控制空气轴向移动该段凸轮轴使相应凸轮处于工作位置。

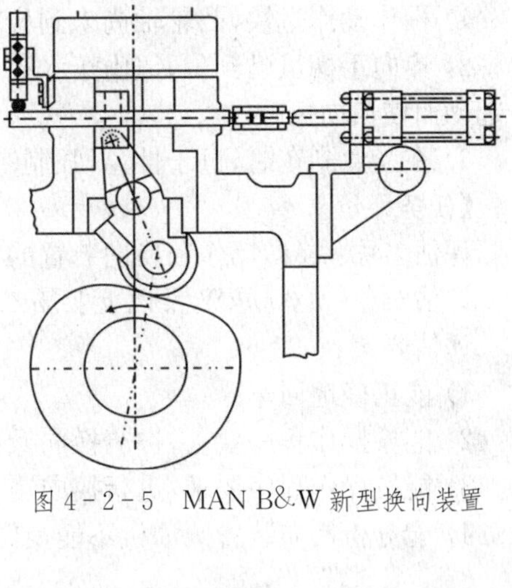

图4－2－5　MAN B&W新型换向装置

【任务实施】

模块　换向操作和换向装置的常见故障分析

〖任务要求〗

1）学习换向原理和方法；

2）描述双凸轮换向和单凸轮换向的特点；

3）掌握换向操作方法；

4）分析换向装置的常见故障。

〖任务准备〗

1）凸轮换向装置 1 套；

2）多媒体单凸轮和双凸轮换向装置 3D 动画；

3）机舱模拟器 1 台；

4）自动化机舱。

〖任务操作〗

一、换向操作

接到换向车令后(如倒车),应将换向手柄推至倒车位置,同时将燃油调节手柄置于起动位置,柴油机将换向。当换向指示到位后,将起动手柄置于起动位置,主机起动。当听到发火声音后,立即松开起动手柄,起动手柄自动回复原位,并切断压缩空气,换向起动程序完成。

二、换向装置的常见故障分析

换向装置的常见故障主要是柴油机不能换向,即换向手柄(轮)已从正车位置推至倒车位置(或相反),但柴油机未能开出倒车(或倒车换成正车)。通常,其主要原因在于换向机构发生故障或操作不当。

(一) 换向机构故障的原因

1）换向装置中有关阀件咬死。

2）换向伺服器故障：堵塞、漏油、转板在极端位置咬死或不能达到另一极端位置。

3）空气分配器故障(滑阀卡阻或漏气)。

(二) 操作不当的原因

1）操作动作过快,凸轮轴尚未到位就急于起动使换向失败。

2）换向手柄虽已到位,但由于水流作用使螺旋桨仍按原转向以较高转速转动,此时急于起动而使换向失败。

3）在紧急刹车时,过于性急,强制制动的时机不当,使换向失败。

【任务评价】

评估名称：换向操作和换向装置的常见故障分析

评估对象：3 000 kW 及以上船舶二/三管轮

评估要素：

1）能正确地回车令；

2）能按操作程序要求,进行换向操作；

3）能按操作程序要求,进行换向制动操作；

4）能分析换向装置柴油机不能换向的原因及解决方法。

【课后练习】

一、选择题

1. 柴油机由正车换成倒车时，必须具备的条件是________。
   A. 压缩空气由换向前的压缩行程进入
   B. 工作循环的热力过程不变
   C. 换向前的发火顺序与换向后的发火顺序恰好相反
   D. 以上都是
2. 为了保证柴油机换向后可靠工作，换向前后应使凸轮具有________。
   A. 相同的换向角和轮廓线　　B. 相同的位置和轮廓线
   C. 相同的定时和有效工作段　　D. 相同的定时和工作规律
3. 下列说法正确的是________。
   ①主机换向时间应不大于 15 s；②主机换向时间应不大于 12 s；③柴油机换向前后应使凸轮具有相同的定时和工作规律；④换向前的发火顺序与换向后的发火顺序恰好相反；⑤压缩空气由换向前的膨胀行程进入
   A. ①③④　　B. ①③④⑤　　C. ②③④⑤　　D. ②③④
4. 采用双凸轮换向的柴油机具有________。
   A. 2 套分别安装在 2 根凸轮轴上的凸轮　　B. 具有 2 个工作面的 1 套凸轮
   C. 2 套安装在 1 根凸轮轴上的凸轮　　D. 具有 2 个工作面的 2 套凸轮
5. 换向时凸轮轴需要作轴向移动的是________。
   A. 双凸轮换向　　B. 机械差动换向
   C. 液压差动换向　　D. 单轴鸡心凸轮差动换向
6. 双凸轮换向装置在换向过程中的动作是________。
   A. 超前差动　　B. 滞后差动　　C. 液压差动　　D. 凸轮轴轴向移动
7. 下列排气凸轮和燃油凸轮在同轴上实现单凸轮差动换向条件中，________说法是不正确的。
   A. 凸轮的差动方向要相同　　B. 差动的角度要相同
   C. 差动后的定时任何一个都不能改变　　D. 高压油泵的凸轮不能是一般线型凸轮
8. 鸡心凸轮差动换向倒车工况较差的原因是________。
   A. 凸轮不对称　　B. 排气凸轮定时不当
   C. 差动滞后　　D. 燃油凸轮定时不当
9. 关于单凸轮换向装置的论述正确的是________。
   ①正反转共用同一个凸轮；②凸轮轮廓外形必须对称；③换向时须轴向移动凸轮轴；④该装置常用于四冲程柴油机；⑤该装置常用于二冲程柴油机；⑥二冲程弯流扫气柴油机油泵采用鸡心凸轮
   A. ①②③　　B. ①②⑤　　C. ②③⑥　　D. ②⑤⑥
10. 单凸轮液压差动换向机构在换向时的正确动作是________。
   A. 在反向起动过程中先完成超前差动
   B. 在反向起动过程中先完成滞后差动
   C. 在停车时先完成单凸轮超前差动，然后反向起动
   D. 在停车时先完成单凸轮滞后差动，然后反向起动

二、简答题

1. 叙述双凸轮及单凸轮换向的原理。
2. 分析换向装置柴油机不能换向的原因及解决方法。

任务 3 典型柴油机操纵系统的识别与使用管理

Recognition and Management of Operating System for A Typical Diesel Engine

【任务描述】

操纵系统是将起动、换向、调速等各装置联结成一个整体并可以集中控制柴油机的机构。操纵系统工作状态是否良好对柴油机的工作性能有很大影响。实践证明，柴油机很多不正常的表现，如起动困难、不能换向、运转不稳定、不能加减速或飞车等，均与操纵系统工作不正常有关。操纵系统的元器件较多，特别是气动阀件，容易产生故障。为保证操纵系统始终处在良好的工作状态，除应按说明书要求正确地操作外，还应定期对其保养，保证操纵系统满足船舶各种复杂航行工况的需要。

学生通过对典型 MAN B&W MC－MCE 型柴油机操纵系统的学习，了解操纵系统的基本要求，熟悉操纵系统的类型和工作特点，掌握操纵系统的操作方法并能对其进行维护保养。

【学习目标】

- 能了解操纵系统的基本要求；
- 能根据说明书，描述 MAN B&W MC－MCE 型柴油机操纵系统的工作特点；
- 能掌握操纵系统的操作方法；
- 能描述 MAN B&W MC－MCE 型柴油机操纵系统的维护管理要点。

【相关知识】

一、对操纵系统的要求

为满足船舶各种复杂航行工况的需要，船舶主机必须设置起动、换向、调速装置以及控制上述各种装置的操纵系统。操纵系统是将上述各装置连接成一个统一整体并可集中控制柴油机的机构。随着遥控与自动化技术在操纵机构上的应用，电子计算机技术和微处理机已用于主机遥控、巡回检测、工况监测和故障报警等方面，更增加了操纵系统的复杂程度。对各种类型船用柴油机的操纵系统，有下列基本要求：

1）迅速而准确地执行起动、换向、变速、停车和超速保护等动作，并应满足船舶规范上的相应要求；

2）设有必要的连锁装置以避免操作失误或事故，如盘车机连锁、起动连锁、换向连锁、运转方向连锁、车钟连锁等；

3）设有必要的监视仪表和安全保护与报警装置，如超速保护、油水低压保护等；

4）操纵机构中的零部件必须灵活、可靠，不易损坏；

5）操作、调整方便，维护简单；

6）便于实现遥控和自动控制。

二、操纵系统的类型

按操纵方式，操纵系统可分为：

1）机旁手动操纵。操纵台设在机旁，使用相应的控制机构操纵柴油机满足各种工况下的需要。

2）机舱集控室控制。在机舱的适当部位设置专用的控制室，以实现对柴油机的控制和监视。

3）驾驶台控制。在船舶驾驶台或驾驶台两翼的控制台上由驾驶员直接控制柴油机。

机旁手动操纵是操纵系统的基础。机舱集中控制和驾驶台控制统称遥控，即指远距离操纵主柴油机。遥控系统是用逻辑回路和自动化装置代替原有的各种手动操作程序的。近代随着电子计算机技术在船上的有效应用，使柴油机的操纵系统提高到了一个新的技术水平。机舱集控室设有操纵部位转换开关，根据航行条件的需要将柴油机的操纵转换至集控室、驾驶台和机旁。驾驶台、集控室和机旁设有应急停车按钮或手柄，以便在紧急情况下根据需要立即停车。近年来集控室控制台又增加了主柴油机支持控制，在集控室或驾驶台车钟控制失灵时可转至该种控制模式对主柴油机进行控制。尽管主机遥控技术水平已经很高，将来还会不断地发展，但仍然必须保留机旁手动操纵系统，保证对主机可靠、有效地控制。

按遥控系统使用的能源和工质不同，操纵系统可分为：

1）电动式遥控系统。它以电力为能源，通过电动遥控装置和电动驱动机构进行控制。这种系统控制性能好，控制准确，适于远控，设备简单，易于实现较高程度的自动化，但对管理水平要求高。

2）气动式遥控系统。它以压缩空气作为能源，通过气动遥控装置和气动驱动机构进行控制。压缩空气为经过减压、净化处理的控制空气。信号传递距离较远，一般在 100 m 以内可满足系统的控制要求。信号传递受温度、振动及电气的干扰少，动作可靠、维护方便。但对气源的净化处理要求高，否则亦使气动元件失灵。

3）液力式遥控系统。该系统的优点是结构牢固，工作可靠，传递力较大，但易受惯性和液压油黏性的影响而降低传动的灵敏性和准确性。因此这种系统只限于机舱范围内控制，一般不适于远距离传递。

4）混合式遥控系统。如电-气混合式、电-液混合式、电-气-液混合式遥控系统等。从驾驶台到机舱采用电传动，机舱内系统采用气动或液动。混合式遥控系统具有上述各种系统的优点，目前在船上应用较广泛。

5）微型计算机控制系统。在常规的遥控系统中，程序控制等功能是通过各种典型环节的控制回路来完成的。采用微型计算机遥控是通过软件设计，给出一个计算机执行程序以取代常规遥控系统的控制回路，用软件取代硬件程序。微型计算机在执行时根据从接口输入的指令和表征柴油机实际运行状态的各种信息进行综合判断和运算，得出需要的控制信息并经输出接口去控制操纵系统的执行元件，实现对柴油机的操纵。这种控制系统体积小、功能强，可实现最佳状态、最经济性控制，是当代向综合性自动化方向发展的主要目标和方向。通常，在远距离遥控系统中多采用电传动，近距离多采用液力或气力传动。

主机遥控系统的功能除根据车钟指令通过各种逻辑回路和自动装置等完成主机起动、换向、调速和停车等程序操作外，还必须具有重复起动、慢转起动、负荷程序、应急停车、自动避开临界转速、故障自动减速或停车、紧急倒车等辅助功能。但柴油机备车时各系统状态检查和准备等均由轮机人员在机舱内操作，当备车程序完成后再转换至驾驶台遥控。驾驶台值班驾驶员必须对遥控系统进行效用试验，方可对船舶进行操纵。

三、MAN B & W MC - MCE 型柴油机的操纵系统

MAN B&W MC - MCE 型柴油机的操纵系统是一种电-气联合操纵系统，见图 4-3-1。它具有以下几种控制方式：①集控室或驾驶台遥控；②机旁应急控制。

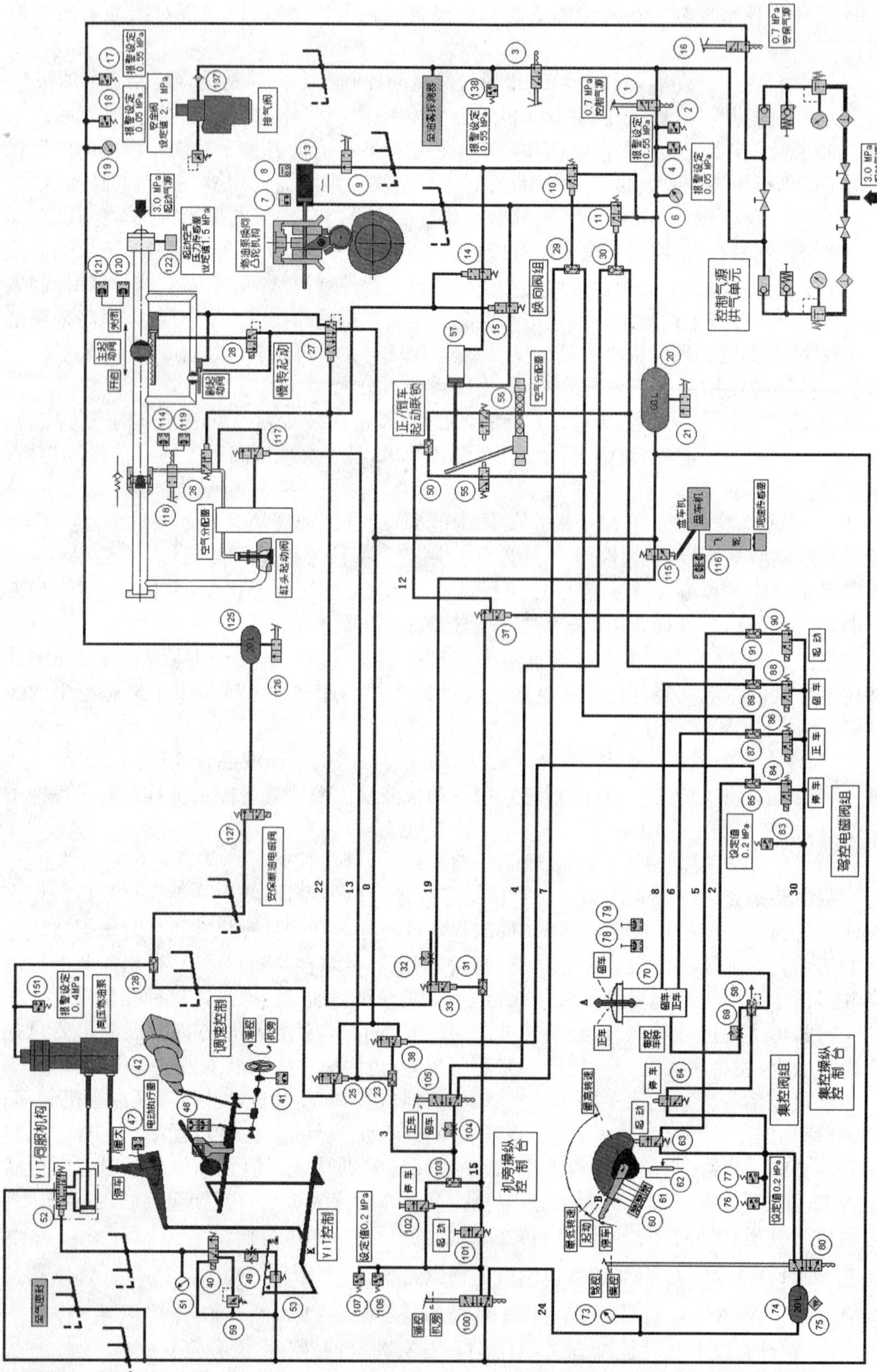

图4-3-1 MAN B&W MC-MCE型主机操纵系统气路原理

为了保证控制部位的转换，在机旁应急操纵台上设有遥控/机旁转换阀和应急操纵手轮，用于遥控和机舱应急操纵台的控制部位转换。

图 4-3-1 右侧下部为控制空气供给管路。系统控制空气的气源为 0.7 MPa 的压缩空气，控制空气分为 2 路。一路送入排气阀作为空气弹簧气源，包括排气阀空气弹簧供气管路及止回阀 137。另一路经控制空气瓶后把控制空气送至下述控制部位：其一，送至盘车机连锁阀 115；其二，送到主起动阀控制阀 27；其三，送到停车控制阀 25 处；其四，经遥控/机旁转换阀分别送至遥控或机旁起动、停车及正、倒车换向控制阀；其五，通至 VIT 装置控制阀 40 和 VIT 伺服机构控制阀 52。

图 4-3-1 左侧上部为燃油控制和安全系统，主要包括燃油泵、VIT 控制装置、应急停车阀。在停车系统或安全系统动作时，压缩空气被送到喷油泵顶部的空气刺破阀，使喷油泵内的燃油泄压并流回到燃油系统。左侧中部为机旁操纵控制阀，下部为遥控（驾驶台控制、集控室控制）操纵控制阀。

图 4-3-1 中间部分上部为起动空气系统，包括主起动阀，慢转阀及控制阀，慢转电磁阀 28，空气分配器及其控制阀 117 和供气阀 26，气缸起动阀。下部为空气分配器和燃油凸轮换向控制部分，包括空气分配器换向伺服机构 57 和燃油凸轮换向伺服机构 13。

该系统设有电子调速器，由电子调速器本体、电源、执行器、转速传感器和扫气压力传感器组成，执行器、转速传感器和扫气压力传感器装在机旁。

【任务实施】

模块 1　MAN B&W MC－MCE 型柴油机操纵系统驾驶台遥控及机舱应急控制过程分析

〖任务要求〗

1）学习、指认 MAN B&W MC－MCE 型柴油机操纵系统各部分；

2）学习、描述 MAN B&W MC－MCE 型柴油机操纵系统各阀件的功能；

3）学习 MAN B&W MC－MCE 型柴油机操纵系统操纵位置的转换；

4）学习 MAN B&W MC－MCE 型柴油机操纵系统应急操纵的方法；

5）学习 MAN B&W MC－MCE 型柴油机操纵系统的连锁及安全保护措施。

〖任务准备〗

1）MAN B&W MC－MCE 型柴油机操纵系统动画 1 套；

2）MAN B&W MC－MCE 型柴油机操纵系统图；

3）机舱模拟器；

4）机动化机舱。

〖任务操作〗

在遥控期间，控制空气经遥控/机旁转换阀分别送入机舱集控室和驾驶台遥控系统。如图 4-3-1 所示，机舱集控室遥控系统主要由车钟 70 控制主柴油机正、倒车换向，操车手柄控制停车、起动及设定转速。驾驶台遥控系统通过控制起动电磁阀 90，停车电磁阀 84，正车电磁阀 86，倒车电磁阀 88 控制主柴油机的起动、停车、正车换向、倒车换向。下面以驾驶台遥控为例说明遥控过程。

一、停车

当驾驶台给出停车命令时，控制空气通过停车电磁阀 84 使停车控制阀 38 下位导通，等候在此的控制空气先经阀 23 使阀 25 下位通，继而控制空气通过阀 25 和双向阀 128 被送到喷油泵顶部的空气刺破阀，切断燃油，主柴油机停车。

二、正车起动

当驾驶台发出正车起动命令时，正车电磁阀 86 左位导通。控制空气通过阀 87，阀 29，正车换向阀 10，空气分配器换向伺服机构 57，燃油泵换向伺服机构 13 使空气分配器和燃油泵的换向机构换到正车位置。换向完毕后，阀 55 右位导通，等候在此处的控制空气便经过该阀和正、倒车起动连锁阀 50 到达阀 37 处。在给出起动信号后，起动电磁阀 90 左位导通，控制空气经该阀和阀 91 使阀 37 下位导通，控制空气便经阀 37 和阀 31 使阀 33 下位通。如果此时盘车机脱开，盘车机连锁阀 115 释放，则控制空气经阀 33 后分成 3 路：一路到达换向切断阀 14 和 15，切断换向控制空气并锁闭换向伺服机构 57 内的空气；一路到达空气分配器供气控制阀 26，柴油机停车状态时阀 117 工作于下位，一旦主或副起动阀打开空气分配器得到控制空气，控制空气也经阀 117 使空气分配器的控制滑阀被压下与起动凸轮接触，从而空气分配器投入工作；一路到达起动控制阀 27 使其左位通，于是慢转阀（副起动阀）、主起动阀先后打开，将起动空气一路送至气缸起动阀下部等候，另一路经阀 26 送至空气分配器。空气分配器投入工作，在凸轮的控制下按发火顺序依次打开各缸起动阀。

三、换向及倒车起动

当驾驶台发出换向及倒车起动命令时，倒车电磁阀 88 左位导通。控制空气通过阀 88，89，30 使倒车换向阀 11 左位通，控制空气经过此阀后通过空气分配器换向伺服机构、燃油泵换向伺服机构分别使空气分配器和燃油泵的换向机构换到倒车位置。其他过程与正车相同。

四、紧急停车

在紧急情况下通过紧急停车电磁阀 127 可将压缩空气迅速通入各高压油泵的空气刺破阀而使各缸迅速停油。当主柴油机的转速降低到换向转速（取决于柴油机的规格和船型，为 20%～40%标定转速）后，可给出反向起动指令。反向起动指令给出后，起动空气进入气缸使主柴油机强制制动至停车。然后在起动空气作用下按指令反向运转到起动转速，再给出供油运转的指令。为防止可能发生的严重的船体振动，在进行强制换向起动的最初几分钟应使柴油机的转速维持在较低转速。如果在试图进行紧急刹车时船速太高，给出起动指令的时间不要持续太长，要再给出停车信号，待转速进一步降低后再给出起动指令进行制动。

五、机舱应急控制

在通常的气动控制系统中，调速器及电子设备发生故障的情况下，可以在机旁应急控制台操纵主机。它主要由起动按钮 101，停车按钮 102，正倒车控制阀 105 和应急手轮组成。工作过程基本同前。

模块 2　MAN B&W MC－MCE 型柴油机操纵系统的故障分析和维护

〖任务要求〗

1）学习 MAN B&W MC－MCE 型柴油机操纵系统故障分析的基本方法；

2）学习模拟试验检查气动系统故障；

3）学习系统中阀件故障对系统的影响；

4）学习气动系统的维护周期。

〖任务准备〗

1）MAN B&W MC－MCE 型柴油机操纵系统动画 1 套；

2）MAN B&W MC－MCE 型柴油机操纵系统图；

3）机舱模拟器；

4）机动化机舱。

〖任务操作〗

一、故障分析的基本方法

（一）掌握系统的安全保护装置和连锁装置

在主机遥控系统中，最常见的故障是：不能起动或起动困难，不能换向，不能调速。

造成这些情况的原因往往是安全装置的保护作用，因而在分析故障之前，一定要首先了解安全保护装置和连锁装置，最好能找到安全装置的传感器或连锁装置的安装位置，便于现场查看。安全保护装置常见的有油压、水压、油温、水温、超速保护、曲轴箱油雾浓度监测等。连锁装置一般有不停油不能换向、换向不完毕不能起动、转向连锁、盘车机连锁等。安全和连锁装置造成操纵主机困难的原因，往往不是参数和主机的状态不正常，而是传感器的误传导，使其在排除故障时走一定的弯路，因而检查安全保护装置本身就显得尤为必要。

（二）了解主机遥控系统的主要功能、控制过程及可设定参数的意义和数值

微机遥控系统具有的功能主要有：重复起动、起动油量设置及保持、临界转速自动回避、负荷程序等。可设定的参数很多，说明书中一般都提供详细的数据表。对系统的功能和参数一定要理解，必要时根据机器的状态进行适当调节。例如点火转速（Ignition Speed 或 Cut－off Speed），其实质是给计算机设置一个参数，根据机器的状态，认为主机能够点火燃烧而切断起动空气的一个转速。经过多年运转，机器状态已发生变化，原来设置的点火转速可能不够，需要进行修改。再如起动油量，是为了起动可靠而设置的专门用于起动的油量。若一台主机经几年的运转，气缸、活塞、油泵及油门传动机构有不同程度的磨损，这时仍用新机的起动油量，往往造成起动困难，这时，适当增大起动油量的设置，问题即可解决。

（三）故障出现后的分析步骤

1. 查报警

一台柴油机从静止状态到运行状态，操作不灵或运行过程中突然自动减速或停车，首先应检查的是故障报警。一般控制台或模拟板上都有重要参数的指示灯、数值表，如滑油和冷却水的压力、温度等。分析这类故障时，要分清是参数不正常还是传感器不正常，并分别进行处理。

2. 使用机旁操纵

这种操纵方式，系统在操纵过程中使用的阀件最少，便于查找。

3. 查系统参数设置

如果机旁操纵没有问题，可以断定主机操纵的执行机构是好的，其中包括起动阀、换向机构、调速器等。下一步应检查集控或驾控所使用的设备、阀件等，可通过系统的模拟试

验，检查遥控系统的工作状态及各重要参数的设置。这些工作状态、参数数值都可通过指示灯、数码管或液晶显示屏显示出来。如果属微机硬件故障，可通过换备用模块板的方式进行解决，而不必去考虑板上的哪个集成块或元件有问题。硬件无故障，则应考虑参数的设置问题，如起动油量、点火转速、一次起动时间等。应根据故障的具体现象及机器的使用状态等情况作适当修改。

4. 查电气接口

因为气电转换的接口部分阀件管路比较复杂，所以放在最后检查。一般是先使微机发出操纵指令，再检查阀件是否动作。若不动作，再进一步找原因。例如起动过程中，车钟放在起动位置，起动信号已输出，如果主机无反应，可用螺丝刀通过起动阀尾部的小孔，推动阀芯使其到达起动位置；若主机能够起动起来，则说明气路管线无问题，故障就在电磁阀。可检查阀芯的滑动情况和电磁阀的电路问题，使故障范围缩小到很小的范围，很容易查到并解决。若电磁阀无问题，而起动系统无反应，则需检查电磁阀与执行机构之间的管线。具体方法是关闭主起动阀主气源，将操纵手柄放在起动位置，然后从电磁阀开始，逐个接头或阀件进行检查。可旋松管路接头，检查是否有气，这样就能很容易找出故障点。

二、模拟试验检查气动系统故障

船舶主机的微机控制系统一般都设有专门的模拟试验装置，在备车时可对系统进行模拟试验，以检查系统的功能。

（一）准备

起动滑油泵，若不能起动则对滑油压力继电器进行处理，断开报警线路，使滑油低压自动停车或自动减速的信号不能输入到安全保护系统中（试验完毕后一定要复位）。若系统对冷却水压力有要求，可同法处理；供给控制气源（若无气源则模拟试验无法进行）；检查主起动阀气源，确认其处于切断状态，防止在试验的过程中压缩空气进入气缸；将控制方式设置为集控室控制；确认燃油凸轮处于正车或倒车的极端位置。

（二）模拟起动

将集控室的操纵控制手柄置起动位，到主起动阀处观察主起动阀旋塞端部的位置刻度指示，确认其在 OPEN 位；将控制手柄置停车位，确认其在 CLOSE 位。若阀件动作灵敏，能准确到位，说明从集控室到主起动阀的开启气缸工作正常。若要对空气分配器和气缸起动阀进行检查，则需在阀 118（见图 4－3－1）处外接气源，可通过盘车的方法检查空气分配器和气缸起动阀的工作情况。若主起动阀不能正确动作，则可检查起动控制阀到主起动阀之间的元器件是否工作正常：将控制手柄置于起动位，循序拆卸阀件出口处的管路，气压正常输出则阀件正常，否则阀件有卡阻或其他损坏，经修理后可排除故障。

（三）模拟换向

上述准备工作完成后，扳动正倒车换向手柄，观察空气分配器换向气缸的工作情况，并分正车和倒车 2 种情况拆开正/倒车连锁阀后或门阀的出口，检查其输出气压是否正常，确认换向到位的反馈情况；观察燃油泵换向气缸的工作情况，在柴油机静止的情况下，六缸柴油机的 4 只以上的油泵换向气缸动作灵敏，油泵的换向就是正常的。

（四）模拟加速

集控室气动遥控的调速也是通过微机控制的电子调速器完成的，因而其起动后的加速需给计算机输入模拟转速信号。模拟转速信号一般由设在模拟试验板上的电位器提供。

首先将换向手柄置于与燃油凸轮一致的转向(确保所有燃油凸轮的位置与要求的转向一致);模拟起动,通过模拟试验板给出模拟转速,使其达到点火转速以上,系统显示起动成功;然后慢慢扳动燃油手柄加速,观察燃油调节总杆的动作情况,同时,在控制台上一般由仪表显示转速设定信号的数值,可判断加速过程是否正常。

模拟试验是一个非常有用的检查系统功能、查找故障的方法。它与实际操作不同的就是主机不转,需要转速信号时通过模拟的方法给出,备车及系统中阀件的工作过程是一样的,因而通过模拟试验完全可以检查系统的性能。

三、阀件故障对系统的影响

如前所述,遥控系统按其功能主要分为气源单元、起动单元、换向单元、停车单元和调速单元等。各单元主要由各种阀件组成,只要能掌握这些阀件的作用,熟悉整个系统中的工作原理,就可针对具体的故障现象,分析出可能出现故障的原因,为排除操纵系统的故障提供依据,见图 4-3-1。

(一) 气源单元

1) 阀 1。控制气源关闭,故障时会造成气控系统无控制空气、控制空气低压报警或整个主机控制系统失效等。

2) 阀 3。排气阀弹簧气源启闭,故障时会造成排气弹簧无气源、弹簧空气低压报警或主机无法起动(起动连锁作用)。

3) 阀 16。安全保护断油控制气源启闭,故障时会造成安全保护断油装置失效、气源低压报警或主机无法起动(起连锁作用)。

4) 阀 80。按需要实现驾/集控制方式转换,故障时造成遥控气源低压报警或主机不能进行遥控操作。

5) 阀 100。按需要实现机旁/遥控控制方式转换,故障时可能会造成机旁/遥控气源低压报警、主机不能进行机旁操作等。

6) 阀 115。盘车机与控制气源间连锁阀。对系统的影响是起动控制气路无执行气源、主机无法起动、控制气源低压报警、盘车机未脱开报警、主机与盘车机连锁失效并极易造成机损事故。

7) 气容 20,74,125。其主要作用是稳定气源气压,增加气动控制系统的稳定性,放残以提高压缩空气的品质。

8) 空气滤器。滤除空气中的污染物,确保气源的洁净,如果滤器损坏会造成气动元件卡死、元件磨损、压力降低,容易造成整个系统工作不正常。

(二) 起动单元

1) 阀 90。驾控时传递起动信号并输出起动气控信号,当故障时会造成驾控主机不能起动或主机起动异常。

2) 阀 63。集控时按指令手动操纵,输出起动气控信号,当故障时会造成集控主机不能起动或主机起动异常。

3) 阀 101。机旁控制时按需要手动操纵输出起动气控信号,当故障时会造成机旁主机不能起动或机舱主机起动异常。

4) 阀 33。受阀 90,63,101 输出的气控信号控制,输出控制主起动阀、空气分配器的气控信号,当故障时会造成阀 27 和 26 无气控信号,主起动阀、空气分配器不能进入起动状态，主机不能起动等。

5）阀27。受阀33输出的气控信号控制，提供主起动阀启闭气源，当故障时会造成主起动阀的主、副阀不能开启或启闭不正常，主机不能起动等。

6）阀37。受阀63(集控)、阀90(驾控)输出的气控信号控制，输出遥控起动控制信号给起动控制阀33。

7）阀28。受电动遥控装置控制，按需实现主机的慢转起动功能，当故障时会造成主机不能慢转起动、主起动阀启闭不正常等。

8）阀26。受阀33输出的气控信号控制，启闭空气分配器的动力气源，当故障时会造成空气分配器无动力气源使空气分配器不能正常工作、缸头起动阀关不严、燃气倒灌等。

9）阀32。调节节流阀的开度，控制主机起动信号的释放时间，控制"油气并进"的时间，当开度过大或过小时会造成"油气并进"时间过长，主机起动时过于粗暴，或"油气并进"时间过短、主机起动困难等。

10）主起动阀。用以启闭空气瓶至起动空气分配器和气缸起动阀间的起动空气通路，提供起动用的压缩空气，当故障时会影响主机的正常起动、不能进行慢转起动、燃气倒灌或主机不能起动等。

11）空气分配器。按主机的发火顺序，在要求的起动正时时刻内将控制气源分配到相应的气缸起动阀，并将其开启，使起动压缩空气进入气缸起动柴油机。当故障时会造成主机不能起动、起动不正常或运转错误等。

12）气缸起动阀。受空气分配器控制，在起动时将起动空气经此阀按发火顺序进入气缸起动柴油机，在应急情况下具有制动作用。当故障时会造成燃气倒灌、起动时压缩空气消耗量过大、主机起动困难、错向起动或主机不能起动等故障。

（三）换向单元

1）阀86。驾控时传递正车信号并输出正车换向气控信号，当故障时会造成驾控时不能输出正车换向气控信号、主机不能实现正车换向或不能换向到正车位。

2）阀88。驾控时传递倒车信号并输出倒车换向气控信号，当故障时会造成驾控时不能输出倒车换向气控信号、主机不能实现倒车换向或不能换向到倒车位。

3）车钟70。包含正车换向阀和倒车换向阀，集控时按需要手动发送正、倒车气控信号，故障时会造成集控时不能输出正确的换向气控信号、主机换向困难等。

4）阀105。机旁控制时按需要手动发送正、倒车气控信号，故障时会造成机旁控制时不能输出正确的换向气控信号、主机换向困难等。

5）阀14。正车起动-换向连锁阀，当故障时会造成换向速度慢或换向不到位、不能换向至正车位置等。

6）阀15。倒车起动-换向连锁阀，当故障时会造成换向速度慢、换向不到位或不能换向倒车位置等。

7）阀55。正车-换向连锁阀，当故障时会造成主机不能进行正车起动。

8）阀56。倒车-换向连锁阀，当故障时会造成主机不能进行倒车起动。

9）阀10。受阀86,70,105输出气控信号的控制，实现燃油泵正车换向，当故障时会造成换向速度慢、换向不到位或不能换向到正车位置。

10）阀11。受阀88,70,105输出气控信号的控制，实现燃油泵倒车换向，当故障时会造成换向速度慢、换向不到位或不能换向到倒车位置。

11）高压油泵换向气缸13。按阀10和11的气控信号要求实现燃油泵的换向，当故障时会造成换向不到位或不能实现换向。

12）阀57。受换向控制信号的控制，实现空气分配器的换向，当故障时会造成换向不到位或不能实现换向。

13）阀117。按气控信号的要求为空气分配器换向装置提供气源，当故障时会造成空气分配器无控制气源、空气分配器不能正常运行、主机无法起动。

（四）停车单元

1）阀84。受控时为驾控断油停车工况。当故障时会造成阀38不能复位，燃油泵不能正常供油，驾控起动主机不发火；阀38过早复位时会造成燃油泵过早供油，造成主机起动时工作粗暴或驾控时不能实现停车断油。

2）阀38。接收遥控停车阀84和64的断油信号后使阀25受控。故障时会造成阀25不能复位，遥控时燃油泵不能正常供油；燃油泵过早供油，主机起动时工作粗暴，遥控时不能实现停车断油。

3）阀64。受控时为集控断油停车工况。当故障时会造成阀38不能复位，燃油泵不能正常供油，驾控起动主机不发火；阀38过早复位时会造成燃油泵过早供油、主机起动时工作粗暴或驾控时不能实现停车断油。

4）阀25。受阀102和38气控信号控制，输出主机断油停车信号。当故障时会造成燃油泵不能正常供油，起动时主机不发火或主机起动时工作粗暴。

5）阀102。受控时为机旁控制时断油停车工况。故障时会造成燃油泵不能正常供油，机旁控制时起动主机不发火，不能实现停车断油。

6）阀127。接收安全保护系统的断油信号控制时主机断油停车。故障时会造成安全保护断油信号不能消失，主机无法起动；断油装置功能失效，主机无法实现安全保护停车。

（五）调速单元

1）电子调速器执行装置。在遥控工况下(开关41受激)，执行器42在数字调速器控制下，将速度控制信号由执行器42通过机械杠杆机构转换成相应的燃油泵油门开度。在机旁控制工况时(开关48受激)，由机旁的调速手轮按车钟信号手动设定油门开度。当故障时会造成调速执行器42稳定性变差、主机速度不稳定，在遥控工况下，无调速信号输出使主机无法正常运行；燃油泵油门开度与设定值不相符，执行器损坏等。

2）VIT可变喷油正时调节装置。随主机负荷变化在调节喷油量的同时自动调节其供油提前角，在85%～100%额定负荷范围内保证最大爆发压力基本不变，以改善其工作性能与经济性。

3）VIT伺服机构52。受阀53和59气控信号的控制，按需调节燃油泵正车、倒车喷油定时。当故障时会造成VIT调节装置失效、主机工作调节恶化。

4）阀40。按主机运转方向切换喷油定时的控制气路，当故障时会造成进入执行器52的气控信号与主机转向不相符、主机运转异常等。

5）阀49。减少调速信号变化的影响，改善执行器52的工作稳定性，当故障时会造成执行器52的工作稳定性变差或动作滞后。

6）阀53。按主机负荷变化输出控制燃油泵正车喷油定时的气控信号，当故障时会造成主机正车喷油定时不能随负荷变化而变化、高负荷时最大爆发压力过大等。

7）阀59。设定倒车喷油定时气控信号，当故障时会造成倒车喷油定时失控，影响倒车的起动性能。

四、气动系统的维护

由于主机遥控系统的组成较为复杂，其分析和排除故障的技术含量较高，大多数阀件的结构较为复杂，零件较为精密，维护修理的难度较大，往往令许多轮机员望而却步，造成对系统的维护不能及时进行。等到系统出现故障时，系统的技术状况已经非常差。气动系统中，其失效的主要现象为：密封橡胶圈老化、零件磨损或锈蚀、脏堵等。针对这些失效的形式，遥控系统说明书中都有明确的维护要求，只要遵循这些要求进行维护，系统就能保持较好的技术状态。

表4－3－1为气动遥控系统阀件维护标准，在设备维护时可参考。

表4－3－1　气动遥控系统阀件维护标准

名称	间隔/年					检查/试验，调整，修理，或换新
		0.5	1	2.5	5	
空气滤器	◎			Δ	X	◎交付后1个月，检查和清洗过滤网 ○检查过滤元件 Δ检查元件是否失效 X每隔5年必须换新过滤元件
减压阀			◎	○	Δ	◎检查清洁阀的进出口元件，检查缺陷 ○检查膜片，清洁阀的进出口元件 Δ换新膜片、阀芯组和O形圈； 滑动部件每5年； 固定部件每7～8年
电磁阀			◎	○	Δ	◎彻底拆检并加牛油（清洁或换新锈蚀部分） ○彻底拆检、清洁、加牛油，滑动部分换O形圈 Δ换新橡胶密封件； 滑动部分每5年； 固定部分每7～8年
气缸			◎	○	Δ	◎彻底拆检并加牛油（清洁或换新锈蚀部分） ○彻底拆检、清洁、加牛油，滑动部分换O形圈 Δ换新橡胶密封件； 滑动部分每5年； 固定部分每7～8年
转换阀			◎	○	Δ	◎彻底拆检并加牛油（清洁或换新锈蚀部分） ○彻底拆检、清洁、加牛油，滑动部分换O形圈 Δ换新橡胶密封件； 滑动部分每5年； 固定部分每7～8年

（续表）

名称	间隔/年					检查/试验，调整，修理，或换新
		0.5	1	2.5	5	
控制阀（操纵手柄）			◎	○	X	◎检查清洁阀的进出口元件，检查锈蚀或缺陷 ○检查膜片，清洁阀的进出口元件 X换新膜片、阀芯组和O形圈； 滑动部件每5年； 固定部件每7～8年
速度控制阀、安全阀（释放阀）			◎		△	◎彻底拆检、清洁 △换新橡胶件并检查工作状态
注：◎调整/试验；○维修；X更换；△检查，必要时换新						

【任务评价】

评估名称：MAN B&W MC-MCE型柴油机操纵系统驾驶台遥控及机舱应急控制过程分析

评估对象：3 000 kW及以上船舶大管轮

评估要素：

1）能描述柴油机的起停和加减速时操纵系统中各阀件的动作；

2）能描述进行换向及倒车起动时操纵系统中各阀件的动作；

3）能描述紧急停车的操作；

4）能描述操纵系统进行机舱应急控制的操作。

评估名称：MAN B&W MC-MCE型柴油机操纵系统的故障分析和维护

评估对象：3 000 kW及以上船舶大管轮

评估要素：

1）能了解操纵系统故障分析的基本方法；

2）能用模拟试验法检查气动系统的故障；

3）能描述气动阀件故障对系统的影响；

4）能掌握气动遥控系统阀件的维护周期。

【课后练习】

一、选择题

1. 柴油机的操纵方式中必须保留________。

A. 机旁操纵　　B. 驾驶台操纵　　C. 集控室操纵　　D. 液力操纵

2. MAN B&W MC系列柴油机采用的遥控系统是________。

A. 电动式遥控系统　　B. 液力式遥控系统

C. 电-气混合遥控系统　　D. 电-液混合遥控系统

3. 对柴油机操纵系统的基本要求是________。

①能迅速、准确地执行起动、换向、变速等动作；②操纵、调节方便；③在集控室内完成

所有操作;④在驾驶台操纵主机;⑤有必要的安全保护装置;⑥有必要的连锁装置

A. ①②③⑤　　B. ②③④⑥　　C. ①②⑤⑥　　D. ②④⑤⑥

4. 目前应用较为广泛的混合式主机遥控系统的特点是________。

A. 从驾驶台到机舱采用电传动,机舱系统采用液压式或气动式

B. 从驾驶台到机舱采用液压传动,机舱系统采用电动式

C. 从驾驶台到机舱采用气压传动,机舱系统采用电动式

D. 从驾驶台到机舱采用液压传动,机舱系统采用气动式

5. 柴油机在运转中如果发生飞车,其安全保护装置会执行下述________动作。

A. 降速　　B. 立即停车

C. 继续运转　　D. 由轮机员采取措施

6. 在紧急刹车操纵中需要选择时机进行操纵的动作是________。

A. 回车钟　　B. 刹车　　C. 停油　　D. 换向

7. 下列各项中________不是气动式遥控系统的特点。

A. 适于远控　　B. 传递力较大　　C. 维护方便　　D. 传递信号干扰少

8. 以下________不是操纵系统的基本要求。

A. 有必要的连锁装置

B. 有必要的监视仪表和安全保护与报警装置

C. 能迅速执行备车动作

D. 操作、调节方便,维护简单

二、简答题

1. 叙述对操纵系统的要求。

2. 叙述 MAN B&W MC - MCE 型柴油机操纵系统故障分析的基本方法。

项目五　智能柴油机的认识与管理
Recognition and Management of Intelligent Diesel Engine

项目描述

电控型柴油机也称为智能柴油机，即将电子设备及软件应用于船用柴油机并成为其重要部分的新型柴油机。根据柴油机燃烧理论，主要是应用电控技术，通过控制燃油喷射正时、喷油量、喷射速率、压力以及进、排气阀正时，能够有效地实现柴油机在各种负荷下的性能最优化，从而达到在满足最新排放要求下，提高其经济性、可靠性、操纵灵活性和延长使用寿命。其优点是：可靠、经济、满足排放要求、操作灵活、使用寿命长。

本项目以瓦锡兰 RT－flex 柴油机、MAN B&W ME 柴油机作为典型实例，通过学生对实物的观察及课堂讲解，掌握智能柴油机的基本知识，了解智能柴油机电子控制技术的原理和特点，并能在老师指导下通过对电子控制技术的学习，发现并排除简单的故障。本项目设置瓦锡兰 RT－flex 柴油机电子控制系统的认识和 MAN B&W ME 柴油机电子控制系统的认识与管理 2 项任务。

任务 1　瓦锡兰 RT－flex 柴油机电子控制系统的认识
Knowledge of Electronic Control System for WARTSILA RT－flex Diesel Engine

【任务描述】

瓦锡兰公司率先将共轨技术应用于大功率船用低速柴油机。第一台 6RT－flex 58T－B 的功率为 11 275 kW，转速为 93 r/min，安装在“Gypsum Centennial”轮上。该船是 2000 年 2 月底由韩国现代重工为 Gypsum 石膏运输公司建造的，2001 年 9 月投入营运。至今已超过 10 年，状况良好。目前，RT－flex 系列柴油机包括 RT－flex 35，RT－flex 40，RT－flex 50/50B/50D，RT－flex 58T－B，RT－flex 60C，RT－flex 82C，RT－flex 82T，RT－flex 84T－D 和 RT－flex 96C 等不同缸径的多种机型，见图 5－1－1。

瓦锡兰 RT－flex 柴油机是典型的大功率低速船用智能柴油机，学生通过对瓦锡兰 RT－flex智能柴油机的学习，了解瓦锡兰 RT－flex 智能柴油机的结构特点，熟悉瓦锡兰 RT－flex 的共轨技术，掌握其日常维护保养方法。

【学习目标】

- 能认识瓦锡兰 RT－flex 智能柴油机的各组成部分；
- 能熟练描述瓦锡兰 RT－flex 智能柴油机的特点；
- 能熟练描述瓦锡兰 RT－flex 智能柴油机的共轨技术。

图 5-1-1　瓦锡兰 RT-flex 柴油机

【相关知识】

一、智能柴油机的原理和特点

电子控制柴油机又称智能柴油机或电喷柴油机。智能柴油机取消了传统柴油机的凸轮轴以及相关的机械控制零部件,将燃油喷射、气阀启闭以及柴油机的起动、换向、停车和气缸润滑等功能全部由电子控制实现。它可以通过对相关参数的设定和修改,调整主机的运行状态和工作参数,达到使柴油机保持在最佳状况下工作的目的。此外,还可对柴油机的运行情况及零部件的状况进行实时监测,并与船上的控制系统、报警系统连接,对柴油机进行全方位的控制。目前,智能柴油机已在新装机船舶中得到广泛运用,并逐步成为船舶柴油机的主流机型。

(一) 智能柴油机的原理

智能柴油机原理:通过电子控制技术,发动机管理系统的核心功能由电控单元来实现。传感器为电控单元提供发动机的当前工况信息,电控单元对传感器的信号进行分析以后,根据预定的控制策略对执行器发出控制信号,控制喷油量、喷油始点、增压压力、进排气阀正时等,对发动机进行闭环控制,使燃烧更精确。

(二) 智能柴油机的特点

船用智能柴油机是在 2000 年后才正式装船使用的,与传统机械控制式柴油机相比,其主要特点为有很强的运转适应性、足够的可靠性、具有各种不同的操作模式、完善的状态监测和控制系统。

1. 很强的运转适应性

很强的运转适应性主要表现在燃油喷射系统上,其主要包括:

1) 能够自由地选择喷射压力。根据不同工况可确定所需的最佳喷射压力,从而优化柴油机综合性能,降低柴油机在部分负荷时的油耗。

2) 精确地控制燃油喷油量。柴油机由电磁阀控制喷油,其控制精度高,高压油管压力稳定,在柴油机运转范围内,循环喷油量变动小,各缸供油均匀,柴油机工作稳定。

3) 可独立地控制喷油正时和喷油速率变化,实现预喷射和多次喷射,达到理想的喷油规律。配合高的燃油喷射压力,既可降低柴油机的 $dp/d\varphi$,又能保证良好的动力性和经济性,同时还能将柴油机的 NO_x 和颗粒(PM)排放控制在较小的数值范围内,以满足排放要求。

4）燃料适应性好。对于不同的燃油，特别是劣质燃料油，可根据燃烧需要改变喷油正时和气阀定时，并且在任何负荷条件下工作均无可见排烟。这些对于凸轮驱动的机械机构几乎是不可能实现的。此外，冷却系统、增压系统和气缸注油系统也具有很强的运转适应性。

2. 足够的可靠性

这是指发动机具有更长的寿命和维修周期，在整个发动机使用过程中具有很低的故障率和良好的维修性能，并且在整个使用期间发动机的性能维持不变。如瓦锡兰公司的RT－flex柴油机的吊缸周期可延长到3年，MAN B&W的低速柴油机吊缸周期可以延长到5年。

3. 各种不同的操作模式

可以根据不同的要求由操作者选择机器的运转模式，如经济性模式、排放控制模式、低负荷运转模式等，并保证发动机一直处于最优化状态运转。

4. 完善的状态监测和控制系统

主要包括一体化的速度控制设备、在线的柴油机故障诊断系统、活塞工作和燃烧可靠性的监测及对气缸注油的优化等。能够在线监测柴油机的运转状况，确保各缸的负荷均匀分布，防止发动机超负荷，在故障发生前能够早期报警并启动处理程序。

目前，船用智能低速柴油机的主要机型是瓦锡兰公司的Sulzer RT－flex系列柴油机和MAN B&W公司的ME系列柴油机，其结构及控制方式有所不同，各有其技术特点。

二、瓦锡兰RT－flex柴油机的结构介绍

（一）基本结构

相对常规柴油机而言，RT－flex柴油机取消了机械式凸轮轴系统及其传动机构，增设了供油单元、共轨平台和WECS－9520控制系统，见图5－1－2和图5－1－3。

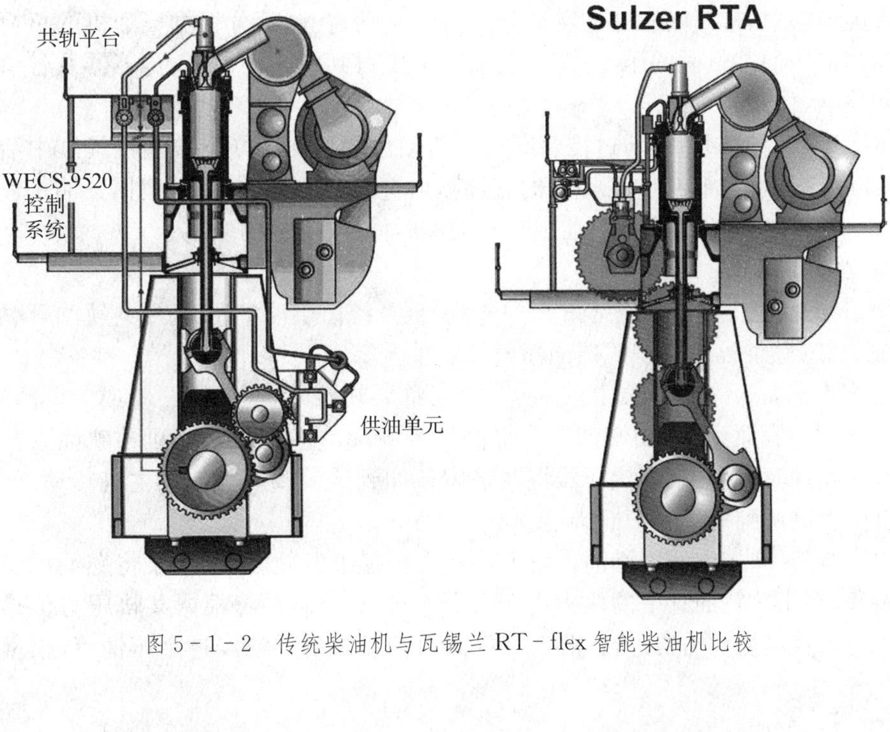

图5－1－2 传统柴油机与瓦锡兰RT－flex智能柴油机比较

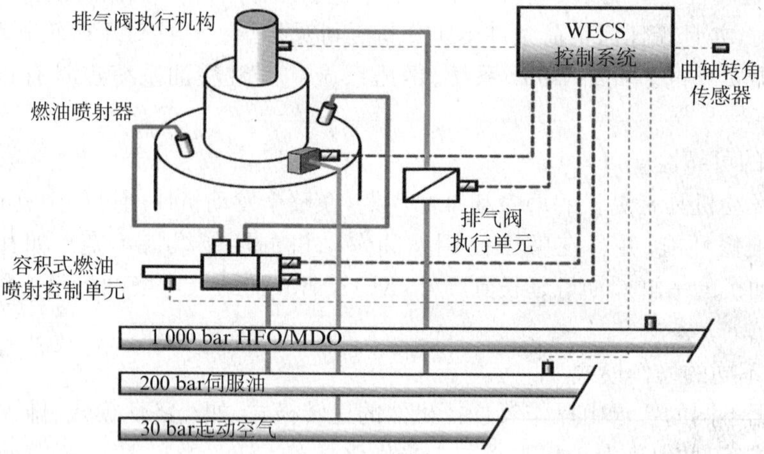

图 5-1-3　RT-flex 共轨系统

供油单元由柴油机曲轴输出端的齿轮组带动燃油柱塞泵和滑油斜盘泵。高效的燃油泵向共轨管提供 600～900 bar 的燃油，轴向柱塞泵提供 80～180 bar 的伺服液压油用于排气阀的启闭和燃油喷射控制单元的驱动。共轨平台由 WECS-9520 控制系统分别控制容积式燃油喷射控制单元(Injection Control Unit，ICU)、排气阀驱动执行器(Exhaust Valve Control Unit，VCU)和起动空气控制装置，通过安装在主机自由端的曲轴角度编码器来判断曲轴位置及各缸活塞在气缸中的位置后，完成燃油喷射、排气阀启闭和柴油机的起动功能。

RT-flex 柴油机的电子控制设备主要包括 WECS-9520 柴油机控制系统、容积式燃油喷射控制阀、排气阀驱动执行器和起动空气控制装置。WECS-9520 柴油机控制系统由 3 部分组成，即凸轮轴替代部分、控制部分和安全系统。凸轮轴替代部分主要用来代替凸轮轴实现燃油喷射、排气阀和起动空气分配器的驱动；控制部分根据柴油机的负荷和转速控制燃油和伺服油共轨内的压力；而安全系统主要对共轨阀的功能、传感器及各参数值进行监测和诊断，保证系统安全工作。

WECS-9520 控制系统通过传感器检测曲轴位置从而判断出柴油机气缸中活塞位置后，由 200 bar 的伺服油控制 900 bar 的燃油喷射进入柴油机的气缸，根据柴油机设定油门由 WECS-9520 控制系统进行喷油定时和喷油时间、喷油量的控制。

(二) 燃油共轨

RT-flex 的燃油共轨系统见图 5-1-4。该系统由供油单元、高压共轨油管、WECS-9520 控制系统、喷油器和容积式燃油喷射控制单元等组成。

供油单元有 2～8 个高效的机带柱塞泵(又称共轨泵，由三作用凸轮或者单凸轮控制，见图 5-1-5)，可将已加热的燃油压力提高到 900 bar 左右，送至高压共轨油管。在柴油机起动前和起动时，燃油泵的执行器将油泵齿条伸到最大刻度。一旦主机转动(如冲车动作)，共轨压力就调到期望值 700 bar。

柴油机在工作时，由低压燃油泵将燃油输入到燃油共轨泵，共轨泵将燃油加压送入高压共轨油管，高压共轨油管中的压力由 WECS-9520 控制系统根据共轨压力传感器测量的共轨压力以及燃烧的需要进行调节；高压共轨油管内的燃油经过高压油管，根据机器的运行状态，由 WECS－9520 控制系统确定合适的喷油定时、喷油持续期；由喷射控制单元将燃油喷入气缸。

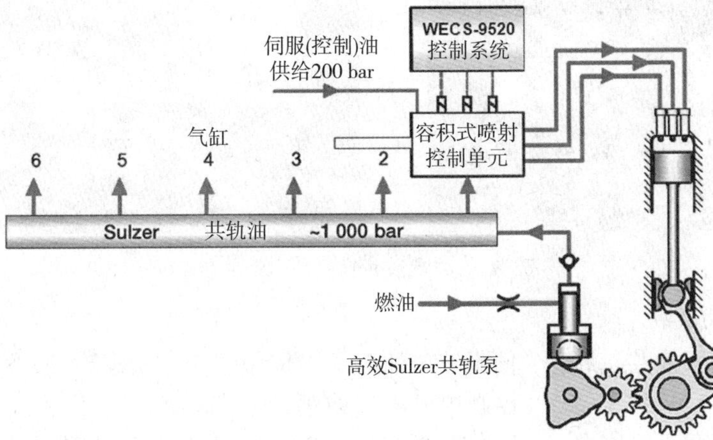

图 5－1－4　RT－flex 燃油共轨系统

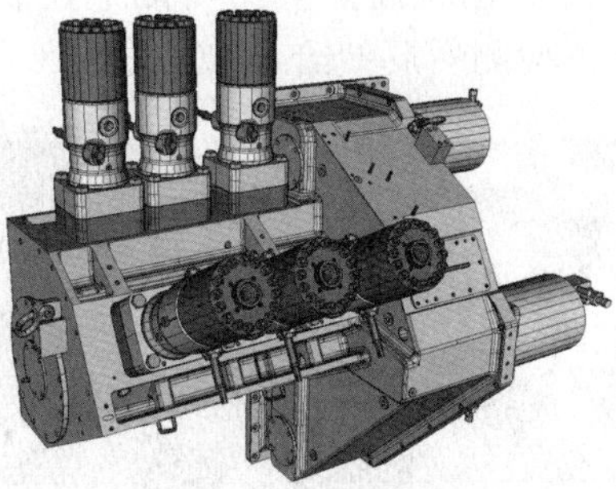

图 5－1－5　RT－flex 燃油共轨泵

燃油喷射控制单元见图 5－1－6，其由 WECS－9520 通过电磁阀控制。200 bar 的伺服液压油通过电磁阀，使燃油喷射控制单元动作，让 900 bar 的燃油进入喷油器。每个气缸有 2～3 只喷油器，而每只喷油器由各自安装在 ICU 的电液阀控制，可以根据 WECS－9520 控制系统的指令控制燃油喷射的定时和喷油量，也可以实现在低负荷时单只喷油器的循环喷油。由于共轨系统的压力很高，因此对该阀的密封性和承压能力的要求都非常高。

在高压燃油共轨油管上还安装了压力传感器、燃油压力调节阀和安全阀。压力传感器向 WECS－9520 提供高压共轨油管的实时压力信号；燃油压力调节阀和安全阀确保在高压共轨油管出现压力异常时，迅速将高压共轨油管中的压力进行泄放以保证安全。燃油共轨阀和燃油共轨管见图 5－1－7。

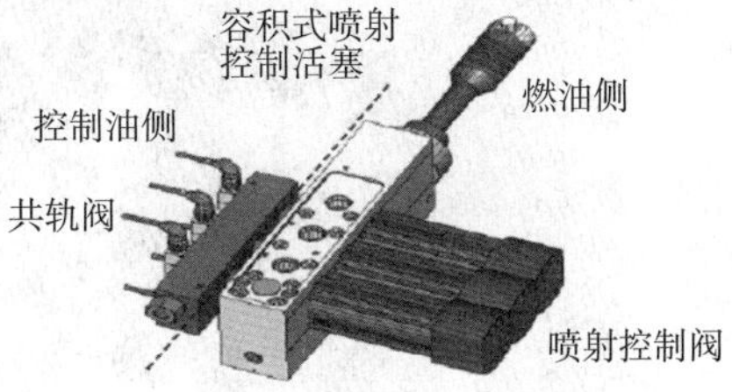

图 5－1－6　容积式喷射控制单元

图 5-1-7 燃油共轨阀和燃油共轨管

（三）伺服油共轨

柴油机的伺服油共轨原理：伺服液压油由机带伺服油泵（见图 5-1-8）供给 200 bar 的液压油，然后由 WECS-9520 控制单元根据曲轴角度编码器判断柴油机各缸的工作状态而控制排气阀驱动控制单元，启闭气缸的液压排气阀。伺服油压力随柴油机负荷变化而变化，部分负荷时，压力降低而适应相应的排气阀开启速度。当柴油机停车时，由电动泵向伺服油共轨提供约 80 bar 的压力油。电子控制的驱动单元能灵活机动地控制排气阀的开/关定时。排气阀阀杆的升程由 2 个位置传感器检测后反馈给 WECS-9520 控制系统。

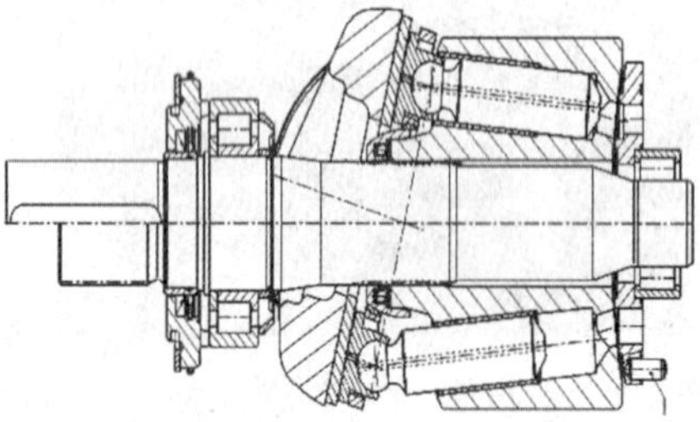

图 5-1-8 伺服油泵

（四）起动控制

气缸起动阀与 Sulzer RTA 型机用的起动阀大致相同，见图 5-1-9。只不过现在由 WECS-9520 根据当前的曲轴角度和功能，正车、倒车、慢转、吹车，来激活主起动阀电磁阀以及单缸起动阀上面的电磁阀，实现相应的功能。

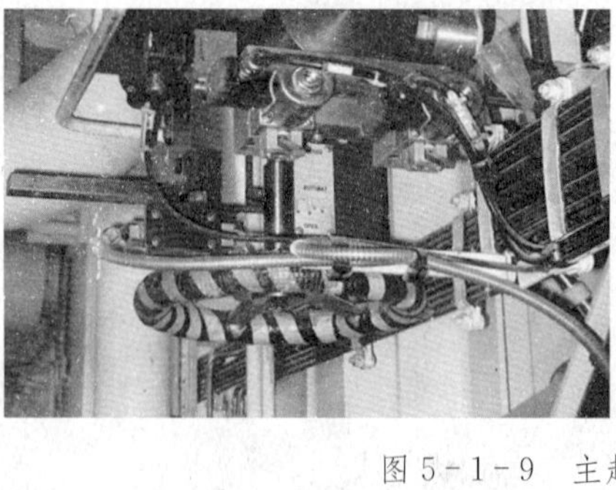

图 5-1-9 主起动阀和气缸起动阀

（五）曲轴转角

在曲轴的自由端装有2个独立的曲轴转角传感器，由曲轴通过带齿皮带带动，它们产生精确的轴转角数字信号送到气缸电子单元，分辨率为0.1°(CA)。在柴油机的运行中，它们是绝对不可缺少的。至少其中1个必须工作，如果2个都坏了，那么需要及时更换备件以便重新起车。

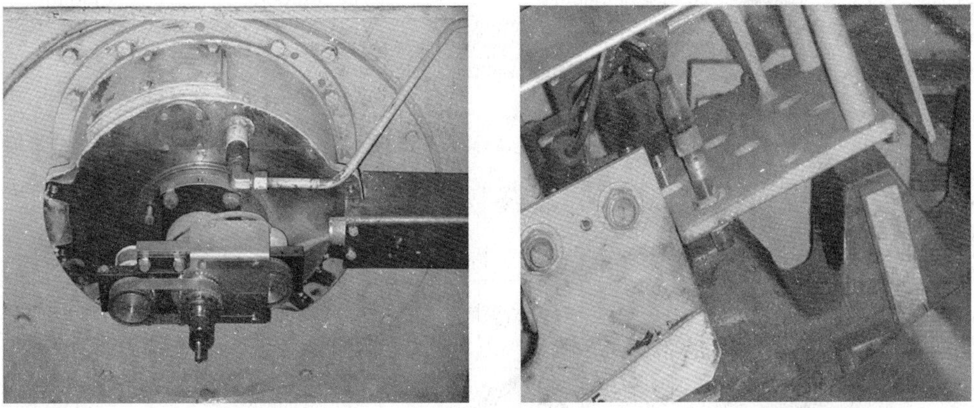

图5-1-10　曲轴转角传感器和飞轮上的第一缸上死点检测

【任务实施】

模块　瓦锡兰RT-flex智能柴油机操纵系统的认识

〖任务要求〗

1）学习、指认RT-flex智能柴油机各组成部分的名称及结构特点；

2）学习、描述瓦锡兰RT-flex智能柴油机各组成部分的功能；

3）分析瓦锡兰RT-flex智能柴油机燃油共轨和伺服油共轨的特点；

4）分析瓦锡兰RT-flex智能柴油机燃油量的控制方法；

5）分析瓦锡兰RT-flex智能柴油机安全保护控制。

〖任务准备〗

1）瓦锡兰RT-flex智能柴油机动画1套；

2）瓦锡兰RT-flex智能柴油机图纸、资料；

3）机舱模拟器1套；

4）自动化机舱。

〖任务操作〗

RT-flex智能柴油机取消了凸轮轴、燃油高压油泵、排气阀的高压驱动油泵以及空气分配器等部件，主机的起动、喷油、排气阀的开启与关闭均由电子控制系统(WECS-9520)控制。由于工作机理的不同，与常规的DENIS气动操纵系统相比，RT-flex主机的操纵系统DENIS-9省去了很多气动逻辑部件，使得气路大为简化，同时增加了伺服油共轨、燃油共轨和液压控制阀件等。现以瓦锡兰RT-flex 60C柴油机操纵系统为例(见图5-1-11)，简述RT-flex智能柴油机的控制原理。

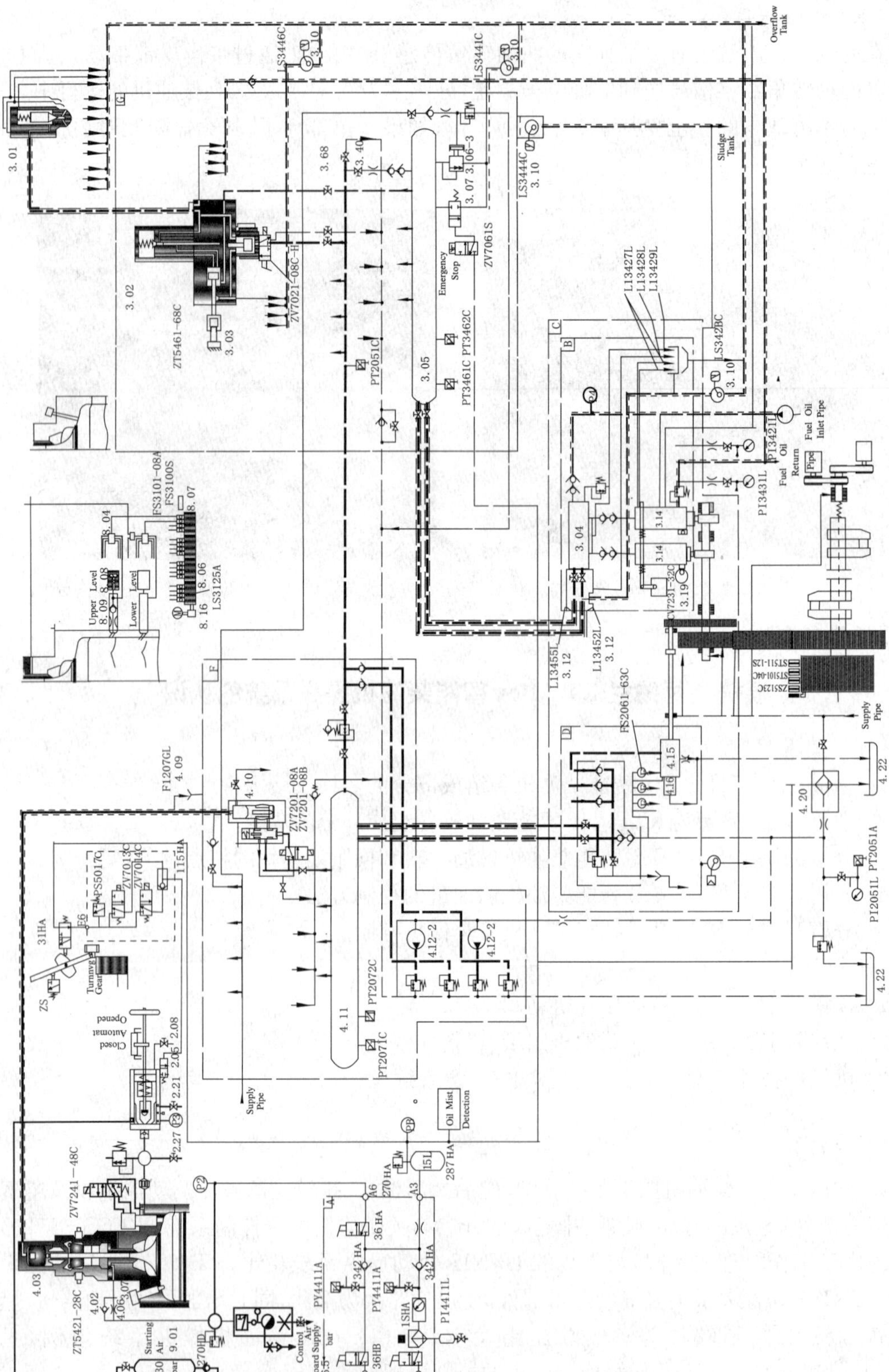

图5-1-11 RT-flex 60C柴油机操纵系统

一、系统阀组和阀件

（一）系统阀组

A 控制空气供气单元
B 燃油供应单元
C 燃油喷射单元
D 伺服油供油单元
E 用于起动的阀组
F 排气阀驱动单元
G 机带泵供油单元
I 压力开关、压力变送器
K 机旁控制屏
H 仪表屏(板)

（二）系统主要阀件

瓦锡兰 RT－flex 60C 柴油机操纵系统的主要阀件见表 5－1－1。

表 5－1－1　RT－flex 智能柴油机的操纵系统的设备代号

代号	设备	代号	设备
1	转速设定系统	4	排气阀驱动单元
1.01	曲柄角传感器单元	4.01	排气阀
1.04	测速探头	4.02	空气弹簧
2	起动系统	4.03	排气阀上部驱动单元
2.03	主起动阀	4.06	带截留孔的单向阀
2.04	单向阀	4.08	空气弹簧放气
2.05	控制阀	4.10	排气阀控制单元
2.06	泄放阀以及测试阀	4.11	伺服油共轨
2.07	起动阀	4.15	伺服油泵
2.08	阻燃阀	4.16	伺服油泵出口比例阀
2.09	泄压阀	4.17	伺服油泄漏观察口
2.10	主起动阀手轮	4.18	液位开关
2.13	盘车机连锁阀	4.20	伺服油自清滤器
2.21	泄放阀	4.22	油底壳
2.27	泄放阀	4.23	伺服油安全阀
3	燃油系统	4.24－1/2/3	单向阀
3.01	喷油阀	4.25－1/2	截止阀
3.02	喷油控制单元	4.30－5	截止阀
3.03	燃油油量活塞传感器	4.37	截止阀
3.04	燃油中间蓄压气	4.39	曲轴齿轮组
3.05	燃油共轨	4.41	供油单元齿轮组
3.06	燃油压力调节阀	4.42	齿轮
3.08	燃油应急切断先导阀	4.44	齿轮

（续表）

代号	设备	代号	设备
3.10	泄漏报警开关	4.45	定位销
3.12	燃油泄漏监测口	4.50	机械异端点
3.14	燃油泵	4.51	供油管
3.15	燃油增压泵	4.52	滑油搜集盘
3.17	燃油泄漏检测口	4.53	单向阀
3.19	燃油泵切断工具	4.54	流量传感器
3.20	燃油泵齿条连接杆系	4.55	伺服油高压油上升管
3.21	燃油泵执行器	4.63	伺服油回油管
3.22	单向阀	4.66	排气阀高压油管
3.24	燃油进油管	4.68	碟形弹簧
3.28	燃油管	4.69	两级活塞
3.29	燃油泵出口上升管	4.70-1	冲程（行程）传感器
3.39	闷塞	4.70-2	冲程（行程）传感器
3.40	截止阀	4.71	冲程（行程）测量装置
3.41	喷油控制阀	4.72	排放阀
3.42	燃油油量活塞	4.76	共轨阀
3.43	燃油控制阀活塞	77-1.2	压力变送器
3.46	燃油泄漏管	80	截止阀
3.47	高压油管	86-1/2	单向阀
3.48	高压油管油头回油管	87	截止阀
3.49	燃油泄漏管	88	伺服油服务泵
3.51	单向阀	7.18	空气弹簧漏油
3.52	燃油共轨安全阀	8.06	气缸油注油器泵
3.53	燃油共轨压力调节阀	8.09	气缸油喷油嘴
3.54	燃油管	8.11-1	伺服油减压阀
3.55	供油单元凸轮轴	8.17	滤器
3.62-1	燃油截止阀	8.19	测量罐
3.62-2	燃油截止阀		
3.67	燃油单向阀		
3.76	共轨阀		
3.77-1/-2	压力传感器		

（续表）

代号	设备	代号	设备
3.81-1/-2	单向阀		
3.41	喷油控制器		
3.42	喷油量活塞		

二、控制介质及有关设备

（一）控制介质

控制介质为压缩空气和液压油，根据用途的不同，后者又分为伺服油和控制油。

控制空气	0.65 MPa
起动空气	3 MPa
伺服油	10～20 MPa
控制油	20 MPa
主轴承和活塞冷却油	0.4～0.55 MPa
十字头轴承油	1.0～1.2 MPa

（二）气源

由主空气瓶 3 MPa 空气经减压阀减压至 0.8 MPa 的控制空气经过气源单元的 A1 输入口后，经 23HA 减压阀减压至 0.65 MPa，经 342 HA 单向阀后分成 2 路：一路经阀 36HA 通过 A6 口去排气阀，作为空气弹簧使用；另一路经 A3 口输出到 15 L 的小气瓶(287HA)缓冲后又分为 3 路输出，分别送至起动控制回路(单元 E)、油雾浓度探测器、自清滤器(4.20)。当来自 A1 口的控制空气由于故障无输出时，3 MPa 的压缩空气经 A2 口后，由减压阀 19HA 减压至 0.65 MPa，顶开单向阀 342 HB，提供备用控制空气。

3 MPa 的起动空气直接从主空气瓶上方输出，去主起动阀(2.03)等候。

（三）转速检测

系统采用若干个接近开关与 1 个转速测量装置(1.04)结合的方案，接近开关靠近飞轮安装。测速传感器分成 3 组，分别用于：主机遥控系统(RCS)、安保系统的超速检测和电子调速器的转速检测。每组接近开关有 3 个感应式探头，2 个用于转速测量和指示，另一个则和曲柄角传感器一起确定主机的上止点。

曲柄角传感器 1.01 共有 2 个探头(GT5126C，GT5127C)，通过皮带与主机曲轴相连。

三、起动控制

若盘车机脱开，则 0.65 MPa 的控制空气经阀 31HA 右位和 E6 口后，送至主起动电磁阀 ZV7013C 和备用电磁阀 ZV7014C。有起动指令时，主起动电磁阀 ZV7013C 和备用电磁阀 ZV7014C 同时受控，控制空气经或门阀 115HA 去控制阀 2.05，将主起动阀 2.03 打开。3 MPa的起动空气经主起动阀输出，顶开单向阀 2.04 后分为 2 路：一路到起动空气先导电磁 ZV7241-49C；另一路送至各气缸起动阀 2.07 的下部空间等待。当电磁阀 ZV7241-49C 获电上位通导时，控制空气使气缸起动阀 2.07 开启，在其下部空间等待的起动空气进入气缸，起动主机。

电磁阀 ZV7241 - 49C 是由 WECS - 9520 控制的，可以实现精确的起动定时控制，它取代了传统的起动空气分配器和阀 134HA（见 DENIS - 6 操纵系统）的功能。

主机的换向控制也是由电磁阀 ZV7241 - 49C 来完成的，在需要换向时（如由正车换倒车），由 WECS 控制系统控制电磁阀 ZV7241 - 49C 按倒车定时和倒车发火顺序打开各缸的气缸起动阀，即可使主机倒车起动运转。

四、排气阀驱动和空气弹簧

排气共轨阀 ZV7201 - 09A（编号为 4.76，每缸有 1 个）受 WECS - 9520 控制，主机每转过 1 圈，排气阀要开、闭 1 次，ZV7201 - 09A 的 2 个电磁阀线圈要分别通电 1 次。当 ZV7201 - 09A 工作在下位时，来自于伺服油共轨 4.11 的伺服油（压力为 20 MPa）进入排气阀执行机构 4.10，在 4.10 输出的液压油作用下，通过排气阀驱动机构 4.03 打开排气阀 4.01。当 ZV7201 - 09A 工作在上位时，在空气弹簧 4.02 的作用下关闭排气阀。排气阀的位移通过冲程（行程）传感器 4.70 - 1 和 4.70 - 2 进行检测。排气阀驱动和空气弹簧见图 5 - 1 - 12。

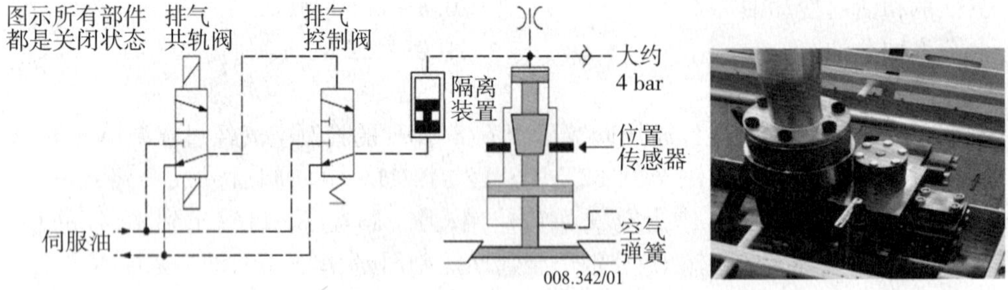

图 5 - 1 - 12　排气阀驱动和空气弹簧

主轴承滑油经自清细滤器 4.20 过滤后，由伺服油泵 4.15 升压至 20 MPa，称之为伺服油。

五、燃油喷射

燃油喷射由单元 3.02 控制。在 WECS - 9520 的控制下，当共轨电磁阀 ZV7201 - 09C（编号为 3.76，每缸有 3 个，每个电磁阀可以独立控制，也可以共同控制）受控工作在左位时，接通 20 MPa 控制油，在其作用下，推动活塞 3.43 动作，打开喷油控制阀 3.41，接通高压油路，将压力为 100 MPa 的燃油送至喷油器 3.01（每缸有 3 个）。当电磁阀 ZV7201 - 09C 受控工作在右位时，结束喷油。传感器 3.03 通过检测燃油量活塞 3.42 的位移来获知燃油喷射量和喷油开始时刻的反馈信号，并将信号送往 WECS - 9520 控制系统。燃油量和油头的控制分别见图 5 - 1 - 13 和图 5 - 1 - 14。

与伺服油一样，控制油也来自于主轴承滑油。过滤后的主轴承滑油经控制油油泵 3.72 - 1和 3.72 - 2 升压后，送出压力为 20 MPa 的控制油。

低压燃油经燃油升压泵 3.15 后进入燃油泵 3.14，燃油泵 3.14 由主机曲轴经多级传动齿轮带动并受执行器 3.21 的控制。燃油压力经燃油泵 3.14 后升压达到 100 MPa，再经蓄压器 3.04 后送至燃油总管（燃油共轨）。

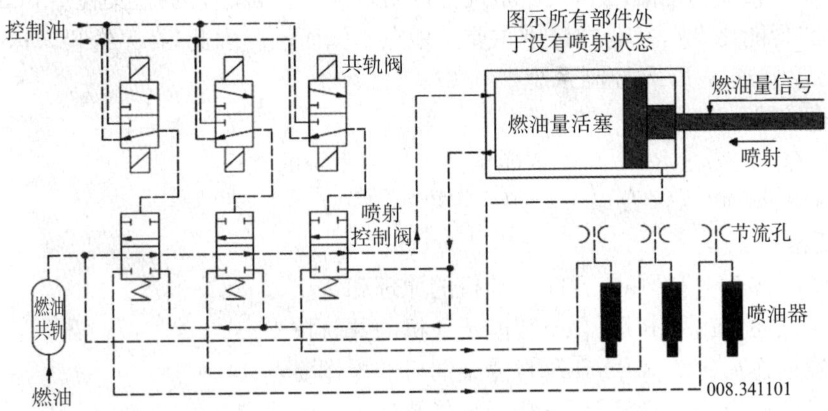

图 5-1-13　燃油量的控制

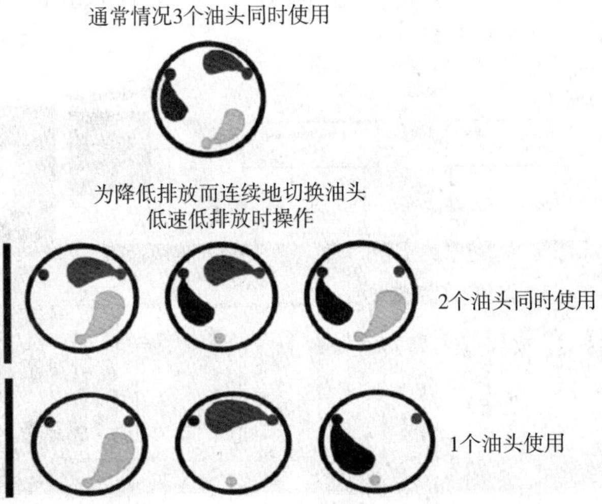

图 5-1-14　油头的控制

〖思考〗

RT-flex 柴油机的燃油量是如何控制的?

六、安全保护控制

出现故障自动停车和应急停车的情况时,主机安保系统发出信号使电磁阀 3.08(ZV7061S)受控,进而使阀 3.07 受控,燃油共轨 3.05 中的高压燃油通过阀 3.07 泄放,共轨的压力迅速下降。同时,来自于计算机的电信号将燃油泵执行器 3.20 的位置设定为“0”。

七、操纵方法

与传统系统相同,操纵场所也有机旁、集控室和驾驶台 3 处。操纵场所的转换方法也与传统系统相似。值得注意的是:机旁操纵也是经过 WECS 控制系统,由计算机处理和发送指令，通过相关的电磁阀和共轨系统予以实现的。换言之，机旁、集控室和驾驶台操纵实际上都是"智能化"的，三者的区别主要是地点不同而已。因此，在系统投入运行之前，首先要在集控室接通 WECS 控制系统。

【任务评价】

评估名称：瓦锡兰 RT－flex 智能柴油机操纵系统的认识

评估对象：3 000 kW 及以上船舶大管轮

评估要素：

1）了解瓦锡兰 RT－flex 智能柴油机的原理和特点；

2）正确描述瓦锡兰 RT－flex 智能柴油机的共轨技术；

3）正确描述瓦锡兰 RT－flex 智能柴油机的操作要点；

4）正确分析描述瓦锡兰 RT－flex 智能柴油机的优缺点。

【任务拓展】

WECS－9520 系统(图 5－1－15 所示)既不是主机遥控系统也不是安保系统，它是用来控制发动机本身的一套控制系统。

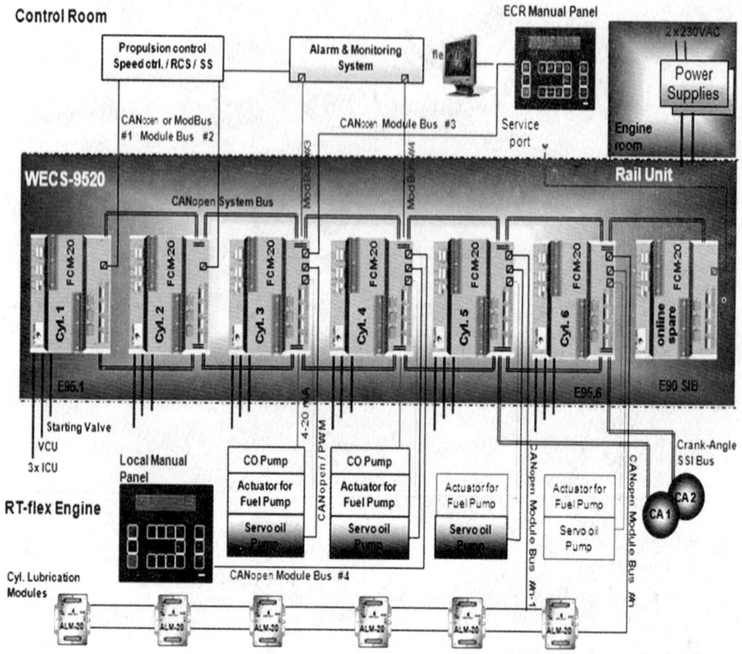

图 5－1－15　WECS－9520 系统

WECS－9520 是主机控制的核心，处理所有的动作，直接调节并控制主机运行：

1）共轨监测和压力调节；

2）喷油阀、排气阀和起动阀的控制和监测；

3）通过 CANopen 或者 Modbus 接口与外部系统连接；

4）主机参数调整，IMO 设置和监控。

WECS－9520 没有中央处理器，但是每个气缸都拥有自己的 FCM－20 模块用来处理与该气缸有关的功能和共轨功能。

这些 FCM－20 模块被直接安装在主机上并且通过内部 System CANbus 进行通信。使用者与 WECS－9520 的通信被集成在控制系统的操作面板和 flexView 操作界面上。

遥控系统采用 Kongsberg Maritime，NABTESCO，Lyngs∅，是用户操纵主机的界面。

1）遥控系统通过 CANbus 或者 Modbus 连接，可以从遥控的控制面板将下列指令传送到 WECS－9520：起动、刹车和吹车；停车和慢转；正车和慢转失败复位；倒车。

2）遥控控制通过内部设定（比例缩放、负荷程序等）来处理车钟指令，并将处理后的速度指令信号传送给调速器系统。

【课后练习】

一、选择题

1. 电控柴油机与传统的柴油机相比，其主要特点表现为________。
①取消凸轮轴，喷油定时和喷油量、排气阀定时、起动空气定时等用计算机控制；②采用共轨燃油喷射系统；③采用液压伺服油系统，用系统滑油驱动高压油泵、排气阀等机构；④采用气缸压力在线检测系统
A. ①④　　B. ①②④　　C. ①②③④　　D. ①③

2. 智能柴油机共轨喷射系统的优点是：能够根据外界条件的变化，________。
①柔性地调整喷油时间、喷油持续时间及喷射压力，获得最佳喷射效果；②能够适应迅速改变功率和转速等工况的要求；③柔性控制喷油速率变化，实现理想喷油规律；④实现预喷射和多次喷射，既可降低 NO_x，又能降低曲轴的角加速度变化，保证优良的动力性和经济性
A. ①③　　B. ①②　　C. ①③④　　D. ①②③④

3. RT－flex 柴油机实现了无凸轮轴柴油机的________的全电子控制。
①燃油喷射；②排气阀启闭；③起动空气和缸套润滑；④进气和扫气优化
A. ①②③　　B. ②③④　　C. ①③④　　D. ①②③④

4. 电控柴油机（Sulzer RT－flex 系列）与传统柴油机（Sulzer RTA 系列）相比，在结构上取消了很多部件，同时又增加了________等部件。
①液压伺服油泵；②燃油供给单元；③容积式喷射控制单元；④柴油机电子控制系统；⑤曲轴角度编码器；⑥燃油喷射器
A. ①②③④⑤　　B. ②③⑤⑥
C. ①③④⑥　　D. ②③⑤⑥

5. 在 RT－flex 电控柴油机中，容积式喷射控制单元用来控制________。
A. 燃油的喷油量和喷射时间　　B. 排气阀的打开和关闭
C. 气缸润滑油的喷射　　D. 起动空气的接通和关闭

6. 在 RT－flex 电控柴油机中，如果容积式喷射单元上的油量传感器损坏了，则控制系统将________。
A. 取代主控制器的燃油指令信号，进行定量喷射
B. 按照主控制器的燃油指令信号，进行变量喷射
C. 通过安保系统使主机自动停车
D. 切断机带高压燃油柱塞泵的进油

7. 当 RT－flex 电控柴油机出现故障自动停车和应急停车的情况时，主机安保系统发出信号，在电磁阀的控制下________，燃油共轨的压力迅速下降。
A. 共轨中的高压燃油通过泄放阀泄放　　B. 立即关闭燃油喷射控制阀
C. 迅速释放 20 MPa 控制油　　D. 切断机带高压燃油柱塞泵的进油
8. 在 RT－flex 电控柴油机中，曲轴转角传感器________。
①安装在主机的自由端；②一般有 2 个；③测量信号送到各缸的气缸控制单元；④测量信号送到主机遥控系统；⑤任意一个传感器有故障，主机将自动停车
A. ①②③　　B. ①③④　　C. ①③⑤　　D. ②④⑤
9. 在 RT－flex 电控柴油机中，伺服油共轨中的压力通常为________。
A. 0.7 MPa　　B. 3.0 MPa　　C. 20 MPa　　D. 0.7～0.8 MPa
10. 在 RT－flex 电控柴油机中，燃油共轨中的压力通常为________。
A. 0.7 MPa　　B. 3.0 MPa　　C. 100 MPa　　D. 0.7～0.8 MPa

二、简答题

1. 叙述瓦锡兰 RT－flex 智能柴油机的原理和特点。
2. 叙述瓦锡兰 RT－flex 智能柴油机的操作要点。

任务 2　MAN B&W ME 柴油机电子控制系统的认识与管理
Recognition and Management of Electronic Control System for MAN B&W ME Diesel Engine

【任务描述】

MAN B&W ME 柴油机也是典型的大功率低速船用智能柴油机。学生通过对典型 MAN B&W ME 智能柴油机的学习，熟悉 MAN B&W ME 的共轨技术，了解 MAN B&W ME 智能柴油机的结构特点，掌握其日常维护保养方法。

【学习目标】

- 能认识 MAN B&W ME 智能柴油机的各组成部分；
- 能熟练描述 MAN B&W ME 智能柴油机的特点；
- 能熟练描述 MAN B&W ME 智能柴油机的维护保养要点；
- 能熟练描述 MAN B&W ME 与瓦锡兰 RT－flex 智能柴油机的区别。

【相关知识】

作为世界上最大品牌的大型低速二冲程柴油机开发商，MAN B&W 公司早在 1993 年就开始研制电子控制式柴油机，在不断地研制和完善软硬件的基础上，MAN B&W 公司于 2003 年以其最成功的 MC 系列柴油机为原型机，开发出全电子控制式的 ME 系列柴油机。目前，可以提供 50～108 cm 各种缸径 15 种型号的 ME 柴油机。

与传统的 MC 系列柴油机相比(见图 5－2－1)，ME 系列柴油机取消了原来的许多机械控制设备，如凸轮轴、链轮传动机构、VIT 和 VEC 等，而代之以新的电子控制设备，这里主要包括液压动力供给单元(HPS)、液压缸套单元(HCU)、柴油机控制系统(ECS)和曲轴位置传感器系统(Tacho System)。

图 5-2-1 MC 与 ME 机型比较

一、液压系统

ME 柴油机的液压系统见图 5-2-2，由自清式精滤器、电动液压泵和机带液压泵组成，主要用来提供足够的动力用于驱动燃油喷射、排气阀的启闭及气缸润滑。在柴油机起动前，用电动液压泵供给系统 17.5 MPa 的液压油以起动主机；在柴油机起动之后，则由机带的轴向柱塞泵向系统供给压力为 20 MPa 的驱动油。当柴油机转速达到 15%的 MCR 时，2 台电动液压泵会自动停止。

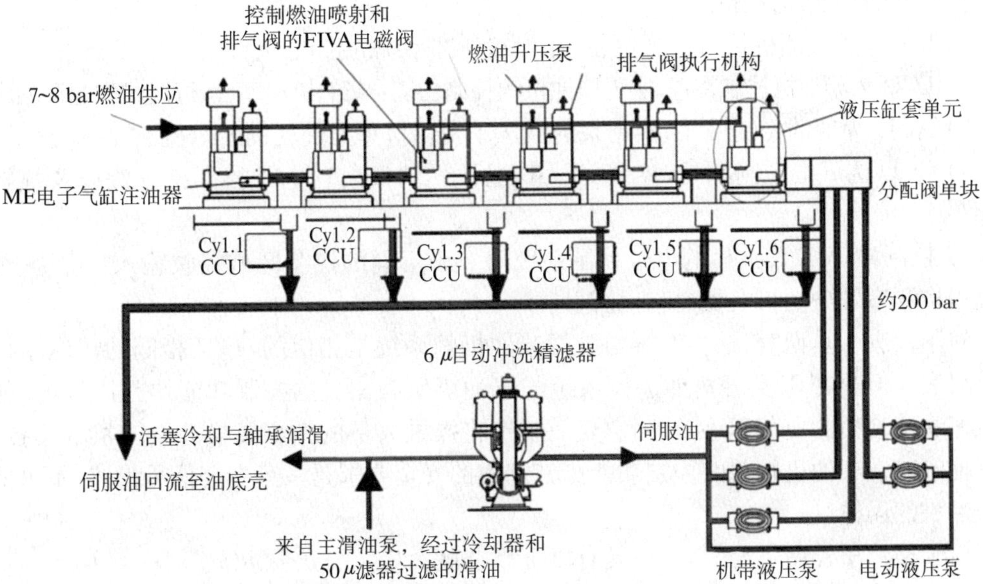

图 5-2-2 ME 柴油机液压系统

由于 ME 系列柴油机的燃油喷射系统取消了凸轮轴，利用电磁控制燃油的喷射正时、喷油量、喷油压力和喷油速率，故可以在许多不同的喷油模式下工作。通过不同的喷油模式，可以实现降低油耗、减少排放等效果。同时，柴油机的喷油雾化效果与柴油机的负荷(即柴油机的转速)没有任何关系，在任何负荷状况下，柴油机都能保证最好的雾化状况，能明显改善柴油机低负荷工况。

二、控制系统

ME 柴油机的控制系统包括一组多功能控制器和信号状态装置，见图 5-2-3。

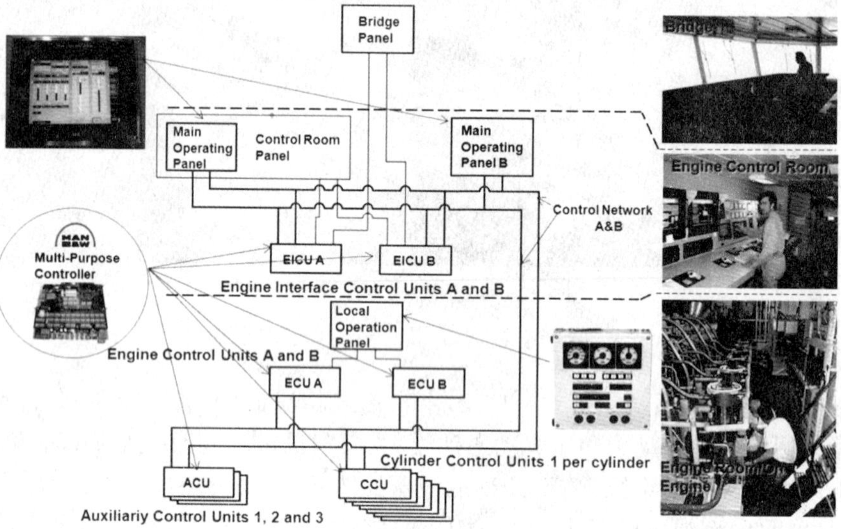

图 5-2-3　ME 柴油机控制系统

控制器的功能简述如下：

1）EICU 为柴油机接口控制单元，处理与外部系统的接口。

2）ECU 为柴油机控制装置，实现柴油机的控制功能：柴油机速度、运行模式和起动顺序。

3）ACU 为辅助控制单元，控制泵的液压动力供应单元和辅助鼓风机。

4）CCU 为气缸控制单元，控制 FIVA（电子燃油喷射）、电子控制排气阀以及气缸起动阀。

5）控制站，ME 柴油机的电子控制系统由 3 个不同的控制区域接收输入：桥楼、柴油机集中控制室和柴油机机侧（机旁控制）。

对于操纵人员而言，遥控系统与常规柴油机的系统是相似的，包括相同的操纵手柄和指示仪表。但是，ME 柴油机的遥控系统与柴油机所有相关的控制功能均是脱开的，如起动顺序和柴油机的负荷程序，因而它仅简单地将操纵人员的指令转换至柴油机的集控室，在集控室实现柴油机相关的控制功能。其基本的安全要求是一旦一个信号出错，不可能引起柴油机的误操纵。

对于柴油机控制系统的布置，具有以下 2 个概念相关的冗余系统。

1）完全冗余系统：所有基本的控制功能都是由 2 个独立的实际单元来执行的，二者具有维持控制设备的全部功能的能力。控制器被设定为 A 或 B 的执行功能，二者需要具有完全的冗余功能。

2）多重冗余系统：数个等同的单元（控制器和设备）具有完全相同的功能，但一个或几个单个单元可省略。控制器被依次设定为 1，2，…，n，包括控制功能，用多重系统获得必要的冗余。

一般而言，柴油机控制系统能保证对所有功能的完全的冗余，例如对速度控制的功能，它把柴油机作为一个整体。若在气缸控制上应用多重冗余系统，则每个气缸的控制阀是由独立的多功能控制器对各气缸实施显示的。

ECU 和 EICU 单元对柴油机的安全功能是不可撤消的，因而是重叠的。

柴油机甚至可以在 1 个或几个气缸控制单元(每个气缸有 1 个控制单元)不工作的情况下运行，正如柴油机可以有 1 个或几个气缸不工作。同样，允许 1 个辅助控制单元故障(柴油机每个机带泵有 1 个这种单元)，因为剩下的泵可以提供足够的液压动力。

最后，故障的控制器可以在柴油机运行状态下，在现场更换。

故障修复和系统反馈。重要系统包括在船上的大部分控制系统，需要高的可靠性，一旦失效将增加船员的工作负荷。ME 柴油机的控制系统是不受信号故障影响的，但同时出现 2 个故障也许是很关键的。因而必须尽快修复故障，以减小当第一个故障尚存在时，又出现第二个故障的概率。

由于船员必须在海上修复故障，所以修复的概念应是“用更换来修复”，即发现产生故障的单元，并用仓库里的备件进行更换。为了限制备件的数量，一个控制器应该在同样类型的所有控制器中作为通用的备件。

由于这一原因，所有的应用软件、布置和调整参数的反馈均被贮存在系统的主操纵板上，并通过网络安装一个控制器作为修复应用。控制器的应用功能被锁定在一个网络的地址上，此地址贮存于一个键型插头，用导线固定在控制器盒上，即当控制器被更换时，键型插头向备用单元提供与失效单元相同的网络地址，从而使备用单元从系统的反馈中获得应用软件的正确布置等。

三、液压动力供给单元(HPS)和液压缸套单元(HCU)

液压动力供给单元(HPS)的标准设计包括 2 台电动液压泵、3 台机带轴向变向变量柱塞泵和安全蓄压装置，所有这些零部件都密封在一个油密的装有泄漏报警装置的封闭空间里。

液压缸套单元(HCU)每缸 1 个，用于控制各缸的燃油喷射、排气阀和起动阀的启闭，见图 5-2-4 和图 5-2-5。HCU 有一个非常重要的电磁阀(FIVA)，用来控制燃油喷射和排气阀的动作。

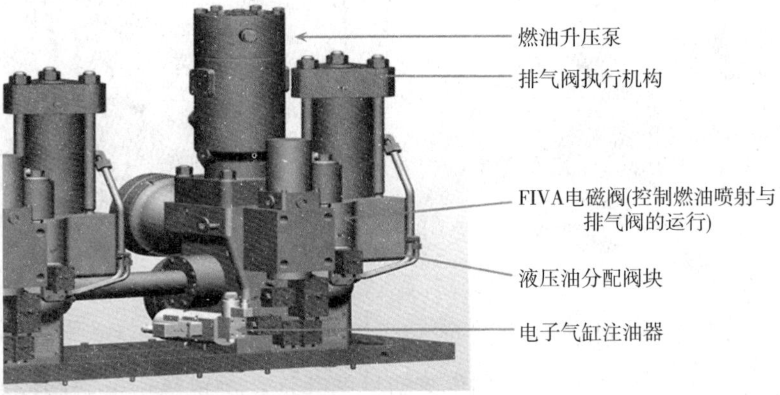

图 5-2-4　ME 柴油机液压缸套单元(HCU)

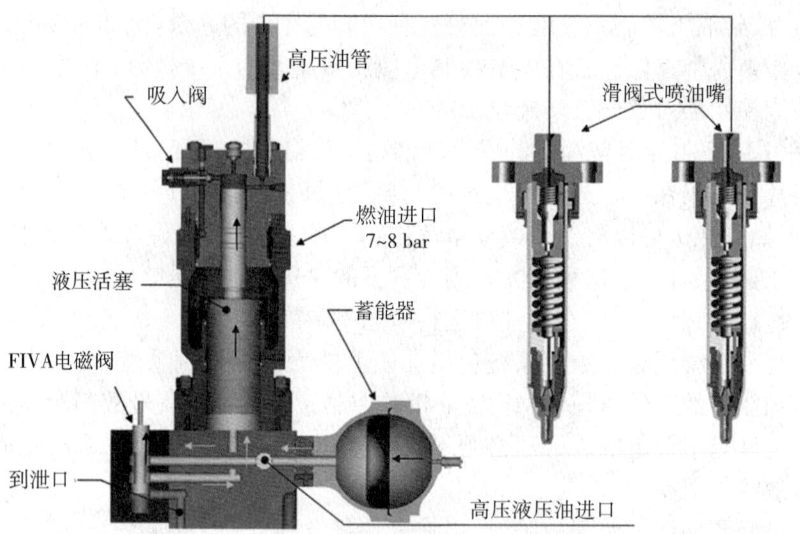

图 5-2-5　ME 柴油机的燃油喷射系统

0.8 MPa 的低压燃油由低压燃油泵送至高压油泵(也称燃油升压器)入口,由液压动力供给单元提供 20 MPa 的伺服液压油经双壁供油管道送至液压气缸单元,通过电磁阀控制各缸的喷油正时和喷油量。在不进行燃油喷射时,由于电磁阀封闭,高压油泵不工作,低压燃油在油泵处循环流动。如果达到喷油时刻,电磁阀被触发,20 MPa 的液压油进入高压油泵下方的驱动活塞,使高压油泵产生 200 MPa 的高压,通过高压油管送入喷油器,进行喷射和雾化。

ME 系列柴油机的排气阀执行器的动作由电磁阀控制伺服油驱动。如图 5-2-6 所示,电磁阀根据气缸燃烧状况,由微处理器控制程序系统 ECSP 对各缸排气阀的启闭进行优化控制,以达到最佳的扫气和压缩效果,并满足燃烧与排放要求。

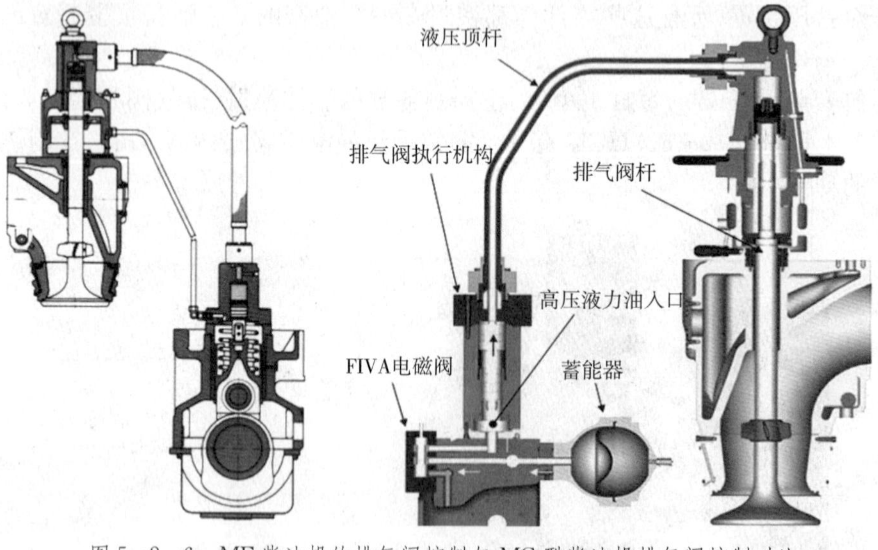

图 5-2-6　ME 柴油机的排气阀控制与 MC 型柴油机排气阀控制对比

此外,与 RT-flex 柴油机类似,ME 柴油机的起动系统也是由电磁阀控制、伺服油驱动的。图 5-2-7 所示为 ME 系列柴油机气缸起动阀。

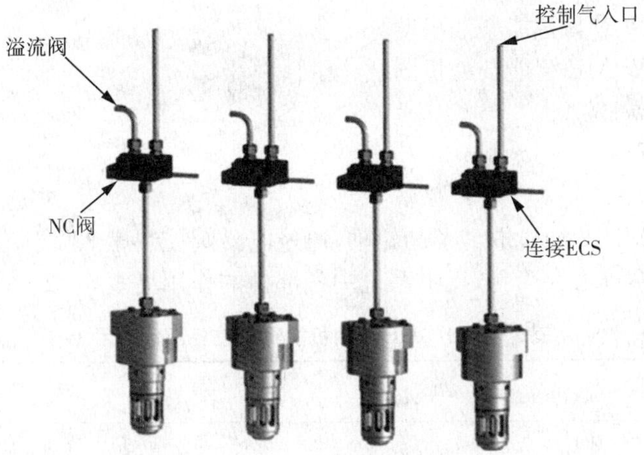

图 5-2-7　ME 系列柴油机气缸起动阀

〖思考〗

ME 柴油机的高压燃油是如何产生的？

四、转角编码器

ME 柴油机的转角编码器见图 5-2-8。

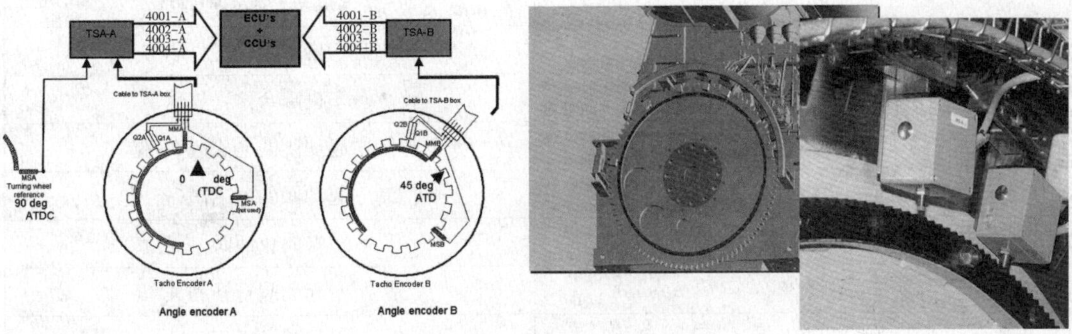

图 5-2-8　转角编码器

【任务实施】

模块 1　MAN B&W ME 柴油机操纵系统的认识

〖任务要求〗

1）学习、指认 MAN B&W ME 智能柴油机各组成部分的名称及结构特点；

2）学习、描述 MAN B&W ME 智能柴油机各组成部分的功能；

3）分析 MAN B&W ME 智能柴油机共轨的特点；

4）分析 MAN B&W ME 智能柴油机安全保护控制。

〖任务准备〗

1）MAN B&W ME 智能柴油机动画 1 套；

2）MAN B&W ME 智能柴油机图纸、资料；

3）机舱模拟器 1 套；

4）自动化机舱。

〖任务操作〗

MAN B&W ME 柴油机取消了凸轮轴，通过电磁阀控制燃油喷射定时、排气定时和起动定时，因此操纵系统大为简化，操纵系统中各部件的作用见表 5－2－1 。

表 5－2－1　ME 柴油机操纵系统各部件作用

部件	作用
阀 1	控制空气进口截止阀
压力开关 2 PT8503－A Ⅰ AL C	控制空气入口压力监视传感器
压力开关 3 PT8503－B Ⅰ AL C	完车空气压力监视传感器
压力表 4	显示控制空气压力
气瓶 5	贮存压缩空气
阀 6	球阀用于气瓶放残水
阀 10	用于向排气阀的空气弹簧供控制空气
压力开关 11 PT8505－AL Y	排气阀空气弹簧供气压力监视传感器
阀 20	盘车机——起动连锁阀
限位开关 28 ZS1109－A＋BC	盘车机脱开位置显示
限位开关 29 ZS1110－A＋BC	盘车机啮合位置显示
阀 30 ZV1121－AC	控制主起动阀的电磁阀(首选)
阀 32 ZV1121－BC	控制主起动阀的电磁阀(备用)
阀 34 ZV1121－BC	双向止回阀
阀 35	控制主起动阀打开和关闭
阀 36 ZV1114 C	慢转电磁阀
阀 37	控制慢转起动阀打开和关闭
限位开关 38 ZS1111－A＋BC	显示主起动阀关闭状态
限位开关 39 ZS1112－A＋BC	显示主起动阀打开状态
限位开关 40 PT8501－A IAC	主起动阀起动空气入口压力监视(主)
限位开关 41 PT8501－B IAC	主起动阀起动空气入口压力监视(备用)
阀 51 ZV1120－1 C	气缸起动电磁阀(信号来自于 CCU)
限位开关 58 ZS1116＋BC	去气缸起动阀的先导空气接通显示
限位开关 59 ZS1116＋BC	去气缸起动阀的先导空气关闭显示

一、ME 柴油机操纵系统的气路

如图 5-2-9 所示，气动操纵系统气源有 2 种，起动空气压力为 3.0 MPa，控制空气压力为 0.7 MPa。从控制空气瓶出来的控制空气分为 2 路：一路到阀 37 和 35 等待；另一路经盘车机连锁阀 20 至阀 36，30 和 32 等待。

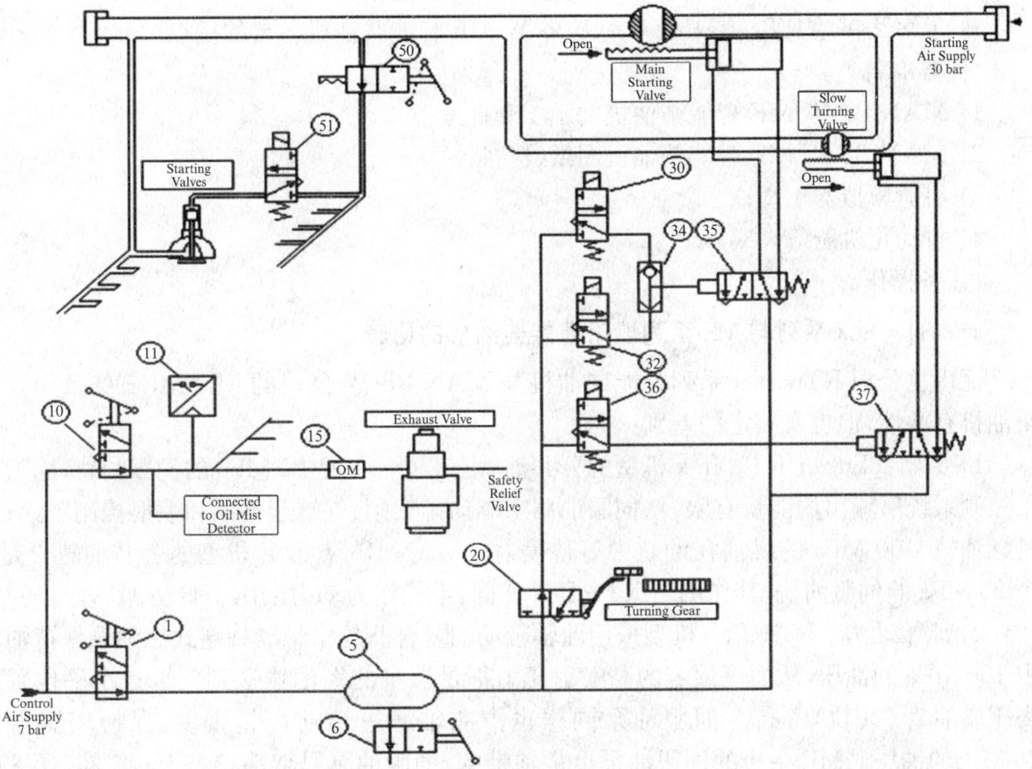

图 5-2-9　MAN B&W ME 柴油机操纵系统

二、ME 柴油机操纵系统的主要功能

1）起动控制，包括正常起动和慢转起动。正常起动时，计算机送出的信号使得主起动电磁阀 30(或备用电磁阀 32)受控，控制空气经双向止回阀 34 后送至阀 35 的控制端，使阀 35 工作在右位，进而控制主起动阀的开启。同时，慢转起动电磁阀 36 也受控，控制空气经阀 36 的上位后使阀 37 工作在右位，等待的空气控制慢转起动阀开启。慢转起动时，仅慢转起动电磁阀 36 受控，控制空气经慢转起动电磁阀 36 的上位使阀 37 工作在右位，控制慢转起动电磁阀的开启。

2）阀 20 用来实现盘车机起动连锁。

3）阀 10 和 15 用来向排气阀空气弹簧装置供控制空气，压力开关 11 用于低压报警。

4）与 MC 柴油机操纵系统相比，ME 柴油机操纵系统简化了很多功能，主要区别在于：①没有安全空气，停油(包括应急停车)由 ELFI 电磁阀控制燃油升压器(又称高压油泵)实现；②没有空气分配器，由计算机通过电磁阀实现起动控制；③没有正车、倒车控制电磁阀，由计算机通过对 ELFI 电磁阀的定时控制实现换向控制；④没有 VIT 执行机构。

模块 2　智能柴油机的管理要点及 RT－flex 与 ME 船用智能柴油机的比较

〖任务要求〗

1）学习智能柴油机的管理要点；

2）描述瓦锡兰 RT－flex 与 MAN B&W ME 智能柴油机的相同及不同点；

3）了解瓦锡兰 RT－flex 和 MAN B&W ME 智能柴油机各自的优点。

〖任务准备〗

1）MAN B&W ME 智能柴油机动画 1 套；

2）MAN B&W ME 智能柴油机图纸、资料；

3）机舱模拟器 1 套；

4）自动化机舱。

〖任务操作〗

一、RT－flex 系列与 ME 系列船用智能柴油机的比较

瓦锡兰公司 RT－flex 系列智能柴油机与 MAN B&W 公司的 ME/ME－C 系列智能柴油机有共性，但也有一定的差别。

1）共轨。Sulzer RT－flex 机型的公共油轨有 2 个：一是 20 MPa 的伺服油轨，因为电子控制系统所输出的能量有限，该伺服油用来驱动排气阀、气缸起动阀和喷射控制单元；二是燃油轨，100 MPa 的燃油在油轨中等待喷射。MAN B&W ME 机型的公共油轨仅是 1 个 20 MPa 的伺服油轨，其作用与 RT－flex 相同，也是作为动力油用于驱动。

2）原始动力。RT－flex 机型采用曲轴带动的复合凸轮来带动柱塞式燃油泵保持油轨中 100 MPa 的油压，从而以预定的高喷射压力把足够量的燃油输送到气缸盖水平位置的高压燃油管（共轨）等待。伺服油泵同样也由曲轴通过传动齿轮带动，保持伺服滑油 20 MPa的油压。ME 主机的伺服油泵也是轴带的，伺服油泵是双头活塞泵，将 20 MPa 高压油送到每个缸的气缸液压驱动控制单元的储压器中等待电磁阀信号，储压器作用使高压滑油保持恒压。电控电磁阀是由微处理器控制程序系统（ECSP）根据柴油机状况分析系统（ECA）和控制操作系统（OMCP）的综合信息发出指令而动作的。

3）高压油泵。RT－flex 机型的高压油泵是轴带柱塞式增压泵，是通过凸轮的传动使燃油泵柱塞上下运动产生压力的。ME 机型采用的是液压驱动高压油泵，即 20 MPa 伺服油作为高压油泵的驱动动力。

4）喷油控制。RT－flex 机型在控制喷油时，由控制系统发出信号给电磁阀，电磁阀控制伺服油，从而打开燃油喷射阀，使在燃油共轨等待的燃油完成喷射过程。ME 机型在控制喷油时，同样是控制系统发出信号给电磁阀，电磁阀控制伺服油驱动高压油泵使燃油增压，完成喷射过程。

5）燃油的来源。RT－flex 机型燃油喷射控制单元的燃油来自 100 MPa 的油轨。ME 机型的高压油泵进口的燃油是由低压燃油泵供给的 0.8～1.0 MPa 的燃油。

二、智能柴油机的管理要点

对智能柴油机应注重技术上的管理，特别是在电子控制系统方面，对船上轮机管理人员的技术水平提出更高的要求，概括如下：

1）保证滑油系统的清洁。由于滑油来自系统油，在此用于控制系统，对其清洁度有很高的要求。应该特别注意各个滤器的状态，并按要求清洗。

2）确保共轨油压管路的密封。共轨油压系统的压力较高，在运行过程中一定要观察它的密封性是否良好，特别是进入喷油器的那段管路，既要保证它的密封性，又要保证它的膨胀不是太大，以免对喷射雾化产生不良影响。

3）电磁阀。在共轨油压系统的控制单元中，电磁阀是一个很重要也是很容易损坏的元件。必须保证滑油的清洁度，否则会造成电磁阀的动作延迟或卡死，或电磁阀磨损加剧，从而产生密封不好等一系列问题。另外，过电流还会造成电磁阀的烧毁。因此，在日常管理中，要特别注意对电磁阀的维护保养。

4）传感器。传感器是控制系统获取柴油机工作状况的主要途径。传感器损坏将会造成控制系统误动作，必须保证各个传感器的清洁和保养，尤其是在恶劣状况下工作的传感器，应予以特别关注。

5）NO_x 排放量控制。电控共轨柴油机在满足 NO_x 排放标准的情况下，必须充分提高其运行经济性，这就要求轮机管理人员把握一个度。

【任务评价】

评估名称：MAN B&W ME 柴油机操纵系统的认识

评估对象：3 000 kW 及以上船舶大管轮

评估要素：

1）了解 MAN B&W ME 智能柴油机的原理和特点；

2）正确描述 MAN B&W ME 智能柴油机的共轨技术；

3）正确描述 MAN B&W ME 智能柴油机的操作要点；

4）正确分析 MAN B&W ME 智能柴油机的优缺点。

评估名称：智能柴油机的管理要点及 RT－flex 与 ME 船用智能柴油机的比较

评估对象：3 000 kW 及以上船舶大管轮

评估要素：

1）正确描述相同及不同点；

2）正确分析各自的优点及特点；

3）正确描述智能柴油机的管理要点。

【课后练习】

一、选择题

1. 在 MAN B&W ME 系列电控柴油机中，伺服油共轨中的压力通常为________。

A. 0.7 MPa　　B. 3.0 MPa　　C. 20 MPa　　D. 0.7～0.8 MPa

2. 在 MAN B&W ME 系列电控柴油机中，燃油共轨中的压力通常为________。

A. 0.7 MPa　　B. 3.0 MPa　　C. 100 MPa　　D. 0.7～0.8 MPa

3. RT－flex 系列电控柴油机与 MAN B&W ME 系列电控柴油机的相同点是________。
①取消了凸轮轴；②采用电子控制、伺服油驱动；③采用机带伺服油泵；④采用机带燃油泵

A. ①②　　B. ①②③　　C. ①②④　　D. ①②③④

4. RT－flex 系列电控柴油机与 MAN B&W ME 系列电控柴油机的主要区别在于：前者采用电子控制的________，后者采用电子控制的________。
   A. 储压器/高压油泵　　　　　　　　B. 容积喷射控制单元/蓄压器
   C. 储压器/容积喷射控制单元　　　　D. 容积喷射控制单元/高压油泵
5. 在 MAN B&W ME 系列电控柴油机中，用来控制各缸喷油的电磁阀 ELFI 是一个________。
   A. 双位控制的电磁阀　　　　　　　B. 比例控制的电磁阀
   C. 比例积分控制的电磁阀　　　　　D. 比例积分微分控制的电磁阀
6. MAN B&W ME 系列电控柴油机与 RT－flex 机型有所区别，它的________。
   A. 燃油喷射和排气阀控制均采用模拟量控制
   B. 燃油喷射和排气阀控制均采用开关量控制
   C. 燃油喷射采用开关量控制，排气阀控制采用模拟量控制
   D. 燃油喷射采用模拟量控制，排气阀控制采用开关量控制
7. 关于 MAN B&W ME 系列电控柴油机的操纵系统，说法正确的是________。
   ①每个缸都有一个电子控制单元 CCU；②操纵系统大为简化，取消控制空气；③操纵系统中仍保留了主、辅起动阀；④操纵系统中取消主起动阀
   A. ①③　　　B. ①②　　　C. ①④　　　D. ①③④
8. MAN B&W ME 系列电控柴油机的操纵系统与 MC 系列传统柴油机相比，变化之一是前者________。
   A. 取消空气分配器和主起动阀　　　B. 取消主、辅起动阀
   C. 每个缸都有一个电子控制单元 CCU　D. 取消盘车机连锁
9. MAN B&W ME 系列电控柴油机的最大特点是________。
   A. 电子控制，取消控制空气　　　　B. 电子控制喷油，取消凸轮
   C. 取消凸轮，电磁阀直接驱动　　　D. 电子控制，伺服油驱动
10. 关于 MAN B&W ME 系列电控柴油机，下列说法中正确的是________。
   ①取消凸轮轴；②取消排气阀执行机构；③增加曲柄角位置传感器；④取消起动空气；⑤采用电磁阀控制喷油、排气和起动定时
   A. ①②③⑤　　B. ①⑤　　C. ①③⑤　　D. ①③④

二、简答题

1. 叙述 MAN B&W ME 智能柴油机的原理和特点。
2. 叙述智能柴油机的管理要点。

项目六　示功图的测录与分析

Measuring and Analysis of Indicator Diagram

项目描述

示功图是气缸内工质压力随气缸容积或曲轴转角变化的图形。它通过专门的测量仪器——示功器进行测量。由工程热力学可知，示功图的面积大小代表了柴油机气缸内一个工作循环的指示功的大小。它是研究柴油机气缸内工作过程完善程度的重要依据，也是用来计算柴油机指示功率的依据，同时还可作为柴油机动力计算和强度计算的资料。通过示功图可研究缸内的燃烧过程、燃烧放热规律，计算缸内温度，评估扫气过程，计算柴油机指示功率，确定柴油机最大爆发压力和压缩压力等。由于它能以图像形式显示缸内的工作过程，而且测试仪器简单实用，因此在柴油机的测试中，示功图的测取占有非常重要的地位。

通常，应根据船舶维修保养计划的要求和柴油机的运行状态，定期测录运转柴油机的示功图，且对测取的示功图进行计算和分析。根据其计算和分析结果来判断柴油机的工作性能，并可对其进行适当的调整，保证柴油机能在最佳状态下运转，提高其经济性、动力性和可靠性。

本项目以典型的机械示功器、电子示功器测录示功图为实例，通过学生动手测录，掌握示功图的种类和用途，了解机械示功器、电子示功器的工作原理和基本结构，并能通过对示功图的分析、计算，研究气缸内部工作过程的完善程度。本项目具体任务有：示功图的测录与计算；示功图的分析。

任务1　示功图的测录与计算

Measuring and Calculation of Indicator Diagram

【任务描述】

机械示功器、电子示功器和PMI系统是测录示功图的主要设备，用它们来测录的图形叫做示功图，而示功图可用来研究柴油机气缸内燃烧情况。本任务就是让学生用示功器测录示功图，以便了解示功图的种类和各自的用途，掌握机械示功器、电子示功器的工作原理、结构及特点，能熟练地使用机械示功器、电子示功器并能对其进行正确的维护保养。

本任务主要内容包括：示功图的测取方法及注意事项；示功图的计算。

【学习目标】

- 能描述机械示功器和电子示功器的组成和结构特点；
- 能按操作规范，正确使用机械示功器和电子示功器测录示功图；
- 能按需要选择机械示功器的小活塞和弹簧；

- 能描述机械示功器和电子示功器的维护管理要点；
- 了解示功图的种类和各自的用途；
- 能利用面积仪和十等分法测量示功图面积并计算柴油机功率。

【相关知识】

测取气缸示功图的仪器统称为示功器。根据其工作原理不同，示功器可分为机械式、气电式和电子式 3 种。船上常用的是机械示功器，但随着电子技术的应用与发展，电子示功器的使用也在不断增多。

一、机械示功器

机械示功器是一种使用较早的示功器，目前在低速和部分中速柴油机上仍在使用。它是利用机械位移的方法测量缸内压力和活塞位移的。机械示功器按所使用的示功弹簧可分为螺旋弹簧式和柱簧式 2 种。柱簧式自振频率较高，但所测图形过小，所以通常多使用螺旋弹簧式。

（一）机械示功器的结构和工作原理

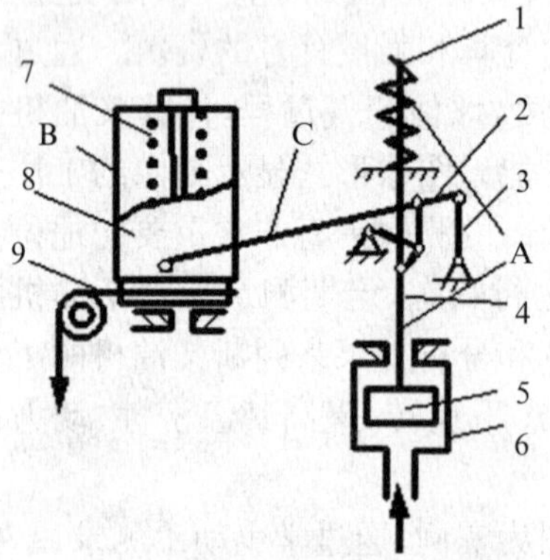

1—示功弹簧；2—画笔杆；3—传动杠杆；4—活塞杆；5—小活塞；6—小气缸；7—转筒弹簧；8—转筒；9—绳索

图 6-1-1　机械示功器结构

图 6-1-1 所示为螺旋弹簧式机械示功器结构。它由传感机构 A，转筒机构 B 和记录机构 C 等 3 部分组成。传感机构包括小活塞 5，活塞杆 4 及螺旋形示功弹簧 1 等，用以感受缸内压力变化并以小活塞的位移输出；转筒机构包括绳索 9，转筒 8 及转筒弹簧 7，用以反映柴油机活塞的位移；记录机构由传动杠杆 3 及画笔杆 2 组成，该机构可将小活塞的位移在画笔杆端部平行放大，画笔杆端部装设有铜笔尖。

测量示功图时，示功器小活塞 5 在缸内气体压力的作用下上移，通过活塞杆压缩示功弹簧 1，并与弹簧弹力平衡。小活塞的上下移动反映缸内的压力变化，其位移量与柴油机气缸内气体压力的变化量成正比。小活塞的运动通过活塞杆带动记录机构的传动杆和画笔运动，由记录机构反映其位移量，即按一定比例反映柴油机气缸内变化的气体压力。夹有记录纸的转筒 8 通过绳索 9，由柴油机曲轴或凸轮轴通过专设的示功器传动机构带动，绕其自身轴偏转，其偏转角位移量正比于柴油机活塞位移，即转筒转动的弧长代表按比例缩小的活塞行程的长度。

由于示功器小活塞的位移与柴油机气缸内气体压力的变化成比例，而转筒的转动与柴油机活塞的位移成比例变化，所以画笔尖就可以在转筒的记录纸上绘出气缸内压力随活塞位移变化的图形，即压力-容积示功图（$p-V$ 示功图）。

（二）机械示功器小活塞和弹簧的选择

机械示功器的压力感应元件由弹簧系统组成，该系统的平衡由作用在小活塞上的气体力与弹簧弹力实现。若弹簧刚度大、小活塞面积小，活塞对缸内压力的微小变化的感应就弱，活塞输出的位移也小，不利于观察压力的微小变化，故仅适合于测取高压和大的压力变化。反之，若弹簧弹力弱、小活塞面积大，活塞就能感应到缸内压力的微小变化，但在测取到高压部分时，小活塞的位移受到示功器结构的限制而失去作用，故仅适合于测取低压的变化。

为使机械示功器具有较宽泛的压力使用范围，一般它备有3套活塞(连同相应的小气缸)及1套刚度不同的示功弹簧。使用时根据柴油机最高燃烧压力 p_z 值进行选择，以便获取合适高度的示功图。3套活塞分别用以下标号表示：1/1(标准活塞直径为20.27 mm)；1/2(其面积为1/1活塞的1/2，活塞直径为14.35 mm)；1/5(其面积为1/1活塞的1/5，活塞直径为9.06 mm)。为便于识别，在各自小气缸的凸缘上分别用钢印注明“1/1”“1/2”“1/5”字样。在测取 $p-V$ 示功图时均采用1/5小活塞，当测取反映进、排气过程的弱弹簧示功图时采用1/1小活塞。

示功弹簧用弹簧比例 M 标记。弹簧比例 M 表示缸内压力每变化1 MPa时弹簧的变形量(mm)，其单位为mm/MPa。弹簧比例 M 应根据小活塞标号和柴油机缸内最高爆发压力 p_z 值来选择，使所测取的示功图的最大高度接近于示功图纸高度，以保证示功图的精确度。

通常，使用1/5小活塞测取 $p-V$ 示功图时，根据最高爆发压力 p_z 可参考表6-1-1选择弹簧比例。

表6-1-1　最高爆发压力与弹簧比例对照表

最高爆发压力 p_z/MPa	4.0	5.0	6.0	7.0	8.0	10.0	12.5	15
弹簧比例 M/(mm/MPa)	12	10	8	7	6	5	4	3

如选用1/5小活塞测取 $p-V$ 示功图，若缸内最高爆发压力 p_z=8.0 MPa，可选用标记为6的示功弹簧。

〖思考〗

为什么要选小活塞和弹簧?

(三) 机械示功器的传动机构

为将柴油机活塞的运动规律按比例传给示功器的转筒机构，必须设立专门的示功器传动机构。由于示功器转筒的周长只有柴油机活塞行程的1/20～1/5，因此传动机构不仅要正确反映柴油机活塞运动的规律，而且还要将活塞的行程按比例缩小。所以它应满足以下2个基本要求：一是使活塞行程的缩小比例与转筒的周长相适应(略小于周长)；二是转筒的运动规律与活塞的运动规律同步，以便正确反映柴油机活塞的运动规律。

目前使用的示功器传动机构有曲柄式、凸轮式、杠杆式3种。

1. 曲柄式传动机构

曲柄式传动机构见图6-1-2。传动立轴1由柴油机曲轴(或凸轮轴)带动，由小活塞4，连杆3和小曲柄2组成一单独的小曲柄连杆机构，若在结构上使小曲柄2的半径 r 与连杆3长度 l 之比 $r/l=R/L$(R 为柴油机曲柄半径，L 为柴油机连杆长度)，则小曲柄连杆机构的运动规律即与柴油机活塞的运动规律同步。因此，由活塞销5带动的滑块6的运动规律也就反映了柴油机活塞的运动规律。当测试结束时，可用止动杆8推动滑块6使其脱离活塞销5的控制。曲柄式传动机构多用于Sulzer型柴油机。

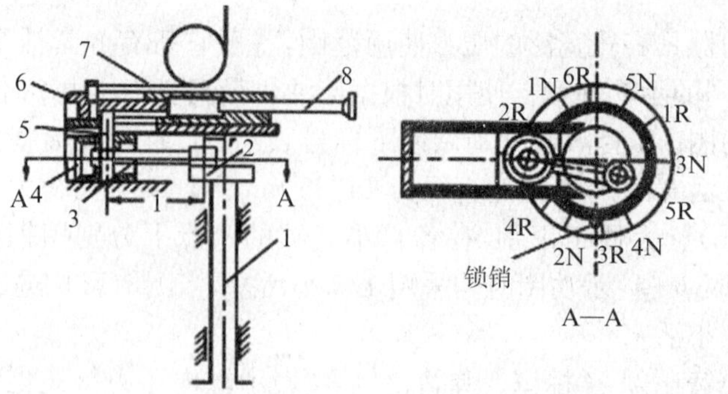

1—传动立轴；2—小曲柄；3—连杆；4—小活塞；
5—活塞销；6—滑块；7—绳索；8—止动杆

图 6-1-2　曲柄式传动机构

2. 凸轮式传动机构

凸轮式传动机构见图 6-1-3。示功凸轮 1 的外形是按柴油机活塞运动规律设计的，并按一定的位置安装在凸轮轴上，因而它能反映出活塞的运动规律，而且其高度、最低位置也与活塞的上、下止点对应。当测量完毕时，可用插销通过销孔 5 和 6 把导杆 3 提起使之脱离凸轮轴控制。通常每个气缸都装有一套相应的凸轮式传动机构。凸轮式传动机构大多用于直流扫气二冲程柴油机上。

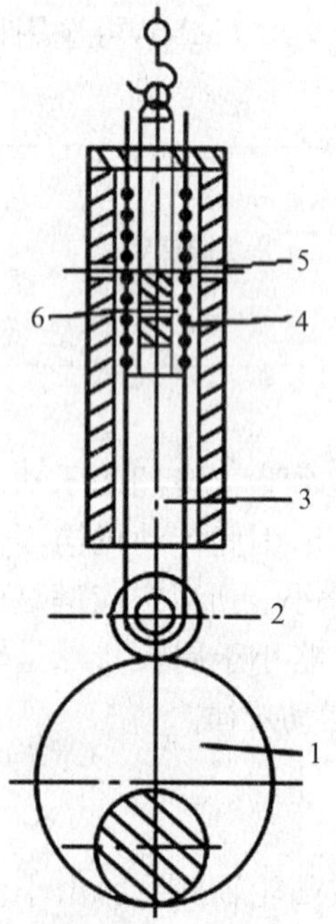

1—示功凸轮；2—滚轮；
3—导杆；4—弹簧；
5—销孔；6—导杆销孔

图 6-1-3　凸轮式传动机构

3. 杠杆式传动机构

杠杆式传动机构采用一套杠杆机构铰接在柴油机活塞或十字头上，按一定比例反映活塞的运动规律。因无法避免在铰接处磨损而造成失真，目前很少使用。

（四）机械示功器的局限性及适用范围

由于机械示功器是利用机械位移的原理测量示功图的，所以存在着机械式测量仪器固有的缺陷，主要表现在：

1）其压力感受机构自身具有的一定质量，在运动时会产生较大的惯性力，从而影响测量精度。

2）示功弹簧的刚度过高，其灵敏度会下降，即小活塞不能及时输出缸内压力的变化；而弹簧刚度降低后，弹簧的自振频率也随之降低，若与缸内压力波动的频率（与柴油机转速有关）接近，会引起振动过大。

机械示功器的这些缺陷在测量高速柴油机示功图时表现得尤为明显，故它仅适用于低速柴油机和部分中速柴油机。

目前机械示功器使用的弹簧有螺旋弹簧式和柱簧式 2 种形式：前者刚度较小，适用于转速在 400 r/min 以下的柴油机；后者刚度较大，适用于转速为 700～1 000 r/min 的柴油机。

机械示功器的使用尽管有上述局限性，但因其有结构简单、工作可靠和使用方便等优点，目前在大型低速柴油机船舶上仍被广泛用作随船测试仪表，以便随时监控运转中的柴油机。

二、电子示功器

随着电子技术的迅猛发展，电子示功器的运用逐渐普及，尤其在现代柴油机的监控技术中均采用电子示功器来研究分析柴油机缸内的工作过程。

电子示功器由传感器、测量电路和记录显示装置等 3 大部分组成。它利用电子技术，通过适当的传感器（如电阻应变式、压电式、电容式和电感式）把柴油机气缸内的气体压力、曲轴转角等非电量按一定比例转换成相应的电量输出，经放大器等中间环节输送到记录显示装置进行显示或打印，来测取 $p-\varphi$ 示功图。

在电子示功器中，压力传感器是核心环节。不同的压力传感器决定着不同的测量电路，因此通常习惯上以压力传感器的类别来命名示功器。压力传感器的类别有电阻应变式、压电式、电容式和电感式等，故电子示功器亦分为电阻应变式示功器、压电式示功器、电容式示功器和电感式示功器等。

（一）电阻应变式示功器

电阻应变式示功器是利用电阻应变式压力传感器把被测压力转换成应变片的电阻值，通过应变仪把电阻值的变化转换并放大成所需的电压或电流信号送往显示记录装置。柴油机曲轴转角信号可由磁电式或光电式等传感器测量。系统框图见图 6-1-4。

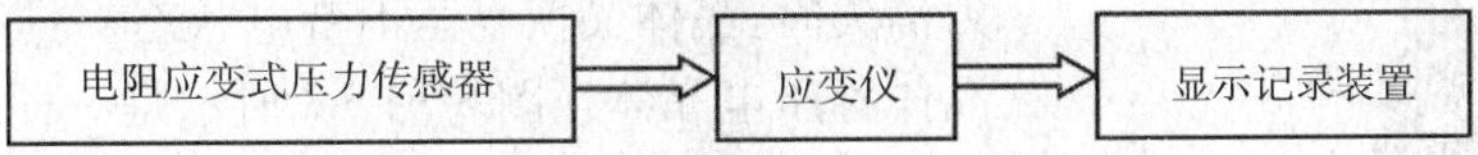

图 6-1-4　电阻应变式示功器系统框图

电阻应变式压力传感器的结构见图 6-1-5。电阻应变片粘贴在应变筒 14 的外壁，应变筒由薄壁（0.2～0.3 mm）合金钢制成，下端焊有很薄的悬链薄膜，此薄膜既薄又柔软，只

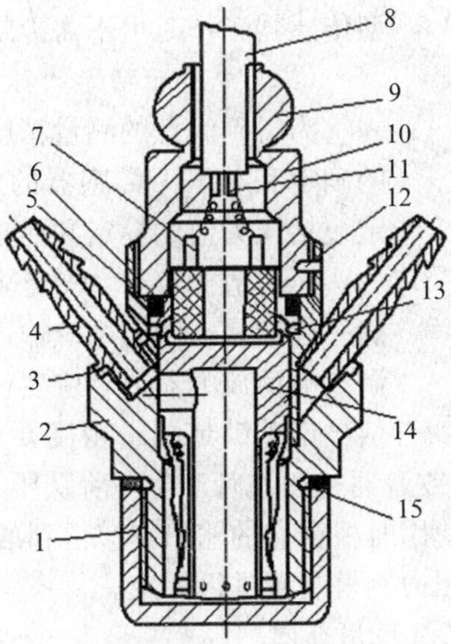

1—保护螺帽；2—受压器；3—水管垫圈；4—水管；
5—密封垫圈；6—垫片；7—接线柱；8—屏蔽电缆；
9—上壳体；10—压线板；11—固定螺钉；12—定位销；
13—调节垫片；14—应变筒；15—垫片

图 6-1-5　电阻应变式压力传感器的机构

传递压力而不产生弹力。当缸内压力作用到悬链薄膜时将引起薄壁应变筒 14 变形，使应变片电阻发生变化(即应变效应)，并经导线传至接线柱 7 后由屏蔽电缆 8 输出。冷却水管 4 用于膜片和应变筒的强制冷却，以消除燃气高温对测量结果的不良影响。调节垫片 13 可保证安装时应变筒有适当的预紧力。

(二) 压电式示功器

压电式示功器一般由压电式压力传感器、前置放大器和示波器等组成，其系统框图见图 6-1-6。前置放大器是一个高阻抗(>10^{12} Ω)输入的放大器，它的作用是放大压电式压力传感器的微弱信号并将传感器的高阻抗输入变为低阻抗输出。它的绝缘性能对测量精度影响极大，通常多采用电荷放大器。

图 6-1-6　压电式示功器系统框图

压电式压力传感器通常采用压电石英传感器，它是根据石英晶体的压电效应制成的。压电效应是指某些晶体沿其某个结晶轴方向作用外力时，其内部将产生极化现象：在其表面上有电荷集结，且此电荷的大小与外力成正比，当外力消失时，晶体又恢复至不带电状态。具有压电效应的晶体称压电晶体。图 6-1-7 所示是一种压电石英压力传感器。缸内气体压力经膜片 4 传递给套筒 7 和石英晶体 3(2 片)，晶体受压时产生的负电荷由电荷引出片 6 汇集并经导线 5 引出。为减少温度变化对传感器工作的不利影响，一般需对传感器采用强制水冷却。某些新型传感器工作时可不需冷却。

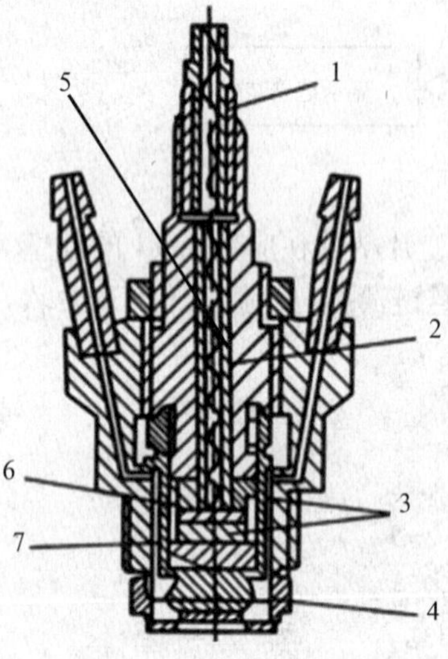

1，2—绝缘体；3—晶体；4—膜片；5—导线；6—引出片；7—套筒

图 6-1-7　压电石英压力传感器

(三) 电子示功器的标定

为得到满意的测量精度，应特别重视对上止点位置的确定和对压力传感器的定期标定。电子示功器的标定包括压力值的标定和曲轴转角(时间坐标)的标定等。

压力值标定分为静态标定、动态标定和随机标定。静态标定是向测量系统输入稳定的标定压力信号，通过调节电荷放大器或者应变仪的线性度，使其输出的压力信号误差满足测量精度要求。动态标定是对传感器输入已知频率和幅值的压力信号或者通过激波管产生一阶跃压力，记录其输出或根据输出曲线求出频率响应特性，以便在使用时根据它的输出响应得到准确的输入压力信号。随机标定是在测量中，对一整套动态压力测量装置进行标定。

(四) 电子示功器的优缺点及适用范围

电子示功器的突出优点是固有频率高，具有良好的高频特性。如电阻应变固有频率可达数十千赫，压电石英式可高达数百千赫。固有频率高，其频率特性就宽，故电子示功器广泛适用于低、中、高速柴油机的测量，其测量误差小于 1%。

电子示功器灵敏度高、线性好。但从另一方面来说，它易受外界干扰的影响，如电源电压波动、电磁场干扰以及环境温度变化等都影响其工作的稳定性。因此它对测量电路的要求较高,需设置补偿装置。

电子示功器既可测取单个循环示功图,又可测取多循环平均示功图。它可与计算机组成一套完整的多参数综合测量系统,实现对柴油机的远距离检测、数字显示及自动控制,完成对柴油机的诊断、趋向预报等监控。所以,电子示功装置在近代自动化船舶上得到广泛应用。

三、示功图的种类和用途

根据热工测量的不同目的和任务,可测取不同的示功图。用机械示功器可测取 $p-V$ 示功图、$p-V$ 转角示功图、弱弹簧示功图、纯压缩图、手拉展开图及梳形图等;用气电示功器及电子示功器可测取 $p-\varphi$ 示功图。

(一) $p-V$ 示功图

图 6-1-8(a)和(b)分别为四冲程柴油机和二冲程柴油机的 $p-V$ 示功图。二者的主要区别在于示功图尾部形状不同。四冲程柴油机示功图尾部圆滑;二冲程机示功图尾部尖锐。$p-V$ 示功图可用来计算柴油机的指示功率、调整各缸负荷均匀性、量取最高爆发压力、判断各缸燃烧情况以及计算缸内瞬时温度等。

这种示功图测取时应特别注意工况的稳定,并慎重地对待测量结果。若因某种原因造成误差,有时可能多达 10%～15%,那就失去了测量的意义。

(二) $p-V$ 转角示功图

从活塞运动的规律可知,活塞在上、下止点处速度为 0,而在中部速度最快。在 $p-V$ 示功图上,燃烧过程处于上止点附近,而此时活塞速度很慢、燃烧压力变化很快。这样在活塞位移小、示功器转筒偏转也很小的情况下,难以从示功图上清楚地分析燃烧压力的变化情况。为了清楚地研究燃烧过程的进行情况,需要测取 $p-V$ 转角示功图。

$p-V$ 转角示功图见图 6-1-9。它是在示功器传动机构(曲柄式,见图 6-1-2)的小曲柄超前所测气缸曲柄 82°的情况下测得的。此时利用小活塞(图 6-1-2 中的 4)的最大运动速度带动转筒快速转动,以记录气缸内上止点附近的压力变化,即将上止点附近缸内压力曲线放宽,以便于研究缸内燃烧过程的进行情况。此图形已失去示功图原形,只能用于分析缸内燃烧过程,不能作为计算功率的依据。

杠杆式和凸轮式传动机构的示功器,较难测出 $p-V$ 转角示功图。

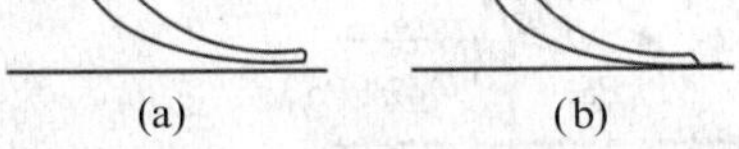

图 6-1-8 $p-V$ 示功图

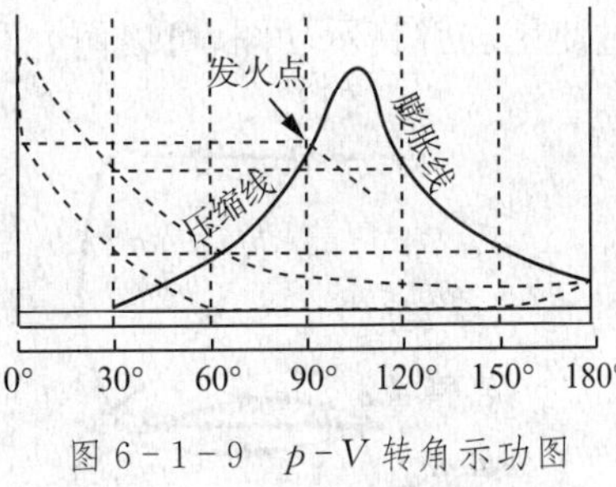

图 6-1-9 $p-V$ 转角示功图

（三）手拉展开示功图、梳形图

在不能测取 $p-V$ 转角示功图的柴油机上，为了能研究缸内燃烧过程情况和判断发火时刻等，可测取手拉展开示功图。手拉展开示功图见图 6-1-10。此时转筒机构的绳索用手工拉动，可配合 $p-V$ 示功图研究燃烧过程。

如需较准确地测取缸内最高爆发压力（p_z）和压缩压力（p_c），可测取梳形图，见图 6-1-11。此时可慢慢拉动示功器转筒绳索，测出多条 p_z 线和 p_c 线（单缸停油）。

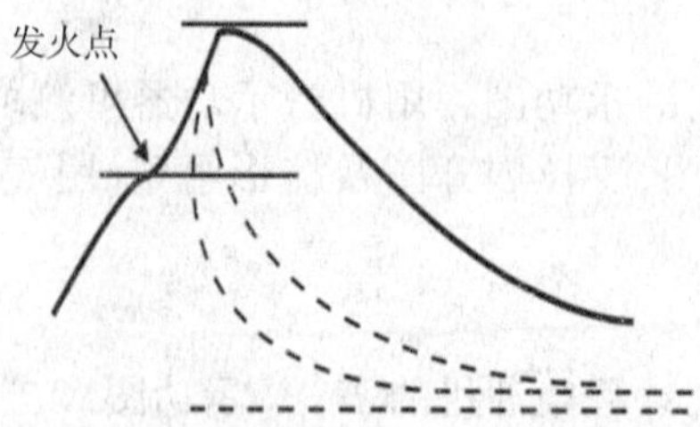

图 6-1-10　手拉展开示功图

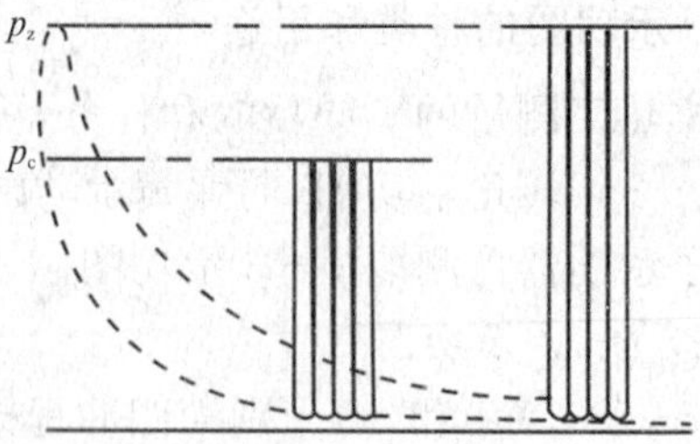

图 6-1-11　梳形图

（四）弱弹簧示功图

在用机械示功器测取 $p-V$ 示功图时，因最高爆发压力 p_z 较高，示功器的弹簧又是根据 p_z 选取的，弹簧相对较硬（弹簧比例较小），致使进、排气过程中微小的压力变化在示功图上不能反映出来。

为研究和检查扫气过程，应测取弱弹簧示功图。此时示功器应换用 1/1 标准活塞并按气缸排气压力的大小选用适当的软弹簧，就可把 $p-V$ 示功图的尾部放大测绘出来。图 6-1-12(a)所示为四冲程柴油机的弱弹簧示功图。图中曲线 1 为部分压缩过程，当示功器小活塞上行至极端位置时，示功图保持等高度。膨胀过程为曲线 2，当缸内压力等于或小于软弹簧弹力时，弹簧恢复作用。排气过程（曲线 3）从Ⅱ点（排气阀已开）开始，缸内压力迅速下降，缸内废气排出并出现短时负压，然后随着活塞的上行，排气压力又高于大气压，并随废气的逐渐排空而下降。进气过程为曲线 4，一直到下止点Ⅰ之后，开始压缩过程。图 6-1-12(b)所示为二冲程柴油机弱弹簧示功图。当排气口开启时，膨胀线急剧下降到扫气压力并因排气惯性而短时低于扫气压力，在扫气口开启时压力上升到扫气压力。由于弹簧的振动，压力出现波动，直至扫气关闭为止。此后排气缸内压力又下降，直到排气口关闭后开始压缩过程。

通过使用弱弹簧示功图，可以研究和检查换气过程的好坏。

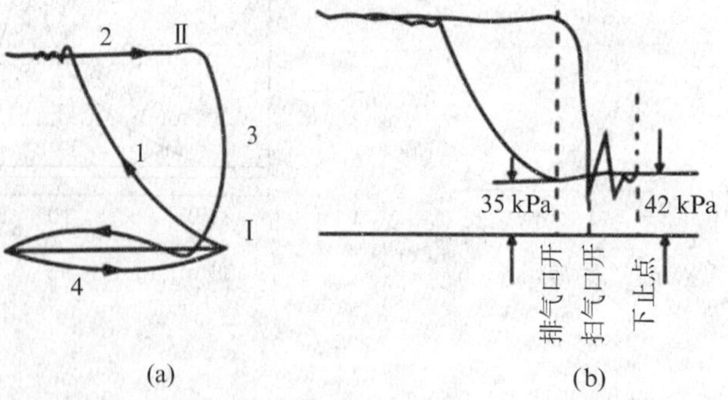

图 6-1-12　弱弹簧示功图

（五）$p-\varphi$ 示功图

$p-\varphi$ 示功图见图 6-1-13，在船舶上可通过电子示功器测取。$p-\varphi$ 示功图可用来计算柴油机的指示功率，评估燃烧与换气过程，测量最高爆发压力 p_z 和压缩压力 p_c，计算放热率，测定发火角等。也是分析研究柴油机工作过程常用的一种示功图。

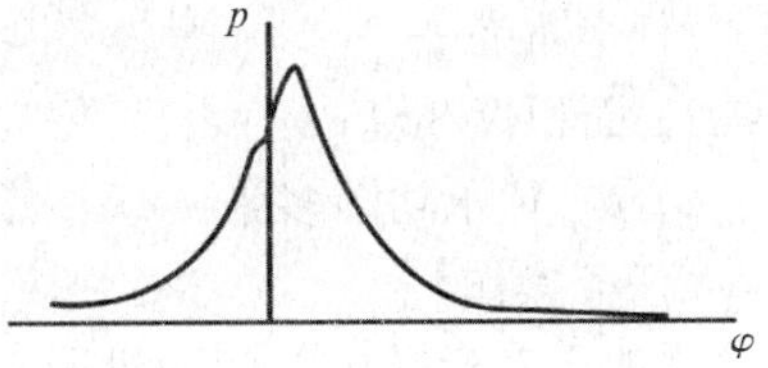

图 6-1-13　$p-\varphi$ 示功图

总之，船上使用机械示功器或电子示功器测取气缸示功图，有以下作用：确定柴油机指示功率并判断各缸功率分配的均匀性；确定柴油机的最高爆发压力 p_z 和压缩压力 p_c；研究燃烧过程、换气过程，计算缸内温度等，以评估柴油机工作过程的完善程度。

【任务实施】

模块 1　示功图的测取方法及注意事项

〖任务要求〗

1）学习测取示功图前的检查；

2）正确安装示功器；

3）掌握选择机械示功器小活塞及弹簧的方法；

4）掌握测取各种示功图的方法；

5）掌握测取示功图的注意事项。

〖任务准备〗

1）机械示功器和电子示功器各 8 个；

2）可运转的柴油机 1 台。

〖任务操作〗

示功图形状受多种因素影响，如示功器使用和维护不当、天气与海况的变化等。因而，示功图测取时应按正确方法进行。

1）测取示功图前，应对示功器进行必要的检查和标定。

2）测取示功图，应确保被测的柴油机负荷稳定，即各运行参数正常并保持稳定。

3）测量时的气象和海况条件适宜。

4）示功器安装前，应开一下示功阀吹净通路中的杂质等。

5）示功器安装后，应先在转筒记录纸上画出大气压力线。

6）测量时轻按画笔尖以防划破记录纸（机械式示功器）。

7）测取满意的示功图后，应标明缸号、日期、排温、喷油泵齿条格数、弹簧比例、转速等参数。

8）为保证准确，最好每缸测取 2 个示功图。

9）每测取 5～6 个示功图后，应拆下示功器使之冷却。示功器使用完毕应进行清洁保养。

模块 2　$p-V$ 示功图的计算及多缸柴油机功率的计算

〖任务要求〗

1）掌握面积仪的使用方法；

2）掌握用面积仪计算平均指示压力 p_i 和功率的方法；

3）掌握用十等分法计算平均指示压力 p_i 和功率。

〖任务准备〗

1）面积仪 8 套；

2）$p-V$ 示功图多张。

〖任务操作〗

在船上对运转中的柴油机通常用机械示功器测取每个缸的 $p-V$ 示功图，并根据示功图计算出每个缸的平均指示压力 p_i 值，然后计算每个缸的指示功率 P_i。

一、平均指示压力 p_i 的计算

计算方法通常有 2 种。

（一）面积仪法

用面积仪（见图 6－1－14）测出示功图的面积，以 $f(\mathrm{mm}^2)$ 表示，量出示功图的长度，以 $L(\mathrm{mm})$ 表示，此时示功图的平均高度 $h_i(\mathrm{mm})$ 为：$h_i=f/L$。

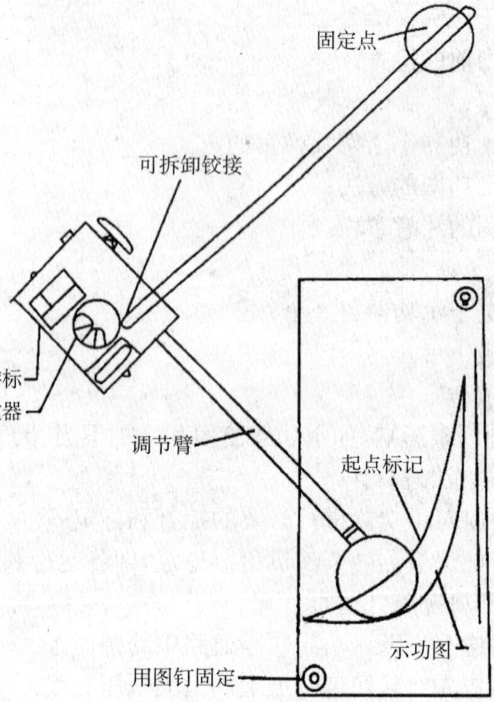

图 6－1－14　面积仪

用平均高度 h_i 再除以示功器的弹簧比例 $M(\mathrm{mm/Pa})$，则可以得到平均指示压力 p_i (Pa)值，即

$$p_i = h_i/M$$

（二）十等分法

如果没有面积仪，还可用如下的作图方法求得示功图的平均高度，其结果也足够准确。十等分法见图 6－1－15。将示功图长 L 分为十等分，量出各等分点上的示功图的高度 y_1，y_2，y_3，…，y_9(mm)。在距示功图上、下止点位置 $L/40$ 处再附加 2 个示功图高度 y_0 和 y_{10}，则示功图平均高度为

$$h_i = \frac{1}{10}\left(\frac{y_0 - y_{10}}{2} + y_1 + y_2 + y_3 + \cdots + y_9\right)$$

平均指示压力 $p_i = h_i / M$ 即可求出。

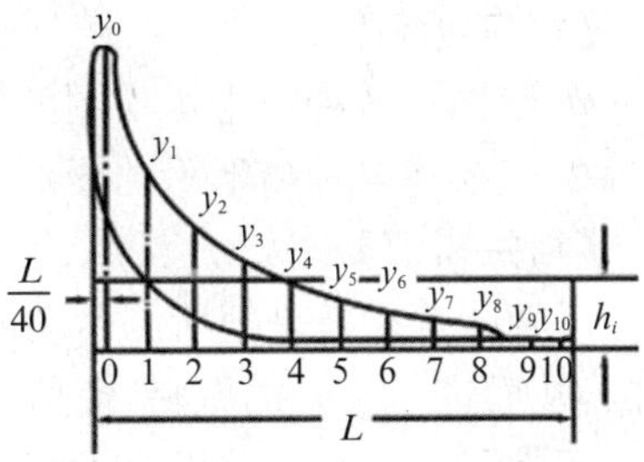

图 6-1-15　示功图的作图计算法

二、功率的计算

根据指示功率的计算公式 $P_i = C \cdot p_i \cdot n$ 可计算出单缸指示功率。式中：C 为气缸常数，对既定的柴油机是一定值，通常在说明书中可查到，或根据公式 $C = VSm/60\,000$ 计算。

例如，某船 6ESDZ76/160 型柴油机，从型号可知：该机为二冲程机 $m=1$，气缸直径 $D=0.76$ m；行程 $S=1.6$ m。则气缸常数 $C=(\pi D^2)/4 \times S \times m \times 1/60\,000 = \pi/4 \times 0.76^2 \times 1.6 \times 1 \times 1/60\,000 = 1.2 \times 10^{-5}$。

计算出 6 缸各缸的平均指示压力 p_i 后，带入公式 $P_i = C \cdot p_i \cdot n$ 即可计算出各缸的指示功率 P_i，将各缸指示功率 P_i 相加，即可得整机的指示功率（设计时多缸柴油机的功率计算公式为 $P_i = C \cdot p_i \cdot n \cdot i$，但是，实际柴油机各缸功率不可能完全一致，故不能简单地以某缸功率乘以缸数 i）。

【任务评价】

评估名称：示功图的测取方法及注意事项

评估对象：3 000 kW 及以上船舶大管轮

评估要素：

1）测取示功图前的准备工作；

2）选择机械示功器的小活塞及弹簧；

3）测取示功图的顺序；

4）测取示功图的方法；

5）测取示功图的注意事项。

评估名称：p-V 示功图的计算及多缸柴油机功率的计算

评估对象：3 000 kW 及以上船舶大管轮

评估要素：

1）能正确使用面积仪；

2）能按所测面积计算 p_i 和功率；

3）能正确用十等分法计算平均指示压力 p_i 和功率。

任务 2　示功图的分析

Analysis of Indicator Diagram

【任务描述】

本任务是学生在前一任务所测各种示功图的基础上，通过对其的比对分析，掌握正常示功图与畸形示功图的形状特征，正确判断畸形示功图产生的原因。

【学习目标】

- 能描述各种正常示功图的形状特征；
- 能描述各种畸形示功图的形状特征和产生的原因。

【相关知识】

示功图分析就是把所测示功图与正常示功图进行比较，找出差别，并判断产生差别的原因，从而进行必要的调整，使柴油机保持在良好的技术状态下运行。

正常示功图在柴油机技术状态良好时测取，通常由船舶试航报告或柴油机说明书提供。它主要有以下特征：

1）工作过程曲线圆滑，曲线过渡处无锐角或突变形状；

2）工作过程各主要特征值，如最高爆发压力 p_z 和压缩压力 p_c 等符合试航报告的规定值；

3）工作过程曲线无异常波动现象；

4）示功图尾部形状符合不同扫气形式的正常轨迹。

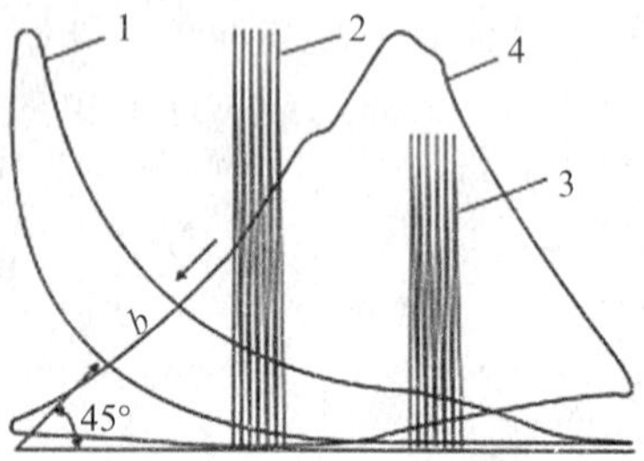

1—p-V示功图；2—p_z梳形图；3—p_c梳形图；4—p-V转角示功图

图 6-2-1　示功图基本形状

图 6-2-1 所示为二冲程柴油机正常示功图的基本形状，它指示了各特征点在各种示功图中的相互关系。图中 b 表示在不同负荷下示功图的"肥瘦"，因此宽度 b 可大致反映本缸指示功率的大小。在缺乏正常示功图的情况下，可根据上述各点并与试航报告或说明书的规定值进行比较，并按要求进行调整，使各缸有关热力参数的不均匀度符合规定。各缸参数不均匀度规定值见表 6-2-1。

$$\text{不均匀度}=\frac{\text{最大(最小)值}-\text{各缸平均值}}{\text{各缸平均值}}\times100\%$$

表 6-2-1　各缸参数不均匀度规定值

工作参数	压缩压力 p_c	最高爆发压力 p_z	平均指示压力 p_i	排气温度 T_r
规定值/%	≤±3	≤±5	≤±5	≤±5(高速增压机±8)

凡测取的示功图与正常示功图比较有差异的均为畸形示功图。对待畸形示功图应进行具体分析，找出引起畸形的原因。因为它们可能是由柴油机工作过程不正常引起的，也可能是由示功器使用不当或传动机构不正常等原因引起的。

【任务实施】

模块　畸形示功图的分析

〖任务要求〗

1）认识各种正常示功图和畸形示功图的形状特征；

2）学习分析畸形示功图的方法；

3）了解畸形示功图产生的原因。

〖任务准备〗

多套各种正常与畸形示功图。

〖任务操作〗

一、示功器使用不当或传动机构不正常引起的畸形示功图

示功器传动机构因安装不正确、零件磨损等会造成示功器转筒的运动规律与柴油机活塞运动规律不相应，测取示功图压力与行程的相应关系被破坏，产生畸形。

（一）示功器传动机构超前或滞后

传动机构超前是指柴油机活塞在上止点前某一角度时，传动机构带着转筒已到达上止点位置。因而画笔把活塞在上止点前某一角度的缸内压力值记录在示功图的上止点位置，故压缩线较正常线偏低。同理，在上止点后，由于示功图上某点所记录的压力值是其前一曲轴转角的缸内压力值，因而其膨胀线偏高于正常膨胀内线。由此使所测示功图变胖。如图 6－2－2 所示实线图形即为传动机构超前 5°时的畸形示功图（虚线为正常示功图）。

同理，传动机构滞后的畸形示功图较正常示功图变瘦。如图 6－2－3 所示，实线图形为传动机构滞后 5°的畸形示功图，虚线为正常示功图。

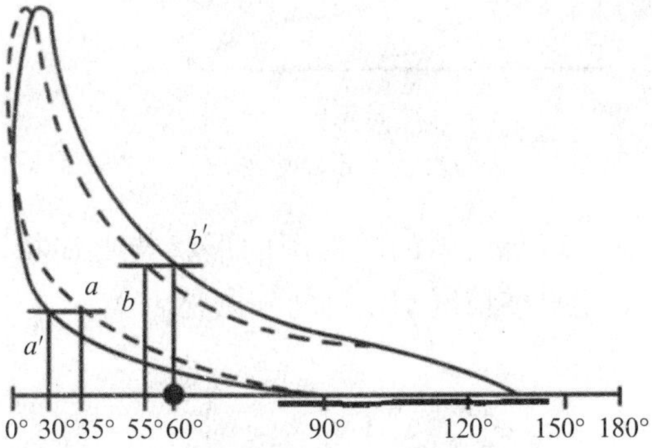

图 6－2－2　传动机构定时超前引起的畸形示功图

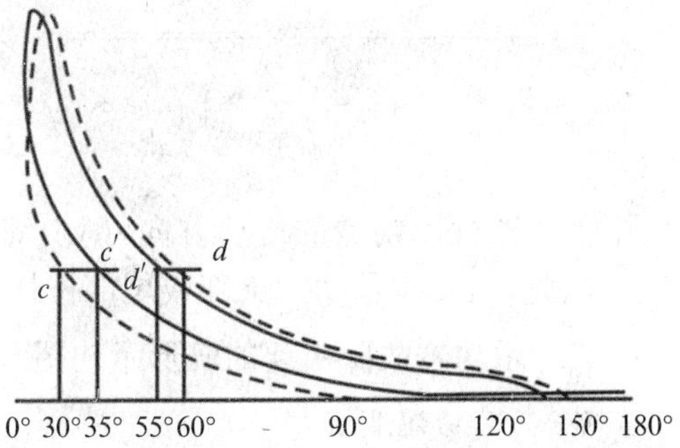

图 6－2－3　传动机构定时滞后引起的畸形示功图

实验表明，传动机构超前或滞后对示功图形状影响极大。一般情况是每相差 1°(CA)，平均指示压力 p_i 相差 5.5%。为判断此种畸形图形是否由传动机构的不正常所引起，可采用测纯压缩图的方法加以判别。

采用单缸停油的方法测纯压缩图。在正常情况下，停油后该缸的压缩线与膨胀线基本重合，见图 6－2－4(a)，此时表示传动机构与柴油机活塞位移同步。若膨胀线在上、压缩线在下，则为传动机构超前，见图 6－2－4(b)。若膨胀线在下、压缩线在上，则为传动机构滞后，见图 6－2－4(c)。

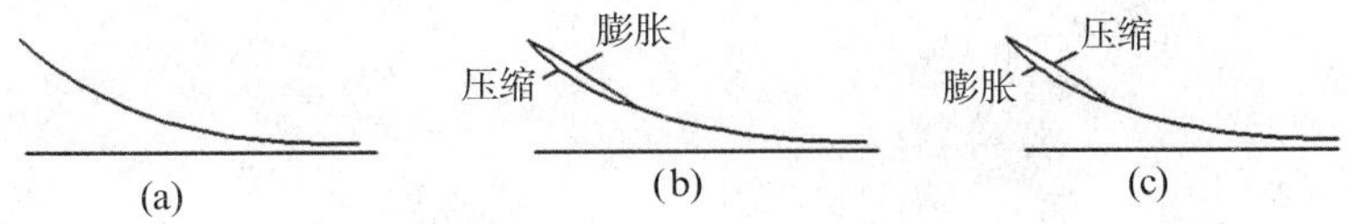

图 6－2－4　纯压缩图

（二）示功器转筒绳索太长或太短

如果示功器的传动方向是在膨胀行程时使转筒弹簧拉紧，而在压缩行程时使转筒弹簧放松，则绳索太长或太短时示功图会出现下列情况。

如绳索太长，在传动机构上行至离上止点尚有一定角度时，转筒已到达其极端位置不再转动，绳索开始松动，直到当传动机构由上止点下行某一角度绳索张紧时，转筒才开始转动。在绳索松动期间转筒不转动，画笔仅上下运动，画出的图形是一条上下直线，致使把示功图头部切去一部分，示功图变短，见图6-2-5。

反之，如绳索太短，传动机构在下止点前就将转筒弹簧拉紧，在传动机构继续下行时转筒已经不动，只是画笔上下运动画出一条直线，把示功图尾部切去一部分，示功图长度变短，见图6-2-6。在严重情况下，还可能将绳索拉断或将转筒拉坏。

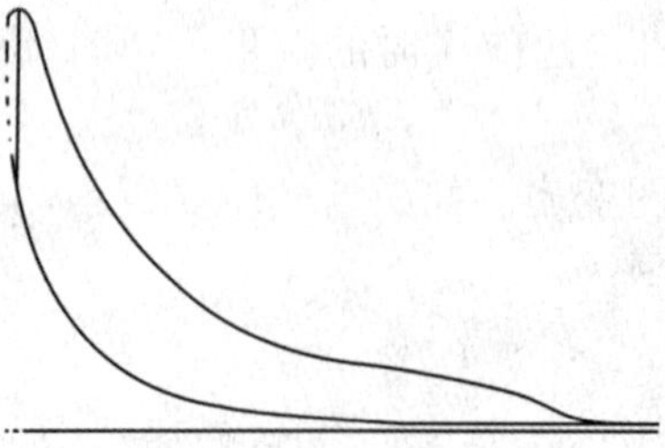

图6-2-5　示功器转筒绳索太长时的畸形示功图

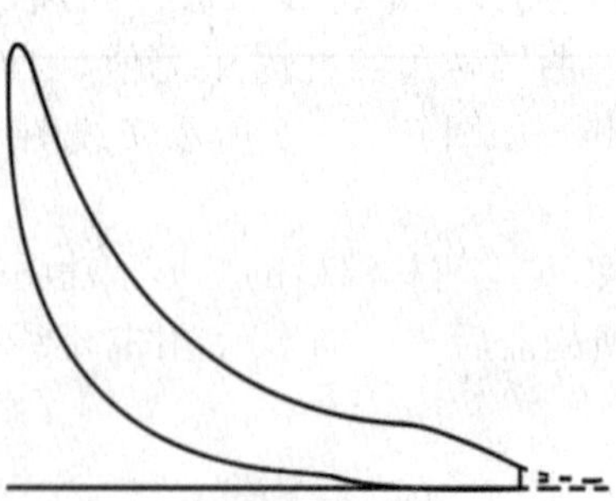

图6-2-6　示功器转筒绳索太短时的畸形示功图

如果改变示功器的传动方向，则由绳索太长或太短所产生的畸形圆的形状与上述相反。因此，当发现示功图头部或尾部被切掉后，应根据具体情况加以判断和调整。

二、示功器故障引起的畸形示功图

（一）示功图变长

示功图变长的畸形图见图6-2-7。图中虚线所示为正常示功图。此种故障由转筒弹簧太软、转筒惯性作用和示功器机构中间隙太大等原因造成。

（二）示功器小活塞卡紧

当示功器的气缸润滑不良或有结碳时，小活塞容易产生卡紧现象，使小活塞运动阻力增加。此时，在压缩过程中因小活塞卡紧，阻力增加，使画笔画出的压力线比正常压力线低；在膨胀过程中因小活塞阻力方向改变，画笔画出的膨胀线比正常膨胀线高。由于卡紧阻力的不规则变化，此时画笔画出的示功图均出现波动，其畸形图见图6-2-8（图中虚线为正常示功图）。此时所测的手拉图也有类似波动现象。

图6-2-7　示功图变长

图6-2-8　示功器小活塞卡紧时的畸形示功图

三、气缸内工作过程不正常引起的畸形示功图

需要明确的是，测取的示功图首先应保证测量仪器的性能良好。若测取的示功图出现畸形，在排除由于示功器本身和传动机构引起的原因后，肯定是由柴油机缸内工作不正常引起的。引起柴油机工作过程不正常的因素很多，无法一一列举，下面仅就柴油机运行管理中常见的畸形示功图的特点予以介绍。

考虑到柴油机气缸工作情况与其运行参数（如油门开度、转速、排气温度、冷却水温度、滑油温度等）有密切的关系，因此测取、分析示功图时必须参照其运行参数，否则与正常示功图没有可比性。

（一）燃烧太早的畸形示功图

此类示功图见图 6-2-9，图中虚线表示正常示功图。它与正常示功图比较主要有以下特点：

1）图形高度即最高爆发压力 p_z 增大，压力上升曲线陡削，示功图头部尖瘦；

2）燃烧曲线过早脱离压缩曲线，着火点提前；

3）膨胀曲线降低，排气温度降低。

造成燃烧太早的原因，一般有喷油正时提前、喷油器启阀压力降低，或由劣质燃油改用优质燃油而未减小喷油提前角等。燃烧太早将增加柴油机的机械负荷，严重情况下会引起爆燃，产生敲缸现象，影响柴油机的工作可靠性，需及时加以调整。

（二）燃烧太晚的畸形示功图

燃烧太晚的畸形图见图 6-2-10。与虚线所示的正常示功图相比，它有以下特点：

1）最高爆发压力 p_z 明显降低，即图形高度下降；

2）示功图头部圆滑，着火点明显后移，表示燃烧后移；

3）膨胀线升高，排气温度升高。

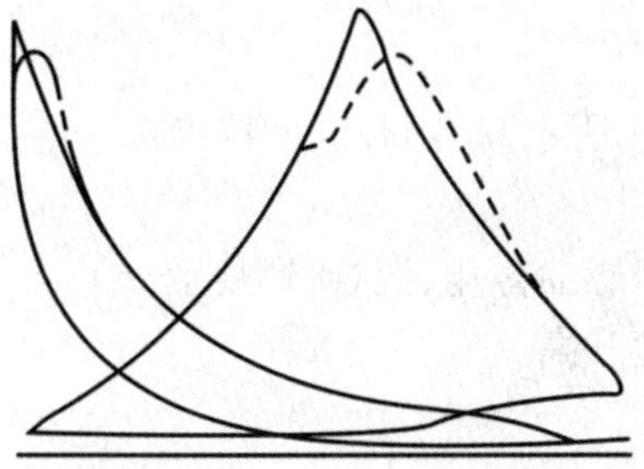

图 6-2-9　燃烧太早引起的畸形示功图

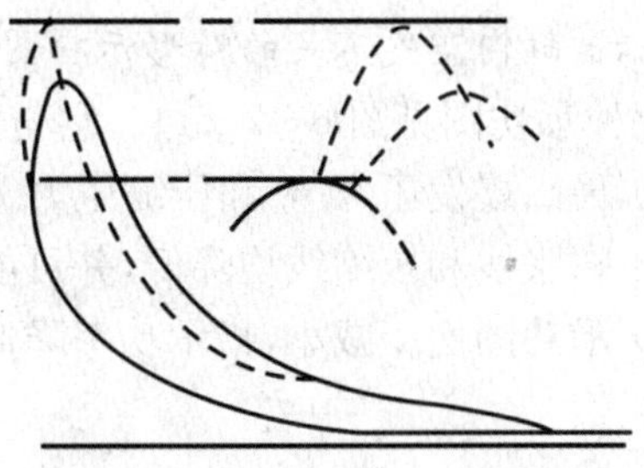

图 6-2-10　燃烧太晚引起的畸形示功图

造成燃烧太晚的原因通常有喷油正时滞后、喷油器启阀压力过高、改用劣质燃油而未调大喷油提前角、喷油器或喷油泵漏油、喷油器的缝隙式滤器堵塞等。这些因素均使燃烧变晚，但又有差异。

（三）喷油器阀座漏油的畸形示功图

喷油器阀座漏油时，由于燃油压力低，使燃油雾化不良，油气混合不佳，造成燃烧延后，排气温度升高。这种示功图的最高爆发压力下降并又重复上升多次，见图 6-2-11。膨胀线高，且呈锯齿形，锯齿向上。这种锯齿形与示功器小活塞运动受阻时的畸形示功图看起来似乎有些相似，其实有区别。示功器小活塞运动受阻时示功图面积增大，膨胀线较高，而

且是不规则地下降并呈阶梯形波动。喷油器阀座漏油则是示功图呈向上锯齿形波动，示功图面积减小。

（四）喷油泵漏油的畸形示功图

当喷油泵的柱塞因过度磨损或者喷油泵的阀与阀座偶件密封性下降而漏油时，一方面会使泵油压力下降，从而导致喷油定时滞后，造成后燃现象严重，并使排气温度升高；另一方面由于泵油期间漏油，使得喷入气缸中的油量减少，造成功率明显下降，排气温度亦降低。实践证明，上述2方面综合起来，后者影响大，最终使得排气温度降低，见图6-2-12。

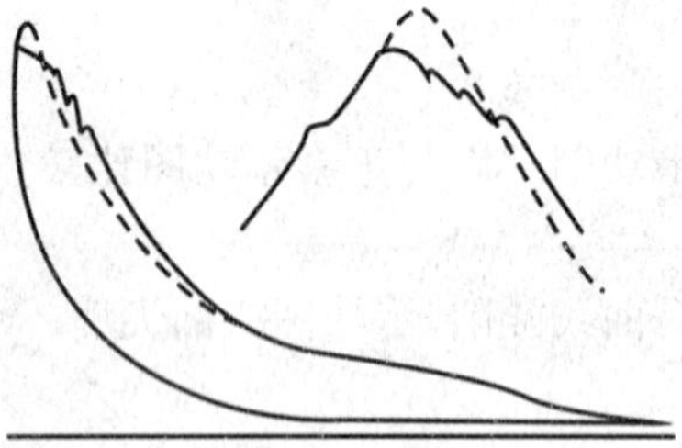

图6-2-11　喷油器阀座漏油时的畸形示功图

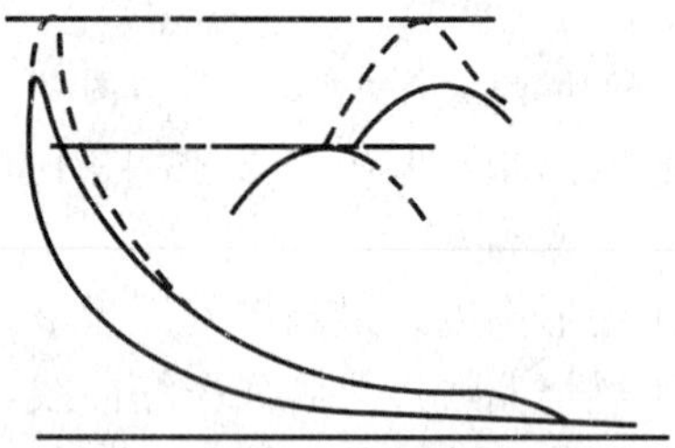

图6-2-12　喷油泵漏油时的畸形示功图

（五）喷油器喷孔部分堵塞的畸形示功图

此类示功图见图6-2-13。喷孔部分堵塞时，因喷孔流通面积减少，流阻增大，单位时间的喷油量减少，总的喷油时间拖长（高压油管的压力加大，喷油器开启时间拖长），出现后燃现象。由图6-2-13可知，其主要特点与燃烧太晚大致相同，但存在以下不同：一是其着火点基本不变（因喷油正时不变）；二是其头部和膨胀线中通常会出现压力波动（因喷油压力升高，波动加剧，甚至发生重复喷射）。尤其前者可作为区别于燃烧太晚的主要依据。另外，在此种情况下，可感觉出喷油泵泵油时有明显的冲击、振动，高压油管脉动过强并伴有发热等现象。

（六）缸内空气不足的畸形示功图

此种示功图见图6-2-14。它与正常图形（虚线所示）相比有以下特点：

1）最高爆发压力 p_z 和压缩压力 p_c 均降低；

2）膨胀线和压缩线均降低，并可能出现波动（因燃油雾化、混合、燃烧变差）；

3）示功图面积减小，指示功率降低，但排气温度升高。

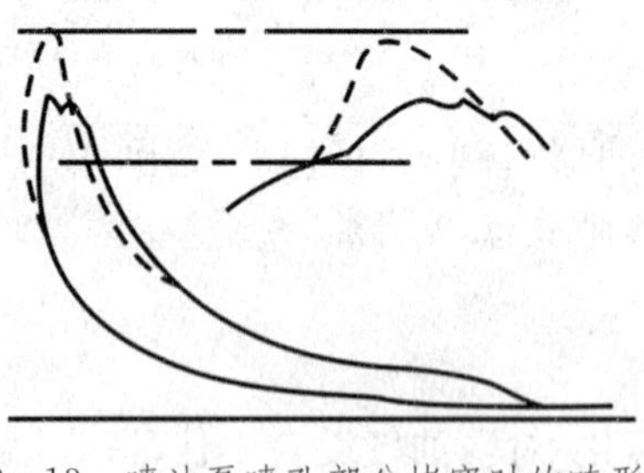

图6-2-13　喷油泵喷孔部分堵塞时的畸形示功图

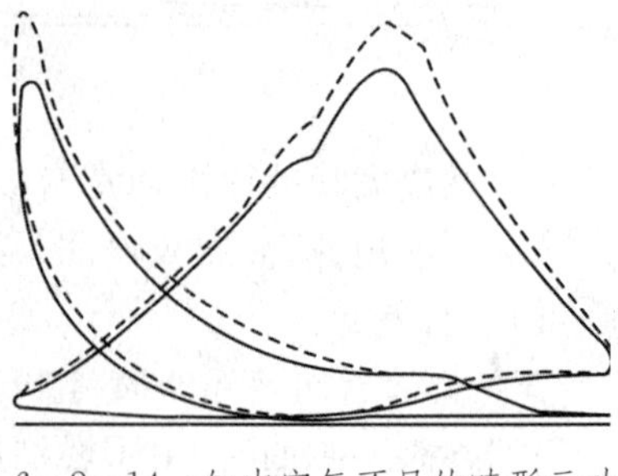

图6-2-14　缸内空气不足的畸形示功图

气缸内空气量不足的原因一般是：气缸漏气（如活塞环漏气、排气阀漏气）；扫气空气供应不足（如气口堵塞、增压器进气滤器堵塞、空冷器堵塞、增压器污堵等）；排气系统受阻；

环境状态变化(如大气压力降低、环境温度升高)等。

气缸漏气使压缩压力 p_c 降低,可通过测梳形图测量压缩压力值,并计算压缩压力 p_c 与扫气压力之比值,再与试航报告的标准比值相比较进行判断(绝对压缩压力与绝对扫气压力之比值,对一台既定的柴油机而言在绝大部分功率范围内应该是一个恒量)。

压缩压力 p_c 偏低,判断究竟是因扫气压力偏低引起的还是由气缸机件漏气造成的依据就是看其比值是否下降。若比值下降则表明气缸漏气;否则就可能是扫气压力不足造成的。

例如,某船柴油机试航时测得:大气压力为 0.1 MPa,扫气压力 0.137 MPa,某缸(或各缸平均)p_c 值为 8.9 MPa。其比值为(8.9+0.1)/(0.137+0.1)≈38。

运行中测得:大气压力 0.102 MPa,扫气压力 0.112 MPa,某缸(或各缸平均)p_c 值为 7.6 MPa。所以,其绝对扫气压力为 0.112 MPa+0.102 MPa=0.214 MPa;此时柴油机应该具有的绝对压缩压力为 38×0.214 MPa=8.132 MPa。

所以,压缩压力应为 8.132 MPa−0.102 MPa=8.03 MPa;但实测压缩压力只有 7.6 MPa,表明压缩压力 p_c 已降低。而 8.03 MPa 与 7.6 MPa 之间的差值(0.43 MPa),可能是由于气缸漏气引起的。当然,压缩压力 p_c 与柴油机压缩比有密切的关系,当实际压缩比减小(活塞顶的烧蚀等原因使压缩容积变大,压缩比减小)时,同样也会使压缩压力降低。

(七) 扫气过程不正常的畸形示功图

欲分析扫气过程的进行情况,需使用弱弹簧示功图。图 6-2-15 和图 6-2-16 分别为 MAN K7Z70/120C 型柴油机在转速 n=125 r/min 时测得的工作过程不正常时的弱弹簧示功图。其正常弱弹簧图形见图 6-1-12(b)。由正常图形可知,扫气压力(下止点时缸内压力)约为 42 kPa,压缩始点压力约为 35 kPa。

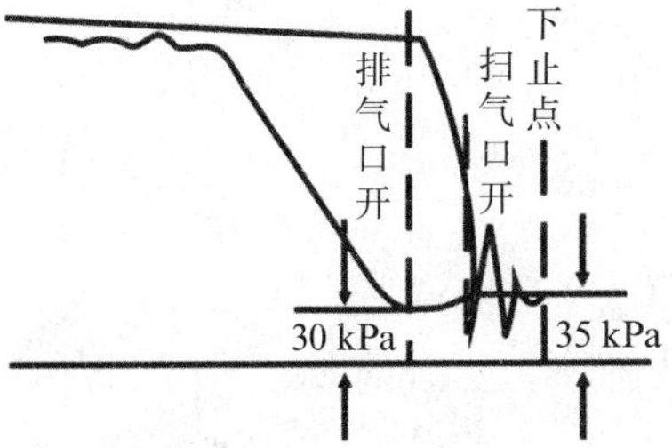

图 6-2-15　扫气口部分堵塞时的弱弹簧示功图

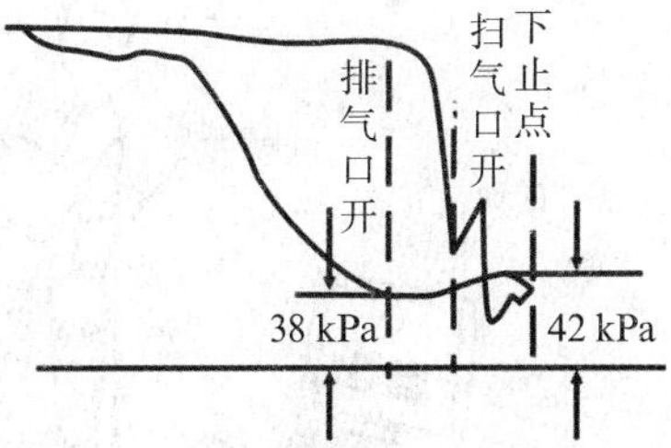

图 6-2-16　排气口部分堵塞时的弱弹簧示功图

由图 6-2-15 可知,换气过程曲线变化基本正常,但其扫气压力仅为 35 kPa,压缩始点缸内压力相应降至 30 kPa,表明此图系由扫气口部分堵塞使扫气不畅引起的。从图 6-2-16则可知:首先,排气曲线失常(在扫气口开启时缸内压力大大超过扫气压力);其次,下止点时缸内压力虽为 42 kPa,但这是由缸内废气排出不畅所引起的,而且在压缩始点缸内压力升至 38 kPa,表明此图系由排气口部分堵塞所引起的。显然通过上述压力变化的大小可以判断气口堵塞的程度。

需要说明的是,以上分析的是一些常见、典型的畸形示功图,因其引起畸形的原因单一、特点鲜明,比较容易判断。而在实际工作中,实测的示功图线形往往受各种因素的综合影响而显得不够典型,加之测得的图形尺寸又较小,因此分析和判断的难度较大。所以在分析示功图时不要轻易下结论，而应针对具体情况并参考其他测试参数进行综合分析，抓住主要影响因素、去伪存真，才能得到正确的结论。

【任务评价】

评估名称：畸形示功图的分析

评估对象：3 000 kW 及以上船舶大管轮

评估要素：

1）能描述正常示功图的形状特征；

2）能描述各种畸形示功图的形状特征；

3）能描述各种畸形示功图产生的原因；

4）能掌握分析和判断示功图的方法。

【任务拓展】

图 6-2-17 所示为 MAN B&W 公司生产的用于柴油机气缸压力测量的便携式 PMI 系统，该系统为轮机员提供了一种计算机化的工具以测量和分析气缸压力。便携式 PMI 系统有随机的包装箱，箱内包括构建系统所需的全部设备。便携式 PMI 系统适用的最高柴油机转速为 900 r/min，适用的压力为 0～22.5 MPa。系统的总精度为±3%。便携式 PMI 系统的优点有：

1）使用方便，只需单人操作；

2）灵敏高效的压力传感器和 PMI 控制单元；

3）适合于单机和多机装置的通用触发系统；

4）快速准确的测量结果，一整套测量结果仅需不到 10 min；

5）与传统的示功装置比较，有极好的精度。

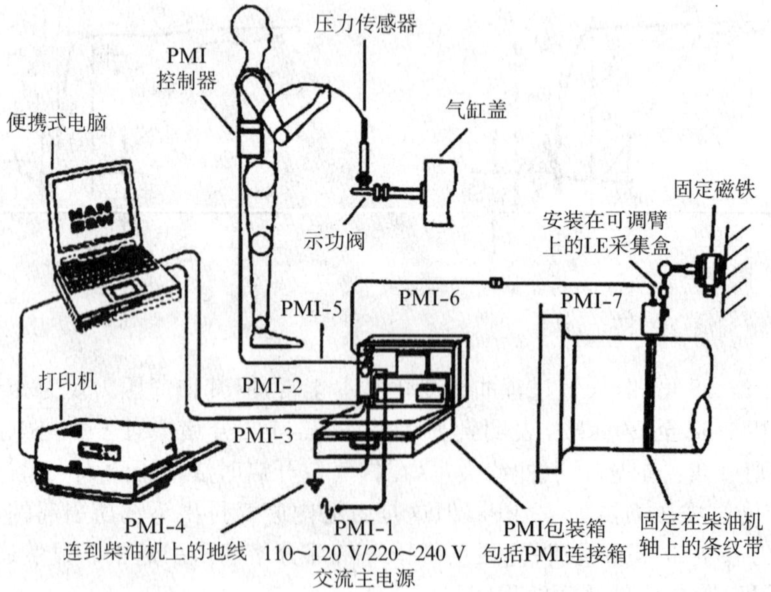

图 6-2-17　便携式 PMI 系统

这种系统使用的是性能良好的压电式传感器，传感器安装在气缸盖的示功阀上，用于气缸压力的测量。在对各缸测量的过程中，传感器从一个气缸移到另一个气缸通过手动实现，因此传感器只是短时遭受燃烧室恶劣条件的作用，这种方式使其能够可靠和稳定工作。

为精确反映整个循环气缸内压力的变化，传感器检测压力必须与柴油机运转同步。为此，PMI 系统采用了发光信号采集器（LE 采集器），它包括一对发光传感器，用于探测固定在柴油机驱动轴上的条纹带所发射的光。LE 采集器发出连续的曲轴转角脉冲信号送到连接箱，继而送到便携式 PMI 控制器。压力传感器也与控制器相连，控制器是系统控制测量的遥控神经中枢。

整套设备由外部 110 V/240 AC 电源供电，对给定柴油机而言，系统一旦经过最初的安装，再使用时可以很快地连接到柴油机上。只有 LE 采集器的条纹带需永久地固定在柴油机上。

PMI 控制器和连接箱都有通信界面，以采集和自动传输数据到集控室的计算机，计算机内需安装随 PMI 系统供应的适用软件。

收集和贮存在 PMI 系统数据库内的气缸压力测量结果在计算机上可以用 3 种不同的图来表示，即 $p-\varphi$ 图、$p-V$ 图和平衡图。$p-\varphi$ 图是气缸内压力随曲轴转角变化图；$p-V$ 图是气缸内压力随相对气缸容积变化图；平衡图显示各缸的压缩压力 p_c，爆发压力 p_z 和平均指示压力 p_i。在计算机显示平衡图时，显示界面上还会给出各缸压力的平均值以及各缸压力与平均值的差值。

除图形外，PMI 系统的计算机还可以用表格的形式显示测量结果。在表格中对四冲程柴油机和二冲程柴油机都有压缩压力 p_c，爆发压力 p_z，扫气压力 p_k 和转速这样一组数据。对二冲程柴油机还有平均指示压力 p_i 和有效功率。

PMI 系统用一套“0 -图”参考值来确定上止点（TDC）。所谓“0 -图”参考值就是让柴油机在 50%～70%负荷下运行，在停掉待测气缸燃油的情况下测得的循环气缸压力。对给定的柴油机，一般只在安装 PMI 系统时测量一次“0 -图”参考值即可（“0 -图”参考值测法见说明书）。

曲轴因传递扭矩而产生的扭转变形会影响上止点。为修正这种影响，PMI 系统需要一套在恒定负荷下的测量结果作为参考值，即“E -负荷”参考值。“E -负荷”参考值是在柴油机维持常用油格的情况下测得的循环气缸压力（“E -负荷”参考值测法见说明书）。

以“E -负荷”和“0 -图”为基础，经过计算修正各缸上止点，这种修正是用 PMI 系统规定的扭转系数自动对各缸进行的。

【课后练习】

一、选择题

1. 下述________能用来计算柴油机的功率。

A. $p-V$ 转角示功图　　B. 梳形示功图
C. 弱弹簧示功图　　D. $p-V$ 示功图

2. 下述________一般用来研究柴油机的换气过程。

A. $p-V$ 转角示功图　　B. 梳形示功图
C. 弱弹簧示功图　　D. $p-V$ 示功图

3. 为分析研究柴油机燃烧过程，通常采用的示功图是________。

A. $p-\varphi$ 示功图　　B. $p-V$ 示功图
C. $p-V$ 转角示功图　　D. 手拉展开示功图

4. 判断柴油机发火时刻的早晚，可以通过________分析。
A. 梳形示功图　　B. 弱弹簧示功图
C. $p-V$ 转角示功图　　D. $p-V$ 示功图
5. 关于机械示功器小活塞与弹簧选配的叙述正确的是________。
A. 测爆发压力时要选用 1/5 小活塞，软弹簧
B. 测爆发压力时要选用 1/5 小活塞，硬弹簧
C. 测换气过程要选用 1/5 小活塞，硬弹簧
D. 测换气过程要选用 1/1 小活塞，硬弹簧
6. 传动机构定时滞后所测取的畸形示功图的特征之一是________。
A. 压缩线低于正常示功图的压缩线　　B. 膨胀线低于正常示功图的膨胀线
C. 整个示功图变胖　　D. 滞后角越大，示功图变得越肥大
7. 由于气缸严重漏气所造成的畸形示功图的特点是________。
A. 压缩线降低　　B. 爆发压力升高
C. 膨胀线升高　　D. 压缩压力升高
8. 由于喷油器喷孔结焦或部分堵塞所造成的畸形示功图的特征之一是________。
A. 爆发压力降低　　B. 膨胀线降低
C. 压缩压力降低　　D. 排气温度降低
9. 当喷油太晚时，测取的 $p-V$ 示功图的特征是________。
①最高爆发压力降低；②发火点后移；③示功图头部尖瘦；④膨胀线较高
A. ①②④　　B. ①③④　　C. ①②③　　D. ②③④
10. 某柴油机气缸常数为 1.2×10^{-5}，该缸的平均指示压力为 0.9 MPa，若转速为 115 r/min，则该缸的指示功率为________。
A. 2 587 kW　　B. 1 038 kW　　C. 1 242 kW　　D. 1 100 kW

二、简答题

1. 测取 $p-\varphi$ 示功图有哪些用处？
2. 柴油机工作过程正常，但测取的示功图变胖或瘦，分别是什么原因造成的？如何鉴别？
3. 严重漏气的畸形示功图与正常示功图比较具有哪些特征？

项目七　船舶柴油机的运行管理与应急处理
Operation Management and Emergency Treatment of Marine Diesel Engine

项目描述

柴油机自身的缺陷和恶劣的使用环境是其出现故障的部分原因，但更重要的因素是人为因素。所以柴油机的定期和日常维护管理尤其重要，特别是在应急情况下对柴油机的故障处理，如果措施不当，可能引起灾难性后果。

本项目按照知识和能力要求，设计了 2 个任务：船舶柴油机的运行管理和船舶柴油机航行期间典型故障的应急处理。学生通过对船舶主柴油机的备车操作、机动操作，定速航行后的巡回检查和参数调整及完车操作，理解对柴油机定期和日常维护管理的重要性，掌握柴油机的各种操纵程序和对其定期及日常维护管理的方法，特别是船舶航行期间故障的应急处理方法。

任务 1　船舶柴油机的运行管理
Operation Management of Marine Diesel Engine

【任务描述】

船舶柴油机的寿命不仅取决于制造和安装质量，还取决于管理人员的管理水平。为此本任务设置了 3 个模块：船舶主机的备车操作及机动操作；船舶主机动车后的参数检测和调整、定速后的巡回检查；船舶主机的完车操作。让学生通过对上述模块的操作，熟悉柴油机备车、机动操作、定速航行等操作程序，掌握在各种航行条件下的柴油机日常管理的要点及方法。

【学习目标】

- 掌握备车操作程序；
- 掌握船舶柴油机的起动和机动操作；
- 掌握船舶在定速航行后对柴油机的正确管理；
- 掌握船舶到港后的完车操作。

【相关知识】

一、柴油机的备车、起动和机动操作

备车和机动操作是轮机技术管理工作中最重要的环节之一，它对柴油机动力装置的可靠性、经济性、维修性和使用寿命有直接影响。

（一）备车

柴油机长期停车或短期停车后，开航前应进行备车。当船舶在特殊水域或特殊气象条件下航行时，根据船长的指令也需要进行备车，目的是使船舶动力装置处于随时可起动和运转状态。基本内容有：供电准备；校对时钟、车钟；校对舵机；暖机；各动力系统的准备；转车、冲车和试车。

（二）起动和机动操作

船舶在进出港、靠离码头、港内航行时，运动状态变化频繁、不稳定。轮机管理人员应严格执行车令，正确操作并及时对各系统的压力、温度、流量等进行调整，以确保柴油机的安全运转。

二、柴油机运转中的管理

船舶定速航行后，评定柴油机运转性能和技术状态的主要依据是燃料在气缸中燃烧的好坏和各缸负荷分配的均匀程度。轮机人员应精心操作，严格管理，按时进行工况的巡回检测，使柴油机及其装置的各种技术参数处于正常范围之内。运行管理的目的在于控制柴油机的热负荷和机械负荷都在规定的范围内，使柴油机可靠而经济地运行。

三、柴油机的停车和完车

正常情况下的停车应保持各系统正常运转，动力装置处于随时可用状态。

当船舶要停泊作业时，轮机员在接到"完车"指令后，说明主机不再动车。

【任务实施】

模块1　船舶主机的备车操作及机动操作

〖任务要求〗

1）掌握船舶主机的备车程序；

2）掌握船舶主机备车时的操作注意事项。

〖任务准备〗

1）多媒体动画、图纸、资料等；

2）轮机模拟器；

3）自动化机舱。

〖任务操作〗

一、供电准备

备车时，起动大功率的设备较多，如空压机、应急鼓风机、淡水泵等，用电量迅速增加，因此，应视需要起动备用发电柴油机、合闸并电等。

二、暖机

暖机是指首先加热主机冷却系统和润滑系统中的循环液——冷却水和滑油，然后开动冷却水循环泵和滑油循环泵，使水、油在机器中循环来提高机身温度和向各运动摩擦表面供应滑油的过程。这一过程在冬天尤显重要。

1）开启主、副机冷却水连通阀，将正在运行中的副机冷却水系统中的热淡水输入主机冷却水系统进行加热保温（注意这个过程容易导致副机冷却水温短时间内急剧下降，这时应适当调节副机淡水冷却器的旁通阀，保持在合适的温度范围内）。通常保温工作在船舶停泊期间继续进行，水温可保持在 40 ℃左右或更高些。暖机结束后应关闭连通阀。也可以通过开启蒸汽加热器阀加热冷却淡水，或开启电加热器加热冷却淡水进行暖机。

2）开启主机滑油循环柜蒸汽加热进口阀加热滑油至 38 ℃左右，再开动滑油泵使滑油在系统中循环；也可以开启滑油分油机对滑油进行加温。

3）暖机油温控制在 38 ℃左右，水温控制在 50 ℃左右。

4）如用蒸汽加热暖机，则应起动主机淡水循环冷却泵。

三、各系统的准备

（一）润滑系统的准备

检查滑油循环柜、透平油柜、轴系中间轴承和尾轴承的液位。开启滑油泵，调压至规定值，以便将滑油送到各摩擦面间，使滑油的杂质在开车前就有时间汇集到滤器中，减少起动及低速运转的摩擦和磨损。

柴油机在转车前应手摇气缸注油器，向气缸内注油，使气缸表面形成油膜减少起动摩擦。

采用油冷却的活塞，滑油泵起动后，要注意各缸回油及油温和温差。强制式涡轮增压器润滑系统要先起动透平油泵，使油在增压器轴承中循环。

（二）冷却系统的准备

检查膨胀水箱水位和系统中各阀门的位置是否正常；起动淡水泵，让淡水在循环中驱逐系统中的气体，同时可进行暖机。对水冷却活塞，需检查各缸冷却水量是否均匀和水柜水位。对独立冷却系统的喷油器，应起动喷油器冷却泵，检查冷却器冷却柜液位，必要时可对其加温预热。

（三）燃油系统的准备

检查日用轻柴油柜和重油柜的油温和油位，油位较低时应补油至规定油位，放残水，并对其加温至规定范围。起动低压燃油泵，驱除系统中的空气，调至规定压力，并使燃油在日用油柜和高压油泵间循环，对高压油泵预热。

（四）压缩空气系统的准备

按规定将所有空气瓶充气至规定压力，并泄放气瓶内的残水和残油，打开空气瓶出口阀、主停气阀或使自动主起动阀处于“自动”位置上。应将气笛空气瓶充满，并打开出口阀，以备随时使用。

四、转车、冲车、试车

（一）转车

暖机后，利用盘车机带动主机转动几圈。其目的是检查各运动部件和轴系的回转情况及缸内有无大量积水。对于大型柴油机，要求正车和倒车共转车 10～15 min。

同时人工向气缸注油润滑，注油量适当加大，以便所有润滑表面都得到充分润滑。

（二）冲车

在转车确认正常后脱开盘车机，利用起动系统压缩空气使主机转动。其目的是利用压缩空气将气缸内小杂质、残水和积油从示功阀中冲出，并检查起动系统工作是否正常。

冲车过程中，若有油或水等从示功阀中冲出，则应查明并排除后才能进行试车。冲车情况正常后，关闭示功阀。

（三）试车

冲车正常后，正、倒车交替起动主机，供油发火，各运转数转。试车的目的是检查起动、换向、燃油系统，油量调节机构及调速器等的工作是否正常，还应检查各缸发火是否正常和运转中有无异常声响。

试车时先将车钟推至运转位置，待驾驶室回车令后进行主机正车（或倒车）起动，给油发火后在低速下运转数转后停车。然后换向，再进行倒车（或正车）起动，给油发火后低速运转数转后停车。

在起动和换向过程中，应注意换向装置、起动装置、调速器及油量调节机构等动作是否灵活正常。检查各缸发火是否正常和运转中是否有异常声音。试车结果若发现不正常情况，应及时查明原因予以消除。对于直流扫气的二冲程柴油机，还应检查气阀机构等部件的动作是否正常。

试车完毕后将车钟手柄置于"停车"位置，各设备均处于随时可起动状态，等待驾驶室的指令。对采用驾驶台遥控方式的设备，试车完毕后，将操纵手柄转至"驾控"位置。此后值班轮机员不应远离操纵台。

五、起动和机动操作

（一）机动操作时的操作

1）起动空气瓶、控制空气瓶应随时补足空气。

2）使用轻质燃油，以提高机动性和操纵可靠性。

3）冷却水和滑油温度保持稳定，减少空冷器海水量。

4）在港内或浅水区航行时，为防止吸入海底的泥沙污物堵塞冷却系统，应换用高位海底阀。

5）起动时如给油过大会导致爆缸，加油门时应随油格增大而减慢加油速度。

6）起动有油气并进和油气分进 2 种方式，油气并进有利于起动。油气并进缸内发火后切断起动空气，油气分进达到起动转速后切断起动空气。

（二）机动操作时的安全事项

1）主机起动操作时，应尽量做到一次起动成功，油门不能给得过大，防止柴油机发生冷爆，损伤机件和增加不必要的磨损。

2）在船舶起航和加速过程中，不应加速太快，以防柴油机热负荷、机械负荷过大。

3）应快速越过转速禁区，防止机器发生剧烈振动。

4）在进行倒车操作时，应控制油门，避免主机超负荷。

（三）机动操作的管理

1）机动操作所设定的车速应当是：机动操作转速或港速或系泊试验转速。

2）当值轮机员除处理紧急故障外，不得远离操纵台和离开集控室。

3）轮机长应监督轮机员进行各种操作，监控各设备运行状态，及时与驾驶台取得联系，及时处理各种突发事件。

4）机动操作期间，船舶航行状态多变，要随时注意配电板各仪表的工作情况，注意观察和调节冷却水、滑油的温度和压力，保持空气瓶压力在允许范围内，保持正常的扫气温度和压力，注意各缸排气温度值的变化，注意各主要设备的工作状态。

5）机动航行期间，轮机长必须在集控室监督和监控机动操作的整个过程，直至机动操作结束方可离开集控室。

模块 2　船舶主机动车后的参数检测和调整、定速后的巡回检查

〖任务要求〗

1）掌握柴油机冷却水温、压力等的检测及调整方法；

2）掌握柴油机燃油、滑油压力、温度等的检测和调整方法；

3）掌握增压器增压压力、温度、转速和滑油等的检查方法。

〖任务准备〗

1）多媒体动画、图纸、资料等；

2）轮机模拟器；

3）自动化机舱。

〖任务操作〗

一、参数检测和调整

主机起动后，由于状态不稳定，主机的转速、负荷变化等都会引起主机各种参数的波动。主机要经过一段时间运行后，各种参数才能稳定下来。值班轮机员应密切关注、仔细检查主机各种运行参数，尤其是滑油、冷却水和燃油的有关参数。对于超出规定值的参数要及时给予调整，不可马虎。在轻重油转换时要特别注意掌握好燃油温度的处理。

（一）冷却水系统的监测和参数调整

1）要注意检查主机冷却淡水的温度。对大型主机，冷却淡水出机温度应在 65～80 ℃范围内（一般以说明书规定的上限作为参考值），进出口温差应不大于 12 ℃。主机刚起动时，由于负荷不大，水温较低，不必开启主机海水泵；而当长久运行之后，水温升高，此时应开启主机海水泵，用海水冷却淡水，并可通过淡水冷却器旁通阀来调节水温。海水出口温度不应超过 50 ℃，以免盐析出而沉积成垢影响传热。

2）要注意检查主机膨胀水箱的水位是否在规定范围内，不足则应补水。水消耗过大、水位下降速度过快，必须立即查明冷却水泄漏的原因并予以消除。

3）要注意查看膨胀水箱的透气管是否有大量气体冒出，气体是否有烟味。也要经常观察气缸盖、活塞的冷却水回水视流器等有无气泡。如气味不正常、气泡过多，说明气缸盖、垫片、气缸套、活塞可能有裂纹，应立即寻找原因采取措施。

4）要检查冷却淡水的压力，并要求其压力略高于冷却海水的压力。

5）主机起动后，随着时间的延续、负荷的增大，考虑到主机冷却淡水、滑油以及扫气冷却的需要，应及时开启主机海水泵。通过海水泵的进、出口阀来调节其流量和压力。主机在港口或浅水道航行时应使用高位海底阀，船舶进入深水区后应换用低位海底阀。

6）柴油机在运行中，还要经常对主机冷却淡水进行化验，以确保冷却水的各项指标符合说明书的要求。

（二）滑油系统的监测和参数调整

1）要特别注意检查主机系统滑油的压力。对于主机轴带滑油泵，由于主机转速的变化而使其压力波动很大。当转速过低、滑油压力偏低时，尤其是在柴油机起动操作时，应启用备用滑油泵。当转速波动不是很大时，可通过备用滑油泵的调压阀来调节滑油压力。当主机转速较高或定速航行时，可停用备用滑油泵。对于独立于主机的滑油泵，可通过其调

压阀来调节滑油压力，且不因主机转速的变化而波动。低速柴油机的滑油压力一般为0.25～0.4 MPa，滑油压力应高于海水压力。

2）要注意检查主机润滑系统的滑油温度。大型低速机的滑油出口温度应控制在45～60 ℃，最高不得超过65 ℃，进出口温差一般为10 ℃左右。当滑油温度过高时，应及时开启主机海水泵，并可通过主机滑油冷却器的旁通阀来调节其温度。温度较低时可开大旁通阀，减少冷却海水。

3）要经常检查主机滑油循环柜的油位，如发现油位很快下降，则说明有泄漏之处。反之如油位升高，则说明水或燃油漏入曲轴箱，此时应结合膨胀水箱的水量消耗情况加以判断。这时，可要求减速或停车，尽快查明原因并加以消除。

4）要注意检查滑油泵的压力和滤器前后的压差是否正常。如果滤器前后压差过大，则说明滤器被脏物堵塞，应立即转换滤器并注意放气。

5）对油冷却活塞，要注意活塞的回油情况是否稳定，发现问题要及时处理。

6）主机机动操作时，如长时间低速运行，为防止气缸油过量，对于供油量可调的气缸注油器应将油量调低，待定速运转后再恢复正常供油量。要经常观察注油器，及时加油。当发现视油管油滴很小或不出油时，应及时设法消除，严防断油。应该经常打开扫气箱下端的放污阀，将刮下的气缸油及时放掉。

7）主机起动后应经常用手摸曲轴箱道门，看温度是否正常，从而判断主轴承等工作是否正常，油路有否阻塞。要避免因滑油过少而引起轴承过热。

8）主机运行中要适时开启滑油分油机，对滑油进行分离，这有利于保护所润滑的摩擦面，同时延长滑油的使用时间。

主机起动后还应经常检查推力轴承、中间轴承，以及尾轴管的工作状态。防止润滑不良，轴承过热。推力轴承的温度通常应不大于70 ℃。

（三）燃油系统的监测和参数调整

1）主机起动后，应注意检查燃油的温度。机动航行时，主机燃用轻油可依据燃油黏度的要求，略微加温或不加温。重油进入喷油泵的黏度应控制在12～25 mm/s。

2）要注意检查燃油的压力值。在油温变化、轻重油转换时，燃油的压力常会发生变化，燃油滤器前后的压差正常值约为0.02 MPa，当压差达到0.04 MPa以上时，应立即转换并清洗滤器，并注意要驱除气体，避免压力波动。当燃油压力超出规定值时，应通过调压阀来控制油压。对于不正常的油压变化，应迅速查明原因，及时采取措施。

3）要定期给燃油沉淀柜、燃油日用柜和柴油日用柜放残水。

4）要注意补充日用柜的柴油或燃油（始终保持在柜容积的60%以上）。定期开启燃油分油机和轻油分油机，做好驳油和分油的工作。要注意调节好分油时的加热温度。

5）要经常检查喷油泵和喷油器的温度，用手触摸，检查高压油管的脉动情况。

6）要注意检查并记录好燃油流量表的读数。

7）主机起动后，经过一段时间运行换用重油，要掌握好轻重油的转换操作。

轻油换重油时，首先必须将燃油日用柜加热并可高出规定温度10～15 ℃，略为开启燃油雾化加热器使柴油温度上升至40 ℃左右。随后，转换接入重油切断柴油。最后，逐渐加热集油柜内的混合油，并在消耗完系统内的柴油之前将燃油温度加热至燃料油雾化所要求的温度。

船舶进港机动操纵前 1 h，应进行重油换轻油操作。换油时应首先关闭燃油雾化加热器的蒸汽加热阀，随后切断重油，同时接通轻油。此时，集油井中原来的重油和新注入的轻油逐步混合稀释，油温下降，可不必加温。

必须注意，在轻重油转换过程中，要防止油温突然升高或降低，否则会使喷油泵的柱塞或喷油器的针阀卡住或咬死。

重油系统各段加热油温可按下列参数调整：①燃油大舱 15～20 ℃，吸入口 35～40 ℃；②重油沉淀柜 50～70 ℃；③重油分油机进口 85～95 ℃；④重油日用柜 70～80 ℃；⑤重油进机黏度 12～25 mm^2/s，温度 100～150 ℃。

（四）增压系统的监测和参数调整

1）检查透平油润滑系统的油压、油位和温度，参数应在规定的范围之内。

2）检查增压器的转速、增压压力值。大风浪中航行时应注意适当放气，减少扫气箱背压；主机减速，防止增压器喘振。

3）检查增压器运转的平稳性，仔细倾听有无不正常的声音。

4）检查中冷器的冷却状况，注意扫气温度应略高于机舱温度（2 ℃），以防扫气箱凝水出现。可通过调节中冷器冷却海水流量调节阀来控制温度。当扫气温度偏高时，可减少旁通的海水流量；反之则增加。

5）检查压气机端消音滤网和空冷器前后压差。此压差直接反映出滤网和空冷器的脏污程度。

6）检查增压器涡轮端冷却水的进出口温度。尽量使增压器冷却水进口温度保持在 60～65 ℃。

7）检查废气涡轮增压器后的排气温度，决不允许超出允许值。否则应主机减速并查明原因。

二、定速后巡回检查和管理

主机在定速运行时应做好下述 4 个方面的工作：

1）执行驾驶台的命令，保证主机转速在船长和轮机长商量的转速下工作，同时按照要求认真填写轮机日志和车钟。

2）调整并保持主机的各种运行参数在规定的范围内。及时处理好主机运行时所出现的问题和故障。

3）做好主机的日常管理工作：定期向人工加油部位加油、补油，如气缸油注油器、中间轴承等；定期疏放燃油日用柜、沉淀柜、扫气箱及空气冷却器的残水；做好燃油的驳运、净化和滑油的净化工作。

4）按时进行巡回检查，每班至少 2 次：检查操纵台仪表板上主机运行的各仪表参数如压力、温度、转速等值，必要时进行调整；检查主机滑油循环柜的油位，必要时应予补充，并注意油量的消耗，此外尚需检查滑油循环柜中是否有水混入；检查膨胀水柜的水位是否正常，并注意膨胀水柜的水量消耗以及膨胀水柜中是否渗油；经常注意倾听各运转部位有无不正常的响声，经常用手触摸检查曲轴箱道门和轴系各外露轴承的温度情况，以检查运动机件有无异常过热现象；检查日用燃油柜存油量，必要时进行补充，并注意放水；注意检查气缸冷却水和活塞冷却油（水）的进、出口温度；检查透平增压器运转有无不正常的杂音及轴承的温度，透平滑油油位应经常保持在轴承油玻璃镜 1/2 处；检查高压油泵和喷油器的工作状态是否正常以及高压油管的脉动情况，各缸排气温度应符合说明书的规定，各缸排气温差不应超过规定的最大范围；检查空气瓶压力，应保持在规定范围内，定期放残水；检查气缸注油器油位及动作是否正常；检查调速器的工作温度和油位，正常油位应保持在指示玻璃管的1/3～1/2处；必要时打开示功阀，观察各缸燃烧情况；检查主机附属设备如泵、滤器、加热器、冷却器等的工作情况。

模块3　船舶主机的完车操作

〖任务要求〗

1）掌握船舶主机完车的操作程序；

2）掌握船舶主机完车后的工作。

〖任务准备〗

1）多媒体动画、图纸、资料等；

2）轮机模拟器；

3）自动化机舱。

〖任务操作〗

主机在进港停泊前应换用轻油，以清除燃油系统中凝点较高的重油。当轮机员接到驾驶台“完车”的指令时，说明船舶已停泊结束，主机不再动车。这时值班轮机员应按下述主机完车操作程序和要求进行操作：

1）将车钟放在“停车”位置，检查并确认主机燃油操纵杆已放在停车位置。

2）打开各缸示功阀，征得驾驶台的同意后按下起动手柄（不供油）冲车，将气缸内残存的油气冲出。

3）将车钟置于“完车”位置。

4）关掉起动空气系统的主停气阀。

5）停燃油低压输送泵。

6）停主海水泵，关闭其进、出口阀。

7）接上盘车机，盘车10～15 min，同时手摇气缸注油器向气缸壁注油润滑。

8）将扫气箱、涡轮端排出管等处放残阀阀门打开放残。

9）关掉温度、压力警报器及其他不使用的开关。

10）喷油器冷却泵及透平油泵应继续循环一段时间后停掉。

11）让主机滑油泵、主机淡水冷却泵、活塞冷却水（油）泵继续循环一段时间（一般为20～30 min，对大功率低速机可达6～8 h）后停机。

12）如主机需用副机冷却水继续暖机保温，则应趁水温未降低前停掉主机淡水冷却水泵，打开主、副机暖机管路上的暖缸（连通）阀。

13）应检查并确认主机及机舱情况正常，防止遗漏事项。

【任务评价】

评估名称：船舶柴油机的操作与管理

评估对象：3 000 kW及以上船舶二/三管轮

评估要素：

1）船舶主柴油机开航前的备车准备工作；

2）船舶主柴油机起动后的参数检测和调整；

3）船舶主柴油机定速后的管理；

4）船舶主柴油机的完车操作。

【任务拓展】

一、发电柴油机起动前的准备工作

（一）操作要点

1）冷却水系统检查准备。

2）燃油系统检查准备。

3）滑油系统检查准备。

4）起动系统检查准备。

5）手动泵注滑油转车。

（二）实操步骤

1. 检查冷却水系统

1）检查膨胀水柜的水位，不足则应补足。

2）检查副机淡水泵的情况，每机配置的独立式水泵应开启并调好压力。

3）检查副机海水泵的运行情况，及其进、出口阀是否已开启。

4）淡水冷却器和滑油冷却器的海水进、出口阀应暂时关闭，待柴油机运行后，油、水温度升高时再开启和调节。

2. 检查燃油系统

1）检查轻油日用柜的油位，不足则补充，并打开放残阀直到残水放尽关好放残阀。检查出油阀是否已开启（常开）。

2）打开喷油泵上的放气螺钉，用燃油输送泵上的手泵驱除燃油管路中的空气，再旋紧放气螺钉。

3. 检查滑油系统

1）检查循环柜（或油底壳）、高压油泵凸轮轴室、气缸注油器（并非每种机型都有）、调速器、增压器和发电机轴承的油位与油质，应确保油位在规定范围之内。

2）向所有的手动注油部位加油。

4. 检查压缩空气系统

1）检查空气瓶压力是否正常，注意放残水。

2）打开空气瓶至副机起动的压缩空气截止阀。

5. 手动注油和盘车

1）手摇气缸注油器若干转，往各缸注油润滑。

2）用手摇滑油泵泵油，使其压力达到 0.15～0.20 MPa，同时用撬棍盘车。注意各运转件是否转动灵活。

二、发电柴油机的冲车、试车与起动

（一）操作要点

1）打开示功阀，检查确认无障碍物。

2）冲车操作。

3）注意观察示功阀有无异物冲出。

4）关闭示功阀操作。

5）起动后参数检查，关闭起动空气系统。

（二）实操步骤

1）打开机旁的起动空气截止阀。

2）冲车：油门置零位。按下起动手柄，用压缩空气驱除气缸内的积油、积水和积碳。冲车后立即松开或将起动手柄拉回至停车位。在冲车时，若发现气缸内吹出大量的水雾，则应特别注意仔细检查水的来源，切不可忽视。冲车时还要注意观察起动阀、分配器的工作是否正常，透平增压器的转子是否灵活。

3）关闭各缸示功阀。

4）将油门置于起动位。按下起动手柄，当听到气缸发火声音时，松开起动手柄或置于运转位（根据机型操纵方式），并关闭起动空气截止阀。起动后要注意观察转速、滑油、燃油、扫气压力及冷却水压力和温度等参数指标。若发现不正常应停车查明原因，排除故障。

5）调速。调节油门先使柴油机在低速下运行一段时间。若柴油机已在起动前有暖机措施（如 2 台副机冷却水连通），应使其运行 10～15 min，然后逐渐加速至空载额定转速。当转速进入临界共振转速禁区时应快速越过。若无暖机措施，则应等待滑油冷却水的温度到 35～40 ℃时，再调整至空载额定转速。

三、发电柴油机的并电操作

（一）操作要点

1）待并机电压的检查。

2）待并机相位的检查。

3）待并机频率的检查。

4）并车操作。

（二）实操步骤

1. 并车条件

船用同步发电机并车时，必须满足下列 3 个条件。

1）电压条件：待并机的电压与运行机的电压大小相等。

2）频率条件：待并机的频率与运行机的频率数值相等。

3）相位条件：待并机电压的相位与运行机的电压相位一致。

并车操作就是要检测和调整待并发电机的电压、频率和相位，使之在满足上述 3 个条件的瞬间合上主开关（简称合闸），使待并机投入运行。

2. 并电操作步骤

（1）准同步法并电操作步骤

1）起动待并机的原动机，使其逐渐加速到接近额定转速。

2）通过配电板上的电压表来检查待并机的电压是否接近额定电压。通常，由于有自动调压器作用，一般不必调整。

3）通过频率表检测是否满足频率条件。如频差过大可通过配电板上的“调速控制开关”调节待并机的转速，并使待并机的频率比电网频率稍高（约 0.3 Hz）。

4）相位条件检测分为以下几种方法。同步表法：当同步表指针沿顺时针“快方向”缓慢转到上方“11点”位置时。同步指示灯法：灯光熄灭（明暗）法——当3个同步指示灯全灭时。灯光旋转法：当一灯完全熄灭、两灯亮度相同时。只要满足上述相位条件之一，即可按下待并机的合闸开关，待并机则投入电网运行。

5）合闸后，应立即切断同步表或同步指示灯的开关。

6）通过2台机上的伺服机手柄进行负荷转移，使刚并入机加速接收负荷，原运行机减速减少负荷，2台机组均衡负载。此时，2台发电机功率表读数应相等。

注意：发电机并车后应及时转移负载，否则会因电网波动出现逆功率运行而跳闸。

（2）粗同步法（电抗器并车法）并电操作步骤

此方法操作与同步表法操作类似。

1）起动待并机原动机，使其逐渐加速到额定转速。

2）检查待并机的电压和频率，可通过待并机的伺服机手柄（调速手柄）来调节，使其达到额定电压和额定频率。

3）接通整步电抗器，观察整步表和同步指示灯，观察待并机与电网的频差及相位差。如果整步表向顺时针方向转得太快，说明待并机频率太高，应将伺服机手柄向左扳减速，反之右扳加速，调整到整步表的指针朝顺时针方向缓慢转动。

4）当整步表指针接近中点前一个小角度（即“11点”）时，立即按下待并机的组合闸开关，待并机投入电网运行。

5）合闸后切断整步电抗器。

6）用伺服机手柄进行负荷转移，负载高的机组往减速方向调，负载低的机组往加速方向调，直至两机功率平衡。

（3）并电失败时的操作措施

发电柴油机并车时，若由于操作不熟练，并车时没满足并车条件，造成某台柴油机逆功率运行，则逆功率继电器动作而跳闸致使全船失电。此时应按下述步骤操作：

1）停掉次要的负荷。

2）合上一台发电机的主开关。

3）调节另一台发电机的转速、相位，再并车。

4）两台车运转正常后，再接通其他负荷。

四、发电柴油机的运行管理

（一）操作要点

1）冷却系统的管理操作。

2）滑油系统的管理操作。

3）燃油系统的管理操作。

4）增压系统的管理操作。

5）其他方面的管理操作。

（二）实操步骤

值班人员对于运行中的发电柴油机应定期进行巡回检查，并按规定时间将其有关参数记入副机日志中。

1. 冷却系统的管理及参数调整

(1) 检查膨胀水箱

1) 检查水位是否在规定的范围内,不足则应补充淡水。

2) 检查水量消耗是否正常。若发现水位下降速度超过正常值,必须立即查明冷却水泄漏的原因并予以消除。

3) 检查水柜的透气管中是否有气泡逸出来,气体是否有烟味,气缸盖的冷却回水视流器中有无气泡。如气味不正且气泡过多,表明气缸盖、气缸套可能有裂纹,应立即查找原因,采取措施。当水中夹杂气泡过多时,缸套水泵的压力表指针也会产生较大波动。

(2) 检查和调整缸套水温度

1) 检查各缸的缸套水温度是否在正常值之内。某缸的水温过高或过低,则说明该缸可能超负荷或负荷过低,应结合排气温度和爆炸压力的高低一起考虑判断。如冷却水温、排烟温度、爆炸压力都有相应的变化,基本上是喷油设备工作不正常使燃烧不良,导致气缸温度不正常。如果燃烧情况正常,只是冷却水温变化,就要进一步检查冷却水道是否阻塞,或是否出现拉缸。单缸出水温度增高,即使是 2～3 ℃,也应仔细检查,作出可靠的判断。

2) 检查各缸的缸套水的进出口温差是否控制在 12 ℃之内,冷却水温差过大或过小可能会造成冷却过度或不足。

3) 要经常用手触摸检查各缸体和缸盖表面的温度是否正常,以此方法来判断个别气缸是否有因冷却水流动不畅而温度计失灵,导致机器过热的情况。

4) 用副机淡水冷却器的淡水旁通阀或海水节流阀来调节水温。当水温过高或过低时,可用关小或开大淡水旁通阀,增加海水流量或减少海水流量的方法调节水温。一般用淡水冷却的副机,淡水出机温度应是 60～80 ℃;若用海水冷却副机缸套,则海水出机温度应是 40～50 ℃,最高不得超过 55 ℃,以防止析盐。冷却水温度应按说明书的要求进行调整。

(3) 检查和调整缸套水压力

1) 检查各管系及阀门连接处是否有泄漏。

2) 检查缸套水压力表读数是否正常,通常其压力应高于海水压力,若压力过高或过低可通过副机淡水泵的出口阀来调节。缸套水压力应按说明书的规定调整,不宜过高或过低。

(4) 检查副机海水泵的工作情况

检查副机海水泵工作是否正常,轴封是否漏水过多,海水压力是否正常。海水压力应略低于副机冷却淡水的压力。

2. 滑油系统的管理及参数调整

(1) 检查滑油循环柜(或油底壳)

1) 检查油位是否在规定的范围之内,若不足应补充,但也不能超出上限。

2) 检查油位是否有不正常的升高或降低。循环柜油位下降很快,一般来说是由于滑油系统有泄漏或因活塞的刮油环装反或失效,滑油进入气缸内烧掉了或从滑油冷却器中漏入海水中。此时,应结合排烟是否发蓝、滑油冷却器出口海水是否有油花来分析判断。循环柜油位上升的原因,主要是冷却水漏入或燃油漏入。应结合膨胀水柜的水量消耗以及测定滑油的黏度一起判断,查明原因并加以消除。

(2) 检查和调整滑油压力

1) 检查滑油压力是否在规定的范围之内。滑油压力可通过滑油泵上的调压阀来调整,必须遵照说明书的规定压力进行调整。滑油压力偏低,在调整之前应首先查明是什么原因导致的,若是机油泄漏引起的,则应尽快找出泄漏之处。滑油进机压力一般为0.30～0.45 MPa,且高于海水压力。

2) 检查滑油过滤器前后压差是否正常。若超过 0.04 MPa,则应转换和清洗过滤器。对于刮片式滑油滤器,则应每班旋转刮油 1 次。滑油滤器应定期清洗。清洗时要特别注意检查有无白合金碎屑,安装后要将油充满并放尽空气以备使用。如果滤器前后的压力都下降,要特别注意是否有燃油或水漏入滑油中。

(3) 检查和调整滑油温度

1) 检查副机滑油循环系统的油温是否正常。冷却器前的滑油温度为 55～60 ℃,一般不超过 65 ℃。冷却器后的油温为 45～50 ℃,或按照说明书的规定执行。滑油温度可通过滑油冷却器的滑油旁通阀来调节。开大旁通阀则油温升高,反之则降低。也可通过滑油冷却器的海水调节阀来控制温度,增大冷却水量油温下降,反之则升高。

2) 检查滑油温度是否有不正常升高,若有应尽快查明原因并消除之。若滑油冷却器冷却效果不佳,则应在停机后清洗冷却器。此外,活塞环失效或磨损过度造成窜油、副机超负荷运行等都会造成滑油温度不正常升高。

(4) 其他检查

1) 用手触摸各缸曲轴箱道门盖板的温度是否正常。以此方法可检查判断轴承的温度。若发现个别道门的温度异常高,表明该缸轴承发热,应及时停车检查。

2) 检查气缸注油器工作是否正常,油位是否在规定的范围之内。每班要手摇一次检查注油管系有无堵塞和卡阻现象。当发现卡阻或泵油很少甚至不出油时,要及时查找原因,排除故障,严防断油和损坏注油器。

3) 检查透平增压器轴承的油位和油的颜色是否正常。当发现滑油变黑或有乳化现象时,应查明原因及时处理。

4) 检查发电机两端的轴承油位是否正常,不足则应补充到位;调速器的油位是否按规定保持在指示玻璃管高度的 1/2 处。

3. 燃油系统的管理及系统调整

(1) 检查和调整燃油压力

1) 检查燃油的压力值是否在规定的范围之内。副机燃油泵的输出压力一般已设定好,正常时不用调整。当燃油压力过低时应首先查明原因,如燃油输送泵工作是否正常、轴封是否泄漏、燃油系统中是否含有空气。若空气含量过多,则压力表指针会明显摆动。

2) 检查燃油过滤器是否脏堵。当燃油过滤器前后压差达 0.04 MPa 时,应转换备用燃油滤器并清洗过滤器。安装滤器时要泵油驱气,以防止空气混入燃油系统甚至造成燃油中断。当在大风浪中航行时,由于船舶摇摆,沉淀的脏物又会重新浮起,燃油滤器很容易被阻塞。此时要特别注意前后的压差,及时清洗滤器。

3) 对于带有调压阀的燃油输送泵,可通过此调压阀调整燃油压力,必须按照说明书的规定值进行调整。

4) 检查燃油压力是否波动。若波动严重,则说明系统中混入空气,可在燃油滤器处或高位处通过放气螺钉充油驱气。

(2) 检查燃油日用柜

1) 检查油位是否补足。要定期进行燃油净化工作,用分油机分杂和分水以保证日用油柜有足够数量和高质量的净化油。

2) 定期把沉积在日用油柜底部的杂质和水分通过放残阀排出。若长期不进行油柜放残,则沉积的水分可能进入燃油管系而造成停车事故。在船舶摇晃的情况下,这种事故尤其容易发生。应当坚持每班放残1次。

(3) 检查和调整燃油温度

当使用重油时,应特别注意保证适当的燃油预热温度。

1) 检查燃油温度是否正常。燃油的加热温度应使进机前的燃油黏度降到保证雾化良好的标准,这个范围为60～100 s(Red No. 1,100 ℉),或2.1～3.3 °Et(恩氏黏度),或12～25 cSt(运动黏度)。

2) 燃油预热常使用蒸汽加热。应调节好燃油加热器的蒸汽阀开度以调节燃油温度。

(4) 检查喷油设备的工作状态

1) 检查高压油泵工作是否正常。

2) 检查喷油器工作是否正常。

3) 检查高压油管脉动和温度是否正常。若高压油管发热,脉动增强,则说明喷油器堵塞。如果高压油管脉动微弱,而且排烟温度和爆发压力均低,则可能是由于高压油泵泄漏太多使供油太少所造成的。若高压油管脉动虽微弱,但排烟温度增高,则可能是由于喷油器针阀和阀座密封不良而产生滴油。若高压油管无脉动,泵体发热,则很可能是油泵柱塞咬死。

4. 增压系统的管理

1) 检查增压器冷却水温度,水温最高不得超过90 ℃。

2) 检查增压器的转速及扫气压力是否正常。

3) 检查增压器涡轮端的进口废气温度是否超过规定值。

4) 检查增压器的运转是否平稳,仔细倾听有无不正常声响。要经常用金属助听棒细心倾听轴承和转子的运转声音是否正常。若转子平衡破坏,就会听到钝重的“嗡嗡”声,此时就要停车检查,不得继续运转。

5. 其他方面的管理及注意事项

1) 注意各缸排烟温度是否正常和一致。排烟温度不要超过规范,各缸的排烟温差不得大于30 ℃。发现排烟温度过高或过低要及早查明原因并排除之。要避免在各缸负荷严重不均的情况下运转。

2) 必要时打开示功阀,观察各缸燃烧情况。利用爆压表测取爆发压力和压缩压力,以判定工作状态是否良好。

3) 检查配电板相关参数,如电压、频率和负载等。

4) 检查增压柴油机进、排气管系的密封性,密封不良将影响柴油机的性能,应经常检查固紧螺母或螺栓是否松动,胶管夹箍是否夹紧,必要时应更换密封垫片。

5) 为保证柴油机在正常情况下可靠运转,应尽量避免柴油机在50%标定功率下即低负荷下长期运转。

6) 新机或大修后的柴油机,不宜开始就以标定功率工作。最初60 h内应在50%左右的标定功率下运转，以改善运动件的磨合情况，延长其使用寿命。

7）定期向人工加油部位加油、补油。

五、发电柴油机的解列及停车操作

（一）操作要点

1）发电柴油机的解列操作。

2）发电柴油机的停车操作。

（二）实操步骤

1. 发电柴油机的解列操作

如果因电站负载减轻或船舶出港定速航行而需要停用其中一台发电机组，则应按下述方法操作：

1）卸去负载。利用2台发电机的伺服机手柄（调速手柄）进行负载转移，运行机的伺服机手柄往加速方向扳动，待停机的伺服机手柄往减速方向扳动。于是，待停机的负载便转移到运行机上。

2）断开合闸开关。当待停机所带负载降到5%的负载以下时，断开待停机的合闸开关。此时待停机停止向电网供电，由运行机单独供电。

3）检查运行机组的电压、频率、电流等参数是否正常，必要时进行调整。

2. 发电柴油机的停车操作

（1）正常情况下的停车操作

1）使其空载运行约10 min。柴油机空载运行，将使其排气温度和气缸壁、活塞等零部件逐渐降温。

2）逐步降低柴油机转速，过程应持续3～5 min，然后将操纵手柄（油门）置于“停车”位。注意，应使柴油机完全停止运转后才能松开手柄（紧急停车手柄可能会复位）。

3）打开示动阀，也可用压缩空气冲车，吹走气缸内的残物。

4）关闭滑油冷却器的海水进、出口阀和油头冷却水阀。

5）气缸套冷却水阀不要关闭，要保持常开，这样可以利用正在运行的副机缸套水循环暖机，以备随时启用。

6）若柴油机使用每机单独配置的独立式海水泵、独立式淡水泵，则应停掉其独立式的海水泵，并关闭海水阀。而独立式的淡水泵则应继续运行一段时间（30 min以上）方可停泵。

7）用撬棍盘车，并用手动滑油泵泵油数分钟，有的柴油机有自动滑油泵，这时自动滑油泵会起动。

（2）紧急情况下的停车操作

1）对于并机运行的发生故障的柴油机，应用调速手柄迅速转移负荷，拉下故障机的合闸开关。对于单机运行的柴油机应先起动另一发电机组，并快速并车，再将故障机解列。

2）当情况紧急非立即停车不可时，可立即将操纵手柄（紧急停车手柄）拉至停车位置，停车后，松开紧急停车手柄。

3）紧急停车后，应对柴油机的故障部位认真仔细地检查，并在排除故障之后且确有把握时，才可按正常情况下的起动操作程序起动。

4）在高负荷下停机或因高温停机，应特别注意不可急于通水冷却，以免急冷而产生过大的热应力损坏机体；也不能立即用压缩空气冲车，以免拉坏活塞和气缸。此时应立即手动泵油（气缸油和系统油），向轴承和气缸壁注油，同时慢慢地盘车，转动柴油机。待温度降下后（一般缸套水温在 60 ℃以下），才允许再次冲车。

【课后练习】

一、选择题

1. 柴油机备车的目的是＿＿＿＿＿。
   A. 主机处于随时使用状态　B. 应急设备处于工作状态
   C. 动力装置处于随时使用状态　D. 辅助设备处于随时使用状态
2. 柴油机备车工作包括＿＿＿＿＿。
   ①校对时钟、车钟与舵机；②暖机与各系统准备；③开启舱底应急吸口阀；④转车、冲车与试车
   A. ①②③　B. ①②④　C. ②③④　D. ①③④
3. 下述关于柴油机备车操作的说法中错误的是＿＿＿＿＿。
   A. 备车必须由轮机人员在机舱中进行
   B. 备车时首先应起动备用发电柴油机并与电网并电
   C. 在驾控操纵系统中，冲车后操纵手柄可转至“驾控”位置
   D. 大型柴油机要求分别正车、倒车方向盘车
4. 在船舶机动航行时，现代大型船舶主机操作中首要的工作是＿＿＿＿＿。
   A. 换用轻柴油
   B. 保证起动空气瓶及控制空气瓶足够空气压力
   C. 调节冷却水温度
   D. 保证正常的扫气温度
5. 经长时向航行的船舶在准备进港之前，对主机应做的准备工作是＿＿＿＿＿。
   A. 开启示功阀检查缸内燃烧状态　B. 检查配电板用电量
   C. 测试压缩压力与最高爆发压力　D. 进行停车、换向、起动操作检查
6. 当机舱车钟接到“完车”指令后，下述当班人员的操作中错误的是＿＿＿＿＿。
   A. 关闭起动空气瓶出口阀
   B. 停止燃油低压输油泵并关闭管系相应阀件
   C. 关闭主海水泵及相应进出口阀
   D. 关闭主淡水泵及相应进出口阀
7. 新型主机使用重油长时间停车的管理要点不正确的是＿＿＿＿＿。
   A. 雾化加热器继续工作对燃油进行加热
   B. 主机燃油供给泵继续运转
   C. 经常盘车保持各缸由喷油泵到喷油器的循环
   D. 燃油加热温度可低于正常使用温度
8. 主机完车后合上转车机同时泵气缸油的目的是＿＿＿＿＿。
   A. 防止运动件卡阻　B. 向气缸壁布滑油
   C. 排除气缸内废气　D. B 和 C
9. 船舶定速航行值班期间，接班人员在进入机舱之前，应首先观察＿＿＿＿＿。
   A. 烟囱排气颜色　B. 伙食冰机　C. 空调装置　D. B 和 C

10. 经长时间航行的现代新型船舶在准备进港之前一般都允许主柴油机在使用重油状态停车，除非在下列________情况下需要换轻油。
①停机后需要检修冷却系统设备；②停机后需要检修燃油系统设备；③停车时间 3 天以上；④停车时间 5 天以上；⑤停车时间 10 天以上；⑥船舶进坞修理
A. ①②③　　B. ②⑤⑥　　C. ②④⑥　　D. ⑤⑥

二、简答题

1. 叙述船舶主柴油机开航前的备车准备工作。
2. 叙述船舶主柴油机定速后的管理。

任务 2　船舶柴油机航行期间典型故障的应急处理

Typical Fault of Emergency Treatment of Marine Diesel Engine During Voyage

【任务描述】

恶劣的海况、高温、高压、振动等工作环境，轮机人员的疏于管理或错误措施都会导致船舶柴油机的故障，特别是人为引起的故障，占到 80%以上。本任务设置 4 个模块，让学生通过对柴油机典型故障的分析及应急情况的处理，了解典型故障的现象及原因，掌握对柴油机典型故障的处理方法，并能进行柴油机的封缸运行操作、废气涡轮增压器的故障停运操作、柴油机紧急刹车的操作，同时使学生养成善于多方思考的良好习惯。

【学习目标】

- 了解柴油机典型故障的现象及原因；
- 掌握柴油机典型故障处理办法；
- 掌握柴油机封缸及增压器等的专用工具使用方法；
- 掌握柴油机封缸及增压器停运的操作方法；
- 掌握柴油机紧急刹车的操作方法及注意事项。

【相关知识】

见《船舶柴油机机构与维修》及本书项目一、项目四等相关内容。

【任务实施】

模块 1　柴油机典型故障的处理

〖任务要求〗

1）熟悉柴油机典型故障的现象；
2）了解柴油机典型故障的原因；
3）掌握柴油机典型故障处理的方法和预防措施。

〖任务准备〗

1）多媒体动画、图纸、资料等；
2）轮机模拟器；
3）自动化机舱。

〖任务操作〗

一、拉缸的原因及处理

（一）拉缸现象

拉缸是指活塞与气缸套之间，2个相对运动的表面相互作用而造成的损伤。根据损伤的程度可分划伤、拉缸和咬缸，广义上统称拉缸。拉缸一般发生在下列2个部位：气缸套和活塞环；气缸套和活塞裙部。它们相互影响，但有时也单独发生。

气缸套与活塞环之间发生的拉缸限于运转初期，如台架试验、海上试验和开航的初期，一旦磨合完成后，几乎不再发生气缸套和活塞环的拉缸。

气缸套与活塞裙部之间发生的拉缸，往往发生在磨合完毕后稳定运转的数千小时内。通常四冲程柴油机多发生在气缸套上部第一道环附近，二冲程柴油机多发生在气缸下部气口上部附近。

拉缸损伤大多是由于滑动部位的润滑油膜受到局部的破坏。此时，2个相对运动的表面突起部位，首先发生金属接触，然后在局部出现微小的"熔着"现象，而熔着部位由于表面的相对运动又被撕裂。在这个过程中，金属表面形成硬化层，当此硬化层被破坏时，所产生的金属磨粒将成为加剧表面磨损的磨料。

在发生熔着磨损的短时间中，活塞和气缸套表面上出现与气缸中心线相平行的高低不平的磨痕，这就是拉缸现象。严重时，滑动部位完全黏着或卡住，甚至可能在2个表面的薄弱部位产生裂纹，以致机件损坏，这种情况称咬缸。

（二）拉缸的原因

拉缸的原因十分复杂，有设计制造、安装找正等方面的众多因素。在运转中，由于管理不当导致拉缸的原因有以下几种。

1. 气缸润滑不良

1）气缸注油量调节过小；注油器故障；注油管接头漏油或堵塞，供油中断。

2）气缸套注油孔或布油槽堵塞。

3）气缸油品种不当或变质。

4）四冲程柴油机的刮油环刮油过多。

上述情况均会引起滑油不足或断油而气缸润滑不良，使活塞和气缸套过热导致过度膨胀变形，失去原来的正常间隙而拉缸。

2. 磨合不良

磨合应遵循规范进行。必须考虑磨合时间和负荷分配问题，既在尽可能短的时间内达到有效的磨合，又防止因加载过快而导致拉缸。并应注意下列几个方面的问题：

1）磨合运行期间应适当加大注油量。

2）活塞环换新后应在低负荷下运转一段时间。

3）活塞和气缸套换新后应进行磨合后再加大负荷。

3. 冷却不良

冷却不良主要原因有：

1）冷却水质不佳，水温太高。

2）冷却水泵排出压力不够，冷却液供应不足或中断。

3）冷却水腔锈蚀、脏污或有空气积存，使冷却效果下降。

4. 活塞环断裂

活塞环断裂的主要原因有：搭口间隙过小；天地间隙过小，使活塞环卡死；结碳太多，使活塞环粘在环槽内失去弹性，造成断裂或气缸漏气；搭口间隙太大或磨损严重，引起漏气。

活塞环的碎片常引起拉缸甚至咬死；燃气的泄漏破坏润滑油膜使表面温度过高，可导致拉缸。

5. 燃用劣质燃油

燃用劣质燃油易引发拉缸，原因是：不完全燃烧产生更多的燃烧残渣；后燃延长使排气温度升高；燃用劣质油时需要高碱性的气缸油，碱性不足时磨损加剧。

6. 长期超负荷运转

柴油机长期超负荷运转，热负荷增加，发生过热膨胀。

活塞对中不良也是拉缸的原因之一。

（三）拉缸时的征兆

1）气缸冷却水出口温度和活塞冷却液出口温度增高。

2）在拉缸早期可听到活塞与气缸干摩擦的异常声响。

3）拉缸时，该缸曲柄越过止点位置时将发出敲击声，柴油机转速会迅速下降甚至自行停车。

4）曲轴箱和扫气箱温度升高，甚至有烟气冒出。

（四）拉缸时的应急处理

拉缸时的应急处理主要有以下方法：

1）早期发现拉缸过热时，应加大气缸油注入量。如无好转，可单缸停油、降速，加强活塞冷却，直到过热消除为止。

2）若已拉缸，应迅速降速，然后停车，并继续加强活塞的冷却，同时进行盘车。切不可加强气缸的冷却，否则拉缸将更加恶化。

3）如已拉缸活塞咬死，则可待活塞冷却后，盘车使之活络。

4）若采取上述方法活塞仍咬死盘不动，可向工作面注入煤油，待充分渗透和冷却后再转车。若还盘不动，可拆除十字头下方的海底螺母（或曲柄销轴承盖）将活塞吊出。一面注煤油，一面慢慢起吊，不得硬吊，防止损坏起吊螺栓或螺孔。

5）吊出活塞后，检查活塞和缸套损坏部位，并用油石磨光，损坏的活塞环、活塞和气缸套应换新。

6）吊缸装复时，检查缸套上各注油孔供油是否正常。换新的活塞和气缸套等应正确地进行磨合。

7）若拉缸无法修复，则可采用封缸运行。

二、敲缸的原因及处理

柴油机在运行中发出有规律但不正常的响声或敲击声称为敲缸。敲缸通常有 2 种：燃烧敲缸和机械敲缸。

（一）燃烧敲缸

大多伴随着柴油机燃烧过程的进行而产生的尖锐的金属敲击声，也称热敲缸。它一般发生在上止点。燃烧敲缸时，柴油机的最高爆发压力异常增高，各部件的冲击性机械应力增大，导致运动部件过度磨损或损坏。燃烧敲缸的主要原因是：压力升高速度太快，最高爆发压力过高。

下列原因会引起压力升高速度太快、最高爆发压力过高而导致燃烧敲缸：

1）喷油定时过早，导致压力增长率过大、最高爆发压力过高。

2）气缸超负荷，喷油量过大。

3）燃油的燃烧性能差，发火迟后。

4）喷油器故障，如：针阀卡死在开启位置；喷油器弹簧断裂；漏油、滴油；喷油器弹簧松动，启阀压力下降，喷油提前。

5）起动初期气缸温度太低或喷油过多。

燃烧敲缸除用切断供油和听其敲击声来判别外，也可通过测取示功图检查燃烧状况和最高爆发压力来分析判断。

（二）机械敲缸

因运动部件或轴承间隙不正常而引起的纯金属敲击声或摩擦声称机械敲缸，也叫冷敲缸。其特征是发生在上、下止点或活塞刚越过上、下止点及经气缸中部时。

机械敲缸大多与运动部件中心线不正、轴承间隙过大、紧固螺栓松动、气缸磨损等因素有关。

1. 气缸上部机械敲缸的原因

1）第一道活塞环撞击气缸套上部的磨台。

2）活塞连杆中心线与曲轴中心线不垂直，使活塞有倾斜运动。

3）曲柄销轴承的偏磨导致活塞敲击。

2. 气缸中部敲击的原因

1）四冲程柴油机的活塞销间隙过大。

2）缸套严重磨损。

3. 气缸下部及曲轴箱敲击的原因

1）十字头轴承间隙过大；十字头滑块与导板的间隙过大。

2）连杆轴承或主轴承的间隙过大。

3）主要运动部件的紧固螺栓松动。

区别燃烧敲缸与机械敲缸的方法是：如果单缸停止喷油或降速后，敲缸声消失，即判断为燃烧敲缸。若停油后，敲击声未消失，敲缸发生在上、下止点或转向处，且敲缸声与转速成正比，此时可判断为机械敲缸。

（三）敲缸的应急处理

1）若发生敲缸，首先应降速，并判断其敲缸性质。

2）如系燃烧敲缸，则从燃油或喷油设备上找出原因，予以消除。例如：对喷油器试压和调整，必要时换新；检查和调整喷油泵的供油量；检查和调整喷油定时等。

3）若因气缸或活塞过热产生沉重而又逐渐加重的敲击声，则在未进行降速前，会出现转速自行下降的现象，此时可按过热拉缸进行处理。

4）如系机械敲缸，则找出原因，对有关机件进行调整、紧固、修理或更换。如情况严重，应予以停车。不能修复则封缸运行。

三、扫气箱着火的原因及处理

（一）扫气箱着火的原因

扫气箱着火的主要原因是扫气箱内积聚可燃物质和高温火源。这是扫气箱着火必须同时具备的2个条件。前者是扫气箱积聚的燃烧产物如积碳、污渣和过多的气缸油等。后者主要是由于活塞环技术状态欠佳,燃气下窜;气缸润滑不良,干摩擦导致过热等。

扫气箱污染主要是由于燃烧产物经气缸和扫气口漏入扫气箱底板和隔板上。在燃烧不良时这种污染尤为严重,混有气缸油的残渣积聚过多,一遇火花就会起火。十字头柴油机的活塞杆填料函失效也会导致扫气箱污染。

1. 燃烧不良的原因

喷油泵的定时调节不当;喷油器工作不正常,影响雾化和喷射;燃油过冷,预热不够;柴油机负荷剧烈变化,引起暂时进气不足,燃烧恶化;气缸油过量;扫气系统污染造成气缸的进气不足,如增压空气中含有透平油雾等。

2. 燃烧产物泄漏的原因

活塞环磨损、卡住和断裂;气缸润滑不正常,密封性变差;气缸的摩擦表面损坏,纵向沟纹泄漏;负荷急剧变化,导致活塞环的密封效果变坏。

3. 扫气温度升高的原因

空气冷却器脏堵;扫气压力降低,排气倒流;气缸燃气泄漏。

由于燃烧不良形成的燃烧产物泄漏到扫气箱形成可燃物质积聚,这是扫气箱着火的基本条件。同时,高温的燃气经活塞与缸套间的间隙及密封不良处漏入活塞下部空间,就可能存在小火星。若扫气温度较低,则冲出的火星被熄灭;当扫气温度较高时,这些火星就成为点燃扫气箱积聚油污的火源。

扫气开始前,高温燃气经活塞和气缸套间的间隙混入活塞下部缓冲空间。此间隙对弯流扫气柴油机来说,扫气侧间隙要大些,因燃气和扫气的合力将活塞压向排气侧。于是,这些部位就可能产生小火星。

(二) 扫气箱着火时的现象

扫气箱着火时会伴有下列现象发生:

1) 排气温度和扫气温度升高。

2) 黑烟从增压器的进气滤网中倒冲出;烟囱冒黑烟。

3) 柴油机转速下降。

4) 扫气箱过热,使导门脱漆、变色。

5) 与该气缸相连的增压器发生喘振。

6) 当打开扫气箱泄放阀时,会有烟雾和火花喷出。

7) 扫气箱着火时因压力、温度急剧升高发生扫气箱爆炸使安全阀起跳。

(三) 扫气箱着火时的应急处理

当发生扫气箱着火时,酌情采取下列应急处理的办法:

1) 首先柴油机应降速,切断着火缸的燃油供给,适当加大气缸油的注油量,以利润滑,如火势不严重,可待积油烧完再停车。

2) 火势严重时,应立即减速或停车。灭火措施应首先考虑窒息灭火和蒸汽灭火,火势猛烈可采用CO_2灭火。在停车灭火的同时,应将盘车机搭上盘车。

蒸汽灭火的优点是不致形成有关部件的剧冷损伤,但缺点是可能形成锈蚀。

3) 必要时用温水喷洒扫气箱外壳,以降低温度。

4) 熄火后如需停车检查,应待冷却后才打开道门。盘车检查气缸、活塞组件有无烧损，并在活塞杆上涂上滑油。由于扫气箱流通的空气量很大，不大可能形成可燃性的油气混合物。

5）重新起动运转时，一般在火被扑灭后 5～15 min 可重新把切断的喷油泵接通，缓慢加速，并使气缸油注油量逐步降至正常值。避免在注油量增多的情况下连续运转数小时。

（四）扫气箱着火的预防

在日常的运行和维护管理中，应注意以下预防措施：

1）定期检查扫气箱，清除积油、残炭。值班中，每班将扫气箱的排放阀打开放残水。

2）避免长时期低速运转和超负荷运转。低速将造成燃烧不良，超负荷加剧磨损和燃气泄漏。

3）正确调整喷油定时和喷油器的雾化，使喷油设备处于良好的技术状态。

4）气缸注油量要合适，不得断油；部分负荷时，减少气缸油的注入量。

5）控制好扫气温度，不使其升高。

6）大风浪时降低柴油机的转速，避免负荷突变的范围过大。

7）定期检查活塞环的状态，对磨损、断裂和粘住的活塞环应及时更换。

8）定期检查气缸套的磨损、圆度和锥度情况，磨损过度时应及时更换和修理。

四、曲轴箱爆炸的原因及处理

曲轴箱爆炸时，火焰和高压同时发生。高压是由火焰诱发而产生的，因此破坏也是双重的，既能导致火灾也会有冲击性破坏，后果十分严重。在封闭式强力润滑的柴油机中，任何运动部件的失常都有可能导致曲轴箱发生爆炸。曲轴箱爆炸不仅造成柴油机的冲击破坏，而且可能会有人员伤亡，必须足够重视。

（一）曲轴箱爆炸的原因

运行中的曲轴箱内充满着油气，但是油气与空气的混合比例不一定处于可爆燃的混合比。即使达到爆燃混合比，若没有高温热源也不会爆炸。若曲轴箱内部出现了局部高温热源，飞溅在热源表面上的油滴就会汽化，油气逐渐加浓，形成乳白色的油雾。当油雾浓度达到一定范围时，就成为可爆燃的混合气，并会在高温热源的引燃下着火。若着火前已有大量油雾存在，则一旦着火就会使曲轴箱有限空间内的温度和压力急剧升高，产生强烈的冲击波，引起曲轴箱爆炸。

由上可见，曲轴箱爆炸的原因是曲轴箱内的油雾浓度达到可爆燃的混合比，高温热源的存在使温度达到着火点，从而引发激烈燃烧产生高压。因此，如遇下列情况就可能导致曲轴箱的爆炸：

1）漏入滑油中的燃油不但使滑油着火温度降低，而且在高温下蒸发形成大量油雾。

2）轴承过热或烧熔、活塞环漏气使燃气下窜、拉缸等都会出现高温热源，它既使滑油蒸发成油雾，又是可爆燃混合气的点火源。

3）二冲程柴油机扫气箱着火，使曲轴箱因高温，气体急剧膨胀。

资料表明，空气与油雾的可爆燃比例下限为 100∶1，而上限为 7∶1。当油雾浓度达到这个范围时，在高温热源的引燃下可发生爆炸。而当浓度超过上限时，即使有高温热源也不会爆炸。着火的基本条件是它的浓度极限，产生爆炸的条件也是由所需温度的上限和下限所决定的。对滑油蒸气着火下限为 270～350 ℃，上限高于 400 ℃，而滑油的蒸发温度约在 200 ℃以上。故如果燃油漏入曲轴箱中，会导致滑油着火温度降低，使油雾在较低的温度下就引发爆炸。

（二）曲轴箱爆炸的应急处理

应不失时机地采取有效措施防止和处理爆炸事故。

1）当发现有爆炸预兆（如透气管冒出大量油气，并嗅到油焦味，曲轴箱发热，道门温度明显升高或油雾探测器报警）时，应立即降速或停车，加强润滑，并将海水泵关闭，防止温度骤降。人员要离开防爆门一侧，以防伤人。

发电柴油机应在转换负荷后降速运行。如果停车，则自带的滑油泵和冷却水泵也将停泵，反而容易在刚停车时发生曲轴箱爆炸。

2）若因曲轴箱内某些机件发热而停车，则至少停车 15 min 后再开道门检查，以免新鲜空气进入而引起爆炸。

3）若曲轴箱已经爆炸，并将防爆门冲开，要立即停车，同时按机舱灭火规定施救。切忌马上打开道门，以防新鲜空气进入曲轴箱，发生更大的爆炸。

4）曲轴箱内部的灭火可采用装设在曲轴上的 CO_2 管系把 CO_2 充入其中。但机舱灭火选用的灭火剂应慎重，不要轻易在曲轴箱内使用灭火剂，因为它对金属有腐蚀作用。在关闭机舱所有通风道后，视情况选择水、CO_2 或其他灭火剂。

在处理上述任何一项应急情况时，只要停车或降速，一般情况下应征得驾驶台的同意再执行。在紧急情况下，可在采取措施的同时通知驾驶台。

（三）曲轴箱爆炸的预防措施

良好的维护以及及时发现隐患并恰当处理，在很大程度上可以排除曲轴箱爆炸的可能。曲轴箱爆炸的预防措施主要有：

1）避免柴油机出现过热点。保持良好的润滑和冷却，保证运动机件正确的相对位置和间隙，以免运动部件过热；活塞环和填料函有良好的密封，防止燃气下窜；运行中定期探摸曲轴箱温度。

2）保证滑油蒸气低于燃爆下限，保持曲轴箱透气孔畅通；消除燃油漏入曲轴箱的一切途径。现代柴油机将凸轮滑油与系统油分开是一种方法。

曲轴箱采取通风措施。保持曲轴箱上装有透气管或抽风机，将油气引出机舱外，防止油气积聚。透气装置应装有止回阀，防止新鲜空气流入曲轴箱。

3）防爆门应处于良好的技术状态。防爆门开启压力一般为 5～8 kPa。

当曲轴箱内压力高到一定程度时，防爆门开启，释放曲轴箱内压力，随后自动关闭，从而防止严重的爆炸事故。初次爆炸由于燃烧较慢，压力不是很高，但也足以冲破曲轴箱道门。若不装防爆门，则初次爆炸产生的真空将通过打碎的道门吸入新鲜空气。曲轴箱的高温热源和很浓的油气与新鲜空气混合后将导致带有爆震的第二次更强烈的爆炸。第二次爆炸出现爆炸火焰，产生高压和强烈的冲击波。

4）曲轴箱内安装油雾浓度探测器，在油雾浓度达到着火下限之前报警。

5）在曲轴箱上装设 CO_2 灭火接头与 CO_2 管系相连，有关截止阀应绝对密封。

6）定期化验。当曲轴箱滑油闪点在 160 ℃以下时应申请换油。

五、烟囱冒火的原因及处理

装有废气锅炉的柴油主机，往往会出现烟囱喷出火花的情况。烟囱冒火时还常伴随废气锅炉的蒸汽压力突然升高，安全阀冲开跑汽。烟囱冒火不仅会引起火灾，特别是危及油船的安全，而且也是柴油机运行状态不佳的表现。

柴油机烟囱冒火，通常是由于未烧尽的燃油或含油积存物随高温燃气带出烟囱遇空气再燃烧所产生的，即燃料在气缸内燃烧过程的延续。

（一）烟囱冒火的3种情况

从火花的形成来看，烟囱冒火可分为3种情况。

1. 油雾燃烧形成的火花

这类火花在白天不易发现，在黑天可以看到细而短的浅粉红色火花从烟囱中冒出。大多在随其排烟的流动中自行熄灭，而无碳垢或黑色的颗粒落下。

此种火花多发生在柴油机超负荷、部分气缸燃油雾化较差或气缸内空气供应不足等情况下，此时气缸内的燃油不能完全燃烧，气缸内过量的油雾或微细油粒被高温排气直接带出烟囱时遇氧而燃烧。

2. 残油燃烧形成的火花

这种火花的形状较上述稍长，颜色也稍深，由烟囱冲入天空并随风飘流后自行熄灭，同时有微细碳粒及烟灰带出。

此类火花一般发生在柴油机部分喷油器滴油或低负荷运行时燃烧不良的情况下。尤其当排烟系统的温度、压力长期偏低时，尚未燃烧的油常积存在排烟道内，即使被带出烟囱，也难以被低温燃气所点燃。一些老型号柴油机，在此情况下多采用旁通废气锅炉的方法使燃气直接排出，防止污染锅炉内加热盘管。

近代船舶大多已取消旁通排烟管道，燃气只能经废气锅炉排出，排气背压升高。因此长期低负荷运行的二冲程柴油机烟道内积油会逐渐增多。积存的残油经过着火前的物理及化学准备过程，若有较充分的空气，当排气温度高于210 ℃或遇明火时，就会在排烟管道内部的烟囱出口处着火。

3. 烟灰沉积物燃烧形成的火花

此类火花从烟囱排出时大多呈板状。火花产生的时间往往在出航后不久以及航行10～15天之后，火花持续的时间为0.5～3 h不等。白天因光线关系不被人注意，晚间则甚为可观。

这类火花亮点较大，呈黑红色，持续时间较长。有灰分及不同形状团体颗粒伴随火花同时从烟囱冲出，常常掉落到甲板上还继续燃烧，易引发火灾。

排气系统中，一般自增压器出口至废气锅炉进口这一段管路上很少着火，且在废气锅炉的过热蒸汽盘管上烟垢也不是很多。但在饱和蒸汽盘管上往往有采热片的密集布置和在废气锅炉漏斗形的部位上固体沉积物较多，这类沉积物是引起火花的主要来源。

这类冒火最为常见，危险性也最大。引起此类火花的原因有：燃油质量差，燃用劣质油时产生的烟灰沉积物和可燃物质更多；燃油喷射设备不完善或故障，不完全燃烧使排气中的含油物增加；气缸润滑油的注油量太大；气缸进气系统的工作不完善；废气锅炉脏堵等。

研究指出，当废气锅炉水管外表面的沉积物厚度达2～3 mm以上或排气的流动阻力增加到12.7～13.3 kPa时，易发生烟囱冒火。冒火停止后，烟灰沉积物减少，排气流动阻力可下降0.67～1.33 kPa。

四冲程柴油机的换气条件优于二冲程柴油机，因此烟囱冒火的发生也较少。

（二）烟囱冒火的预防措施

烟囱冒火的预防措施主要有：

1）保持柴油机气缸内良好的燃烧状态；加强各缸燃烧过程的监测，及时发现异常情况并排除。

2）加强废气锅炉的维护管理，保持良好的燃烧效果。

3）选用合适的除碳剂等试剂，定期向排烟管或废气锅炉内投放，预防结垢和清通系统，使管壁上的积碳软化、脱落，甚至使其降低燃点后燃烧。

4）为保证油船的安全，烟囱内装有喷水灭火装置，防止烟囱冒火的发生。

（三）烟囱冒火的应急处理

发生烟囱冒火时，应采取以下应急措施：

1）对于第一类火花，应立即降低柴油机的负荷或缓慢停车。查明原因并消除故障后才继续使用，待排烟正常后再加至所需要的负荷。

2）对于第二、三类火花，在环境允许的条件下应让其继续"喷冒"，使排气系统内的油性沉积物尽量吹掉、烧尽。此时应加强柴油机和废气锅炉的维护管理及防火工作。

3）除火势过猛、个别缸或局部排烟管过热需降速外，必须尽量使柴油机保持较高的负荷运行。

4）不要轻易使用灭火设备，特别是 CO_2 灭火设备，以防止高温金属因温度的急剧降低而炸裂。

模块 2　柴油机的封缸操作

〖任务要求〗

1）熟悉柴油机封缸运行的要求；

2）掌握柴油机封缸专用工具的使用方法；

3）掌握柴油机应急封缸运行的处理方法。

〖任务准备〗

1）多媒体动画、图纸、资料等；

2）轮机模拟器；

3）自动化机舱；

4）封缸专用工具。

〖任务操作〗

船舶航行中，若主机有 1 个或 1 个以上的气缸因故障不能正常工作，一时无法排除，此时可根据不同情况停止有故障气缸的运转，进行封缸运行。

根据规范要求，6 缸以下的柴油机在停 1 个缸的情况下应能继续保持运转，7 缸以上的柴油机应保证停 2 个缸的情况下保持运转，使船舶继续航行。

封缸运转是短时间的措施。由于柴油机失去了原有的平衡，停缸导致热负荷和机械负荷的增加。增压器喘振也会导致振动加剧，因此必须降速降负荷。

一、封缸运行措施

（一）单缸停止供油

某气缸发生故障，如喷油泵、高压油管、喷油器故障，气阀咬死、气缸漏气，拉缸或敲缸等，这些故障使气缸不发火而运动部件尚可运转。为使船舶继续航行，根据柴油机的具体情况，利用停油机构将喷油泵柱塞下方的滚轮抬起并固定，使它与油泵凸轮脱离接触，停止泵油；或打开喷油器的回油阀使燃油停止喷入气缸。不得采用关闭喷油泵进油阀的办法，因为油泵在无油的情况下运动，发生干摩擦会使柱塞偶件过度磨损或卡死。具体措施除降速外，还应适当减少该缸滑油和冷却水的供给量，并打开示功阀减少缸内积油。对直流换气二冲程机，在停油的同时，还可将排气阀锁住在开启位置，以减少活塞消耗的压缩功。

只采取停油而不拆除运动部件的情况，也称为减缸运行或停缸运行。故障时，则不仅要停油，而且还要拆除部分运动件。

（二）拆除活塞组的封缸运行

这种方法适用于活塞、缸盖或气缸裂纹或故障，但连杆和十字头尚正常工作的情况。此时必须拆掉包括活塞杆和填料函在内的活塞组件，除单缸停止供油外，还应采取下列措施：

1）提起喷油泵滚轮，停止泵油。

2）回流扫气柴油机，用专用的弧形气口封板将气口封住；直流扫气柴油机，还应抽掉该缸排气阀顶杆，使排气阀停止工作。

3）活塞杆填料函孔、十字头活塞孔口、活塞冷却机构填料函孔口用封板封住，若连杆吊出还需要将曲柄销的油孔封住。

4）封闭活塞冷却系统；关闭该缸气缸冷却水的进出口阀。

5）把通向该缸起动阀的控制空气管拆下并封住；把通向该缸起动阀的起动空气管拆下并封住。

6）把该缸的气缸润滑油量减至最小后停止。

7）活塞组件拆除后重新安装气缸盖。

在起动主机以前应彻底检查一次，必要时，主机油、水泵起动后，再检查一次。

（三）拆除活塞、十字头、连杆的封缸运行

这种方法适用于连杆、十字头及轴承严重破坏，或十字头导板损坏的情况。因此，除采用上述停油、拆除活塞的措施外，还应采取下列措施：封闭该缸十字头滑油系统，并用专用工具将曲柄销上油孔封住。

二、封缸运行应急处理

封缸运行是一种临时的应急措施，封缸时应综合考虑排气温度、喘振、振动等各因素，选择适宜的转速维持航行。

1）在封缸运行时，为防止柴油机超负荷，主机必须降速至各缸供油量和排气温度在允许范围内。柴油机在封1个缸的情况下，如果不超扭矩，一般相当于在75%～80%负荷的转速下运转。若切断2个缸，特别是连续发火的2个缸，工况将恶化，还应进一步降低。

2）封缸后主机运行中如增压器产生喘振，扫气压力明显波动，必须继续降速直至喘振消除为止。

3）个别缸的某些运动部件被拆除或受力情况发生变化，破坏了柴油机原来的平衡性，因而可能在某些转速范围内产生强烈的振动。如果振动异常强烈，应把柴油机转速进一步降低。

4）如被封气缸正处于起动位置，柴油机是无法起动的，此时，对于可倒转的柴油机可先向相反的转向短促地起动一下，使曲轴改变位置后再转向起动。这种情况应向船长说明，在机动操作时尽量减少柴油机的起动次数。

模块3　柴油机废气涡轮增压器的故障停运操作

〖任务要求〗

1）正确使用增压器的拆装专用工具和锁具；

2）掌握各种情况下停故障增压器采取的措施；

3）掌握四冲程和二冲程柴油机增压器的故障停运方法。

〖任务准备〗

1）拆装专用工具和锁具；

2）多媒体动画、图纸、资料等；

3）轮机模拟器；

4）自动化机舱。

〖任务操作〗

废气涡轮增压器是高速回转机械，运转中发生损坏，柴油机应立即停车，尽量减少增压器损坏程度。停车后经检查如发现增压器轴承损坏、叶片折断使增压器无法运转且又不能在短时间内很快修复时，柴油机在低负荷下继续运行。

在机动航行、紧急避碰的状况下是不允许柴油机停车的，在短时间内，只能在增压器损坏的状况下，强制柴油机低速运行。这时，柴油机应无明显的异常振动，同时控制排烟温度不超过限定温度值。当船舶处在安全状态时，再停车处理增压器故障。

一、停增压器的具体方法

1）若条件不允许停车，可暂时带着有故障的增压器维持运行，此时柴油机转速应降低到无明显振动，并控制排气温度不增高太多。

2）只要条件允许，可马上停车后用专用工具将增压器转子锁住，降速维持运行。

3）如需运行一段时间，最好将转子抽出，用专用盖板将壳体两端封住，降速维持运行。

二、四冲程柴油机的停增压器运行

四冲程柴油机停增压器运行时相当于非增压柴油机。依靠活塞的吸排作用，仍可实现换气。但因气缸充气量大大减少，而且有关正时也不适合非增压方式工作，使得柴油机的功率和转速大幅度下降。

以某四冲程柴油机为例，其标定功率为820.3 kW，标定转速为750 r/min，标定有效耗油率为221.3 g/(kW·h)。停增压器后运转允许的最大转速为390 r/min，相应的功率为138 kW，有效耗油率为407.7 g/(kW·h)。

若要长期停增压器运转，则可提高压缩比以提高压缩压力，降低排气温度；增大喷油提前角；调整气阀正时，减小气阀重叠角以避免排气倒流，以改善柴油机的工作状况。为减小进排气的阻力，进排气管都应使用旁通管。

增压器转子锁住后因两端温度不同，会使转子轴弯曲，所以应将转子拆出封闭。

三、二冲程柴油机的停增压器运行

二冲程柴油机的换气条件比四冲程柴油机困难。对于二冲程柴油机，在无增压器的情况下，可起动应急鼓风机或者以其他方法供气，维持运行。此时柴油机的负荷和转速应根据排气温度、颜色和运转情况来降低。根据电动鼓风机的功率，柴油机最高可在25%的输出功率、63%的转速和40%的平均有效压力下运行。

二冲程柴油机根据机型和运转情况不同，应急措施各异。RTA和MC型直流扫气柴油机停增压器运行的措施是：

1）RTA和MC机采用定压增压系统，全机只装1台涡轮增压器，增压器损坏时必须打开电动辅助鼓风机供气。

2）用专用工具将增压器转子在其两端固定，若应急运转时间很长，应将转子抽出，用专用盖板封住增压器壳体两端。

3）从排气旁通管上拆掉封闭盲板，使排气旁通到烟囱；打开位于空冷器正后方扫气箱上的盖板，使辅助扫气泵从机舱吸入空气。

模块4　柴油机紧急刹车的操作

〖任务要求〗

1）了解柴油机紧急刹车的意义；

2）掌握MAN B&W MC和Sulzer RTA型柴油机的刹车操作；

3）掌握刹车时的注意事项。

〖任务准备〗

1）多媒体动画、图纸、资料等；

2）轮机模拟器；

3）自动化机舱。

〖任务操作〗

船舶遇到避碰等紧急情况时，为使船舶尽快停止运动或改为倒航而对主机制动并迅速倒转的操纵过程称为紧急刹车。紧急刹车的操作因机型而异，以MAN B&W MC和Sulzer RTA型柴油机为例介绍。

一、MAN B&W MC型柴油机紧急刹车操作

1）接到驾驶台紧急倒车车令时，立即将起动调油手柄拉至“停车”位置。

2）将车令手柄(车令手柄完成换向)扳至“倒车”位置，燃油凸轮和空气分配器实施换向操作。

3）换向动作完成后，将起动调油手柄推至“起动”位置进行倒车起动。

4）起动空气按倒车规律向仍在正转的主机气缸送入起动空气，对主机强制制动。

5）在压缩空气作用下，主机迅速停车。

6）主机停车后，在持续压缩空气作用下随即反向起动，待达到起动转速后，再将起动调油手柄推至驾驶台车令“给定”位置，主机按给定油量反向运转。

二、Sulzer RTA型柴油机紧急刹车操作

1）接到驾驶台紧急倒车(后退三或前进三)车令时，立即将车钟拉到相应的位置。

2）车钟越过“停车”位置时，断油伺服器立即使高压油泵停止向主机供油，主机转速迅速下降。

3）由于车钟手柄已在倒车的位置，换向伺服器使凸轮轴和空气分配器换向。

4）将燃油手柄置于起动油量位置。

5）换向机构的换向动作完成后(转速降到 60%～70%)，迅速拉动起动手柄。

6）起动空气随即按倒车正时进入正车运转的气缸，对正转的主机进行制动。

此制动作用分为“能耗制动”和“强制制动”2 个阶段。前者在制动初期当活塞上行时将起动空气压入起动总管，相当于空压机消耗正转的能量；后者在压缩空气的作用下，使主机迅速强制停止运转，并在持续的压缩空气作用下开始反转，运动方向连锁释放，达到发火转速。

主机倒转后，可按驾驶台要求的车令调节油门。

三、紧急刹车的注意事项

1）保证压缩空气的压力，以使刹车过程有效进行。对于 Sulzer 型主机，保持较高的滑油压力可以使差动换向动作迅速完成。

2）为保证倒车起动成功，可视情况适当调大起动油量(如 Sulzer 型主机可从 3.5 格移至 5.0 格)。

3）为使主机迅速刹车和反向起动，拉动起动手柄时可略停顿一下。这样，当转速降至 0 后随即可反向起动起来，缩短刹车过程的时间。

4）当主机和船舶在较高航速下刹车时，一次操作可能无法使主机刹车成功，且这样的操作将使曲轴承受较大的附加应力，并使空气消耗量过大。为了改善上述状况，采取几次间断刹车的操作方式比较有效。

5）对于 B&W 型主机，尽管具有连锁装置，但在操作中当换向手柄未推至极端位置时，切不可过早拉动起动调油手柄，以免发生意外。当主机差功换向未完成时，也不可过早将起动调油手柄推至起动供油位置，否则可能产生严重后果。

6）操作中应避免一下子将油门加得过大，以防超负荷。在特别紧急时(驾驶台将车令重复一次)，应尽快给出相应转速，以保证船舶安全。

7）紧急刹车的操作时机十分重要，既要考虑操作前的主机转速、船舶航速、主机的具体技术性能和状态，又要熟悉其他辅助设备如空气压缩机等的工作能力。而且，操作过急、过缓都将失去紧急刹车的意义并可能造成严重后果。

8）对采用遥控系统的主机，换向程序中大多具有紧急刹车功能，上述操作均按设定程序自动完成，但需注意压缩空气压力，以防起动空气消耗过多。当遥控系统本身发生故障时，应及时转换为集控室直接操作。平时应对机旁应急操作装置进行必要的维护，保证随时处于可用状态。

【任务评价】

评估名称：柴油机典型故障的处理

评估对象：3 000 kW 及以上船舶二/三管轮

评估要素：

1）描述柴油机典型故障的现象和原因；

2）能对柴油机典型故障进行处理及预防。

评估名称：柴油机的封缸操作

评估对象：3 000 kW 及以上船舶大管轮

评估要素：

1）描述柴油机封缸运行的要求；

2）会使用柴油机封缸专用工具；

3）能对柴油机进行应急封缸操作。

评估名称：柴油机废气涡轮增压器的故障停运操作

评估对象：3 000 kW 及以上船舶大管轮

评估要素：

1）正确使用增压器的拆装专用工具和锁具；

2）描述各种情况下停故障增压器采取的措施；

3）能对四冲程和二冲程柴油机增压器的故障停运操作。

评估名称：柴油机紧急刹车的操作

评估对象：3 000 kW 及以上船舶二/三管轮

评估要素：

1）描述柴油机紧急刹车的意义和刹车时的注意事项；

2）能对 MAN B&W MC 和 Sulzer RTA 型柴油机进行刹车操作。

【课后练习】

一、选择题

1. 柴油机发生拉缸的部件有________。

A. 活塞环与气缸套　　B. 活塞裙与气缸套

C. 活塞头与气缸套　　D. A 和 B

2. 二冲程柴油机拉缸的部位通常多出现在________。

A. 活塞上止点转向处　　B. 扫、排气口附近

C. 活塞位于加速度最大处　　D. 活塞下止点转向处

3. 当发现柴油机个别气缸过热而发展到拉缸时的处理方法是________。

A. 立即停车，加强冷却

B. 立即降速，单缸停油，加强活塞冷却和气缸润滑

C. 立即降速，单缸停油，加强气缸冷却和气缸润滑

D. 立即降速，单缸停油，并加强活塞与气缸冷却

4. 柴油机气缸发生拉缸时的征兆是________。

①排温升高，冒黑烟；②转速升高；③柴油机冷却液出口温度升高；④曲轴箱、扫气箱温度升高

A. ①②　　B. ②③　　C. ③④　　D. ①④

5. 柴油机发生燃烧敲缸的原因有________。

①喷油定时太早；②该缸超负荷运转；③燃油的燃烧性能太差；④气缸套与活塞间隙过大；⑤气缸套严重磨损；⑥喷油器漏油

A. ①②③④⑤⑥　　B. ①②⑤⑥　　C. ①②③⑤　　D. ①②③⑥

6. 柴油机运转中在气缸中部发生有规律的敲击声，可能的原因是________。

A. 喷油器压缩弹簧断裂　　B. 曲柄销轴承偏磨
C. 活塞与气缸间隙过大　　D. 十字头轴承间隙过大

7. 柴油机扫气箱着火的原因有________。
①滑油压力下降;②冷却水不足,气缸过热;③喷油器雾化不良;④喷油定时过迟;⑤扫气箱污垢过多;⑥喷油器滴漏
A. ①②③④⑤　　B. ③④⑤⑥　　C. ①②③⑤⑥　　D. ①②④⑤⑥

8. 船舶柴油机扫气箱着火的预防措施有________。
①避免长期低速运转;②避免超负荷运转;③保证气缸密封性;④加大气缸注油量;⑤气缸注油量按下限值合理调整;⑥扫气箱加强放残
A. ①③④　　B. ②⑤⑥　　C. ①②③⑤⑥　　D. ②③④⑤⑥

9. 当船舶主柴油机发生曲轴箱爆炸事故时的应急措施有________。
①立即停车或降速;②立即采取灭火措施;③立即打开曲轴箱门检查;④立即开启 CO_2 灭火管系灭火;⑤停车 15 min 后打开曲轴箱门检查;⑥关闭所有舱盖封舱灭火
A. ①②③⑤　　B. ②④⑥　　C. ②③⑥　　D. ①②⑤

10. 当柴油主机烟囱冒火时,采取的应急措施是________。
①油雾燃烧者应保持原负荷运转;②油雾燃烧者应降负荷或停车检查;③残油燃烧者应保持原负荷运转;④残油燃烧者应降负荷使用;⑤灼灰燃烧者应保持原负荷运转;⑥灼灰燃烧者应降负荷使用
A. ②③⑤　　B. ①②⑥　　C. ②③⑥　　D. ①③④

二、简答题

1. 叙述柴油机典型故障的现象和原因。
2. 叙述柴油机紧急刹车的意义和刹车时的注意事项。

参考文献
Reference

[1] 周卫杰. 船舶柴油机结构与维修[M]. 上海：上海浦江教育出版社，2014.

[2] 中国海事服务中心. 主推进动力装置[M]. 大连：大连海事大学出版社，2012.

[3] 周明顺. 船舶柴油机[M]. 大连：大连海事大学出版社，2006.

[4] 李斌. 主推进动力装置[M]. 大连：大连海事大学出版社，2013.